普通高等教育"十一五"国家级规划教材
国家级精品资源共享课指定教材

电 子 商 务

（第三版）

张润彤　主编

科学出版社
北京

内 容 简 介

本书是国家级高等学校精品课程暨国家级精品资源共享课"电子商务"的主干教材的修订第三版,并配有包括多媒体教学课件和教学参考书在内的立体化教学支持系统,一同构成电子商务课程的立体化教学解决方案。本书共15章,全面系统地介绍了电子商务的整体框架及其涵盖的主要内容,使读者在阅读本书后对电子商务有清晰完整的了解。本书强调相关概念、理论和应用的成熟性和完整性,使其可以反映教材特点;同时也强调研究成果的先进性,力图反映出电子商务的最新发展趋势。书中每章附有相关的复习思考题。

本书可作为高等学校电子商务、计算机应用、信息管理、经济贸易和工商管理等专业本科生和研究生的教材,同时也可作为相关领域高级管理人员的参考用书或培训教材。

图书在版编目(CIP)数据

电子商务/张润彤主编.—3 版.—北京:科学出版社,2014
普通高等教育"十一五"国家级规划教材
ISBN 978-7-03-039487-3

Ⅰ.①电… Ⅱ.①张… Ⅲ.①电子商务-高等学校-教材 Ⅳ.
①F713.36

中国版本图书馆 CIP 数据核字(2013)第 314864 号

责任编辑:王京苏 / 责任校对:李 莉
责任印制:徐晓晨 / 封面设计:蓝正设计

科 学 出 版 社 出版
北京东黄城根北街 16 号
邮政编码:100717
http://www.sciencep.com

新科印刷有限公司 印刷
科学出版社发行 各地新华书店经销

*

2005 年 9 月第 一 版 开本:787×1092 1/16
2009 年 12 月第 二 版 印张:21
2014 年 2 月第 三 版 字数:492 000
2019 年 1 月第十八次印刷

定价:49.00 元

(如有印装质量问题,我社负责调换)

主编简介

张润彤　男，1963 年 11 月出生，教授、博士生导师。现任北京交通大学经济管理学院信息管理系主任。曾任瑞典国家计算机科学研究院终身高级研究员、诺基亚中国研究中心资深研究顾问。兼任教育部高等学校电子商务类专业教学指导委员会秘书长。

主要研究方向为电子商务、物流与企业信息化、移动通信技术、现代管理与决策支持理论等，并在这些领域中发表论文 260 余篇（其中包括 SCI/SSCI、EI、ISTP 检索论文 170 余篇），出版高等教育教材和学术专著 33 部，并在下一代互联网领域拥有 5 项国内、国际专利。主持和承担包括国家自然科学基金、863 计划、欧盟、科技部、教育部、北京市基金和企业委托项目在内的科研项目 100 余项。其主讲的"电子商务"课程获"2004 年国家级精品课程"称号，并于 2013 年升级为"国家级精品资源共享课"。

第三版前言

Internet 的发展极大地改变了人们的工作、学习、生活以及娱乐方式。2013 年 7 月中国互联网络信息中心（China Internet Network Information Center，CNNIC）公布的最新 Internet 调查数据显示，截至 2013 年 6 月底，中国网民数量达到 5.91 亿人，互联网普及率为 44.1%。在普及率达到四成多的同时，中国网民增长速度延续了稳步提升的趋势，2012 年上半年网民普及率提升 2 个百分点。截至 2013 年 6 月底，中国新增网民中使用手机上网的比例高达 70%，高于其他设备上网的网民比例，说明手机对互联网普及的促进作用重大，是目前互联网增长的主要来源。截至 2013 年 6 月底，中国拥有 IPv6 地址数量为 14 607 块/32，较 2012 年同期大幅增长 16.5%，位列世界第二。IPv6 地址数的不断发展将进一步推进我国信息化建设进程，为我国下一代互联网发展奠定基础。云计算、物联网、大数据等 Internet 新技术、新应用层出不穷，更是创造出一个充满活力、充满挑战、充满机会、充满商机的世界，政府、企业以及网民个人极大地享受着互联网快速发展带来的便利。Internet 这些快速的、巨大的发展极大地影响和促进了电子商务的迅速普及和发展，并极大地改变了人们的生活模式，人们对电子商务服务的态度由最初的理解到接受再到依赖发生了巨大的变化，电子商务已经不再是一门停留在教科书上的理论或政府企业倡导的口号，而是成为了人们日常生活中实实在在的一部分。

2012 年中国电子商务市场整体交易规模为 8.1 万亿元，增长 27.9%，未来随着传统企业大规模进入电商行业，并且移动互联网的快速发展促使移动购物日益便捷，中国网络购物市场整体还将保持较快的增长速度。电子商务已经成为企业日常经营中不可或缺的推动要素，越来越多的中小企业和个人借助电子商务实现了业务增长和自我创业。

本书第一版于 2005 年 9 月出版，由 2004 年国家级精品课程"电子商务"课程组编写，系"国家级精品课程指定教材"暨"中国科学院规划教材"，并于 2007 年被列为普通高等教育"十一五"国家级规划教材。本书一经面世，即受到了广大读者的极大欢迎，一再重印。为适应电子商务理论、技术与实践发展的需要，本书曾于 2009 年 12 月再版修订。在国家教育部、北京交通大学和兄弟院校、该领域众多的专家学者及广大读者和学生的大力支持下，经本课程组教师的不懈努力，由本书为主要推荐教材的"电子商务"课程于 2013 年 5 月被国家教育部升级认定为"国家级精品资源共享课"。

自本书第二版出版以来的 4 年里，电子商务无论从理论、技术还是实践应用方面都更加成熟和完善。随着 Internet 技术和应用的快速发展，物联网、云计算和大数据等一批具有时代特征的信息技术的涌现和应用极大地促进了电子商务的成熟和普及，电子商务又呈现出许多新的形态和内容。为反映和适应电子商务理论与应用迅猛发展的特点，同时在总结和汇集了本书第二版在教学过程中的经验和建议的基础上，我们对本书的第二版文字部分以及配套课件进行了全面的修订，形成第三版。

在修订改版的过程中，我们重点关注电子商务发展的时效性，选取了很多最新的电子商务案例和应用，而在全书的框架结构上则延续了前两版的基本结构。读者可以在掌握电子商务基础理论体系的同时抓住电子商务发展的最新趋势。

本书第三版保留了之前两版中的精华内容，全面系统地介绍了电子商务的整体框架及其涵盖的主要内容，使读者在阅读本书后对电子商务的理论、技术与应用有一个清晰完整的了解。为配合教学的需要，本书还配有多媒体教学课件。本书的修订工作由张润彤和李小龙负责。本书在编写过程中，参考了大量的文献资料，采用了一些该领域内专家学者最新的研究成果和观点，在此对这些专家表示特别感谢！

电子商务是一门新兴的、快速发展的学科，它的许多特性和规律还在不断地发展和完善，因此许多问题还需不断地认识和探讨。书中如有不妥之处，敬请广大读者不吝赐教，以期不断改正。

张润彤

2014 年 1 月于北京

第二版前言

Internet 的发展，极大地改变了人们的工作、学习、生活以及娱乐方式。2009 年 1 月中国互联网络信息中心（China Internet Network Information Center，CNNIC）公布的最新调查数据显示，截至 2008 年 12 月 31 日，我国网民数量达到 2.98 亿人，域名总量达到 16 826 198 个，网站数达到 287.8 万个，网络国际出口带宽达到 640 286.67Mbps。这说明 Internet 所展示的生活模式正在被我国国民迅速接受。Internet 对于企业，更是创造出一个充满各种机会的世界，通过网络，企业无论大小，都能突破地理限制，把自己的市场延伸到世界每一个角落。

从 2007 年下半年开始，美国次贷危机引发了一场空前规模的全球性金融市场震荡乃至全球性经济危机。国际金融危机来势汹汹，就在众多企业准备过冬的时候，电子商务却呈现一派红火景象：2008 年中国电子商务交易总额突破 3 万亿元，同比增幅超过 40%，金融危机给中国电子商务业提供了一次难得的发展机遇。在国际金融危机面前，电子商务已成为全球中小企业的"过冬棉衣"。

电子商务和网络经济的迅猛发展得益于全球经济一体化的迅速发展，得益于信息处理技术和通信技术的迅速发展和成熟，同时也更源于其自身适应知识经济时代商务模式的内在特点。商业企业管理信息系统及金融业自动服务系统的形成和不断完善也为电子商务的形成奠定了基础，并为电子商务的进一步发展创造了更加有利的条件。电子商务已成为21 世纪人们的主要商务模式，成为推动社会、经济、生活和文化进步的重要动力和工具。

本书由 2004 年国家级精品课程"电子商务"课程组编写。第一版于 2005 年 9 月出版，系"国家级精品课程教材"和"中国科学院规划教材"。一经面世，即受到了广大读者的极大欢迎，一再重印，并于 2007 年被列为普通高等教育"十一五"国家级规划教材。在此对国家教育部、该领域的专家学者和广大读者对本书的支持和喜爱表示衷心的感谢。

过去的 5 年是电子商务在经历了全球范围的 IT 泡沫之后健康、快速发展的 5 年，电子商务无论从理论、技术还是实践应用方面都更加成熟和完善。目前，电子商务已进入务实发展阶段，电子商务服务商正在从虚幻、风险资本市场转向现实市场需求变化，并与有商务传统的企业结合，出现了一些较为成功、盈利较好的电子商务应用。由于基础设施等外部环境和电子商务应用方式的进一步完善，现实市场对电子商务的需求正在逐渐成熟，电子商务软件和解决方案的"本土化"趋势加快，国内企业开发或着眼于国内应用的电子商务软件和解决方案逐渐在市场上占据主导。

为反映和适应电子商务理论与应用迅猛发展的特点，笔者总结和汇集了部分教师在教学过程中使用本书第一版的经验和建议，对第一版的文字以及配套课件进行了全面的修订。

在修订改版的过程中，我们重点关注电子商务发展的时效性，选取了很多最新的电子商务案例和应用，以期读者能在掌握电子商务基础理论体系的同时抓住电子商务发展的最新趋势。

本书全面系统地介绍了电子商务的整体框架及其涵盖的主要内容，读者在阅读本书后会对电子商务的理论、技术与应用有一个清晰完整的了解。此外，为配合教学的需要，本书还配有多媒体教学课件。

本书的修订工作由张润彤和朱兵负责。在本书的编写和修订过程中，参考了大量的文献资料，采用了部分专家的研究成果和观点，在此对这些专家特别表示感谢！

电子商务是一门新兴的学科，它的许多特性和规律还在不断地发展和完善。因此，许多问题还需不断地认识和探讨，书中如有不妥之处，敬请广大读者不吝赐教，我们会不断改正。

张润彤
2009 年 6 月于北京

第一版前言

所谓电子商务，是指各种具有商业活动能力和需求的实体为了提高商务活动效率，而采用计算机网络和各种数字化传媒技术等电子方式实现商品交易和服务交易的一种贸易形式。电子商务的发展得益于全球经济一体化的迅速发展，也得益于信息处理技术和通信技术的迅速发展和成熟。同时，商业企业管理信息系统及金融业自动服务系统的形成和不断完善也为电子商务的形成奠定了基础，并为电子商务的进一步发展创造了更加有利的条件。电子商务已成为21世纪人们的主要商务模式和用来推动社会、经济、生活和文化进步的重要动力和工具。全球性的电子商务正在逐渐渗透到每个人的生存空间，将对人们的日常生活、工作方式、商业关系和政府作用等产生深远的影响。

电子商务给国家、企业还有个人都带来了新的机会。电子商务为每一个社会实体提供了虚拟的全球性贸易环境，促进了商务经营向异地化和多元化发展。新型的商务通信渠道将重新定位每一个实体，新的生存规则将开始制定。因此，正视个人、企业和政府在电子商务时代的位置，抓住电子商务这一契机，促进经济的腾飞和社会的发展，提高人们的工作效率和生活质量，应当是每个政府工作者、企业经营者、技术人员、管理人员乃至每个信息时代的公民不可回避的责任。

基于这种对电子商务重要性的理解，许多国家与国际组织根据自身的特点制定了电子商务发展战略和对策，许多企业都在积极实施和享受电子商务，许多新型的为电子商务提供各种服务或与电子商务密切相关的机构、产业迅速兴起和发展。对于如何开发和应用电子商务技术，研究探讨政府、企业、公众在电子商务发展过程各阶段的作用，研究电子商务对社会、经济、法律的影响并总结其发展的规律和得失，研究电子商务对企业的潜在冲击以及制定各发展阶段的不同对策等，都是非常重要的研究课题。

结合电子商务快速发展的特点，为满足我国高等院校电子商务课程的教学需要，我们编写了这本教材。本书全面系统地介绍了电子商务的整体框架及其涵盖的主要内容，使读者在阅读此书后对电子商务理论、技术与应用有一个清晰完整的了解。此外，为配合教学的需要，本书还配有教学参考书和多媒体教学课件。教学参考书对本书的全部复习思考题提供了参考答案，并附有大量的国内外案例及分析。

　　本书由 2004 年国家级精品课程"电子商务"课程组编写，具体分工如下：张润彤担任本书的主编，负责全书的组织设计、质量控制和统编定稿；周建勤负责第 1、3、4 章；薛明负责第 2、15 章；苟娟琼负责第 5、6 章；柯新生负责第 7、8 章；宫小全负责第 9、10 章；郭春芳负责第 11 章；秦秋莉负责第 12 章；吕希艳负责第 13 章；朱晓敏负责第 14 章。本书的写作得到了国家教育部、北京市教委、北京交通大学教务处和王稼琼教授、张铎教授等专家学者的大力支持与鼓励，在此一并表示感谢。樊宁同学也参加了本书的编辑和排版工作，在此也表示感谢。

　　电子商务是一门新兴的学科，它的理论、技术和应用都是在不断的发展和变化中得以逐渐成熟与完善的，又因为它是一个由信息技术、管理、法律等众多学科高度交叉而形成的全新的科学领域，因此许多未知领域尚待进一步开发与探索，在此竭诚希望广大读者对本教材不吝指教，以期改进。

张润彤

2005 年 6 月于北京

目　录

第一章

电子商务概述

本章要点：本章概述了电子商务定义的发展历程，从多个角度对电子商务的定义做出介绍，并通过分析电子商务的特点，对电子商务的发展趋势做出了进一步阐述。本章阐述了电子商务的分类，在分析电子商务系统基本结构的基础上，针对电子商务基础平台、服务平台和支撑环境三个方面阐述了电子商务机理。

1.1 引言

当今世界网络、通信和信息技术快速发展，Internet 在全球迅速普及。信息化的不断发展、网络经济的兴起、信息技术的突破已经不单纯是信息产业的变革，它已经涉及社会、经济和文化的方方面面。网络经济使得现代商业具有不断增长的供货能力、不断增长的客户需求和不断增长的全球竞争三大特征，使得任何一个商业组织都必须改变自己的组织结构和运行方式，以适应这种全球性的发展和变化。

随着信息技术在国际贸易和商业领域的广泛应用，利用计算机技术、网络通信技术和 Internet 实现商务活动的国际化、信息化和无纸化，已成为各国商务发展的一大趋势。电子商务正是为了适应这种以全球为市场的变化而出现和发展起来的。电子商务提出了一种全新的商业机会、需求、规则和挑战，它代表了未来信息产业的发展方向，代表了未来商务活动的发展方向，已经并将继续对全球经济和社会的发展产生深刻的影响。

随着移动终端的发展及无线网络的普及，移动电子商务得到了较快的发展，每年的商务额度增长率也较大，移动电子商务在电子商务中所占据的比例越来越大。

1.1.1 网络与商务的结合

一项技术的发明和应用需要人们的探索。爱迪生发明电灯的时候，没有人能意识到它将对人们的生产生活产生什么影响，蒸汽机的发明也曾经面临同样的境遇。而今的

Internet，作为全球范围内信息传递的基础，应用于科研信息的传递、新闻信息传递、个人信息的交流等领域，显示出了很大的便利性。它将信息传递的领域进一步拓展，从科学研究和个人生活领域拓展到经济活动和企业生产经营活动领域。

商务活动自身发展的需要才是决定这一应用必将成功的关键因素。商务活动包括收集市场信息、分析比较市场信息、交易谈判、交货付款等。商务活动中的很多环节都体现为信息的搜集、分析、处理和交流。面对经济全球化和日益激烈的市场竞争，要想在全球竞争中生存和发展，客观上就要求企业提高其商务活动效率及商务决策的科学性和可靠性。而借助计算机处理，企业能够有效提高商务决策的科学性和可靠性；借助于 Internet，企业能显著提高商务活动效率。于是，为了提高商务活动的效率和效益，将计算机和 Internet 应用到商务活动中来就成为时代发展的必然。

1.1.2　电子商务过程

网上书店是电子商务中影响较大的一个部分，成为电子商务奇迹的亚马逊网上书店是众所周知的。为了给读者提供一个关于电子商务概念的直观理解，下面以网上书店的购物流程为例，演示一个基本的电子商务实现过程。

（1）浏览、搜索商品。不同网站的搜索方式略有差异，一般的网上书店都提供多种搜索方式。其中，目录检索和模糊检索是一般网站都具有的典型方式，有些网站还提供热销产品推荐等检索方式。

（2）确定购买。确定所要购买的商品（图书）后，鼠标点击"购买"（有些网站是点击商品的图标，有些是点击商品的名称，也有些是点击专门的链接部分），此时该商品就被放入购物清单（有些网站称其为购物车、购物筐或购物篮等）。如果想放弃购买，在购物清单中可以删除拟购商品。如果确认购买，此时可以修改订购数量等。一般网站设计的默认定购数量为一个单位，如一本书、一套书等。

（3）继续购买。如果同时还要购买其他商品，一般可点击购物清单中的"继续挑选商品"链接，即可转入商品浏览、搜索环节。如继续购买，则重复上述步骤。

（4）注册会员，登记开户。一般网站都要求注册会员，一方面是为了收集消费者信息，另一方面便于联系购买事项，如确认定单等，同时也方便完成送货环节的相关事项。注册会员时，消费者要填写个人基本信息，填写地址和联系方式等。注册会员是消费者首次登录网站时需要完成的，再次登录时只需输入用户名和密码，已有的注册信息就会直接被提取出来。

（5）确认送货信息。完成登记开户后，在收货信息页面填写收货人的详细信息，为了保证所购商品顺利送达，需要准确填写收货人的姓名、地址、邮编、电话等信息。

（6）选择送货方式。多数网站都有若干种送货方式以供选择，其所需费用、送货时间和送货服务水平不同，消费者可酌情选择该订单的送货方式。

（7）选择付款方式。多数网站采用在线支付、邮局汇款、银行电汇和货到付款等方式。

（8）填写其他事项。填写所要发票的相关信息。有些网站还可以为商品提供礼品包装。

(9) 确认信息，提交订单。各项信息审核无误后，消费者提交订单，完成购买过程。

在整个购物过程中，作为消费者，只需在计算机前点击鼠标，其他所有业务都将由网店及其合作伙伴来完成。电子商务应用以 Internet 为代表的各种信息技术，为商务活动、为企业、为个人提供各种形式的服务。应该指出的是，作为消费者网上购物或享受网络提供的各种服务是很简单的事情，而作为提供网上购物或各种服务的电子商务运营商，它们需要完成的各种工作则要多得多，本书将就这些内容做出详细的阐述。

1.2　电子商务的定义与概念模型

从形式上来说，电子商务主要是指利用 Web（网页）或类似 Web 的技术提供的通信手段依托网络进行交易活动，包括通过 Internet 买卖产品和提供服务。产品可以是实体的也可以是数字化的。电子商务并不仅仅局限于在线买卖，它从生产到消费的各个方面都影响着商务活动的方式。对于顾客来说，查找和购买产品乃至服务的方式都有了新的渠道。

1.2.1　电子商务的定义

关于电子商务的定义，专家学者、政府部门、行业协会和 IT（information technology，即信息技术）公司从不同角度提出了各自的见解。这些定义各有不同的出发点与含义，分别从不同的角度阐述了电子商务，从中也可以看到人们对认识电子商务进行的一些探索。

1. 电子商务定义的探索历程

最初，人们认识电子商务是从"电子"和"商务"的字面含义而来的。所谓"电子"，就是指通过电子方式，也就是不同于物理接触的方式；所谓"商务"，就是指商业交换活动。其中，电子方式就是利用电子工具，包括电子数据交换（electronic data interchange，EDI）、电子邮件（E-mail）、电子公告系统（bulletin board system，BBS）、条码（bar code）、图像处理、智能卡等。商务活动是指围绕交易行为而发生的广告、交易、支付、服务等活动，它包括企业面向其外部而发生的交易行为，也包括企业内部为完成交易活动而展开的产品（服务）设计、生产、财务管理、营销策划和售后服务等活动。随着电子商务实践的发展，电子商务不仅包含其表象上的"电子"和"商务"，更包含了为开展一种不同于传统的商务所需要的各种内容。随着移动物联网的发展，移动电子商务的发展较之传统电子商务有了更大的优势，移动应用与商务成为了新的商务方式。

电子商务是计算机网络的第二次革命，是通过电子手段建立的一个新的经济秩序，它不仅涉及电子技术和商业交易本身，而且涉及诸如金融、税务、教育等社会其他层面。从微观角度说，电子商务是指各种具有商业活动能力的实体（生产企业、商贸企业、金融机构、政府机构、个人消费者等）利用网络和先进的数字化传媒技术进行的各项商业贸易活动。一次完整的商业贸易过程是复杂的，包括交易前了解商情、询价、报价、发送订单、应答订单，发送和接收送货通知、取货凭证、支付汇兑过程等，此外还有涉及行政过程的认证等行为。电子商务涉及资金流、物流、信息流的流动。严格地说，只有上述所有贸易过程都实现了无纸贸易，并且使用各种电子工具完成，才能称之为一次完整的电子商务过程。

电子商务不仅包括企业间的商务活动，还包括企业内部的商务活动，如生产、管理、财务等，它不仅仅是硬件和软件的集成，而且是把买家与卖家、厂家与合作伙伴在Intranet（内部网）、Extranet（外联网）和 Internet 上利用 Internet 技术与原有的系统集成起来进行业务活动（IBM 公司提出），在网络化的基础上再造各类业务流程，实现电子化、网络化的运营方式。从这个意义上讲，电子商务所指的商务不仅包含交易，而且涵盖了贸易、经营、管理、服务和消费等各个业务领域，其主题是多元化的，功能是全方位的，涉及社会经济活动的各个层面。从最初的电话、电报到电子邮件以及 20 多年前就开始应用的 EDI 技术，都可以说是电子商务的某种形式。发展到今天，人们提出了通过网络实现包括从原材料的市场调研、采购到产品的展示、定购再到产品制造、储运以及电子支付等一系列贸易活动在内的完整电子商务的概念。随着物联网和云计算的应用和发展，电子商务的发展更会迎来一个很好的发展机遇。受益于最新 IT 技术的应用，电子商务的发展也会更加便捷、安全，更大地提高电子商务的销售额度。

2. 电子商务定义

一般而言，理解电子商务应包含以下几层含义：

(1) 采用多种电子方式，特别是通过 Internet。

(2) 实现商品交易、服务交易（其中包含人力资源、资金、信息服务等）。

(3) 包含企业间的商务活动，也包含企业内部的商务活动（生产、经营、管理、财务等）。

(4) 涵盖交易的各个环节，如询价、报价、订货、售后服务等。

(5) 采用电子方式是形式，跨越时空、提高效率是主要目的。

综合以上分析，可以针对电子商务做出如下定义：电子商务是各种具有商业活动能力和需求的实体（生产企业、商贸企业、金融企业、政府机构、个人消费者等）为了跨越时空限制，为了提高商务活动效率，采用信息通信技术实现商品交易和服务交易的一种贸易形式。

1.2.2　电子商务的概念模型

电子商务的概念模型是对现实世界中电子商务活动的一般抽象描述，它由电子商务实体、电子市场、交易事务和商流、信息流、资金流、物流等基本要素构成。

在电子商务概念模型中，电子商务实体是指能够从事电子商务活动的客观对象，它可以是企业、银行、商店、政府机构、科研教育机构和个人等；电子市场是指电子商务实体从事商品和服务交换的场所，它由各种各样的商务活动参与者，利用各种通信装置，通过网络连接成一个统一的经济整体；交易事务是指电子商务实体之间所从事的具体的商务活动的内容，如询价、报价、转账支付、广告宣传、商品运输等。

电子商务的任何一笔交易都包含着物流、资金流、商流和信息流。其中物流主要是指商品和服务的配送和传输渠道，对于大多数商品和服务来说，物流可能仍然经由传统的营销渠道；然而对有些商品和服务来说，可以直接以网络传输的方式进行配送，如各种电子出版物、信息咨询服务、有价信息等（这里需要指出，有些学者认为，无形产品通过网络传输不属于物流范畴）。资金流主要是指资金的转移过程，包括付款、转账、结算、兑换等过程。商流是指商品或服务所有权的转移，它的标志是提货单、房产证等法律文书。信息流既包括商品信息的提供、促销行销、技术支持、售后服务等内容，也包括诸如询价单、报价单、付款通知单、转账通知单等商业贸易单证，还包括交易方的支付能力、支付信誉和中介信誉等。

从电子商务概念模型不难看出，电子商务实质上是电子商务实体围绕交易事务通过电子市场发生的经济活动关系，产生这些经济活动关系是通过物流、资金流、商流、信息流来实现的。电子商务区别于传统商务的一个重要方面就是电子市场取代了传统的有形市场。对于每个电子商务实体来说，它所面对的是一个电子市场，它必须通过电子市场来选择交易的内容和对象。因此，电子商务的概念模型可以抽象地描述为每个电子商务实体和电子市场之间的交易事务关系。

随着电子技术和网络的发展，电子中介作为一种工具被引入到生产、交换和消费中，人们做贸易的顺序并没有变，还是要有交易前、交易中和交易后几个阶段。但这几个阶段中人们进行联系和交流的工具变了，比如以前我们用纸面单证、电子单证，现在改用电子银行，而这种生产方式的变化必将形成新的经济秩序。在这个过程中，有的行业会兴起、有的行业会没落，有的商业形式会产生、有的商业形式会消失，这就是为什么我们称电子商务是一次社会经济革命。仅从交换这个范围来看，电子工具是通过改变了中介机构进行货币中介服务的工具而改变了其工作方式，从而使它们产生了新的业务，甚至出现了新的中介机构。这个阶段的一个重要特点就是信息流处于一个极为重要的地位，它在一个更高的位置对商品流通的整个过程进行控制。所以说，电子商务同现代社会正逐步兴起的信息经济是密不可分的。

1.2.3　电子商务的框架模型

1. 电子商务的框架

从电子商务发展的趋势来看，未来的电子商务应用将架构在今天的技术设施上。尽管技术的变革日新月异，但可以断定，目前由无数计算机、通信网络及通信软件结合而成的信息高速公路将是未来电子商务的基础。电子商务应用包括很多形式，既有消费者层面的应用，如家庭购物、随选视频等；又有企业层面的应用，如采购和在线营销与广告等；还有企业内部经营管理层面的应用，如供应链管理和远程财务管理等。无论电子商务应用的形式如何，这些应用的前提都是下列基础设施的先行完全实现。这些基础设施包括：①普遍的商业服务，以便顺利进行销售和购买的程序。②发布信息及信息传播能力，以便传送及接收信息。③多媒体内容及网络出版，以便创造此类产品及其传递工具。④信息高速公路（最底层的基础），以便提供所有电子商务都必须依赖的"交通系统"。基于这些认识，电子商务框架结构如图 1-1 所示。

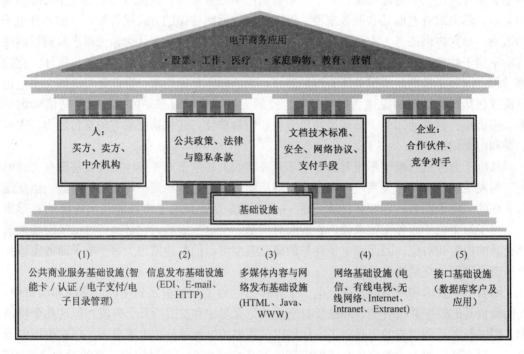

图 1-1　电子商务框架结构

2. 电子商务框架模型的含义

电子商务框架模型中，两个支撑起整个电子商务应用的支柱，同基础设施一样有着不可或缺的重要性（图 1-2）。公共政策、合法性及隐私问题是维持电子商务应用顺利开展的社会规范，正如传统商务活动一样，没有法律法规调整约束的电子商务应用是难以开展的。而针对传统贸易方式的法律法规在应用于电子商务时可能有某些方面的不适应，这就是说电子商务环境下的立法工作要与时俱进，在保证司法工作连续性的前提下做出必要的调整与修改。电子商务公共政策包括围绕电子商务的税收制度、信息的定价、信息传输的收费方式和收费价格等。公共政策一般由政府和行业组织制定并监督实施，立法和隐私保护问题一般由专门的立法部门立法并由司法部门监督开展实施。电子邮件、多媒体及网络协议的技术标准是保证电子商务应用顺利开展的技术规范，可以设想，没有兼容一致的技术标准，通信网络将是信息"孤岛"，电子邮件将不知从何而来、去往何处，多媒体文件将不知用何种媒体播放器打开。

各国采用不同的制式传输视频信号，假如不采取某种程度上的统一或转换机制，将会造成严重的问题。在电子商务领域也有很多标准正在制定和完善过程中，如电子商务数据交换标准（electronic business extensible markup language，ebXML）和安全电子交易协议（security electronic transaction，SET）等。总之，缺少了技术标准网络互联互通，信息共享将无法实现，更谈不上建立在此基础上的更高级的电子商务应用，这是与建立全球范围的信息交流平台的宗旨相悖的。可以这样讲，社会规范和技术标准/规范是电子商务应用顺利开展的两条腿，缺少任何一条腿都不能顺利行走。而社会规范调整了与电子商务

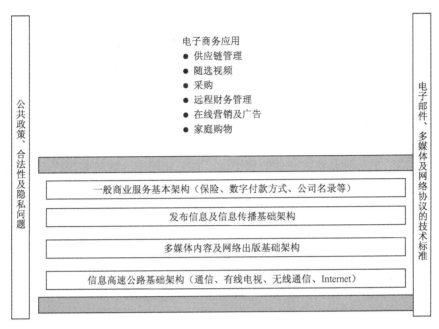

图 1-2　电子商务运作模型

有关的社会各方之间的权责关系，是电子商务运作的社会保障，其建立的难度甚至比技术规范更大。

电子商务运作模型中，最底层的是信息高速公路基础架构（通信、有线电视、无线通信、Internet）。所谓"信息高速公路"，就是一个高速度、大容量、多媒体的信息传输网络。其速度之快，比目前网络的传输速度高 1 万倍；其容量之大，一条信道就能传输大约 500 个电视频道或 50 万路电话。此外，信息来源、内容和形式也是多种多样的。网络用户可以在任何时间、任何地点以声音、数据、图像或影像等多媒体方式相互传递信息。传统商务活动要依赖公路来促进信息交流与沟通，依赖公路将货物送达各地，电子商务也要依赖各种通信网络来开展业务，将信息从一个位置传输到指定的另一个位置。所不同的是，信息高速公路并不是一条独家经营的资料渠道，也不是根据前人经验、教条规范及原有需求所建造的，信息高速公路正在持续地建设中，并将形成一个由相互连接的各种信息公路组成的集合，包括电话网络、有线电视网络、无线通信和卫星联机等。信息高速公路是信息传遍全球的通道，其所涉及的范围比现有交通网络更大、更密集，仅卫星联机通信系统就可直接覆盖全球。无论是城市、乡镇还是农村，无论是海上航行的船只还是偏远山区，甚至是地球上的生命禁区，信息高速公路都可以将其触角延伸到其中。当然，由于人类对信息传输总量（即传输带宽）的要求不断增加，对信息传输可靠性的要求也不断提高，所传输信息的类别也不断增加，因此信息高速公路的建设也是不断发展的，其传输能力和技术水平也将随着信息技术的发展而不断地提高。

信息高速公路只是使得通过网络传递信息成为可能，而多媒体内容及网络出版基础架构解决了信息高速公路上"跑什么车"的问题。在信息公路上，来往运输的载运内容的性质很重要，信息和多媒体内容的种类决定了何种载运工具最适宜。电影可以分解为视频和音频信号，电子游戏可分解为音乐、视频和软件几种媒体格式，而电子书籍则包含文字、图形、音乐、图像、视频等多种媒体格式，由于它们包含的媒体形态不同，其信息组织格式也不尽相同，甚至它们的传输通道也将有所不同，这一点颇似今天某些大型卡车或拖车不允许在某些道路上行驶一样。

发布信息及信息传播基础架构解决的问题是不同媒体形式的信息如何实现在网络上按要求传播，如电子邮件就是一种信息传播方式。需要指出的是，信息传播工具提供两种交流方式：一种是非格式化的数据交流，一般采用人工可阅读的自然语言来描述对象，如传真和电子邮件等；另一种是格式化的数据交流，它主要用于计算机系统之间的数据传输，传递和处理过程可以是自动的，无需人工干涉，如 EDI 技术就是一个典型例子。

一般商业服务基本架构是要构建一种贸易服务基础设施。所谓贸易服务基础设施，是指为了方便交易而提供的通用业务服务，是所有的企业、个人在参与贸易时都会用到的服务，主要包括安全认证、电子支付、商品目录、公司名录、保险等。这些贸易基础设施的健全与否，直接影响到电子商务开展的可能性和便利性。安全认证不健全的直接后果就是网上签订合同成为空话，重要信息在网上传输受到很大程度的限制，这对电子商务的实施是致命的。

电子商务应用的表现形式各不相同，其应用的领域也将不断扩大，它是集信息、技术、服务和商品交易为一体的综合性的虚拟市场。应注意的是，电子商务是各个方面的政策、科技和商业利益结合在一起的系统工程。"整合"的概念对电子商务十分重要，分析问题时将电子商务的各方面分割开来并不意味着电子商务是它们的简单相加。只有将这些相关方面整合起来，电子商务的实施才能达到其应有的效果，才能为社会服务，才能发挥电子商务应有的积极作用。

1.2.4　电子商务的研究对象

电子商务研究的对象由商务对象、商务媒体、商务事件和信息流、商流、资金流、物流等基本要素构成。电子商务对象是指从事电子商务的客观对象，包括企业（business）、客户（customer）和政府（government），因此而产生了企业与企业间的电子商务、企业与消费者间的电子商务、企业与政府间的电子商务等电子商务模式。

商务媒体是指商务对象进行交易的场所，或者说是虚拟电子市场。虚拟电子市场一方面与传统的市场有很多共同点，如都要遵从价值规律和等价交换规律等；另一方面，虚拟市场又与传统的市场有很大的差异。这些差异主要表现在信息技术的应用，从时间、空间上将市场扩展到了最大化，从效率上产生了质的飞跃。应该认识到，信息技术的这一影响是深远的。信息技术的发展使得电子商务出现了很多新的形态，互联网的广告形式使得更多的网民能够受到广告的影响，大数据等信息挖掘和推送技术的应用，以及类似微博营销等手段的应用也使得客户能够迅速了解到产品信息，现阶段随着推送技术的发展，电子商务网站会定期地把相关的产品发送给用户，以便促使用户立刻购买。

商务事件是指电子商务对象之间所从事的具体商务内容，如询价、报价、支付、广告、商品储存运输等。电子商务一方面创造了很多传统商务所未能涉及的商务活动内容，同时也将部分传统商务活动的形式推入坟墓。

研究电子商务，既要对上述各因素进行单独研究，也要研究它们相互之间的关系，从而使得上述各因素相互协调发展、相互促进，共同为电子商务的发展协同工作。

1.3 电子商务的特点

以互联网为依托的电子商务技术平台为传统商务活动提供了一个无比宽阔的发展空间，其突出的优越性是传统商务媒介手段根本无法比拟的。电子商务具有高效性、方便性、社会性和技术性的特点，下面将对这四个特点分别进行阐述。

1.3.1 电子商务的高效性

电子商务最基本的特性为高效性，即提供买、卖双方进行交易的一种高效的服务方式。网上购物为消费者提供了一种方便、迅捷的购物途径，为商家提供了一个遍布世界各地的、广阔的、有巨大潜力的消费者群体。因而，无论是对大规模的企业还是对中小规模的企业，甚至对个体经营者来讲，电子商务都是一种机遇。电子商务的高效性体现在很多方面。例如，电子商务可以扩展市场，增加客户数量；通过将信息网络与数据库相连，企业能记录下客户每次访问、购买的情况和购货动态以及客户对产品的偏好，企业通过统计这些数据就可以获知客户最想购买的产品，从而为产品的生产、开发提供有效的信息；网络营销还可以为企业节省大量的开销，如无需营业人员、无需实体店铺，并可以提供全天候服务，提高销售量，提高客户满意度和企业知名度等。

通过电子商务，企业与企业之间的交易同样也变得十分高效。企业间订单信息通过互联网络可以进行快速的传递，甚至是实时的传递。企业可以通过 Internet 寻求合作伙伴，可以在 Internet 上进行招标采购，可以通过 Internet 检索商品信息，这些较之于传统的贸易方式都大大地提高了效率。

电子商务作为一种新的交易方式，高效率是其生存之本。应该说，高效率是电子商务生来就具有的特性，而高效益则不一定，现阶段电子商务运作中的很多问题突出地表明了这一点。在一些领域，由于相关的服务不配套，电子商务可能只在一些环节实现了高效率，而其他一些环节并没有提高效率，甚至是由于电子商务的采用而使其他一些环节的效率变得更低，如在网上书店购书效率很高，但若物流配送效率较低，也将导致整个电子商务的流程速度缓慢，作为一项电子商务形态的服务，不仅要发挥电子商务与生俱来的高效率特性，还要力争做到整个商务流程和物流供应链高效协调运作，这才是电子商务生存和发展所必须考虑的问题。

1.3.2 电子商务的方便性

时间、空间限制是人们从事社会经济活动的主要障碍，也是构成企业经营成本的重要因素，电子商务把商业和其他业务活动所受的时空限制大大弱化了，从而降低了企业经营成本和国民经济运行成本。

传统交易方式不可避免地受时间和空间距离的限制。在电子商务环境中，这一局限性被打破，客户不再像以往那样因受地域的限制而只能在一定区域内、有限的几个商家中选择交易对象，寻找所需的商品。他们不仅可以在更大的范围、甚至在全球范围内寻找交易伙伴、选择商品，而且更为重要的是，他们的目光不仅仅集中在商品的价格上，在某种意义上服务质量的好坏成为商务活动成功与否的更为关键的因素。企业通过开放的 Internet 来开展客户服务，过去客户很费周折才能获得的服务，现在只要用一种非常简捷、方便的方式便能够获得。利用 Internet 尤其是移动 Internet 服务，人们在任何地方都可以达成交易、支付款项，完成各种业务手续，同城交易与异地甚至跨国交易所需时间相差无几。随着全球信息高速公路的发展、宽带光纤通信的普及，电子商务将会进一步展现其打破空间限制的优越性。

克服时间上的制约也是很重要的。基于 Internet 的电子商务没有节假日，全天候提供服务，随时办理各种业务，没有就餐时间，也没有人员离岗的时间。银行广泛应用的自动柜员机很好地说明了这一点。自动柜员机之所以被大量推广，就是因为它能够保证持续的服务，而这一点只有少量的营业网点才能用人工方式实现。自动柜员机仅仅克服了时间上的制约就能得到广泛应用来为银行客户提供便利，而基于 Internet 的电子商务不仅能克服时间上的制约，而且还能克服空间上的制约，这进一步说明了电子商务的方便性。

1.3.3　电子商务的社会性

经济全球化和信息化是当今世界经济发展的两大潮流，各国城市、乡村的人们正在有意识或无意识地被纳入世界经济分工体系，Internet 和电子商务加速了这一变革进程。电子商务构筑了一个电子化的市场，而市场又是人们从事交易的场所，是一切交换关系的总和，这就决定了电子商务的产生是体现交换关系的产物，是协调人们之间利益关系的一种方式。从某种意义上讲，研究电子商务的社会性特点就抓住了电子商务的关键。电子商务的最终目标是实现商品的网上交易，但这个看似简单的过程实际却是相当复杂的。商务活动是一种协调运作的过程，它需要雇员和客户、生产方与供货方、销售方以及商务伙伴之间的相互协调。电子商务要应用各种相关技术和系统的协同处理来保证交易过程的顺利完成，同时电子商务还涉及许多社会性的问题。例如，商品和资金的流转方式变革；法律的认可与保障；政府部门的支持和统一管理；公众对网上购物的热情和认可等。所有这些问题都涉及全社会，它不是一个企业或一个部门就能解决的，需要全社会的努力和整体的实现，才能最终将电子商务潜在的优越性转变为现实的生产力。单一的技术发明难以独打天下，Internet 的商业应用需要其他的技术支持，更需要社会制度和社会意识的支持。虚拟的网络要与实实在在的社会相结合，因此电子商务是虚实结合的综合体。

电子商务是高度自主、自立、自由的松散系统。由于 Internet 是一个国际性网络，不受任何一国法律的管辖，且作为成长迅速的高新技术产物，国际间尚未达成有关公约来规范其形式和内容。任何区域性电脑网络只要在技术上执行互联网络协议（Internet protocol，IP），就可以联入 Internet；任何企业缴纳数额不多的注册费后，即可获得自己专用的域名，在网上自主从事商务活动。因此，电子商务目前仍是自由度相对较高、约束较少的一个经营活动领域。这一特点有利于企业探索新的经营方式，降低营业成本。但与此同时，该特点也导致了一些不良的结果，那就是一些不良分子欺骗消费者、侵犯他人知识产权的行为难以得到及时有效的查处。现实的电子商务运作表明，很有必要针对网上交易活动制定和执行一些基本规范，通过国际间的协调，以法律形式来保障网络用户的合法权益，维持网上交易的良好秩序。

针对传统商务形式，世界各国已经拥有一些法律法规（甚至包括一些国际上的条约、协定等）来协调商务活动中的矛盾和冲突。电子商务作为一种商务形式，理所当然应该遵从这些法律法规的调整。然而，现有的法律法规应用于电子商务后出现了一系列新问题，如身份证实问题、管辖权问题、合同的收到与证实问题等。这些问题的出现，迫切要求世界各国制定新的适应电子商务发展的法律法规，调整原有法律法规中不适应的部分。

电子商务的社会性特点的另一个表现就是电子商务改变了商务运作模式，改变了商务流程，带动了经济结构变革。电子商务的产生和发展促进了一些服务的社会化，推动了企业业务外包实践。由于电子商务涉及的领域较多，而且业务运作的专业性较强，任何一家企业都难以完全由企业自身来完成全部业务，面对激烈的全球化市场竞争，很多企业选择了业务外包的运作模式。同时，大量的外包业务需要专业化的组织来承担，于是造就了一大批具有市场竞争力的、专业性很强的企业。这些专业性的企业不断成长、发展和壮大，它们的专业技术水平不断得到提升，其市场竞争力也得到提高，它们在一些领域的效率往往超过一些大企业。这反过来又进一步促进了一些核心企业将更多的业务外包出去，因为外包这些业务能以较小的代价（成本）获得较好的服务。核心企业与专业性的企业之间是一种双赢的合作关系，因而它们之间的合作能够在一定时期内稳步发展。双方为了在战略层次和战术运作层次上进行协调，通常都会建立虚拟企业的运作形式，实现跨组织、跨企业的管理协调，这就是新的商务运作模式。应该看到，即使没有电子商务的发展，面对全球化的激烈竞争，企业之间也有开展跨组织、跨企业进行业务协调的内在动力，不过在企业的业务外包问题上就很容易陷入"先有鸡还是先有蛋"的问题。核心企业为了提高市场竞争能力，希望将一些专业化的业务外包出去，在没有一家可信任的合作伙伴（专业性的企业）之前，企业只能是偶然外包，由于全社会范围内外包的专业化业务较少，一些专业性的企业很难得到充分的发展，其提供服务的能力受到限制。由于专业性的企业能力欠缺，核心企业的业务外包动力也就受到制约，从而进一步又限制了专业性的企业的发展，于是"虚拟企业"和"虚拟经营"就成为一句空话。而正是电子商务的发展打破了这种互相制约的循环，将这种互相制约的关系变成为互相促进的关系，推动形成了一种新的商务运作模式，并用一些技术手段保证了新的商务运作模式的顺利实施。"虚拟企业"和"虚拟经营"只是电子商务产生变革的一例，在其他社会领域，电子商务的影响同样也不可忽视，如网络游戏已经在娱乐领域占有相当的分量，网上聊天和网络社区已经成为社会沟通的重要渠道之一。

1.3.4　电子商务的技术性

电子商务实施过程中采用了大量计算机技术和网络通信技术等新技术手段。没有计算机技术和网络技术的发展，没有计算机网络的广泛应用，就没有电子商务。由此可见，电子商务具有较强的技术依赖性。除了计算机技术和网络技术外，电子商务还涉及新的管理思想、管理方法、安全技术、自动识别技术和标准化技术等，同时还涉及物流活动中应用的机械化、自动化和智能化技术。人们利用它们支持电子商务的运作。

电子商务中很关键的环节是集成技术。电子商务中新技术的运用并非意味着企业原有的信息系统和设备将被全盘淘汰。电子商务网络系统的真正商业价值在于它能够协调新技术的开发运用和原有技术设备改造利用，使用户能更加有效地利用他们已有的资源和技术，从而更加高效地完成企业的生产和销售及客户服务活动。应用集成技术，电子商务提高了事务处理的整体性和统一性，它能规范事务处理的工作流程，将人工操作和电子信息处理集成为一个不可分割的整体。这样，不仅能提高人员和设备的利用效率，也提高了系统运行的可靠性。

根据中国互联网信息中心的第 29 次中国互联网网络发展状况统计报告，2011 年网民全年增长 5 580 万人，普及率提升 4%，相比 2007 年以来平均每年提升 6%，增长速度有所回落。过去 5 年内助推网民规模快速增长的几类人群中，互联网普及率即将触顶，而其他年龄段和教育水平的人群对互联网的接受速度很难达到年轻和高学历群体的水平，致使整体网民规模增长进入平台期。

1.4　电子商务的分类与层次

电子商务参与方主要有四部分，即企业、个人消费者、政府和中介方。应该看到，中介方只是为电子商务的实现与开展提供技术、管理与服务支持，而前三者则是以另一种姿态成为参与方的。尽管有些网上拍卖形式的电子商务属于个人与个人之间的交易，也就是通常所说的 consumer to consumer（亦记作 CtoC 或 C2C，即消费者对消费者电子商务），但是可以这样讲，企业是电子商务的核心，考察电子商务的类型，主要是从企业的角度来进行分析。企业电子商务可以从系统涉及的业务范围、应用功能情况及技术标准和支付方式等不同的角度对企业的电子商务系统进行分类。

1.4.1　按企业电子商务系统业务处理过程涉及的范围分类

从企业电子商务系统业务处理过程涉及的范围出发，电子商务可以被分为企业内部、企业间、企业与消费者之间、企业与政府之间四种类型。

（1）企业内部的电子商务。企业内部的电子商务是指企业通过企业内部网自动进行商务流程处理，增加对重要系统和关键数据的存取，保持组织间的联系。它的基本原理同下面讲的企业间的电子商务类似，只是企业内部进行交换时，交换对象是相对确定的，交换的安全性和可靠性要求较低，主要是实现企业内部不同部门之间的交换（或者内部交易）。企业内部电子商务的实现主要是在企业内部信息化的基础上，将企业的内部交易网络化，它是企业外部电子商务的基础，而且相比外部电子商务更容易实现。企业内部的电子商务系统可以增加企业的商务活动处理的敏捷性，对市场状况能更快地做出反应，能更好地为客户提供服务。

（2）企业间电子商务（business to business，亦记作 BtoB 或 B2B）。企业间的电子商务是指有业务联系的公司之间相互用电子商务将关键的商务处理过程连接起来，形成在网上的虚拟企业圈。例如，企业利用计算机网络向它的供应商进行采购，或利用计算机网络进行付款等。这一类电子商务，特别是企业通过私营或增值网络（value added network，VAN）采用 EDI 方式所进行的商务活动，已经存在多年。这种电子商务系统具有很强的实时商务处理能力，使公司能以一种安全、可靠、简便、快捷的方式进行企业间的商务联系活动和达成交易。目前，企业间的电子商务形式也在以另一种形式转变，电子商务企业间形成了平台间的合作，各电商企业在较大的电子商务网站建立了自己的网络门面，电子商务网络平台成为了新的盈利方式。

（3）企业与消费者之间电子商务（business to consumer，亦记作 BtoC 或 B2C）。企业与消费者之间的电子商务是人们最熟悉的一种类型，大量的网上商店利用 Internet 提供双向交互通信，完成在网上进行购物的过程。这类电子商务主要是借助于 Internet 所开展的在线式销售活动。最近几年，随着 Internet 的发展，这类电子商务的发展异军突起。例如，目前在 Internet 上已出现许多大型超级市场，所出售的产品一应俱全，从食品、饮料到电脑、汽车等，几乎包括了所有的消费品。由于这种模式节省了客户和企业双方的时间和空间，大大提高了交易效率，节省了各类不必要的开支，因而得到了人们的认同，获得了迅速的发展。

（4）企业与政府之间电子商务（business to government，亦记作 BtoG 或 B2G）。政府与企业之间的各项事务都可以涵盖在企业与政府之间的电子商务中，包括政府采购、税收、商检、管理条例发布等。一方面，政府作为消费者，可以通过 Internet 发布自己的采购清单，公开、透明、高效、廉洁地完成所需物品的采购；另一方面，政府对企业宏观调控、指导规范、监督管理的职能通过网络以电子商务方式更能充分、及时地发挥。借助于网络及其他信息技术，政府职能部门能更及时全面地获取所需信息，做出正确决策，做到快速反应，能迅速、直接地将政策法规及调控信息传达于企业，起到管理与服务的作用。在电子商务中，政府还有一个重要作用，就是对电子商务的推动、管理和规范作用。电子政务的发展也方便了很多的有需求了解政府政策的用户，使得政府的政策能够在最有效的时间内传递到各个用户，提高了政府人员的办事效率。

1.4.2　按电子商务系统功能目标分类

企业的电子商务系统按系统的功能目标不同，可以分为对企业电子商务活动的内容管理、协同处理与交易服务三类。

（1）内容管理。这类电子商务系统对企业需要在网上发布的各种信息进行管理，通过在网上的广告信息来增加企业产品的品牌价值，在网上树立企业的形象，扩大公司的影响。

（2）协同处理。这类电子商务系统能与公司人员协同工作，自动处理电子商务的业务流程，对企业内外的各组织进行随时的紧密联系，包括收发电子邮件、合同的审定及签署等合同管理，使网上的销售过程自动化。

（3）交易服务。这是网上商店常采用的电子商务系统形式，使网上的商品销售活动真正实现每周 7 天、每天 24 小时的服务。这种形式的电子商务系统能在网上向客户提供智能目录、接受网上订单和安全的网上支付等服务功能。

1.4.3　按电子商务技术标准和支付方式分类

按技术标准和支付方式可将电子商务分为以下五种：

（1）支付系统无安全措施型的电子商务。用户从商家订货，信用卡信息通过电话、传真等非网上传送手段进行传输；也可在网上传送信用卡信息，但无安全措施。商家与银行之间使用各自现有的授权来检查网络，其特点是风险由商家承担，信用卡信息可以在线传送，但无安全措施。

（2）通过第三方经纪人支付型的电子商务。用户在第三方网上经纪人付费系统服务器上开一个账号，用户使用账号付费，交易成本很低，对小额交易很适用。网上经纪人持有用户账号和信用卡号，用户用账号从商家订货，商家将用户账号提供给经纪人，经纪人验证商家身份，给用户发送电子邮件，要求用户确认购买和支付后，将信用卡信息传给银行，完成支付过程。其特点是用户账号的开设不通过网络；信用卡信息不在开放的网络上传送；使用电子邮件来确认用户身份，防止伪造；商家自由度大，无风险；支付是通过双方都信任的第三方（经纪人）完成的。

（3）电子现金支付型的电子商务。用户用现金服务器账号中预先存入的现金来购买电子货币证书，这些电子货币就有了价值，可以在商业领域中进行流通。电子货币的主要优点是匿名性，缺点是需要一个大型的数据库存储用户完成的交易和电子现金序列号以防止重复消费。这种模式适用于小额交易。

（4）支付系统使用简单加密型的电子商务。使用这种模式付费时，用户信用卡号码被加密。采用的加密技术有加密的 HTTP 协议（security hypertext transfer protocol，SHTTP）、加密套接字协议层（security socket layer，SSL）等。这种加密的信息只有业务提供商或第三方付费处理系统能够识别。由于用户进行在线购物时只需一个信用卡号，所以这种付费方式给用户带来了方便。这种方式需要一系列的加密、授权、认证及相关信息传送，交易成本较高，所以对小额交易而言是不适用的。其特点是部分或全部信息加密；使用对称和非对称加密技术；可能使用身份验证证书；采用防伪造的数字签名。

（5）SET 型的电子商务。SET 是安全电子交易协议的简称，它是一个在 Internet 上实现安全电子交易的协议标准。SET 协议规定了交易各方进行安全交易的具体流程。它通过使用公共密钥和对称密钥方式加密保证了数据的保密性，通过使用数字签名来确定数据是否被篡改，保证了数据的一致性和完整性，并可以完成交易中的预防抵赖。此种方式对电子商务的支付安全有很好的保障，但 SET 协议十分复杂，因而其应用也受到了一定的限制，不过业界认为这种方式将是未来的发展方向。

1.4.4　按电子商务信息网络范围分类

按开展电子商务的信息网络范围，可将其主要分为三类：

（1）本地电子商务。本地电子商务通常是指利用本城市内或本地区内的信息网络实现的电子商务活动，电子交易的地域范围较小。本地电子商务系统是利用 Internet、Intranet 或专用网将下列系统联结在一起的网络系统：参加交易各方的电子商务信息系统，包括买方、卖方及其他各方的电子商务信息系统；银行金融机构电子信息系统；保险公司信息系统；商品检验信息系统；税务管理信息系统；货物运输信息系统；本地区 EDI 中心系统（实际上，本地区 EDI 中心系统是联结各个信息系统的中心）。本地电子商务系统是开展远程国内电子商务和全球电子商务的基础系统。本地电子商务成本低、时间短，很多都可以在线下进行。目前，本地电子商务的方式还需要进一步加强，由于各地区对信息网络的了解程度不同，各地电子商务的基础设施并不同步，各地区需加强电子商务的基础设施建设，构建自己的电子商务网络。

（2）远程国内电子商务。远程国内电子商务是指在本国范围内进行的网上电子交易活动，其交易的地域范围较大，对软硬件和技术要求较高，要求在全国范围内实现商业电子化、自动化及金融电子化，交易各方须具备一定的电子商务知识、经济能力和技术能力，并具有一定的管理水平和能力等。国内电子商务发展较好的集中在各大信息网络比较发达的地区，另外长三角、福建、广州等沿海省份凭借着货物加工与运送的能力，电子商务发展较好。

（3）全球电子商务。全球电子商务是指在全世界范围内进行的电子交易活动，参加电子交易各方通过网络进行贸易，涉及有关交易各方的相关系统，如买方国家进出口公司系统、海关系统、银行金融系统、税务系统、运输系统、保险系统等。全球电子商务业务内容繁杂，数据来往频繁，要求电子商务系统严格、准确、安全、可靠，应制定出世界统一的电子商务标准和电子商务（贸易）协议，使全球电子商务得到顺利发展。

电子商务的分类方式还有很多，如按电子商务交易过程可分为交易前电子商务、交易中电子商务和交易后电子商务；按交易对象不同可分为有形商品交易电子商务、无形商品交易电子商务和服务交易电子商务；等等。应该说，不同的分类便于从不同的角度研究电子商务，对于电子商务研究都有一定的作用。

1.5　电子商务机理

本节从电子商务系统角色的角度阐述电子商务系统的基本结构，并在此基础上对电子商务基础平台、电子商务服务平台与应用以及电子商务系统的支撑环境进行较为详细的分析和阐述。

1.5.1　电子商务系统的基本结构

电子商务系统是由许多系统角色构成的一个大系统。由于电子商务条件下的各方是通过网络进行信息沟通和业务合作的，因此需要传统商务活动中没有参与或者参与程度不深的一些角色，如用于网上身份验证的认证中心、完成商品配送的物流中心和提供电子商务相关服务的电子商务服务商等。在电子商务系统中，即使是传统商务中的角色，在功能和定位上也发生了巨大的变化，如完成网上支付的银行等。电子商务的基本结构如图1-3所示。

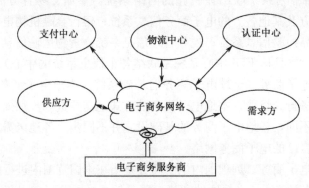

图1-3　电子商务系统基本结构

电子商务系统的主要角色有需求方、供应方、支付中心、认证中心、物流中心和电子商务服务商等。其中，需求方可以是企业也可以是个人，只要通过电子商务系统采购（购买）商品或服务，就是电子商务系统中的需求方；供应方与需求方类似，可以是企业也可以是个人，只要通过电子商务系统提供商品或服务，就是电子商务系统中的供应方；支付中心的功能是为电子商务系统中的需求方和供应方等角色提供资金结算和支付服务，它一般由网络银行来承担；认证中心是一些不直接从电子商务交易中获利的第三方机构，负责发放和管理用来证明参与方身份的数字证书，使各参与方均能相互确认身份；物流中心接受供应方的送货要求，负责及时地将有形实物商品送达需求方指定的地点，并跟踪商品的动态流向；电子商务服务商提供网络接入服务、信息服务以及应用服务。所有参与各方围绕电子商务网络相互协作开展业务，共同完成电子商务系统的功能。

1.5.2　电子商务基础平台

电子商务基础平台是企业电子商务上层服务、应用系统与企业内部信息系统连接的基础平台，为企业的电子商务应用提供运行环境和管理工具，是保证电子商务系统具有高扩展性（high scalability）、集中控制（central control and management）、高可靠性的基础。电子商务基础平台是面向系统效率的，其目标是提高系统的整体性能，这是与电子商务服务平台的根本差异。

一般来说，为了使企业的商务活动在 Internet 上能够在任何时间段范围内持续不断地进行，系统必须是强壮和可靠的（strong and reliable）。为了保证系统的可维护性，要求对系统进行集中控制，实现系统在线运行状态的监控，并可以根据用户访问压力动态调整系统资源（硬件设备、软件配置）。此外，为了保证能够动态扩展系统，要求基础平台能够与不同接口互联。电子商务系统的基础平台一般包括以下一些组成部分。

（1）负荷均衡（load balancing）。负荷均衡问题是指如何使电子商务系统服务器的处理能力和它承受的压力保持均衡。负荷均衡可以处理服务器集群（cluster）结构中各个服务器性能动态调整和负荷分配。它使电子商务系统中硬件性能得到有效的均衡，避免特定的设备或系统软件由于压力过大而出现崩溃和拒绝服务的现象，这样便能够在一定程度上提高系统的可靠性。

（2）接/传输管理（connectivity/communication management）。接/传输管理的主要作用是满足系统可扩充性的需要，用以实现电子商务系统和其他系统之间的互联，实现应用之间的互操作。一般来讲，这一部分包括三个方面的内容：异构系统的连接及通信，如UNIX 系统上的 Web 服务器与 IBM ES9000 之间的连接；应用间的通信接口，保证应用程序通过不可靠信道进行连接时，可以完成差错恢复及续传，并为应用之间的互操作提供应用编程接口（application programming interface，API），简化应用通信的开发工作；应用和数据库的连接（database connectivity）之间的接口。

（3）事务管理。由于电子商务系统所支持的商务活动涉及大量的联机事务处理（on line transaction process，OLTP）和联机分析处理（on line analysis process，OLAP），这就要求系统具备很强的事务处理（transaction management）性能。事务管理的作用包括两方面：一是保证分布式环境下事务处理的完整性、一致性和原子性；二是缩短系统的响应时间，提高交易过程的实时性。

（4）网站管理。网站是电子商务系统的客户服务接口，用于表达系统商务逻辑的处理结果。所以在电子商务系统中，网站具有重要的地位。网站管理（portal management）的基本作用是为站点维护、管理和性能分析提供技术支持手段，它主要实现系统状态的监控、系统性能调整、用户访问授权、客户访问历史记录等功能。透过网站管理功能，可以记录客户的访问数据，了解用户的需求。分析这些数据能够使企业了解客户的潜在需求。

（5）数据管理。数据管理为电子商务应用相关数据的存储、加工、备份和表达（presentation）提供支持，同时为应用程序提供应用开发接口。通常该部分利用支持 Web的数据库管理系统（database management system，DBMS）实现，但是与传统的 DBMS相比，该部分与 Web 的接口方式更加丰富，如支持 API、开放式数据库连接（open database connectivity，ODBC）等接口方式，而且对多媒体数据的支持能力更强。除利用传统的 DBMS 实现数据管理外，目前也有一种做法是将 Web 和 DBMS 更紧密地结合起来，构造所谓的 WebDB。大数据及相应技术的出现更使得数据管理成为电子商务的一个最重要的功能和盈利模式。

（6）安全管理。该部分的基本功能是为电子商务系统提供安全可靠的运行环境，防止或者减少系统被攻击的可能，提高系统抗拒非法入侵或攻击的能力，保障联机交易过程的安全。

1.5.3 电子商务服务平台与应用

电子商务服务平台的基本作用是为电子商务系统提供公共的服务，为企业的商务活动提供支撑，增强系统的服务功能，简化应用软件的开发。该部分通过集成一些成熟的软件产品，向企业提供一些公共的商务服务，如客户关系管理（customer relationship management，CRM）、企业供应链管理（supply chain management，SCM）和涉及交易的支付及认证等。电子商务服务平台的基本组成通常包括以下几个方面：

（1）支付网关接口（payment gateway interface）。支付网关接口是电子商务系统和银行之间的接口，它负责通过 Internet 和 Extranet 在客户和银行之间进行交互，完成与商品交换相关的电子支付。

在线支付（online payment）一般是在银行、客户、企业之间进行的，银行从本质上看是这种商务链中的一个虚拟商务中介。要完成在线支付，银行一般需要建立相应的支付网关（payment gateway）。企业则需要在支付网关之间建立安全的交易通道和接口，通过支付网关接口和安全交易通道，企业电子商务系统和银行的支付网关进行数据通信，完成电子资金的转移。对于任何一个试图通过 Internet 完成在线销售的企业来讲，这一部分都是不可或缺的。

（2）认证中心接口。要保证在线交易的真实性（即确保交易是在真实的买方和卖方之间进行）和不可抵赖性，就必须有特定的中介机构担保和确认交易双方的身份。所谓的认证中心（certification authority，CA），就是完成该职能的商务中介。认证中心一般可以发放标识交易参与方身份的电子证书，并负责对交易过程中买卖双方身份的审核验证，对交易的真实性进行担保。为了保证公正和权威，认证中心一般由独立于交易双方的第三方来承担，并且要保持绝对的中立，对交易双方的身份进行仲裁。

（3）客户关系管理。任何企业从事现代商务活动都需要对客户、客户的需求具有深刻的了解，并能够主动地透过 Internet 发现其潜在的客户群体，客户关系管理正是为了满足这样一类需要而产生的。客户关系管理注重的是与客户的交流，企业的经营是以客户为中心，而不是传统的以产品或以市场为中心。为方便与客户的沟通，客户关系管理可以为客户提供多种交流的渠道。

（4）内容管理。企业商务活动一般需要大量的信息资源作支持，而且随着企业商务活动的发展，如产品越来越多、服务的内容和深度逐步扩大，企业需要处理的信息量也在快速增长。那么，如何对这些内容进行管理？如何使企业的用户及合作伙伴在这些海量信息中迅速发现对自身有价值的信息？这些就是当下企业商务活动必须解决的问题。此外，电子商务系统中的很多信息是在 Web 上的超级文本文件，那么如何对这些非结构化或者半结构化的内容进行管理，从技术角度看也是一个难点。在这种背景下，专门的内容管理（content management）软件及相关的建议标准就在电子商务系统中应运而生。

目前，内容管理一般以 LDAP（light directory access protocol，即轻量目录访问协议）为基础，可实现集成或综合查询（integrated query）、内容过滤（filter）、非结构化数据管理和外部数据整理等功能。内容管理与联机接入处理（on line access process）、数据仓库（data warehouse）等方面要相互配合才能发挥其应有的作用。

（5）搜索引擎（search engine）。搜索引擎是一项既传统又在不断发展的技术，它负责向用户提供对电子商务系统中的数据进行快速、综合的检索功能。

搜索引擎与古老的蜘蛛程序（Crawler）和全文检索相关。它包括数据采集（包括手工采集、通过 Crawler 或者其他类似程序自动收集）、数据整理加工、全文检索等基本功能。如果说内容管理中的 LDAP 侧重于数据组织和管理，以便为数据的快速检索提供支持，那么搜索引擎则侧重于在大量的数据中快速找到与用户的兴趣点相关的内容，两者具备非常密切的关系，所以也有些观点认为搜索引擎本身就应当从属于内容管理。

（6）商务智能工具（business intelligent tools）。HP 公司（惠普公司）将电子商务的发展归结为"智能化电子服务（intelligent e-service）"；IBM 公司则认为以 Internet、Intranet 和 Extranet 为基础的商务活动中，需要进一步进行数据挖掘、分析和整理，才能使电子商务系统更为有效。目前，数据仓库等技术已经被广泛地引入电子商务系统中，力图在全部数字化的信息资源中，通过数据挖掘（data mining）和整理，对企业运作的全过程进行自动的分析，给出商务建议，从而使电子商务系统具备"智能"。商务智能工具是实现这些智能决策支持的基础。

（7）电子商务应用系统。电子商务应用系统是电子商务系统的核心，它为企业电子商务活动提供具体的支持。前面所阐述的各个部分都是为该部分提供不同的环境和技术支持。电子商务应用系统一般是在 Web 服务器之上，由应用开发人员根据企业特定的应用背景和需要来建立的，它能够实现企业应用逻辑所需要的各种功能。电子商务应用系统个性化特点一般较为明显，不同企业的应用系统可能有较大差异。

（8）电子商务表达平台。电子商务表达平台在整个企业电子商务系统的顶层，面向电子商务系统的最终用户。电子商务系统的表达平台有两个基本功能：第一，作为与用户的接口，接受用户的各种请求，并传递给应用系统；第二，将应用系统的处理结果以不同的形式进行表达，并提供给发出请求的用户信息终端。目前，大多数表达平台是以 Web 服务器为核心的。所以，也有人认为电子商务表达平台包括两部分，一部分是 Web 服务器，另一部分则是在 Web 服务器基础上向其他非 PC 信息终端提供支持的软件。电子商务表达平台支持的信息终端一般包括个人电脑、无线移动通信设备（如手机）、个人数字助理和掌上电脑、其他信息终端（如信息家电）等。电子商务表达平台的特点也是难点在于：它要将一种业务逻辑处理结果表示成为多种表达形式（如支持 PC 的超级文本格式、支持无线移动设备的 WAP 结构），而且要使这些结果适应于不同信息终端的特点。

（9）安全保障环境。企业电子商务系统至少包含两层安全保障环境，那就是内部安全保障环境和外部安全保障环境。安全保障环境不仅仅是技术或产品的问题，它实际上是保障企业商务活动安全的一整套方案，简单地讲，它包括安全策略、安全体系、安全措施等内容。

1.5.4 电子商务系统的支撑环境

电子商务系统的支撑环境主要是指为保证电子商务活动的开展而必须建立的一系列环境，它是电子商务系统的组成部分。电子商务系统的支撑环境主要包括电子商务的支付环境、电子商务的物流环境和电子商务的信用环境。支撑环境的完善与否直接关系到电子商务开展的可能性，这一点从中国物流制约电子商务发展的现实状况中就可以看出。

1. 电子商务的支付环境

随着越来越多的企业通过 Internet 开展业务，如何进行支付结算的问题越来越突出。电子商务涉及的范围广泛，网上交易对便利性、实时性的要求非常高，这就要求支付结算环节也要满足这一要求。传统支付结算方式要做到这一点非常困难，解决问题的唯一出路就是利用电子支付。

电子支付是电子商务活动的关键环节和重要组成部分，是电子商务能够顺利发展的基础条件。没有良好的网上支付环境，网上客户只能采用网上订货、网下结算付款的方式，只能实现较低层次的电子商务应用。这就使得电子商务高效率、低成本的优越性难以发挥，使得电子商务的应用与发展受到严重的阻碍。

网上金融服务是电子商务的重要一环，随着电子商务的普及和发展，网上金融服务的内容也在发生着很大的变化。网上金融服务包括网络银行、家庭银行、企业银行、个人理财、网上证券交易、网上保险、网上纳税等业务，所有这些网络金融服务都是通过电子支付的手段来实现的。所以从广义上讲，电子支付就是资金或与资金有关的信息通过网络进行交换的行为，在一般电子商务中就表现为消费者、企业、中介机构和银行等通过Internet 所进行的资金流转，它们主要通过信用卡、电子支票、数字现金、智能卡等方式来实现。由于电子支付是在开放的 Internet 上实现的，支付双方当事人并不见面，信息也很可能受到黑客的攻击和破坏，而这些信息的泄漏和受损直接威胁交易各方的切身利益，所以身份认证和信息安全是电子支付要考虑的重要问题。关于电子支付的详细内容本书后续章节将进一步讨论。

2. 电子商务的物流环境

物流是指物质实体从供应者向需求者的物理移动。近几年来，随着电子商务的飞速发展，物流问题十分突出地表现出来。支持有形商品网上交易的物流，不仅已成为有形商品网上交易的一个障碍，而且已经成为有形商品网上交易活动能否顺利进行和发展的一个关键因素。没有一个高效、合理、畅通的物流体系，电子商务所拥有的优势就难以得到有效的发挥，电子商务也就难以得到较好的发展。与电子商务有关的物流问题，本书后续章节也将进一步讨论。随着物联网和信息化技术的发展，电子商务的物流环境将会得到更好的发展和完善，物联网是新一代信息技术的重要组成部分，通过智能感知、识别技术与普适计算、泛在网络的融合应用，被称为继计算机、互联网之后世界信息产业发展的第三次浪潮。物联网是互联网的应用拓展，与其说物联网是网络，不如说物联网是业务和应用。因此，应用创新是物联网发展的核心，以用户体验为核心的创新 2.0 是物联网发展的灵魂。

3. 电子商务的信用环境

在电子商务条件下，商务活动都是通过计算机网络开展的，交易各参与方互不见面，不签纸面合同、不签字盖章、不用纸质票据，取而代之的是网上沟通、电子合同、数字签名和网上支付。与传统商务活动相比较，电子商务对商业信用的要求更加迫切。在商业信用尚未完善的情况下，交易的一方对交易的另一方是否能够按照约定履行交易更没有把握，这必然极大地影响、限制电子商务的应用与推广。因此，电子商务信用体系的建立对电子商务至关重要。

电子商务信用体系的建立是一个综合性的任务，不是仅仅依靠某一方面的努力就能够解决的，这个过程中有意识问题也有技术问题和法律问题，更需要时间让电子商务系统的各个角色逐渐适应。首先，社会各方面要大力引导，创建一个具有良好的信用意识的社会环境。其次，建立和完善电子商务认证中心十分迫切。认证中心是改善电子商务信用环境的最基本的技术手段，是电子商务活动正常进行的必要保障。再次，制定相关法律和制度也有利于营造良好的信用氛围。保障正常电子商务活动的进行，要通过法律规范电子商务交易各方的交易行为，规范和确认什么样的电子合同、数字签名等在法律上是有效证据，哪些是无效证据，从而保障讲信用的合法交易者的合法利益，打击不讲信用的不法行为。最后，建立社会信用评价制度和体系，为电子商务交易提供资信服务。将社会信用评价制度和体系应用到社会生活的各方面，促进企业和个人努力提高信用，自觉避免有损信用的事件的发生。

不少发达国家在信用体系方面已经有了很好的基础，而且还在不断发展以适应电子商务的需要。例如，阿里巴巴一向致力于打造诚信商业社区，积极推进商业诚信环境的建设。它以"让诚信的商人富起来"为使命，推出一系列网络诚信服务，同时坚决反对商业不诚信行为。2011年6月，阿里巴巴在社区就建立诚信机制开展征集活动，很多会员都提出了很多很好的建议，目前信用体系尚存在不足，希望能够尽力逐步完善阿里巴巴信用体系，让诚信通的指数更科学地反映会员的信用、贸易成熟度及透明度。阿里巴巴的信用体系分为以下几个部分：①个人实名认证；②诚信保障服务；③投诉管理；④诚信推广；⑤诚信档案。阿里巴巴旗下的淘宝网作为亚洲最大的零售商圈，其自身信用管理模式经过6年多的发展已经日趋成熟。通过对淘宝网信用管理相关措施的研究，大致可以将其信用管理方法分为三类，即信息展示类、卖方限制类和交易辅助类。

复习思考题

1. 简要阐述电子商务的概念。
2. 简述电子商务概念模型。
3. 简述电子商务运作模型。
4. 简要阐述电子商务的特点。
5. 从电子商务概念模型出发，简要阐述电子商务与传统商务的异同。
6. 简述电子商务的研究对象。
7. 请就一种分类方式阐述电子商务的分类及其特点。
8. 电子商务系统平台有哪些主要组成部分？
9. 简述电子商务系统的网络结构。
10. 电子商务系统的支撑环境包括哪些内容？

第2章

电子商务带来的革命

本章要点：电子商务的产生有着深刻的技术背景和商业原因，它的发展经历了基于传统 EDI 的电子商务和基于 Internet 上的电子商务等几个阶段。自诞生以来，电子商务在世界各国得到了迅速的应用与发展，并带来了一场史无前例的革命。这场革命的影响力不仅仅局限于商业本身，它对社会的生产和管理、人们的生活和就业、政府职能以及教育文化都带来了巨大的影响。

2.1 电子商务的起源与发展

2.1.1 电子商务的产生

广义的电子商务的起源可以追溯到 19 世纪 40 年代电报刚刚诞生之时。商人为了加快贸易信息传递，采用莫尔斯码点和线的形式在电线中传输贸易信息，这标志着运用电子手段进行商务活动进入了新纪元；后来利用电话、传真等传递商贸信息的活动则是电子商务活动的开端。

在与计算机技术和网络通信技术的互动中，电子商务逐步发展并完善，其中以 EDI 的出现为另一个重要标志。EDI 是一种在公司之间传输订单、发票等作业文件的电子化手段，通过计算机通信网络将贸易、运输、保险、银行和海关等行业信息，用一种国际公认的标准格式，实现各有关部门或公司与企业之间的数据交换与处理，完成以贸易为中心的全部过程。国际标准化组织（International Standard Organization，ISO）将 EDI 描述成"将贸易（商业）或行政事务处理按照一个公认的标准变成结构化的事务处理或信息数据格式，从计算机到计算机的电子传输"。通过 EDI，电子商务实现了商业数据的无纸化处理。

现代意义上的电子商务是 Internet 技术成熟后才开始的。1990 年，Internet 进入以资源共享为中心的实用服务阶段；1991 年，美国政府宣布 Internet 向社会公众开放，允许在网上开发商业应用系统；1992 年，Internet 主干网上计算机发展到 4 500 台。1993 年，万维网（world wide web，WWW）在 Internet 上出现，这是一种具有处理图文、声像等超文本对象能力的网络技术，使 Internet 具备了支持多媒体应用的功能；到了 1995 年，Internet 上的商业信息量首次超过了科教信息量，这既是 Internet 此后产生爆炸性发展的标志，也是电子商务从此大规模起步发展的标志。随着近年来移动终端的发展，移动电子商务这种业态模式也得到了迅速的发展，销售额成几何倍数增长。移动电子商务将Internet、移动通信技术、短距离通信技术及其他信息处理技术完美结合，使人们可以在任何时间、任何地点进行各种商贸活动，实现随时随地、线上线下的购物与交易、在线电子支付以及各种交易活动、商务活动、金融活动和相关的综合服务活动等。

　　Internet 有三个特点：一是信息交流的双向性；二是开放式信息传输标准，即信息提供者可以采用多种方式，信息接收者可以通过方便快捷的方式收集信息，同时使各种系统之间的互联变得简单；三是范围广泛，Internet 是全球性网络结构，可以轻松实现全球范围的连接，深入到千家万户，使交易无限扩大，费用却大大降低，使依赖于传统 EDI 的企业迅速介入 Internet，轻而易举地实现了全球性网上交易。Internet 相对于其他媒体的这种绝对优势使得 Internet 得以迅速普及，同时为 EDI 技术带来了无限生机，并直接推动了电子商务的发展。

2.1.2　电子商务产生的背景和原因

　　电子商务的产生与发展是社会发展的客观要求，同时又有着深刻的商业和技术背景。

　　（1）电子商务是商务应用需求的必然结果。在商品经济条件下，经济规律作用的结果必然要求全球资源在世界范围内最优配置，因而形成了经济全球化、市场国际化、社会分工国际化及产业结构在全球范围的调整，而这又导致了资本的大量转移和大批跨国公司的涌现，推动了国际贸易的发展。国际贸易的迅速增长造成了传统的以纸为载体的贸易单证和文件的数量激增。市场的激烈竞争使生产方式由大规模的批量生产向柔性的小批量多品种生产转变，以适应迅速变化的市场的各种需求，组织形式则由大型、纵向、集中式向横向、分散式、网络化发展。制造商、供货商和消费者之间，跨国公司与各分公司之间迫切要求提高商业文件、单证的传递和处理速度、空间跨度和准确度。追求商业贸易的"无纸化"成为所有贸易伙伴的共同需求。而传统的单证和文件采用人工处理，劳动强度大、效率低、出错率高、费用高。以纸为载体的贸易单证和文件成为阻碍国际贸易发展的一个关键因素。

　　（2）电子商务是 IT 业技术发展的必然结果。IT 技术的发展为电子商务的产生和发展奠定了坚实的技术基础，并且推动着电子商务应用的蓬勃发展。计算机的处理速度越来越快，处理能力越来越强，价格越来越低，因而进入普通百姓家庭和中小企业，这一切都为电子商务的应用提供了物质基础；Internet 逐渐成为全球通信与交易的媒体，全球上网用户呈级数增长，国际线路容量不断增大，带宽不断扩宽，特别是越来越多的用户使用宽带上网，Internet 上的应用和服务也更加丰富，这些又为电子商务的发展提供了应用条件；网络计算技术的迅速发展，从早期的以 X.25 协议为基础的专业网络到以 TCP（transmission control protocol，即传输控制协议）/IP 协议组为基础的 Internet，从集中式计算到分布式处理再到大集中式的云计算处理模式的螺旋式发展，每一步都成为电子商务前进的里程碑；网络编程语言的不断演化，从早期的汇编语言到 C 语言、B 语言，一直到 Perl、Java、C♯语言的出现，每一次变革都为电子商务的应用带来新的机遇；网络数据库也不断推陈出新，既有应用于大型部署的 SYBASE、Oracle，也有适用于小型应用的 MYSQL 等；计算机安全保障技术和网络安全技术的研究和发展，包括数据加密技术、数字签名技术和防火墙技术的应用等，为电子商务的发展提供了重要的保障作用。

（3）电子商务环境的发展起了重要的推动作用。电子商务的发展离不开电子支付、网络安全以及相关法律体系的支撑。以电子支付技术为基础的信用卡和电子货币的普及应用，为电子商务提供了金融基础。信用卡凭其方便、快捷、安全等优点成为人们消费支付的重要手段，并由此形成了完善的全球性信用卡计算机网络支付与结算系统，为电子商务中的网上支付提供了重要的技术手段。1996 年 2 月，VISA 与 MASTERCARD 两大信用卡国际组织共同发起制定保障在 Internet 上进行安全电子交易的 SET 协议，该协议的制定得到了 IBM、Microsoft、Netscape、GTE、VeriSign 等一批技术领先的跨国公司的支持。SET 协议适用于 B2C 的模式，围绕客户、商户、银行，或客户、商户、收单行或开户行以及其他银行的相互关系对其进行身份确认（把数字加密技术用于数字签名和颁发电子证书），以此保障交易安全。此后，VISA 与 MASTERCARD 两组织共同建立安全电子交易有限公司 SETCO，专门从事管理与促进 SET 协议在全球的应用推广。SET 协议的出台使得在一个安全的网络环境下完成购物和支付成为可能，对电子商务的发展起到了关键的推动作用。

（4）电子商务随着科技的发展和进步而不断演变发展形式。电子商务发展的第一阶段从电子销售（B2C）到电子贸易（B2B），再到电子集市，其主要特征为实验化、资本化、过度竞争、以技术为中心、面向组织和信息。第二代电子商务的发展是在 2001～2006 年以 C2C 为内容迅速发展的，其间的主要特征为业务驱动、盈利和利润、融合传统、面向过程。第三代的电子商务模式以移动服务、社交网站、微博、流媒体视频分享网站为主。微博营销和口碑营销成为了新的营销方式。在电子商务发展形式演变的过程中，宽带业务、大数据应用、物流信息化、信息安全和诚信建设是电子商务中任重而道远的建设任务。

2.1.3   电子商务的发展现状

美国、欧盟和其他一些发展中国家的电子商务稳步增长，其中以美国和欧盟的发展状况最为良好。例如，美国网上零售总额从 2007 年的 1 277 亿美元增长至 2012 年的 1 839 亿美元，2007～2012 年市场复合增长率为 7.6%，远远高于同期美国 GDP（国内生产总值）的增长率。全球电子商务发展有以下几个明显特点。

1. 宽带上网用户数量增加

在美国联邦通讯委员会（Federal Communications Commission，FCC）公布的美国高

速联网数据报告中显示，在高速联网方面，随着发展中国家的逐渐兴起，新一轮的宽带用户的持续成长已经出现，其中以中国最具代表性。2007 年中国的宽带用户是 9 700 万户，位居全球第二；2012 年 6 月底中国宽带用户数已达 1.7 亿户，居全球首位。目前，中国三大电信运营商的互联网宽带接入用户中，速率在 2～8M 的用户份额继续扩大，占比为80.7％；8M 以上的用户市场份额上升最快，占比为 12％；512k～2M 的用户占 7.4％。2012 年一季度我国基础电信运营商的宽带业务收入为 287 亿元。宽带接入业务收入在固定通信服务收入中的比重为 40.1％。

截至 2012 年第二季度末，全球宽带接入用户总数达到 6.15 亿户。美国推出刺激宽带发展的新举措，把通信管道纳入新道路建设的强制性要求；欧盟也在寻求进一步降低高速网络部署成本的解决方案，并转换监管思路，推动 FTTH（fiber to the home，即光纤到家）建设；英国宽带战略取得一定成效，监管机构规范宽带发展，网络速率不断提高，高速宽带使用率持续增长。

宽带 Internet 接入可以加快 Internet 流量的增长，并改变人们和企业使用 Internet 的方式。在 B2C 商业模式下，宽带用户有更多的可能从事电子商务活动，因此此种用户在流量和在线消费方面所占份额会迅速增加。从宽带对企业组织或 B2B 交易的影响这一角度来看，虽然一些倡议旨在围绕宽带建立新的经营模式，但尚未出现对市场的运作或公司管理的影响，在很大程度上有别于 Internet 先前的对商业应用产生影响的宽带应用。不过，企业购买的在线内容要比顾客多得多，而宽带使此种内容变得更容易获取和使用，因而更容易出售，尤其是对中小企业来说。宽带使多个用户能够共用一个 Internet 连接，这就能够降低每个单独连接的费用，而降低费用是中小企业需要考虑的一个重要事项。对大企业来说，能够将数据和应用程序集中在一个单一储存器中，同时又使远程地点的许多用户能够访问和使用相当多的信息，可有助于采用新的组织方式。

2. 网上销售额提高，业务模式多方向发展

根据美国统计局公布的一项最新的专业调查数据显示，尽管美国经济放缓使许多零售商陷入困境，但美国的网上零售额仍以 10％以上的增长率向前发展，调查指出，面对全美经济走缓的大趋势，网络零售商之所以仍能保持快速发展，主要在于电子商务拥有"便捷、平价以及货源充足"的优势。IBM 旗下市场研究公司 IBM Benchmark 2012 年发布数据称，随着电脑、平板电脑和手机购物受到热捧，美国网络销售额同比增长 15.6％，今后的表现也非常不错。据日本 GFK（Gesellschaft Fuer Konsumforschung，德语，即捷孚凯消费品市场研究公司）发布的《家电、IT 产品网络销售市场动向》报告称，2012 年家电、IT 产品的网络销售市场规模突破 7 000 亿日元，较 2009 年增长约 1.5 倍。截至 2012年 6 月底，网络购物用户规模达到 2.10 亿户，使用率提升至 39.0％，较 2011 年年底用户增长 8.2％。网络零售市场呈现竞合并举的态势。2012 年上半年，电商企业一方面继续进行价格战，通过低价策略维系用户黏性；另一方面展开了更多的合作，如平台商更加开放化，吸引更多的电商和品牌商入驻，企业通过物流合作和资源共享共同应对物流瓶颈和高额成本。2012 年阿里巴巴集团双十一的销售额达到 191 亿元，远超过美国同期的销售额，表明中国在电子商务方面有巨大的消费群体和市场潜力。如图 2-1 所示，中国近 5 年来的市场交易规模增速飞快。随着整体网民增长乏力显现，从 2011 年开始，网络购物的

用户增长也明显放缓，未来市场增长的动力急需从主要依靠用户规模增长单一推动向用户数量与消费深度双向增长驱动转变，而移动化和社交化就成为带动网络零售市场向纵深发展的两列"快车"。2012年上半年，移动电子商务市场呈现高速发展，手机网购用户半年增长 59.7%，成为增长最快的手机应用；购物分享类网站快速渗透，对电商网站的流量带动也更加明显。

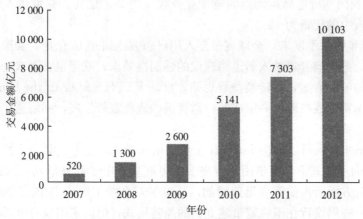

图 2-1　2007～2012 年中国网上零售市场交易规模
资料来源：中国电子商务研究中心

在电子商务的几种交易方式中，B2C 和 B2B 两种所占分量最重，各大企业（如京东、苏宁、亚马逊等）在电子商务领域发挥着日益重要的作用。

3. 进入电子商务市场的企业日趋多元化

从国际电子商务的发展来看，进入 B2B 市场的主要有四种类型的公司：

（1）传统行业内的跨国公司。例如，通用汽车、Sears Roebuck、杜邦公司等传统领域的巨头纷纷斥巨资进入这一领域，希望通过 B2B 平台优化改造其原有的价值链，以创造 Internet 时代新的竞争优势；福特汽车、克莱斯勒、通用汽车开始联手构筑新的 B2B 汽车零部件供应链。

（2）新兴互联网巨头。与传统 IT 企业不同，亚马逊、百度、京东、淘宝、Facebook、Sina 等新兴互联网巨头凝聚了网上大部分的人气，并且有足够的互联网经营经验。

（3）传统的 IT 巨头。例如，微软、IBM、Oracle、Intel 等也纷纷加大投资，期望凭借其以往的技术和软件优势，在竞争日益激烈的市场中分得一席之地。

（4）现有的 B2B 电子商务公司。面对各种各样的公司纷纷涌向 B2B 市场，Ariba 和 Commerce One 等这一领域的先行者并不示弱，纷纷表示将凭借它们已经建立起来的技术优势和经验与后来的竞争者抗衡。

2.2　中国电子商务的发展状况

近五年来，中国电子商务领域有了飞速的发展，2007 年是中国电子商务发展最重要的一年，各大互联网公司纷纷进入电子商务领域，呈现出一片良好的发展态势。进入 2008 年以后，中国电子商务出现了激烈的竞争，并且各大电子商务公司并没有完成盈利，一直处于扩张的阶段。

2.2.1　中国电子商务发展回顾

纵观中国电子商务的成长脚步，可将中国电子商务的发展历程细分为以下四个阶段：

（1）1999～2002 年萌芽阶段。这个阶段里中国的网民数量比起今天是少之又少，根据 2000 年年中公布的统计数据，中国网民仅 1 000 万人。而且这个阶段，网民的网络生活方式还仅仅停留于电子邮件和新闻浏览的阶段。网民未成熟，市场未成熟，以 8848 为代表的 B2C 电子商务站点能说得上是当时最闪耀的亮点。可惜 8848 最终逝去，萌芽期的电子商务环境里没能养活几家电子商务平台，只是孕育了一批初级的网民。这个阶段要发展电子商务的难度相当大。

（2）2003～2006 年高速增长阶段。当当、卓越、阿里巴巴、慧聪、全球采购、淘宝，这几个响当当的名字成了互联网领域的热点。这些生长在网络的企业在短短的数年内崛起，和网游、SP（service provider，即服务提供商）企业等一起领跑了整个通信和网络世界。而且网络应用的发展对传统业务的影响深远，以前程无忧网络招聘为例，这个专门发行招聘报纸的企业，2003 年年初的时候还是投报纸广告送网络招聘会员，到今天已经变成了投放网络招聘广告赠送报纸招聘广告，可见变化之巨大。这个阶段对电子商务来说最大的变化有三个：①大批的网民逐步接受了网络购物的生活方式，而且这个规模还在高速的扩张。②众多的中小型企业从 B2B 电子商务中获得了订单，获得了销售机会，"网商"的概念深入商家之心。③电子商务基础环境不断成熟，物流、支付、诚信瓶颈基本得到解决，在 B2B、B2C、C2C 领域里都有不少的网络商家迅速的成长，积累了大量的电子商务运营管理经验和资金。

（3）2007～2010 年电子商务纵深发展阶段。这个阶段最明显的特征就是，电子商务已经不仅仅是互联网企业的天下。数不清的传统企业和资金流入电子商务领域，使得电子商务世界变得异彩纷呈。

首先，阿里巴巴、网盛上市标志着 B2B 领域的发展步入了规范化、稳步发展的阶段；淘宝的战略调整、百度的试水意味着 C2C 市场将在高速发展的同时不断地优化和细分市场。其次，PPG、红孩子、京东的火爆，不仅引爆了整个 B2C 领域，更让众多传统商家纷纷跟进。2007～2010 年，中国的电子商务发展达到了新的高度。虽然还不至于会颠覆人们的生活习惯，但是我们看到了一些更为精彩绝伦的新鲜事，看到了一个现实社会与虚拟社会不断融合发展的新时代。

（4）2011～2012 年电子商务多方向发展。这个阶段电子商务业务模式持续深入和发展，团购成为了新的发展力量，各大电商新增了许多团购业务，形成了多业务模式的综合电商。另外电子商务区域发展仍未平衡，主要集中在华南、华北和华东等区域，经济发展较为落后地区也影响着电子商务的发展。随着移动互联网的发展，移动电子商务也成了电子商务新的利益增长点。2012 年上半年，手机网上购物用户达 3 747 万人，相比 2011

年下半年的2 347万人，半年规模增长59.7％。其原因包括：一方面，传统电子商务的发展为移动电子商务的发展奠定了基础。传统电子商务网站逐步进军移动电子商务领域，部分电商企业将移动终端业务提升到战略高度。另一方面，智能手机等移动终端走入用户生活，也为移动电子商务注入了新的活力，手机购物正逐步被用户接受。

2.2.2　中国电子商务发展现状

1. 基础设施发展迅速

网络设施是电子商务发展的基础。中国电信业发展迅速，其网络规模和用户数量都已经名列世界前茅。据工业与信息化部统计，2008年年底中国固定电话用户数为3.4亿户，移动电话用户数为6.4亿户左右，电话用户总数已经达到9.8亿户。由于农村市场开拓，加上部分人开始拥有不同手机号码，手机用户进入高速增长期。CNNIC发布的《第22次中国互联网络发展状况统计报告》显示，截至2008年6月，中国网民数量达到2.53亿人，网民规模跃居世界第一位。截至2012年6月底，中国网民数量达到5.38亿人，互联网普及率为39.9％。在普及率达到约四成的同时，中国网民增长速度延续了自2011年以来放缓的趋势，2012年上半年网民增量为2 450万人，普及率提升1.6个百分点（图2-2）。截至2012年6月底，我国手机网民规模达到3.88亿人，较2011年年底增加了约3 270万人，网民中用手机接入互联网的用户占比由2011年年底的69.3％提升至72.2％。

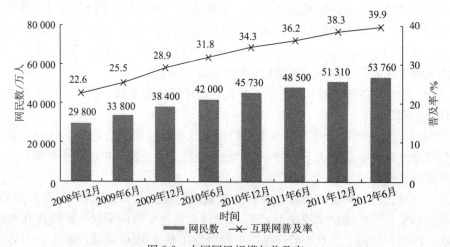

图2-2　中国网民规模与普及率

资料来源：CNNIC中国互联网络发展状况统计调查

2. 电子商务环境进一步改善

2004年8月由第十届全国人民代表大会常务委员会第十一次会议表决通过的《中华人民共和国电子签名法》（简称《电子签名法》）首次赋予电子签名与文本签名同等的法律效力，同时承认电子文件与书面文件具有同等效力，从而使现行的民商事法律同样适用于电子文件，并明确了电子认证服务市场准入制度，保障电子交易安全。该法于2005年4月1日起施行。有关专家认为，《电子签名法》的出台将增强网上交易的安全性、有效性，较大程度解决电子商务的法律障碍，这部法律将对中国电子商务、电子政务的发展起到极其重要的促进作用。

为了加强对国内电子商务认证机构的管理，信息产业部于 2001 年 12 月 10 日成立国家电子商务认证机构管理中心。由信息产业部信息化推进司负责对该管理中心的业务指导和管理，中国电子商务协会具体承担管理中心的日常工作。《电子认证服务管理办法》于 2005 年 1 月 28 日中华人民共和国信息产业部第十二次部务会议审议通过并正式发布，于 2005 年 4 月 1 日起施行。

之后由国务院办公厅下发的《关于加快电子商务发展的若干意见》要求有关部门本着积极稳妥推进的原则，加快研究制定电子商务税费优惠的财税政策，加强电子商务税费管理；支持企业面向国际市场在线销售和采购，鼓励企业参与国际市场竞争，并且今后政府采购将积极应用电子商务。此外，推进在线支付体系建设也是这项政策的一个重要方面。该文还要求有关部门加紧制定在线支付业务规范和技术标准，研究风险防范措施；积极研究第三方支付服务的相关法规，引导商业银行、中国银联等机构建设安全、快捷、方便的在线支付平台，推动在线支付业务规范化、标准化并与国际接轨。在认真贯彻实施《电子签名法》的基础上，有关部门还将抓紧研究电子交易、信用管理、安全认证、在线支付、税收、市场准入、隐私权保护、信息资源管理等方面的法律法规问题，尽快提出制定相关法律法规的意见；并将加快制定在网上开展相关业务的管理办法，推动网络仲裁、网络公证等法律服务与保障体系建设。

2.2.3 中国电子商务发展的主要特点

中国的电子商务市场经过多年的曲折发展，终于迎来了又一个春天。纵观中国电子商务的过去和现在，中国电子商务的发展特点可总结如下：

（1）网络环境条件已经成熟。以多语种信息传递为基础，以银行卡或网络银行结算为前提，以网络数字证书安全认证体系为交易信任保障，以全程物流配送和延伸服务为支撑，充分实现信息资源的共享性、互动性、安全性的网上交易环境，是电子商务国际化的环境要求。

在身份认证方面，我国取得了重要进展，不仅各省认证中心普遍建立，而且中国金融认证中心（China Financial Certification Authority，CFCA）电子证书发放量已突破百万。在基于声纹识别的电话网络语音身份认证、RSA（即公钥加密算法，由 Ron Rivest、Adi Shamirh 和 Len Adleman 开发，取名来自三者的名字）双因素身份认证、指纹识别身份认证、像素人脸识别身份认证等先进的认证技术上也都获得了突破。特别是我国公安部已经建成了全网统一的身份认证和授权访问控制系统，不仅制发数字证书 70 余万张，还衔接改造应用系统 230 个，提高了公安信息网络安全管理水平和查询追索能力。

在网络支付方面，目前西方发达国家网上银行对传统物理网点的替代比率已经达到 30％以上，个别国家甚至达到 60％以上。现代银行正在实现从以柜面服务为主的传统服务向全方位网络服务的全面转型，以网上银行为代表的电子渠道将成为银行服务客户的主要方式。经过短短十多年的发展，我国网上银行的技术和服务水平已经迅速赶上了世界发达国家的水平。其安全性逐步提高，功能日趋完善，客户数量和业务量增速迅猛，国内网上银行用户数连续 4 年增幅超过 90%，国际结算银行曾对全球 95 个国家和地区进行了一项关于"电子货币以及互联网与移动支付系统"的调查指出：基于卡的电子货币系统在 34 个国家取得了相当的成功，尤其是公交、公用电话、停车计费以及自动售货机领域在中国获得了快速发展。2012 年，16 家上市银行的中期财务报表已全部发布，共有 9 家银行披露了个人网银或零售网银的数据。据中国电子银行网统计，2012 年上半年，9 家上市银行个人网银累计用户数量近 3 亿户。

所有这些都为中国电子商务网站进入跨国网上市场奠定了坚实的基础。这表明，我国开展国际电子商务的网络环境条件已经成熟。

(2) 支付工具顺势国际化。发展跨国电子商务，必须发展国际支付。当前支付宝已成为电子商务简单、安全、快捷的在线支付工具。截至 2008 年 8 月底，支付宝的注册用户已经突破 1 亿户大关，日交易量达到 4.5 亿元，日交易笔数达到 200 万笔。目前支付宝已经渗透进包括 C2C、B2C、B2B 以及电子政务、公共事业性缴费等社会生活的各个领域，用户使用支付宝的方式也从网上支付扩展到手机短信、语音、WAP（wireless application protocol，即无线应用协议）乃至线下支付等多种方式。目前除淘宝和阿里巴巴外，服务商家就已超 30 万家；中国工商银行、中国农业银行、中国建设银行、招商银行、上海浦东发展银行以及中国邮政、VISA 国际组织等均和支付宝建立了战略合作关系。

(3) 网上市场规模化、平台化、品牌化。商务部编制的《国内贸易发展"十一五"规划》指出：到 2010 年我国将建成法制健全、体制完善、发展协调、秩序规范、结构合理、方式先进、组织化程度较高的现代市场体系。中国电子商务经过近年的发展，已经涌现出一大批为国内外买家欢迎和青睐的网上采购市场。规模化、有序化、品牌化的网上市场体系框架正在逐渐形成。阿里巴巴、中国钢铁网、中国化工网等一大批网上市场，正在逐渐实现主流化、规模化、平台化。跨国企业和国际买家已经把中国作为重要的网上采购市场。做大规模是必然，平台运作是方式，塑造品牌是产物。

(4) 一批电子商务网站加速国际化进程。阿里巴巴在香港交易所上市，让国际互联网产业巨头和股市投资者感受到了中国互联网公司的分量。上市以后，阿里巴巴加快了电子商务国际化的进程。庞大资金的 60% 都将被投入到加强阿里巴巴的国际化建设当中：阿里巴巴已在欧洲开了办事处；在日本成立了分公司；在美国举办"芝麻开门"活动；在中国进出口商品交易会（又称广交会）上进行了信息资源置换；还获得国际域名注册授权。

2007 年 11 月阿里软件又与思科签署了全面战略合作备忘录，致力于共同开拓中小企业国际化市场。值得指出的是，此次是阿里巴巴继同英特尔、微软之后的又一家重要的 IT 科技公司的合作。这种网络设备商、软件商、互联网服务提供商三方面的聚合，将成为阿里巴巴集团整合世界网络资源战略布局的重要一步。

信息资源来源的国际化、商务信息渠道的扩展化、网上商机的多元化必将促成信息价值的增量化，为此阿里巴巴对网络平台功能进行了全方位的提升，全面显示了阿里巴巴的技术创新能力、资源整合能力和市场开拓能力。当这些能力和资本积聚能力一起形成一种战略能力的时候，阿里巴巴作为中国电子商务网站旗舰的形象和态势，就会清晰地显示出来，就开始拉开了和慧聪网、环球资源为代表的第一阵营网站的差距。

（5）跨国网购成新趋势。中国人的购物视野已经扩展到国外。很多人通过跨国购物发现：很多品牌和产品在国内还买不到，即使有的产品国内能买到，售价与国外也相差很大。特别是许多中国人发现：每年法国的购物季期间，在该国网站购物，不仅款式新颖，而且都是折扣价。这就进一步激发了中国人的网购热情。VISA 国际组织公布的数据显示，中国内地 VISA 国际卡的交易总额和签账总额增长率位居亚太地区榜首。

与此同时，国内的中商网（ChinaEC.com）也早就与北京西单商场、中外运敦豪国际航空快递公司（Dalsey，Hillblom and Lynn，DHL）联手推出"网上购物跨越国界，海外华人解乡愁"的主题促销活动，为海外华人以及国内民众提供中秋礼品网上订购、速递全球的"e路通"服务。被誉为"网络丝绸之路"的 eBay 则为众多的中国中小企业提供了一条通向国际市场的快车道，提供了一个面向全球 150 多个市场的 2 亿多 eBay 用户四通八达的跨国交易渠道。

■ 2.3　各国电子商务的发展

2.3.1　欧美地区

以欧美国家为例，可以说电子商务业务开发得如火如荼。在法国、德国等欧洲国家，电子商务所产生的营业额已占商务总额的 1/4，在美国则已高达 1/3 以上，而欧美国家电子商务的开展也不过才十几年的时间。在美国，美国在线（American On Line，AOL）、雅虎、电子港湾等著名的电子商务公司在 1995 年前后开始赚钱，到 2000 年创造了 7.8 亿美元的盈利，IBM、亚马逊商城、戴尔电脑、沃尔玛超市等电子商务公司在各自的领域更是取得了不可思议的巨额利润。欧美国家电子商务飞速发展的原因包括以下几点：

（1）网民普及率高。欧美国家拥有电脑的家庭、企业众多，网民人数占总人口的 2/3 以上，尤其是青少年，几乎都是网民，优裕的经济条件和庞大的网民群体为电子商务的发展创造了一个良好的环境。

（2）网络支付体系完善。欧美国家普遍实行信用卡消费制度，建立了一整套完善的信用保障体系，这为电子商务网上支付问题的解决找到了出路。具体来说，欧美国家的信用保证业务已开展有 80 年的时间。在欧美国家，人们可自由流动，不用像中国一样受户口的限制，为方便生活起居，每个人都有一个独一无二的、不能伪造并伴随终生的信用代码，持此信用卡进行消费，发卡银行允许持卡人大额度透支，但持卡人需在规定时间内将所借款项归还，如果某企业或个人恶意透支后不还款，那也就意味着以后无论走到何地，他的信用记录上都会有此污点，不论他想贷款买房、购车或办公司，银行都不会贷款给他，这在贷款成风的西方世界是极其可怕的！因此，西方人普遍将信用看做自己的第二生命，谁也不愿意贪小利失大义，当在网上购物时，他们会在购买物品后直接输入密码，将信用卡中的电子货币划拨到网站上，商务网站在确认款到后，立即组织送货上门。

（3）物流配送体系完善、正规。欧美国家的物流配送体系相当完善、正规，尤其是近年来大型第三方物流公司的出现，使得不同地区的众多网民往往能在点击购物的当天或转天就可收到自己所需的产品。这要得益于欧美国家近百年的仓储运输体系的发展。以美国为例，第二次世界大战后许多企业将军队后勤保障体系的运作模式有效地加以改造运用到物资流通领域中来，逐渐在全国各地设立了星罗棋布、无孔不入的物流配送网络。即使在电子商务业务还未广泛开展的十多年前，只要客户打电话通知要货，几乎都可以享受免费的送货家政服务。美国联邦快递、UPS（联邦包裹速递服务公司）等是大型物流公司的典范，专门负责为各个商家把产品送到顾客手中，有了这样庞大而完善的物流配送体系，当电子商务时代到来后，美国只需将各个配送点用电脑连接起来，即顺理成章地完成了传统配送向电子商务时代配送的过度，电子商务活动中最重要最复杂的环节——物流配送问题就这样轻而易举地被解决了。

2.3.2　亚太地区

Internet 在亚太地区已经深入到百姓的日常生活中，成为人们生活中不可分割的一部分，消费者开始主动地使用并依赖 Internet。美国一家因特网企业的调查结果显示，韩国网民数为 2 400 万人，仅排在英国后居第 6 位。此外，韩国人的月均上网时间为 47.2 小时，继以色列和芬兰后居第 3 位。根据第 15 次 CNNIC 的调查报告显示，香港地区网民数达 330 万人，占总人口的 51%，家庭上网普及率达到 70%，网民平均每周上网 5.3 天。来自 IDC 公司的数据显示，亚太地区 25.8% 的网民的网龄超过 5 年。

商务部预计，到 2015 年电子商务服务业将形成规模，成为中国现在商贸流通体系建设的重要组成部分。中国的网民人数将从目前的 4 亿多人增加到 7.5 亿人，中国电商交易额将达到 18 万亿元。电子商务在亚洲各国经济活动中的地位也将越来越重要。

世界经济论坛最近发布的《全球技术报告》将新加坡的 IT 业发展水平评为世界第二。新加坡从 20 世纪 90 年代开始实施的信息化战略一步步地让新加坡成为亚洲乃至世界的数码港和信息之都，信息技术正在改变并提升着新加坡的社会生活。新加坡政府近期的目标是将该国由一个传统的航运枢纽变成亚太地区的电子商务及高技术中心。该国将于 2008 年前实现无现金消费，所有商家和服务提供商都必须接收以电子形式支付的款项，届时消费者通过移动电话、掌上电脑以及手表等设备实现支付。

■ 2.4　电子商务与社会变革

电子商务不仅是一种技术变革，它还通过技术的辅助、引导和支持，带来了前所未有的生活方式变革和社会经济变革。

2.4.1　电子商务与生活方式的变革

电子商务作为一种新的商务形式，不仅给商务活动而且给整个人类的生活方式带来了一系列的重大变革。

（1）电子商务改变了人们获取信息的方式。通过 Internet，消费者可以更快、更直观、更经济、更有效地获得大量的信息。首先，网上的内容可以经常更新，特别是新闻类信息更新速度更快；其次，网上发布和获取信息的成本极低，在当今纸张昂贵、发行流通成本较高的情况下，这一优点特别明显，许多历史悠久的期刊纷纷增发网络版本或者干脆完全采用电子发行；最后，网络发布信息可以接触和深入到更多的消费者，这是传统媒体所不能比拟的。另外，网络上的信息每一秒钟都在增长，构成了一个庞大的海量数据库，用信息爆炸来形容这个过程毫不为过。

此外，在 Internet 上传播信息有着双向性的特点，消费者一方面获得信息，另一方面也是信息的制造者。他们可以对产品发表评论，可以对企业提出产品需求，也可以肆意挥洒文字或者自由地针砭时弊。这样，Internet 不仅仅是造就了大量的网络作家、评论家，更给了网络用户在网络上的极大的自由性和主动性。因此，越来越多的人利用网络获取信息服务，网上信息服务成为电子商务的一个重要方面。这也是大数据现象产生的背景和重要原因之一。

（2）电子商务改变了人们的消费方式。网上购物的最大特征是消费者的主导性，购物意愿掌握在消费者手中，消费者主权可以在网络购物中充分体现出来。这是因为各企业不仅将自己的产品放在企业的网站上，还有非常多的网站提供了商品搜索的功能，货比三家一下子变得简单而有趣。

另外，消费者还能以一种轻松自由的自我服务的方式来完成交易。在过去，消费者找厂家、跑商场、进银行、排队、交涉、办手续等行为，现如今都在被电子商务改变着。作为消费者，他们只需要坐在电脑前敲一敲键盘，就能进入网上商店，查看成千上万的商品目录，从中挑选自己想要的商品，然后查看商品的规格和性能。随着多媒体技术的应用，消费者还可以在计算机屏幕上看到商品的照片甚至三维的图形。对于选定的商品，消费者只需调出订单进行填写，然后把自己的信用卡号码加进去用于付款。订单确认后发出，商家几乎立即可以收到，随即就会送出或寄出顾客购买的商品。

（3）电子商务改变了人们的工作方式。电子商务使得在家办公成为可能。电子商务保证了及时通信和业务处理，所以办公的方式、地点、时间可以是灵活的。特别是对于工作独立性较强的管理决策人员，他们再也不需将时间花在交通拥挤的公路上。电子商务不仅提高了人们的办事效率，还有助于缓解交通，减少城市污染。电子商务使得人们不用出门就能满足各类基本的生活需要，完成自己的工作任务，人们的生活质量和工作效率都大大提高。

（4）电子商务改变了人们接受教育的方式。社会的进步和发展要求社会各个领域和层次的人们要不断学习，不断更新知识。这就给教育提出了新的任务。教育的对象已不仅仅是学生，还包括了各个年龄层次、各种知识结构、各种需求层次和各个行业的从业者。这种终身继续教育和培训的任务，从时间和空间上都不是现在的学校形式和结构能够胜任的，特别需要利用电子商务这种商业化手段及其相应的应用技术加以支持。教育的内容也正在随着 Internet 的普及而发生改变。电子商务已经成为一门经典的学科，利用 Internet 收集资料、进行科学研究是 21 世纪最基本的研究方法，中国的许多大学已在学生宿舍中连上 Internet，方便学生直接查资料，极大地扩展了学生的知识面。Internet 还使得科研合作规模得以迅速扩大。

2.4.2　电子商务与社会经济变革

1. 电子商务改变经济增长方式

目前经济全球化与网络化已经成为一种潮流，信息技术革命与信息化建设正在使工业经济转变为信息经济、知识经济，并将迅速改变传统的经贸交易方式和整个经济的面貌，并加快了世界经济结构的调整与重组。在这个转化过程中，信息产业特别是电子商务，发挥着关键的促进作用，并成为最重要的推动力之一。电子商务改变了经济增长方式，经济增长不再单纯依靠资本投入而更依靠信息技术和科学知识，从以物质生产为主的产业经济发展模式向以信息生产和知识生产为主的经济发展模式转变，即传统经济向信息经济、知识经济转变。Internet 已成为全球重要的信息传播工具和商务交流的领域，通过电子商务把市场和资源协调起来，把生产者和消费者贯通起来，是现代企业开发新产品、拓展新市场、扩大对外交流、提高生产效率的最有利的手段。

电子商务的发展不仅影响了企业的内部结构，也影响了外部行业结构，新的以服务为主的行业不断产生。一些头脑聪明的企业家将眼光投到电子商务上来，纷纷成立以电子商务服务为主的企业与公司，如网络交易中心、电子商场、电子商务咨询服务公司、电子商务应用软件开发公司等。这已成为 21 世纪的热门行业之一，这些公司的人员构成表现为几个特点：年轻化、高素质、跨学科、跨文化。他们大都是工商管理、金融财经、信息管理、计算机网络专业的综合人才。因此，这些公司的发展异常迅速。

2. 电子商务改变商务活动的方式

计算机网络只是一种信息交流工具，其优越性在于更快、更广、更丰富、更互动和更低成本。人类社会包括商务活动在内的一切活动，无一不是借助于信息工具才能完成的，信息工具的每一次进化都必然地促进了人类活动方式的进化，当然也促进了商务活动方式的进化。这种进化从纸张、印刷术和电报对人类活动的影响中可见一斑。由于电子商务提供一种快捷、方便的购物手段，消费者的个性化、特殊化需要可以完全通过网络展示在生产厂商面前，电子商务将改变商务活动的方式。传统的商务活动最典型的情景就是"推销员满天飞"、"采购员遍地跑"，消费者在商场中筋疲力尽地寻找自己所需要的商品。现在，通过 Internet 只要动动手就可以了，人们可以进入网上商场浏览、采购各类产品，而且还能得到在线服务；商家们可以在网上与客户联系，利用网络进行货款结算服务；政府还可以方便地进行电子招标、政府采购等。

另外，跨国管理成为现实。电子商务系统的创立，使得大规模的跨地区、跨国界的商业活动成为可能。一些著名的零售业纷纷扩大营业范围和规模，组织跨地区、跨国界的商业活动，以降低成本和抢占市场份额。一些大的连锁商店如西尔斯、麦当劳、沃尔玛等都在网络上创立了自己的虚拟连锁商店，改变传统的商业结构和布局，以适应新的管理模式。

3. 电子商务转变政府的行为

政府承担着大量的社会、经济、文化的管理和服务功能，尤其在调节市场经济运行和防止市场失灵带来的不足方面有着很大的作用。在电子商务时代，企业应用电子商务进行生产经营，消费者进行网上消费，将对政府管理行为提出新的要求。电子政府或称网上政府，将随着电子商务的发展而成为一个重要的社会角色。

然而，电子政务不是一个技术项目，而是一个引领变革的工程。电子政务并不是简单地将政府面向企业和居民的服务移到网上就可以实现；理想状态下，它必须对政府的业务流进行重新设计，对政府的结构进行重组，在电子手段的帮助之下简化政府与企业和居民间的互动，降低而不是增加政府业务运行的成本。电子政务的最终目标是构造一个信息时代的政务。但是，这种对于原有的、工业时代的政府形态的改造是通过电子政务工程项目一个一个地实施来积累和进行的。

因此，每一个电子政务应用项目的推进，都需要有法律、行政、法规、社会、政治等各个方面的、综合的考虑和有机的组合来推动，只有这样才有可能达到变革和改造现有政府形态的目的。

2.5　电子商务与企业变革

2.5.1　电子商务的作用

商业实务运作过程是企业在具体进行一个商贸交易过程中的实际操作步骤和处理过程。这一过程由交易前的准备、贸易磋商、合同与执行、支付与清算等环节组成。电子商务通过 Internet 可提供在网上的交易和管理的全过程的服务，具有对企业和商品的广告宣传、交易的咨询洽谈、客户的网上订购和网上支付、销售前后的服务传递、对交易过程的管理、营销方式等各项功能。

（1）广告宣传。电子商务使企业可通过自己的 Web 服务器和网络主页（HomePage）以及电子邮件在全球范围做广告宣传、在 Internet 上宣传企业形象和发布各种商品信息，客户用网络浏览器可以迅速找到所需的商品信息。与其他各种广告形式相比，在网上发布广告的成本最为低廉，而传达给顾客的信息量却最为丰富。该功能目前在企业应用最为广泛，许多门户网站收入的很大一部分来自于企业的这部分广告宣传费用。

（2）咨询洽谈。电子商务使企业可借助非实时的电子邮件、微信、QQ 等交流组（news group）和实时的讨论组（chat room）来了解市场和商品信息、洽谈交易事务，如有进一步的需求，还可用网上的白板会议（whiteboard conference）、BBS 来交流即时的信息。在网上的咨询和洽谈能超越人们面对面洽谈的限制、提供多种方便的异地交谈形式，该方式在大幅度节省洽谈费用的同时极大地提高了商务谈判的效率，正在被越来越多的企业所采用。

（3）网上订购。电子商务通过 Web 交互传送实现客户在网上的订购。企业的网上订购系统通常都是在商品介绍的页面上提供十分友好的订购提示信息和订购交互表格，当客户填完订购单后，系统回复确认信息单表示订购信息已收悉。电子商务的客户订购信息采用加密的方式使客户和商家的商业信息不会泄漏。当然，订购系统的成功离不开整个生产运作系统信息的完备和有效。

（4）网上支付。网上支付是电子商务交易过程中的重要环节，客户和商家之间可采用信用卡、电子钱包、电子支票和电子现金等多种电子支付方式进行网上支付，采用在网上电子支付的方式节省了交易的开销，提高了采购的效率。值得关注的是网上支付的安全问题，如何保护信息、防止黑客攻击将成为网上支付遇到的最大的技术难题。

（5）服务传递。电子商务通过服务传递系统将客户所订购的商品尽快地传递到已订货并付款的消费者手中。对于有形的商品，服务传递系统可以对本地和异地的仓库在网络中进行物流的调配并通过快递业完成商品的传送；而对于无形的产品，如软件、电子读物、信息服务等，则立即从电子仓库中将商品通过网络直接传递到用户端。

（6）交易管理。电子商务的交易管理系统可以完成对网上交易活动全过程中的人、财、物以及客户和本企业内部的各方面的协调和管理。

（7）营销方式。随着社交网站和微博的出现，电子商务也开始注重通过社交形式进行营销宣传，企业设置自己的企业微博，并每天对其进行更新和维护。

2.5.2　电子商务对企业经营环境的影响

（1）电子商务与市场准入条件。Internet 代表了一个开放性的全球市场，它使得企业无需庞大的商业体系，无需昂贵的广告费用，无需众多的营销人员，而只需要通过 Internet 上的一个网页就可以打开国内甚至是国际市场。在这个市场中，可以接触到世界范围内的广大客户。如此一来，企业规模大小就不再是影响竞争力的主要因素，中小厂商就可以从原先主要被大厂商占有或几乎垄断的市场中获得更多的利润。近年来，企业依托高新技术，以高科技人才支撑而白手起家的例子屡见不鲜。

（2）电子商务与企业信息交流环境。电子商务对企业的影响源于企业信息交流方式的改变，电子商务为企业的商务活动营造了一种新的信息交流环境。这既降低了企业的内部管理成本，也降低了企业的外部交易成本。在经济社会中，企业和市场都是人与人之间的一种分工方式，信息交流环境的变化则在两个层面对这种分工方式产生了影响。首先，是采用企业形式还是市场形式，取决于是交易成本高还是管理成本高；如果是前者，企业为佳，反之则市场为佳。其次，在生产效率一定的情况下，信息交流环境会进一步影响到企业内部或市场内部的分工形式。应该说，信息交流环境对企业外部和内部的影响是非常复杂的。

（3）电子商务与企业管理组织创新。以 Internet 为基础的电子商务给传统的企业组织形式带来了很大的冲击。它打破了传统职能部门依赖于通过分工与协作完成整个工作的过程，形成了并行工作的思想。在电子商务的构架里，除了市场部和销售部可以与客户打交道外，企业其他的职能部门也能够通过电子商务网络与客户频繁接触，从而改变了过去间接接触的状况。在电子商务条件下，原有的工作单元间的界限被打破，而重新组合形成了一个直接为客户服务的工作团队。这个工作组直接与市场接轨，以市场的最终效果衡量自己的生产流程的组织状况，以市场的最终效果衡量各组织单元之间协作的好坏。企业间的业务单元不再是封闭式的金字塔式层次结构，而是一种新型的网络状的相互沟通、相互学习的网状结构，这种结构打破了原来的业务单元之间的壁垒，使业务单元之间广泛进行信息交流，共享信息资源，减少内部摩擦，提高工作效率。

（4）电子商务与企业流程管理创新。电子商务下的企业交易流程管理创新主要体现在以下方面：改革以贸易单据（文件）流转为主的企业交易流程和交易方式，实现企业交易流程和交易方式创新。传统的企业交易方式是一个建立在纸面贸易单据的流转基础上的贸易方式。

在传统企业交易方式下，平均每做成一笔生意需要 30 份纸面单证。在这些大量贸易单据的流通过程中，买方和卖方之间的贸易数据和纸面文件的处理工作（如邮寄、管理等）产生大量的时间延误，电子商务采用数字化电子方式进行商务数据交换和开展商务活动，实现了对以纸面贸易单据流转为主体的传统企业交易流程和交易方式的改革。在传统企业交易方式下，企业交易流程需要 19 个环节，而在电子商务方式下只需要 7 个环节。同时，电子商务还实现了企业交易流程管理的电子化、信息化、自动化、实时化和规模化。在企业前期、后期的交易过程中，电子商务都能实现外贸企业全过程管理的电子化，从而减少货物的库存天数、降低成本、缩短货物结算时间，提高了企业的经济效益。

2.5.3　电子商务对企业经营过程的影响

企业的经营活动主要包括市场营销、采购、库存、生产、交付及售后服务等环节。本质上，电子商务是一种商业贸易模式的转型。电子商务使企业的交易手段和贸易方式发生了巨大的变化，这必然导致企业经营过程的巨大变化。

（1）电子商务营销模式的创新。与传统营销方式相比，电子商务下的企业营销具有鲜明的特色——网络互动式营销。这种营销帮助企业考虑客户需求和企业利润，寻找能实现企业利益最大化和满足客户需求最大化的营销决策。网络互动性使客户真正参与到整个营销过程中来。在这种网络互动式营销中，卖方和买方可能随时进行互动式双向交流，企业和客户之间的关系是"一对一"的营销关系，而不是传统企业营销中的单向交流。网上企业采用的是以客户为主的营销方式，在遵守"网络礼仪"、不强求客户的同时获得良好的营销效果。实践证明，电子商务促进了企业革新管理方法，全面增强了企业管理效能，有效地降低了企业管理成本和交易成本。

（2）电子商务对采购的创新。首先，在 Internet 上，公司易于接触更多的供应商，电子化采购将帮助企业寻得较低价格的货品，同时为企业节约纸张的费用；其次，由于电子化采购加快了信息的传递，从而可以缩短订货时间；再次，电子采购使企业更方便地集中管理分散在不同部门、不同地点的采购行为，从而可以进一步了解企业内部成本构成，降低总体成本；最后，电子化采购将使诸如向供应商下订单等流程自动化，无须花费很多人力资源在这些事务性业务上。在一些电子商务软件中，系统可以自动检测存货量，一旦检测到存货量过低，则可以自动通过 Internet 向供应商下订单，并获得何时可完成补货工作等的反馈信息。

（3）电子商务对库存的创新。库存管理是企业管理的重要组成部分。库存的主要职能是供给各项物料，以保证原材料—半成品—成品—用户的物流畅通。在企业的经营过程中，库存物资所占用的资金数量是巨大的。通过电子商务，企业可以形成上下游之间的供应链管理，实现原材料无库存、产品无库存和准时化生产（just in time，JIT）；在需要的时间和地点，生产必要数量和完美质量的产品和零部件；杜绝超量生产，消除无效劳动和浪费，达到以最少的投入实现最大产出的目的。企业在电子商务环境下的库存管理一般是与企业资源规划（enterprise resource planning，ERP）结合在一起的，电子商务与 ERP 的有效结合可以使企业做到零库存与准时化生产。

（4）电子商务对生产过程的创新。向市场投入新产品是制造企业有力的竞争手段，但新产品的开发是一个费时、费力的过程。电子商务环境下企业的产品设计师、工程师、供货商、加工员通常都是一个工作组的成员，从头至尾都在一起工作。由于生产过程的电子化、网络化，以前需要几个月完成的工作可以在几天内完成。利用共享信息可以使工作组中的不同成员一起为某个项目工作，而不用像以往那样等一个成员完成他的那一步之后，再进行下一步工作。据测算，协同设计生产过程以及共享信息可以使开发和制造一种新型汽车的时间减少 30 个月左右。

（5）电子商务对交付过程的创新。交付过程的目标是执行订货过程的结果、完成产品所有权的转移，它包括产品的包装、运输和递交。电子商务系统的交付包括产品的交付过程，但它对交付过程起全程信息支持作用。电子商务系统利用先进的条码、射频识别（radio frequency identification，RFID）等技术使订单可追踪甚至整个交付过程可视化。这实际上是企业透明的供应链管理的一部分。

电子商务系统中交付过程是可定制的，包装、运输、递交过程可以预先设计，并允许客户的个性化需求；运输过程可对用户透明，允许用户对供应过程进行动态调整，如变更交付日期、运输方式等；对 B2B 的商务活动，交付过程可以融入企业的供应链管理中；在 B2C 活动中，交付过程和个性化服务是相关的。电子商务系统中对交付过程的信息管理和实际的交付过程是一致的，即商品的保管、包装、运输、配送的实际执行情况可实时地通过电子商务系统反馈给客户。

（6）电子商务对服务的创新。企业的电子商务系统对传统服务提供更新的支持，这些支持反映在服务方式、内容及服务速度等方面：企业在网上介绍产品，提供一周 7 天、一天 24 小时的在线、远程、动态的客户服务；对客户的要求及反映的问题及时反馈；针对不同的客户提供一对一的个性化服务；客户也可以根据自己的需要获得自助式服务；企业还可对服务过程进行记录，通过数据仓库、数据挖掘技术开发更多的商业机会。

复习思考题

1. 电子商务产生的背景和形成的原因有哪些？
2. 简述电子商务的发展历程。
3. 简述中国电子商务的发展状况。
4. 简述中国电子商务发展的主要特点。
5. 请描述国外电子商务的发展状况。
6. 电子商务对人类生活方式的影响表现在哪些方面？
7. 简述电子商务的社会变革。
8. 电子商务对企业的影响有哪些？
9. 电子商务在企业运作过程中的作用体现在哪些方面？

电子商务流程与运作模式

本章要点：本章首先介绍了电子商务流程，并就 B2B 和 B2C 两种典型的电子商务模式展开了分析和探讨，在此基础上介绍了几种具有代表性的电子商务创新模式。成功的电子商务没有固定的运作模式。例如，O2O 电子商务模式的兴起、移动电子商务的发展也会影响电子商务运作模式的发展进步。针对我国电子商务运作中的一些问题，本章最后提出了结合实际、因地制宜设计电子商务运作模式的思想，并举例予以说明。

3.1 电子商务流程

商务流程是指具体从事一个商贸交易过程中的实际操作步骤和处理过程，它对电子商务系统十分重要。组织内部管理活动包括事务流、物流和资金流。事务流是商贸交易过程中的所有单据和实务操作过程；物流是指商品的实物流动过程，随着物联网的发展，物流和信息之间产生了不可割舍的关系；资金流是指交易过程中资金在双方组织（包括银行）中的流动过程。电子商务流程基于传统商务流程，但与传统商务流程又有所不同。

商品流通过程是以物流为物质基础，信息流贯穿始终，引导资金流（货币流动）正向流动的动态过程。在传统商务活动中，信息流更多地表现为票据资料的流动，它贯穿商品交易过程始终，记录整个商务活动的流程，是进行经营决策的重要依据。

不同类型的电子商务交易，虽然都包括以商情沟通、资金交付、商品配送为核心的三个阶段，但流程却有所不同。对于 Internet 商业来讲，目前基本上可以归纳为两种，即网络商品直销、网络商品中介交易。未来的电子商务系统要处理的是一个取代事务流、资金流并反映和协调物流过程的信息流。商贸实务操作主要包括交易前的准备、交易磋商、签订合同和结算付款等环节。

3.1.1　交易前的准备

交易前的准备过程主要是指买卖双方在交易合同签订之前的准备活动。与传统贸易不同的是，电子商务交易前的准备是交易双方在 Internet 上广泛寻找交易机会和交易伙伴，进行价格等成交条件的比较，了解特定国家和地区的贸易政策、政治背景和文化背景等。

买方的传统做法是：买方针对打算购买的商品，通过广告等途径了解拟购买的商品信息、供货商信息和价格信息等；然后再进行货源市场调查和市场分析，了解各个卖方国家的贸易政策，修改购货计划和进货计划；接下来是按计划确定购买商品的种类、数量、规格、购货地点和交易方式等。买方一般都要千方百计地寻找其所需要的产品信息，以充实自己的进货渠道。整个过程费时费力，加上所能得到的信息有限，买方很难获得最佳货源和最低价格。

卖方的传统做法是通过报纸、户外媒体来发布各种各样的广告宣传，即使用传统的营销策略。卖方千方百计地想办法推销自己的产品，除了上门直销以外较多通过发布分类广告的方式推广，通过宣传坐等用户上门。从这个意义上讲，传统的交易前的准备实际上就是买卖双方通过媒体广告或其他渠道进行商品信息发布，然后查询信息，寻求交易对象。

而在网络环境下，这一切都有所改变。在电子商务过程中，卖方通过 Internet 上的各种贸易网络发布商品广告，积极地在网上推出自己的商品信息，寻找贸易伙伴和交易机会，扩大贸易范围和商品所占市场份额。买方则随时通过 Internet 查询其所需要的商品信息资源。买卖双方推拉互动，共同完成商品信息的供需实现过程。在电子商务系统中，交易信息的交流通常都是通过网站来完成的，如图 3-1 所示。这种信息的沟通方式无论从效率上还是从实践上都是传统方式无法比拟的。支持基于网络完成的交易前准备过程的系统一般被称为支持交易前系统，它是目前电子商务中应用得最成功的一部分。

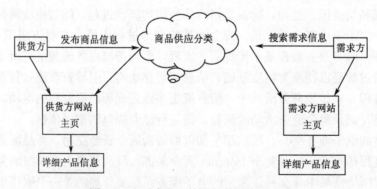

图 3-1　电子商务环境下的供需实现方式

3.1.2　交易磋商和签订合同

交易磋商是指买卖双方对所有交易细节进行谈判；签订合同则是将双方磋商的结果以

书面文件形式确定下来。电子商务支持电子交易合同的签订。为了明确双方在交易中的权利与义务，交易双方可利用现代电子通信手段，经过认真谈判和磋商后，将所购买商品的种类、数量、价格、交货地点、交货期、付款方式和运输方式、违约和索赔等合同条款全部以电子交易合同形式做出全面详尽的规定。合同各方可以利用 EDI 进行签约，也可以通过数字签名等方式签订合同。

　　在商品买卖双方都了解到了有关商品的供需信息后，具体商品交易磋商过程就开始了。在传统交易过程中，交易磋商过程基本上是交易信息的传递过程。这些信息反映了商品交易双方的价格意向、营销策略、管理要求及详细的商品供需情况。传统方式是通过邮寄来传递单证，这种方式的交易磋商过程既费时又费力，而且由于邮资比较昂贵，因此交易磋商的成本较高，特别是当交易磋商回合较多时更是这样。用电话联系虽然能够达到磋商的目的，但除了同样存在费用较昂贵的问题外，磋商的结果仍然需要用传递纸面单证的方式完成，而且电话进行交易磋商的效果是十分有限的。用传真虽然能够达到直接传递纸面单证的目的，但是传真的安全保密性和可靠性不足，一旦发生贸易纠纷，传真件可能不足以作为仲裁裁决的依据和法庭判决的证据。故在传统的技术条件下，邮寄就成了重要贸易文件传递的唯一途径。

　　在电子商务环境下，交易磋商不同于传统的磋商方式，整个磋商过程可以通过电子信息网络来完成。原来交易磋商中的单证交换过程，在电子商务环境下演变为记录、文件和报文在网络中的传递过程。各种各样的电子商务系统和专用数据交换协议自动地保证了网络信息传递过程的准确性和安全可靠性。各类商务单证、文件，如价目表、报价单、询盘、发盘、还盘、订单、订购单应答、订购单变更请求、运输说明、发货通知、付款通知等，在电子商务中都变成了标准的报文形式，从而大大提高了整个交易过程的效率，减少了交易的漏洞和失误，规范了整个商品交易过程。交易磋商程序如图 3-2 所示。

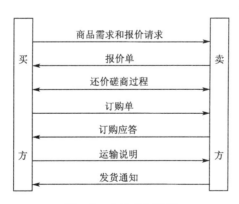

图 3-2　交易磋商程序

　　在电子商务应用过程中，以计算机为主要工具的交易磋商和签订合同的支持系统被称为支持交易中系统。该系统实际上就是在支持交易前系统的基础上前进了一步，它支持着买卖双方完成交易磋商直到合同签订的整个过程。

　　从商务和技术发展的角度来看，虽然支持交易中系统大大地前进了，但是随之所带来的问题和系统的复杂程度也大大地增加了。首先是系统必须从技术上确认用户的订货要求没有欺诈和恶作剧行为；其次是确认供给方确实是合法组织并且保证他人不会盗取用户的银行卡信息从事其他违法活动。因此，这类系统本身和其用户往往需要在专门机构进行有效性和合法性的注册。只有已注册的用户才能从事网上交易，并且在交易过程中系统将会提供动态联机认证和信息保密措施。因此这类业务常常发生在一些买卖交易频繁、买卖关系相对比较固定的贸易伙伴之间。

在电子商务的支持交易中系统中，合同的签订不再以传统法律要求的书面文件形式存在，而是以电子合同的方式存在。因为网络协议和应用系统自身已经保证了所有交易磋商日志文件的确定性和安全可靠性，所以买卖双方都可以通过磋商文件来约束交易行为和执行磋商结果。

3.1.3　结算付款

买卖双方"签订"电子合同后，交易行为将涉及的相关各方包括中介方、银行金融机构、信用卡公司、海关系统、商检系统、保险公司、税务系统、运输公司等。买卖双方要通过电子商务相关的各方进行各种电子票据和电子单证的交换，用来办理与贸易相关的各种手续。其中最重要的是电子支付环节。

在传统结算付款方式下，结算付款的效率很低。从国外支付给国内的资金，其间要经历很多的中间过程，至少需要两周的时间。而今，在电子商务环境下，利用现代的网络通信技术和先进的计算机处理系统，初步实现了电子支付，国外到国内资金的支付一般只需要一两天的时间，而且资金支付过程安全可靠。电子商务环境下的结算付款效率得到了大大的提高。

传统的以现金和支票为基础的付款方式在网络环境下也有很大的改变。改变的结果是，原来的支票支付方式被电子支票方式所取代，原来现金支付方式被信用卡和电子现金取代。电子商务中的电子支付系统通常被称为支持交易后系统。该系统是在支持交易前系统和支持交易中系统的基础上更进了一步，它能够完成资金的支付、清算、承运、发/到货管理等。这类系统由于涉及银行、运输等部门，所以运行机制的复杂程度和系统开发的难度会大大增加，不过系统的用户操作运行难度并不大。

买卖双方各种手续办理完毕后，卖方进行备货、组货，并将所售商品交付给运输公司包装、起运、发货，买卖双方可以通过电子贸易服务系统跟踪发出的货物。银行和金融机构也按照合同进行结算并处理双方的收付款，同时出具相应的银行单据。最后，买方收到所购商品，完成了整个交易过程。如果在交易过程中出现违约行为，则需要进行违约处理，由受损方向违约方索赔。

3.2　企业间电子商务（B2B）运作模式

按电子商务交易双方的不同，电子商务运作模式有企业间电子商务（B2B）、企业对消费者电子商务（B2C）、消费者对消费者电子商务（C2C）和企业对政府的电子商务（B2G）

等许多种。最近，O2O（online to offline，即线上和线下结合）电子商务模式的兴起，使得线上和线下得以结合，能够更好地利用本地资源，做好电子商务。目前，B2B 和 B2C 依然是两种最基本的电子商务运作模式。

3.2.1　B2B 模式的竞争优势

B2B 电子商务将会为企业带来更高的生产率、更低的运作成本和更多的商业机会。与传统商务活动相比，B2B 电子商务具有下列五项竞争优势：

（1）使买卖双方信息交流快捷而且成本低廉。信息交流是买卖双方实现交易的基础。传统商务活动的信息交流是通过电话、电报或传真等工具，这与以超文本（包含图像、声音、文本信息）传输的 Internet 信息不可同日而语。

（2）降低企业间的交易成本。首先对于卖方而言，电子商务可以降低企业的促销成本。通过 Internet 发布企业相关信息（如企业产品价目表、新产品介绍、经营信息等）和宣传企业形象，比采用传统的电视、报纸广告更经济、更有效。在网上提供企业的形象图片和产品档案等多媒体信息有时胜过传统媒体的"千言万语"。其次对于买方而言，电子商务可以降低采购成本。传统的原材料采购是一个程序烦琐的过程。而利用 Internet，企业可以加强与主要供应商之间的协作，将原材料采购和产品制造过程有机地结合起来，形成一体化的信息传递和处理系统。通用电气公司的报告称，它们利用电子商务采购系统，可以节约采购费用30%，其中人工成本降低20%，材料成本降低10%。另外，借助 Internet，企业还可以在全球市场上寻求最优惠价格的供应商，而不是只局限于原有的几个商家。

（3）减少企业的库存。企业为应付变化莫测的市场需求，通常需保持一定的库存量。但企业的高库存策略将增加资金占用成本，且不一定能保证产品或材料是适销货品；而企业的低库存策略，可能使生产计划受阻，交货延期。因此，寻求最优库存控制是企业管理的目标之一。以信息技术为基础的电子商务则可以改变企业决策中信息不准确和不及时的问题，通过 Internet 可以将市场需求信息传递给企业决策者以指导生产决策，同时也把需求信息及时传递给供应商从而适时得到补充供给，在具备条件的情况下实现"零库存管理"。

（4）缩短企业生产周期。一个产品的生产是许多企业相互协作的结果，因此产品的设计开发和生产销售可能涉及许多关联的企业，通过电子商务可以改变过去由于信息不畅通造成的无谓等待的现象。

（5）24 小时/7 天无间断运作。传统的交易受到时间和空间的限制，而基于 Internet 的电子商务则是一周 7 天、一天 24 小时无间断运作，网上的业务可以开展到传统营销人员和广告促销所达不到的市场范围。

3.2.2　B2B 电子商务的组成和体系结构

1. B2B 电子商务的组成

B2B 电子商务系统可以分为三个层次，如表 3-1 所示。电子市场层实现企业间交易的各项功能，包括：卖方的产品目录生成、发布和搜索系统，在线定单生成和查询系统；买方的企业采购目录信息生成、发布和搜索系统，自动采购系统；在线支付用户系统等。

表 3-1　B2B 电子商务层次结构

层次	作用
电子市场层	商家之间的通道
企业应用系统集成层	企业业务支持系统
基础设施层	网络安全、在线支付、电子邮件

企业应用系统集成层实现买卖双方企业为实现交易而必须完成的企业内部作业和管理的各项功能，因而这一层可称为企业业务支持系统。这一层可以完成企业内部的各项业务工作，并实现在各个系统或部门之间的统一信息交换。其中，企业内部的各项业务工作既包括采购审批流程中的填单、核算、审批、下采购订单等基本步骤，也包括因库存和采购需求的变化而需要在企业的各个应用系统之间进行的功能切换和协调。目前，企业应用系统集成主要是指 ERP 系统、财务系统、CAD/CAM（computer aided design/computer aided making，即计算机辅助设计/计算机辅助制造）系统、供应链管理系统、人力资源系统、后勤系统和办公自动化系统的集成和协调。

基础设施层的功能是实现网络系统安全和在线支付，如防火墙和 SET 协议的安全技术等。B2B 电子商务由于交易金额巨大、风险大，而企业有自己的贸易付款规范和习惯，所以网络支付在短期内难以普及。而网络系统安全问题则是至关重要的，它是 B2B 电子商务实施的必要条件，它是基础。

B2B 电子商务的表现形式和各表现形式的主要功能见表 3-2。

表 3-2　B2B 电子商务的表现形式和各表现形式的主要功能

B2B 的类型	主要功能
电子商店	促销，降低成本，寻找需求和新的商业机会
电子采购	降低成本，寻找供给和新的供货商
电子拍卖	通过拍卖撮合交易，共享信息，降低成本
电子商城	电子商店的集大成者
第三方市场	对多重业务提供的交易服务，营销支持
虚拟社区	成员之间交流，价值的增进
价值链服务	提供商支持部分价值链，如物流、支付体系
价值链整合	通过集成价值链的众多环节增进价值联合
联合平台	商业过程的合作，如联合设计
信息中介、信用服务	商业信息查阅，中立可信的第三方服务

2. B2B 电子商务的体系结构

典型的 B2B 体系结构见图 3-3。以虚线为分隔，右边两部分分别是企业 B2B 电子商务前台和后台系统。企业 B2B 电子商务前台系统包括采购管理、客户服务、客户关系、分销、物流、网站运营、网上支付、认证等功能；企业 B2B 电子商务后台系统包括 ERP、MRP（material requirement planning，即物料需求计划）等。图 3-3 中左边部分是企业电子商务的开放部分，此部分与企业前台系统相连接，不过要通过防火墙来进行隔离。如果采用会员制，标准的认证中心就可省略。

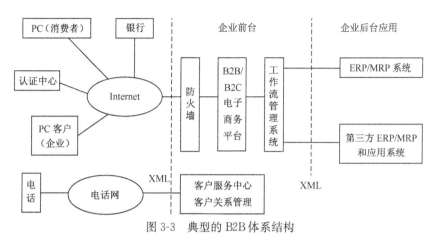

图 3-3　典型的 B2B 体系结构

注：XML 的英文全称为 extensible markup language，即可扩展的标识语言

　　通用交换式 B2B 电子商务平台是连接各种通信网络的信息应用交换平台。一方面，各个服务机构通过专线简单接入平台即可向各类电子终端用户提供服务；另一方面，用户在不同场合使用不同的电子终端，在简单的人机交互应用界面上，享受平台上各个服务机构的综合信息应用服务。通用电子商务平台系统结构见图 3-4。

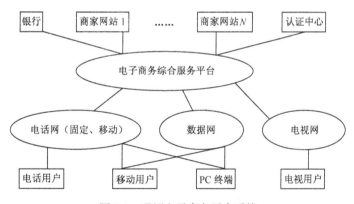

图 3-4　通用电子商务平台系统

3.2.3　B2B 电子商务模式下的典型运作方式

1. 买方集中模式

　　买方集中也可称为集中销售，是指一个卖方与多个买方之间的交易模式，其结构如图 3-5 所示。卖方发布欲销售的产品信息，如产品名称、规格、数量、交货期和参考价格等，吸引买方前来认购。

　　以卖方为主的 B2B 电子商务模式是一种最普遍的电子商务模式。在这种模式中，提供产品或服务的企业即卖方企业占据主动地位，它先上网公布信息，然后等待买方企业上

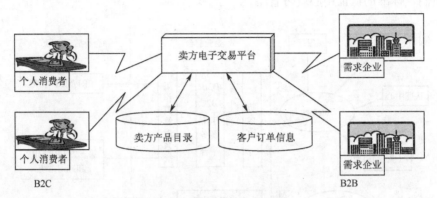

图 3-5　买方集中模式结构图

网洽谈、交易。当然，由于一般只有较大规模的企业才能自行建立较为完备的网上交易系统，而且众多企业的网站知名度并不是很高，所以对于中小规模的企业，对于一般竞争性的产品，简单采用此种方式运作，其效果可能不会很好。目前，买方集中模式中也出现了几家大中型卖方企业联合起来共同组建交易平台的案例，它们面向众多的买方企业开展经营。例如，芝加哥一家公司主要供应工程设备，但该公司并不是什么产品都能提供，于是就与其他相关供应商联合。

买方集中平台可以加快企业产品的销售过程，特别有利于新产品的推广，在降低销售成本的同时拓展卖方渠道。这种运作模式比较偏向于为卖方服务，相对而言较少考虑买方的利益。值得一提的是，这种 B2B 运作方式与 B2C 模式比较相似，而且其业务流程也比较相似。

2. 卖方集中模式

卖方集中也称集中采购，类似于项目招标，是指一个买方与多个卖方之间的交易模式。买方发布需求信息，如需求的产品名称、规格、数量和交货期等，召集供应商前来报价、洽谈、交易。洛杉矶市（Los Angeles County）是美国最大的地方政府，每年要从 25 000 家投标者中购买价值 6 500 万美元的货物。原来所有这些采购都是通过使用纸张表格完成的，大量文书工作总是造成混乱、低效益和巨额的仓储费用。在解决方案供应商 Commerce One 的帮助下，洛杉矶市政府创建了基于 Web 的采购系统，通过 Internet 查询供应商的产品目录，比较价格，检查可靠性，发送订单，最后支付货款。洛杉矶市政府的采购系统已经成为美国国家 ERP 的一部分。中国招投标网（http://www.infobidding.com）就是采用这种卖方集中的运作模式，见图 3-6。

这种方式也可以由几家大买主共同构建以用来联合采购，因为投资者希望通过联合买方的议价力量得到价格上的优惠。例如，零售业交换市场就是由 27 家零售商联合创办的；又如，通用电气公司通过网上采购也取得了良好的效益。这类电子商务运作模式的显著特征是它比较偏向于为买方提供服务，而不会更多兼顾到供应商的利益。它汇总诸多的卖方企业及其产品的信息，便于买方综合比较，绕过分销商和代理商，加速买方的业务开展，同时买方可以获得透明的价格。由于卖方一般不降低价格，所以在各卖方提供的商品或服务相当的情况下，通常是买方与价格最低的卖方成交，如最低价卖方在数量上不能满足，

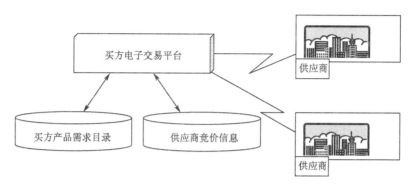

图 3-6　卖方集中模式结构图

则依据价格依次递补。

一般企业自建的、服务于本企业的电子采购就是这种模式，它适用于大型企业。大型企业负责管理其下属所有企业的统一采购，通过网络来采购能使采购过程公开化、规范化，加快信息流动的速度，扩大询价比价的范围，降低交易费用，强化监督控制体系，提高整个运营环节的工作效率。这种运作方式不仅产生规模效益，而且企业能够掌握整个数据流的全过程，对整个交易的监督、管理、考评、分析等工作有着无法估量的价值。此外，此模式非常适用于政府采购和大型工程项目的招标。

3. 中立的网上交易市场模式

中立的网上交易市场模式是指由买方、卖方之外的第三方投资而建立起来的中立的网上交易市场，它提供买卖多方参与的竞价撮合模式，其结构如图 3-7 所示。

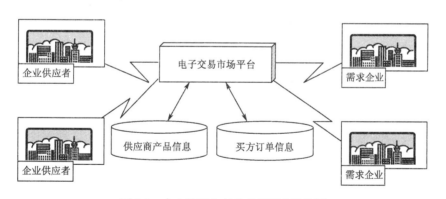

图 3-7　中立的网上交易市场模式结构图

与一般概念上的交易市场不同，网上交易市场并不意味着一堆厂商的简单排列。事实上，进入网上交易市场的企业必须获得一定的资格，这个资格就是企业内部必须有一套合格的电子化管理系统，并且这套系统能与外部实现无缝对接，从而实现企业生产、采购、销售全过程的信息化整合。这是网上交易市场有别于某些以供需信息为主导的 B2B 网站的根本所在，这意味着网上交易市场中的每个成员都拥有自己的交易系统，可实现内部运作与交易的一体化，从而明显提高信息的价值。网上交易市场的另一个显著特色就是很强调开放性和标准化，只有满足这两个条件，网上交易才能真正开展起来，企业才能真正参与到网上交易市场中去。当然，网上交易市场的发展初期可能更多地表现为一种买卖企业信息发布和交易撮合的信息平台，随着企业信息化应用的不断深入，将企业内部运作的业务系统通过网上交易市场与合作伙伴联系起来，这将是中小企业信息化应用的未来发展方向。

阿里巴巴是全球 B2B 电子商务的著名品牌，是全球国际贸易领域内最大、最活跃的网上交易市场和商人社区，已融合了 B2B、C2C、搜索引擎和门户。公司总部位于中国东部的杭州，在中国内地拥有 16 个销售和服务中心，在香港和美国设有分公司，遍布 220 个国家和地区，被商人们评为最受欢迎的 B2B 网站。

3.3 企业对消费者电子商务（B2C）运作模式

B2C 电子商务是按电子交易主体划分的一种电子商务模式，即表示企业对消费者的电子商务，具体是指通过信息网络以及电子数据信息的方式实现企业或商家机构与消费者之间的各种商务活动、交易活动、金融活动和综合服务活动，是消费者利用 Internet 直接参与经济活动的形式。B2C 电子商务实际上是需求方和供给方在网络所构造的虚拟市场上开展的买卖活动。电子商务 B2C 运营模式至少需要以下几个条件：①良好的货源；②合理的技术架构支持；③充足的运营经费；④物流渠道管理合理。如果用一句话来描述这种电子商务可以这样说，"它是以 Internet 为主要服务提供手段，实现公众消费和提供服务，并保证与其相关的付款方式的电子化，它是随着 WWW 技术的出现而迅速发展的，可以将其看做是一种电子化的零售"。

3.3.1 B2C 电子商务模式下的典型运作方式

B2C 电子商务模式中企业为主的方式较多，也就是企业以卖方或提供方的角色出现，而个人则以购买方或接受方的角色出现。但同样也有另一种情况，如企业网上招聘人才。在这种模式中，企业首先在网上发布需求信息，后由个人上网洽谈，这种方式在当今人才流动频繁的社会中非常常见，因为它建立起了企业与个人之间的联系平台，使得人力资源得以充分利用。

（1）综合型 B2C。其特点是要发挥自身的品牌影响力，积极寻找新的利润点，培养核心业务。例如卓越亚马逊，可在现有品牌信用的基础上，借助母公司亚马逊国际化的背景，探索国际品牌代购业务或者采购国际品牌产品销售等新业务；网站建设要在商品陈列展示、信息系统智能化等方面进一步细化；对于新老客户的关系管理，需要精细客户体验的内容，提供更加人性化的、直观的服务；选择较好的物流合作伙伴，增强物流实际控制权，提高物流配送服务质量。

（2）垂直型 B2C。其特点是要在核心领域内继续挖掘新亮点，积极与知名品牌生产商沟通与合作，化解与线下渠道商的利益冲突，扩大产品线与产品系列，完善售前、售后服务，提供多样化的支付手段。鉴于目前个别垂直型 B2C 运营商开始涉足不同行业，笔者认为需要规避多元化的风险，避免资金分散。与其投入其他行业，不如将资金放在物流配送建设上。可以尝试探索"物流联盟"或"协作物流"模式，若资金允许也可逐步实现自营物流，保证物流配送质量，增强用户的黏性，将网站的"三流"完善后再寻找其他行业的商业机会。

（3）传统生产企业网络直销型 B2C。首先要从战略管理层面明确这种模式未来的定位、发展与目标。要协调企业原有的线下渠道与网络平台的利益，实行差异化的销售，如网上销售所有产品系列，而传统渠道销售的产品则体现地区特色；实行差异化的价格，线下与线上的商品定价根据时间段不同设置高低。线上产品也可通过线下渠道完善售后服务。在产品设计方面，要着重考虑消费者的需求感觉。要大力吸收和挖掘网络营销精英，培养电子商务运作团队，建立和完善电子商务平台。

（4）第三方交易平台型 B2C 网站。这种模式的 B2C 受到的制约因素较多，但中小企业在人力、物力、财力有限的情况下，这不失为一种拓宽网上销售渠道的好方法。关键是中小企业首先要选择具有较高知名度、点击率和流量的第三方平台；其次要聘请懂得网络营销、熟悉网络应用、了解实体店运作的网店管理人员；最后是要以长远发展的眼光看待网络渠道，增加产品的类别，充分利用实体店的资源、既有的仓储系统、供应链体系以及物流配送体系发展网店。

3.3.2　B2C 电子商务模式成功的条件

从电子商务的基本特征来看，B2B 和 B2C 电子商务模式均涉及三项活动，即信息交流、送货和付款。因此，两者成功的必要条件都相应包括通畅的信息基础设施、快捷经济的配送基础设施和方便安全的结算基础设施。但由于在这两种电子商务模式中企业面向的对象不同（企业和个人消费者），因此二者取得商业成功的必要条件的侧重点也不尽相同。

B2B 电子商务模式是企业与企业之间传统商务关系和商务活动的延续，这一商务关系是构筑在高度信任和商务合同的基础上的，且企业对企业的大宗交易能够更大地发挥电子商务的潜在效益，并通过供应的集中、采购的自动化、配送系统的高效率而得以实现。因此，B2B 电子商务模式的社会基础较好，可在原有商务活动（特别是在 EDI）的基础上顺其自然地发展起来，而其商业成功的关键条件（尤其在中国）应该是企业的信息化及金融体系的电子化。

比较而言，B2C 电子商务模式对整个社会基础设施的要求比 B2B 电子商务模式更高。B2C 电子商务模式虽然节约了店面成本，但要支付在线商店所必需的硬件成本和为了吸引更多的关注而必须投入的广告费用；B2C 电子商务模式节约了库存成本，但它同时增加了从初始起点到最终终点的配送成本。因此，B2C 电子商务模式取得商业成功的关键条件是要达到"Internet 规模经济"，即要有足够多的网上购物用户和足够大的网上交易额。只有网上交易达到一定规模，B2C 电子商务模式节约店面成本、降低库存成本和节约人员开支的优越性才能得以体现，B2C 电子商务模式才能自我生存和发展。

对企业而言，要实现这一点首先必须在企业内部实现高度的信息化、实现高效率运作，另外还必须开展强有力的营销运作。同时必须看到的是，企业的努力必不可少，但仅有这些还十分不够。从社会环境来看，必须满足以下基础条件：消费者观念的转变；经济便利的上网条件；安全的网上支付系统；信用体系的建立；电子商务法规的完善；高效的配送系统。

相比之下，建立电子商务的社会环境的难度更大，它不是个别企业所能扭转的，它必须依赖全社会的共同努力才能有所成效。首先就是要转变消费观念，使消费者认同网上购物，而不再是"眼见为实"。要想网上购物在全社会中普遍形成，经济便利的上网条件必不可少，发达国家的成功经验证明了这一点。中国部分大城市在推广公共上网环境方面做了一些探索，例如，北京市在车站、公用电话亭、电信营业厅等公共场所提供电话上网服务，此外还有大量存在的"网吧"。

中国银行在建立网上支付系统方面做了大量的工作，网上支付的实现已经不是什么难题，但手续费很高、可靠性较低、支付的效率不高等问题制约了网上支付的应用和发展。在信用体系方面，针对个人的信用体系尚未着手建立，这一领域几乎是一片空白。电子商务立法方面已开展了大量的工作，但真正能用来解决电子商务交易中出现的问题的法律法规还十分欠缺，多数情况下只能将原有的法律法规等同采用到电子商务领域来，而这种情况下又产生了很多新的问题。此外，由于中国物流发展的历史不长，加之基础薄弱，而且受过去计划经济的影响，全社会范围内高效、便捷的物流体系尚未建立，开展配送的难度较大。

■ 3.4　电子商务创新模式

除了 B2B 和 B2C 两种最基本的电子商务模式外，针对不同的应用情况，业界还提出了很多其他的电子商务模式。

3.4.1　B2G 电子商务模式

B2G 电子商务模式指的是企业与政府机构之间进行的电子商务活动。例如，政府将采购的细节在 Internet 上公布，通过网上竞价方式进行招标，企业以电子的方式通过 Internet 进行投标等。由于活动是在网上完成的，企业能随时随地了解政府的动态，还能减少中间环节的时间延误和费用支出，提高了政府办公的公开性和透明度。目前这种方式仍处于初期的试验阶段，但可能会发展很快，因为政府可以通过这种方式树立政府形象，通过示范作用促进电子商务的发展。除此之外，政府还可以通过这类电子商务实施对企业的行政事务管理，如政府用电子商务方式发放进出口许可证、开展统计工作等，企业还可以在网上办理纳税和退税等。

总的来说，企业与政府之间的电子商务涵盖了政府与企业间的各项事务，包括政府采购、税收、商检、管理条例发布、法规政策颁布等。政府一方面作为消费者，可以通过 Internet 发布政府采购清单，公开、透明、高效、廉洁地完成所需物品的采购；另一方面，政府对企业宏观调控、指导规范、监督管理的职能通过网络以电子商务方式更能充分、及时地发挥。借助于网络及其他信息技术，政府职能部门能更及时、全面地获取所需信息，做出正确决策，并迅速、直接地将政策法规及调控信息传达给企业，起到管理与服务的作用。

在电子商务中，政府还有一个重要作用，那就是政府对电子商务的推动、管理和规范作用。在发达国家，发展电子商务主要依靠私营企业的参与和投资，政府只起引导作用，而在像中国这样的发展中国家，则更需要政府的直接参与和帮助。与发达国家相比，发展中国家企业规模偏小、信息技术落后、债务偿还能力低，政府的参与有助于引进技术、扩大企业规模和提高企业偿还债务能力。另外，一方面许多发展中国家的信息产业都处于政府垄断经营或政府管制之下，没有政府的积极参与和帮助将很难快速地发展电子商务。另一方面，由于电子商务的开展涉及很多方面，没有相应的法规予以规范也是难以进行的，而对于法规的制定、实施、监督及违法的制裁，政府发挥着不可替代的作用。

总之，电子商务中政府有着两重角色：既是电子商务的使用者，进行购买活动，属商业行为；又是电子商务的宏观管理者，对电子商务起着扶持和规范的作用。对企业而言，政府既是电子商务中的消费者，又是电子商务中企业的管理者。

3.4.2　X2X 电子商务模式

网上电子交易市场（e-market）的不断增加，导致不同的交易市场之间也需要实时动态传递和共享信息，即信息的交换（exchange），从而产生了 X2X（exchange to exchange）电子商务模式。X2X 实际上是一个 X（交换）的延伸和扩展，每一个独立的 X 都有其自身的信息、资源和覆盖的范围，这注定其具有一定的局限性。可能有的电子商务交易不能够独立在一个 X 内部完成，X2X 可以使一个 X 的交易信息无限地延伸和扩展，从而使买卖双方都扩大了选择的机会，提高交易成功的机会，因此可以说 X2X 是 B2B 电子商务的一次深入发展。Commerce One 是 X2X 的首先提出者。作为全球最大的 B2B 电子商务网站之一，Commerce One 主要提供网上采购解决方案（Commerce One buysite solution）和网上市场构建方案（Commerce One marketplace solution）。Commerce One 拥有一个全球贸易社区平台（Global Trading Web，GTW），它是一个基于 XML 的大型 B2B 交易社区，由许多协调的门户站点组成，每个门户站点都是独立的，各自在某个行业成为网上市场的领导者。GTW 就是 Commerce One 建立的 X2X 电子商务模式。

3.4.3　基本电子商务模式的衍生

（1）消费者—消费者电子商务模式（C2C）。C2C 电子商务模式是消费者个人对消费者个人的电子商务模式。这种模式的思想来源于传统的跳蚤市场。在跳蚤市场中，买卖双方可以进行一对一的讨价还价，只要双方同意，立刻可以完成交易。而电子商务中的 C2C 模式的本质是网上拍卖，它的主要特点是：它是一种平民之间的自由贸易，通过网上完成跳蚤市场的交易，从而促进了个人之间商品的流通（特别是二手商品）。以卖方为主的 C2C 电子商务模式是一种由出售商品的个人在网上发布消息，由多个买者竞价，或与买者讨价还价，最终成交的模式。这种模式的代表有易趣、雅宝等拍卖网站。以买方为主的C2C电子商务模式是一种由想购买商品的个人在网上发布求购信息，由多个卖者竞卖，或与卖者讨价还价，最终达成交易的电子商务模式。这种模式的代表有商贸港等拍卖网站，在这类网站中，二手商品的求购者与欲出售相同二手商品者进行洽谈、交易。

（2）消费者—企业电子商务模式（customer to business，C2B）。C2B电子商务模式是从客户到商家的电子商务模式，这种模式也被称做"集体议价"、"拉拉手"或"联合购买"。在这种模式下，不同地区购买同一物品的不同消费群体，通过电子商务网站集合起来由网站去和商家议价，由于是大量购买，因而消费者可以获得批量购买的优惠条件。"集体议价"的好处是：消费者通过亲自参与，能够购买到实惠的商品，而商家也可以通过这种形式了解到顾客对商品的需求，从而更合理地配置各种资源。这种电子商务模式的唯一缺点是：因为其建立在数量的基础上，所以如果顾客需要一些特殊的个性化商品，就无法享受到这种便利。也就是说，这种方式适合于无差异性的（或差异较小的）产品和服务，如演出门票等。近些时期采用这种模式发展得较快的还有汽车交易，一些网站通过组织众多的汽车购买者，集体与汽车经销商议价。有些媒体将这种做法称为"团购"，而"团购"的实际运作情况不错，消费者满意，经销商也十分满意，其中Internet作为团购组织和沟通的媒体，起到了重要作用。

（3）企业—企业—消费者电子商务模式（business to business to customer，B2B2C）。B2B2C电子商务模式是B2C和B2B两种电子商务模式的整合。这种模式的思想是以B2C为基础，以B2B为重点，将两个商务流程衔接起来，从而形成一种新的电子商务模式。产生这种模式的原因是由于在B2C这种商务模式中，零售的特点决定了商家的配送工作十分繁重，同时个体消费者又不肯为了原本低额的商品付出相对高额的配送费用。这种特性使得B2C模式面临着巨大的挑战。面对这种现实，在B2C这种模式中引入B2B模式，即把经销商作为销售渠道的下游引进，从而形成了B2B2C电子商务模式。这种模式一方面可以减轻配送的负担，另一方面也能减轻库存问题所带来的压力，从而降低成本，增强网上购物的快速、低价格的优势。另外，该模式中的上下游企业也能够发挥各自的优势，各尽所能，共同受益。"书生之家"网站采用提供开架浏览服务吸引读者，把读者订单推送给书店执行并从中收取佣金的商业运作模式，既充分发挥了自己的特长，又与其他所有书店结成了战略联盟，各司其职，各尽所能，互不冲突，共同获益。"书生之家"与数百家出版社和书店签约，上架数万种图书，目前已经形成一定规模。

（4）企业—企业—企业电子商务模式（business to business to business，B2B2B）。B2B2B电子商务模式实质上是商务代理协作模式。与常规的B2B电子商务模式相比，商务代理协作模式增加了一个中间环节，但这个中间环节相对于整个社会来说是集成化运作，将众多企业分散执行的销售功能集中地由商务代理协作商来完成，降低社会商品流通的交易费用，因而市场的无形之手自然会向有利于商务代理协作商的方向调节，商务代理协作商自然也就获得了盈利空间。这种电子商务模式的典型代表是"诺亚方舟"。

（5）政府对个人电子商务模式（government to customer，G2C）。G2C电子商务模式的主要运作方式就是政府在网络上成立一个虚拟的政府，在Internet上实现政府的职能工作。政府上网一般是在Internet上发布政府部门的名称、职能、机构组成、工作章程以及各种资料、文档等，并公开政府部门的各项活动，增加办事执法的透明度，为公众与政府接触提供便利，同时也接受公众的民主监督，提高公众的参政议政意识。此外，由于Internet 是跨国界的，政府上网将能够让各国政府互相了解，加强交流，适应全球经贸一体化的趋势。

目前 G2C 电子商务主要有三种方式，即电子福利支付、电子资料库和电子身份认证。电子福利支付是指运用 EDI、磁卡、智能卡等技术，处理政府各种社会福利作业，直接将政府的各种社会福利支付或交付受益人，如民政部门发放的困难补贴、各种抚恤金等；电子资料库用来汇集各种资料，包括一些法律法规、办事程序、发展计划和政府报告等，以方便人们通过网络查看与获得；电子身份认证提供对个人身份的电子证明，目前一般是以一张智能卡集合个人的医疗资料、个人身份证明、工作状况、个人信用、个人经历、收入及纳税状况、公积金、养老保险、房产资料和指纹身份识别等信息，通过网络实现政府部门的各项便民服务程序。

（6）O2O 电子商务模式。O2O 电子商务模式将线下商务的机会与互联网结合在了一起，让互联网成为线下交易的前台，这样线下服务就可以用线上来揽客，消费者可以用线上来筛选服务，成交可以在线结算，以快速积累用户资源。O2O 电子商务模式需具备四大要素，即独立网上商城、国家级权威行业可信网站认证、在线网络广告营销推广、全面社交媒体与客户在线互动。O2O 绕不开的或者说首先需要解决的是，线上订购的商品或者服务如何到线下领取？专业的说法是线上和线下如何对接？这是 O2O 实现的一个核心问题。目前用得比较多的方式是上海翼码的电子凭证，即线上订购后，购买者可以收到一条包含二维码的彩信，购买者凭借这条彩信到服务网点经专业设备验证通过后，即可享受对应的服务。这一模式很好地解决了线上到线下的验证问题，安全可靠，且可以后台统计服务的使用情况，在方便了消费者的同时也方便了商家。

实际上，电子商务发展至今，多数企业网上销售并不是仅仅采用一种电子商务模式，而往往是综合采用，即将各种模式结合起来实施电子商务。GolfWeb 就是一家有 3 500 页有关高尔夫球信息的网站，这家网站采用的就是综合模式，其中 40% 的收入来自于订阅费和服务费，35% 的收入来自于广告，还有 25% 的收入是该网站专业零售点的销售收入。该网站已经吸引了许多大公司广告客户，如美洲银行和美国电报电话公司等。专业零售点开始两个月的收入就高达 10 万美元。由此可见，在网上销售中，一旦确定了电子商务的基本模式，企业不妨可以考虑一下采取综合模式的可能性。例如，作为一家在线旅行服务公司，携程旅行网（www. ctrip. com）成功整合了高科技产业与传统旅行业，向超过2 000 万个会员提供集酒店预订、机票预订、度假预订、商旅管理、特约商户及旅游资讯在内的全方位旅行服务，被誉为互联网和传统旅游无缝结合的典范。基于现实消费者的需求出发，结合电子商务的流程、技术和知识，是现代产业的发展和转变趋势。

3.5　中国特色的电子商务模式举例

中国在发展电子商务的过程中涉及很多独特的问题，尤其是物流问题、安全认证问题、信用问题、通信问题等，有些深层次的问题很难短时间内在全社会得到解决，而这些问题的存在又给电子商务的发展造成致命的障碍。

电子商务运作并不是空中楼阁，完全可以依据不同的应用情况提出一些能够克服当前问题的、可操作的运作方式。本着在一定范围内解决问题的指导思想，以下列举两则适合在中国开展的电子商务模式的实例。

3.5.1 面向住宅小区的电子商务模式

为了解决物流和通信等问题，依托居民住宅小区开展电子商务是一条切实可行的道路。基于这一点产生了一套适合中国国情的电子商务新模式，即面向小区的电子商务解决方案。本模式的核心是：以居民住宅小区（以下简称小区）为开展电子商务的基本单位，建立小区的电子商务代理机构，作为企业与消费者之间的桥梁。小区电子商务代理机构为企业维持稳定的客户群体，同时为小区中的消费者提供操作简单、内容丰富、实用高效的电子商务服务，它主要承担小区物业管理、小区局域网建设以及小区电子商务网站的建设。

1. 面向小区电子商务模式的总体解决方案

总体方案可简单地用图 3-8 表示。在各个小区建立小区电子商务代理机构（小区代理），同时在小区中建设计算机局域网，局域网为小区中每户居民提供到户的网络接入服务。企业通过 Internet 与各个小区的代理机构互联，并通过小区代理在局域网上发布其企业网站，小区居民可通过小区代理的局域网访问局域网上的企业网站，并获得所需的电子商务服务，如网上购物等。该方案中，小区代理起着关键的作用，它的基本功能有三个：第一，为小区中的每户居民提供方便、快捷并且廉价的网络接入服务。在这里，方便快捷是指普通消费者可以不经专门学习就可轻松地上网浏览，使上网同使用一般家电一样简单；廉价是指小区代理提供的网络接入服务对消费者而言不构成任何经济负担。消费者访问局域网范围内的站点没有通信费用发生，访问局域网以外的互联网络，按照市场价格支付网络使用费。也就是说，消费者访问小区电子商务网站时没有任何通信费负担。第二，为企业提供发布信息的网络平台。企业通过小区代理将企业网站在小区局域网上进行信息发布，可以回避目前电子商务运作模式中的诸多难题。第三，承担电子交易过程中消费者迫切需要而企业难以完成的一些交易流程，如配送等，在企业与消费者之间进行有效衔接。

与其他电子商务运作模式相比，面向小区的电子商务模式具有明显的优点：

首先，基于小区开展电子商务可以更好地吸引消费者。该模式以小区局域网为实施的基础，这对吸引和扩大网络消费群体有很大的益处。例如，局域网可以提供远大于 Internet 公共网络的入户带宽，依托局域网可以开展更为丰富、更高质量的网络服务，而费用则更加低廉。建立小区局域网，为小区居民提供入户的网络接入条件，这显然比完全被动地等待消费者上网更有利于发展网络客户。局域网建成后，小区居民可以选择低价、易用的信息家电（如机顶盒）产品作为上网设备，只要小区的商务代理机构能够为居民提供有效的服务，这样的条件对消费者是很有吸引力的。

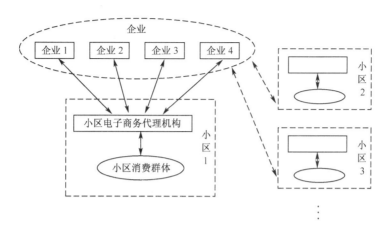

图 3-8 面向小区电子商务模式的总体解决方案

其次，商务代理的运行模式减少了企业维护和发展消费群体的成本。本模式的核心是依托小区局域网的商务代理。只要能够通过小区局域网为居民提供有效的服务，那么小区局域网就能够拥有一个稳定的消费者群体。实行商务代理，实际上就是要充分发掘小区局域网上的消费群体的消费潜力。在本模式中，企业、小区商务代理机构和消费者间实际上形成了一种互惠互利的关系。消费者通过小区代理获得企业高质量的商品和服务，小区代理为企业提供稳定的消费群体，而企业所能提供的商品和服务又丰富了小区代理的服务内容，使小区代理能够更好地为居民提供服务，从而赢得更为稳定的消费者群体，这就形成了一个良性的循环。因此小区代理与企业的合作使企业可以从发展和维护客户的沉重负担下解脱出来，以致力于为消费者提供更好的商品和服务，促进企业避免恶性竞争，进入良性发展，从而平稳地进入电子商务领域。

再次，商务代理可以缓解配送等难题。在该模式中，小区代理本身也是一个企业，只是其作用和地位较为特殊。小区代理要承担电子交易过程中消费者迫切需要而企业难以完成的一些服务项目，在企业与消费者之间进行有效的衔接。小区代理以外的其他企业难以完成的交易流程，如配送等就完全可以根据小区代理的实力予以适当地分担，这显然比企业单独建立庞大的配送体系能更好地节约社会资源，对企业发展有极大的益处。

最后，该模式对解决目前电子商务模式中一些技术问题大有帮助，按照该模式建立起来的电子商务运作体系降低了对网上支付、身份认证等环节的技术要求。该模式是以小区局域网为依托来开展的，小区用户可以采用小区"一卡通"的形式支付物业管理费用和小区内电子商务交易费用，降低了网上支付的复杂性。同时由于局域网用户的可预知性和可控性，依托小区局域网来开展电子商务可降低对身份认证的技术要求，而身份认证是网上支付中最为烦琐的环节之一，简化了这一环节，必然有助于网上支付的顺利实施。

2. 面向小区电子商务解决方案的实现

建立小区电子商务代理机构是实现面向小区电子商务的关键，而小区电子商务代理机构运转的首要条件是小区局域网的建立，这是实现该模式的基础。建立小区局域网，可以结合目前小区的基本建设来进行。现在，国家对新建的小区普遍提出了较高的智能化要求，新建小区多按智能化小区的标准规划设计。智能化小区为实现物业管理自动化、安保防范自动化等目标，在小区规划时通常已设计了相应的小区网络环境。建立满足电子商务运行模式需要的小区局域网必须与智能小区已有的网络环境结合起来考虑，进行一体化的综合设计。为此需要提出一套建立智能小区统一网络环境的技术方案，该方案不仅集成了智能小区对物业管理自动化、安保防范自动化等提出的要求，而且能够为电子商务新模式提供一个良好的运行平台。

在居民小区建设宽带小区局域网（最好是光纤网），为小区中的每户居民提供优质的网络接入服务，同时依托小区局域网建立小区电子商务网站。该网站向小区居民提供丰富的网络内容服务，如网上购物、新闻、电子邮件、股票信息、网上教育等，如图 3-9 所示。小区居民采用廉价的电视机顶盒类的信息家电产品或者一般的 PC 机作为网络终端接入小区局域网，从而获得局域网上丰富的内容服务。此外，小区居民还可通过小区局域网访问公共 Internet 网，以获得其他大量公共信息资源。

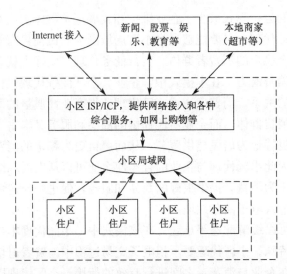

图 3-9　小区电子商务网站示意

建成小区局域网和小区网站后，关键是要给用户（居民）提供方便、优质、实惠的各种服务。网络服务内容可采用多种形式来提供。对于新闻类服务，由于大量新闻资源是免费的，可以直接由小区网站向住户提供电子邮件服务，也可由小区网站直接提供 Web 页面。而对于网上购物，由于必须有网下的商品转移才能完成，因此要依托商家来进行。选择小区本地的商家作为小区局域网的网上购物依托对象，以小区局域网为媒介，将小区居民与本地商家联系起来，居民的购物需求便可通过网络迅速传递到本地商家。此外，由小区的建设者在小区内建立配送中心，可以实现商品的迅速交付，从而使小区住户体会到"无需等待，无需远行"的网上购物的好处。其他网络内容服务可以采取多种多样的形式，但是根本出发点都是依托计算机网络快速、优质、方便地为居民提供内容丰富的各种服务，使网络成为居民日常生活的重要组成部分。小区网站主要是作为其他企业网上业务的代理，从而降低网站的维护费用。小区电子商务网站一方面利用局域网的带宽优势，为小区内居民提供多媒体信息服务，另一方面它针对小区内的居民，提供个性化的服务，这是真正以顾客为中心的服务方式。

3. 面向小区的电子商务的效益

面向小区的电子商务解决方案可以帮助企业（如商业企业）平稳地进入电子商务领域，把风险降到最小，从中获得稳定的利润回报。企业依托小区局域网既可在短期内获得利润，又可以发展无数的潜在客户，小区代理则发挥了衔接企业和消费者的重要作用。从根本上讲，小区代理最大的价值在于它掌握的消费者群体（小区住户），这一消费者群体对小区代理本身是一笔巨大的财富，为此小区代理可以获得很好的利润回报。面向小区的电子商务解决方案的实施，其最大的受益者是小区住户。网络使小区住户能够更快、更优质并且更廉价地获得各种个性化的服务（如家中购物），因此拥有一个网络社会生活平台，小区住户自然乐于接受。加入到网络客户中的最终消费者越多，便越能促进网上商务活动环境的发展，并给企业带来更大的利润。从社会效益来看，这种新型的面向小区的电子商务解决方案也是无与伦比的，它既能促进全民上网，又节约了社会资源，同时为广大消费者带来了智能化生活环境。总的来看，发展面向小区的电子商务新模式是适合中国国情的，其结果是企业、小区代理和消费者三方共赢。

3.5.2　电子商务交易所模式

电子商务在发展过程中面临很多深层次的问题，企业固然是发展电子商务的主力军，但政府也是电子商务的推动者。因此，建立一种在政府机构支持下既能够为企业网上交易提供成体系的服务平台又能担负起建设完善电子商务"游戏规则"重任的业态实体——电子商务交易所是十分必要的。

3.6　电子商务交易所

1. 电子商务交易所的定位

电子商务交易所旨在通过搭建高效的 IT 电子商务平台，运用最先进的现代通信设施和 Internet 技术，在某一行业领域内（即垂直型）向进行网上交易的生产商、物流服务商、销售商等企业单位提供一流权威的网上交易电子商务平台和管理信息系统，实现 B2B 和 B2C 等多种网上交易，推进知识经济、网络经济时代经济结构和运作方式的变革，扩大交易机会，降低交易成本，提高交易效率，增强企业在全球经济环境中的市场竞争力。对于电子商务交易所来说，它将基于技术和服务获得收益。而对于电子商务交易所的客户企业来讲，它要在 Internet 时代的经济形势下获得竞争优势，就必须体现出更低的成本、更紧密的客户关系以及更快的反应速度。但如果由自己建立各个面向最终用户的信息和商务平台，不仅耗时长、耗资大，其后期的维护和更新也将是一项繁杂的工作。而将这些业务交由专业化的电子商务交易系统平台来处理，则既可通过外包非专长业务实现发挥自己核心竞争力的目标，又可保证交易过程中的支付与结算、物流与配送、安全与认证、法律诉讼等一系列问题得到妥善解决。电子商务交易所一般面向 B2B 交易服务，集网上搜索、网上交易、网上结算、配送及客户服务为一体，为客户提供一流的、不受地域限制的网上电子商务交易平台。任何一个经过身份验证的企业客户都可以使用该网站提供的专家服务。在任一交易过程中，买卖双方都可以通过系统开辟的专用通道随时进行信息交换或网上谈判。在买卖双方达成商务协议后，电子商务交易所可以通过系统的相关接口向客户提供支付结算和配送服务。

2. 电子商务交易所的系统结构和职能

电子商务交易所执行电子商务系统服务和监控协调的职能，它是通过先进的电子商务系统和管理信息系统的平台管理来实现的。

电子商务系统的总体框架是由电子交易系统、配送体系和安全认证体系等部分集合而成。电子交易系统集电子商务交易中心、支付与结算中心、客户服务中心三部分为一体。电子交易系统配置相应协同作业的接口实施系统集成和协同工作，为企业客户提供电子商务交易平台和相应的支付结算服务，开展网上信息和社区服务等。配送体系则是为保障商务交易的价值和使用价值转移的最终实现，解决配送这一当前国内外电子商务发展的瓶颈问题。它通过建立集物流、商流、信息流于一体的物流管理信息网络和合作伙伴网络，不仅可以高效、快捷、准确地完成配送业务，而且可以大大降低客户的物流成本。同时它通过对配送过程中的集中控制、调度管理、仓储管理、统计报表管理、财务管理、客户管理、电子数据交换、接口管理，实现其监控和中介功能。安全认证体系保证网上安全支付、信息的保密性和完整性、身份的真实性以及不可抵赖性，它是电子商务系统的不可缺少的有机组成之一，也是顺利开展电子商务的前提。电子商务交易所通过与有关支付网关和安全认证体系建立合作关系，或通过吸引其入驻交易所，成为交易所的会员来实现合作，通过数字证书和密钥管理等安全技术来保证电子商务交易和支付结算的合法性、安全性和信任度。

电子商务交易所的监控协调中心的职能主要有会员管理、客户市场管理以及对整个电子商务系统的协调监控等。电子商务交易所一般采用会员制的经营运作方式，实现对使用电子商务系统服务的会员企业的审核、认定、升级、撤销以及有关法律事务的管理。作为一个企业化运作的市场实体，电子商务交易所可以通过自己的客户市场管理部门进行市场环境调研、客户分析研究、市场营销策划来开辟市场渠道、拓展业务。电子商务交易所的重要职能就是协调电子交易系统、支付结算系统和安全认证系统的运行，监控配送体系的运作。只有恰当地处理各系统之间的业务职能和关系，才能保证每一笔交易的顺利完成，并保证整个电子商务系统服务使用的稳定性。

电子商务交易所的会员制与证券交易所的会员制类似。电子商务交易所的会员单位须交纳一定的履约保证金，也就是实施保证金制度来提高会员的信誉和交易的保障。此外，会员制还有利于交易者身份的认证等。从类似的业态实体来看，目前存在于国内的主要是中国商品交易中心和提供电子商务服务平台的各类网络公司。前者是在国家政府有关部门的直接支持和参与下建立的电子商务系统，旨在在中国流通领域推行电子商务，重点探讨和解决企业利用电子商务开拓市场问题、相互拖欠问题、假冒伪劣商品问题、不公平竞争问题和交易秩序混乱问题等，促进中国企业尽快实现机制转变、摆脱困境、提高参与国际竞争的能力，具有商品信息查询、企业形象宣传、网上无纸交易、最新商品报价、寻找交易伙伴、品牌战略实施、商家决策依据、市场经济调研、政府宏观经济调控等多种功能。电子商务交易所与一般的网络企业、电子商务公司也有不同之处。一般的网络企业和电子商务公司提供的只是 ICP 服务、ISP 服务、电子商务解决方案，或者是企业的财务、人事、进销存、ERP 等管理信息系统软件，而电子商务交易所的服务则是包括电子交易系统、支付结算系统、配送体系和安全认证系统等在内的一揽子服务。同时，作为在国家政府部门支持下的行业电子商务系统，其网上交易规则和相关的业务流程均有着较高的权威性和安全性。

复习思考题

1. 简述电子商务流程。

2. B2B 电子商务具有哪些竞争优势？

3. B2B 电子商务系统有哪几个层次？

4. 简述 B2B 电子商务的主要表现形式和各自的主要功能。

5. B2B 电子商务模式有哪几种典型运作方式？

6. 网上商店应包含哪些部分？

7. 成功实施 B2C 电子商务模式的主要条件有哪些？

8. 简述 B2G 电子商务模式。

9. B2G 电子商务模式中政府的双重角色指的是什么？

10. 试分析 B2B 电子商务将给企业的生产经营带来哪些影响？

电子商务下的物流

本章要点：电子商务运作必须有物流的支持。本章首先介绍了物流和物流管理的含义，分析了物流功能要素，阐述了电子商务与物流的关系，指出了电子商务环境下物流业的特点和发展方向。电子商务运作与配送关系密切，随着物联网的迅速发展以及电子商务的转型，电子商务与物流的关系也会变得更加的密切。因此本章介绍了配送与配送中心的含义，分析了电子商务配送的主要影响因素，总结了电子商务配送中心的类型，在此基础上进一步介绍了电子商务下的几种物流模式。

4.1 物流与物流管理

4.1.1 物流的概念

"物流"的概念源于国外，最早出现于美国。1915 年，阿奇·萧在《市场流通中的若干问题》一书中就提到"物流"一词，并指出"物流是与创造需求不同的一个问题"。1935 年，美国销售协会阐述了实物分配（physical distribution，PD）的概念，"实物分配是包含于销售之中的物质资料和服务在从生产场所到消费场所的流动过程中所伴随的种种经济活动"。《中华人民共和国国家标准物流术语》（简称《物流术语》）已经颁布实施，其对"物流"做出了定义："物品从供应地向接收地的实体流动过程，根据实际需要，将运输、储存、装卸、搬运、包装、流通加工、配送、信息处理等基本功能实施的有机结合。"

可以肯定，物流的概念包含以下要点：物流的研究对象是贯穿流通领域和生产领域的一切物料流以及有关的信息流；物流的研究目的是对其进行科学规划、管理与控制；物流的作用是将物资由供给主体向需求主体转移（包含物资的废弃与还原），创造时间价值和空间价值，并且创造形质效果；物流的活动（物流要素）包括运输、保管、装卸搬运、包装、流通加工以及有关的信息活动等。

4.1.2 物流管理的含义

物流管理包括企业物流管理和社会物流管理两方面。社会物流以社会为范畴，是面向全社会的物流，也就是说，社会物流的范畴是社会经济大领域。社会物流研究：再生产过程中随之发生的物流活动；国民经济中的物流活动；如何形成服务于社会、面向社会又在社会环境中运行的物流；研究社会中物流体系的结构和运行。因此社会物流带有宏观性和广泛性。而企业物流则是从企业角度上研究与之有关的物流活动，是具体的、微观的物流活动的典型领域。

1. 企业物流

企业物流包括生产物流、供应物流、销售物流、回收物流和废弃物流。生产物流一般是指原材料、燃料、外部购件投入生产后，经过下料、发料，运送到各加工点和存储点，以在制品的形态，从一个生产单位（仓库）流入另一个生产单位，按照规定的工艺过程进行加工、储存，借助一定的运输装置，在某个节点内流转，又从该节点流出，始终体现着物料实物形态的流转过程。这样就构成了企业内部物流活动的全过程。所以生产物流的边界起源于原材料、外购件的投入，止于成品仓库，贯穿生产全过程。物料随着时间进程不断改变自己的实物形态和场所位置，物料不是处于加工、装配状态就是处于储存、搬运或等待状态。

企业物流中生产物流处于中心地位，它是和生产同步进行的，是企业内部所能控制的，其实现合理化的条件最成熟。而供应物流和销售物流是生产过程物流的外延部分（上伸和下延），它受企业外部环境影响较大，如政策与市场环境、仓储与运输环境和一些间接环境等都会对其产生影响。供应物流包括原材料等一切生产资料的采购、进货运输、仓储、库存管理、用料管理和供料运输。它是企业物流系统中独立性相对较强的一个子系统，并且和生产系统、搬运系统、财务系统等企业各部门以及企业外部的资源市场、运输条件等密切相关。供应物流系统的功能主要包括采购、供应、库存管理、仓库管理等。销售物流是企业物流系统的最后一个环节，是企业物流与社会物流的又一个衔接点。它与企业销售系统相配合，共同完成产成品的销售任务。销售物流涉及工业包装、成品储存、销售渠道、产成品的发送、信息处理等几个方面。

从生产到消费过程中产生的一些废弃物，一部分可以回收并再生利用，称为再生资源，它们形成了回收物流；另一部分在循环利用过程中基本或完全失去了使用价值，形成无法再利用的最终排放物，即废弃物。废弃物经过处理后返回自然界，形成了废弃物流。

2. 物流管理

物流管理是指在社会再生产过程中，根据物质资料实体流动的规律，应用管理的基本原理和科学方法，对物流活动进行计划、组织、指挥、协调、控制和监督，使各项物流活动实现最佳的协调与配合，以降低物流成本，提高物流效率和经济效益。物流管理的内容包括：对物流活动诸要素的管理，包括对运输、保管、装卸搬运、包装、流通加工以及有关的信息活动等环节的管理；对物流系统诸要素的管理，即对其中人、财、物、设备、方法和信息六大要素的管理；对物流活动中具体职能的管理，包括物流计划、质量、技术、成本效益等职能的管理等。

4.2 物流功能要素

物流是由运输、仓储、搬运装卸、包装、流通加工、物流信息、物联网等环节组成的。物流要素各有其自身的特点，对物流要素的理解是理解物流的基础。需要说明的是，物流系统的效益并不是它们各个局部环节效益的简单相加，因为各环节的效益之间存在相互影响、相互制约的关系，也就是交替损益的关系。例如，过分强调包装材料的节约，则因其易于破损可能给装卸搬运作业带来麻烦；片面追求装卸作业均衡化，会使运输环节产生困难。任何一个环节被过分削弱都会影响到物流系统的整体强度。重视系统观念，追求综合效益最佳，这是物流学最基本的观点之一。

4.2.1 运输

1. 运输的作用和意义

运输的任务是对物资进行较长距离的空间移动。物流部门通过运输解决物资在生产地点和需要地点之间的空间距离问题，从而创造商品的空间效益，实现其使用价值，满足社会需要。运输是物流的中心环节之一，可以说是物流最重要的一个功能。运输在经济上的作用是扩大了经济作用范围和在一定的经济范围内促进物价的平均化。随着现代化大生产的发展，社会分工越来越细，产品种类越来越多，无论是原材料的需求还是产品的输出量都大幅度上升，区域之间的物资交换更加频繁，这就促进了运输业的发展和运输能力的提高，所以产业的发展促进了运输技术的革新和运输水平的提高。

2. 运输的方式及特点

陆地、海洋和天空都可以作为运输活动的空间，运输的主要方式有铁路运输、公路运输、水路运输、航空运输和管道运输。

（1）铁路运输是陆地长距离运输的主要方式。由于其货车在固定轨道线路上行驶，因此可以自成系统，不受其他运输条件的影响，按时刻表运行，另外铁路运输还有轨道行驶阻力小、不需频繁地启动制动、可重载高速运行及运输单位大等优点，从而降低了运费和劳务费。但由于在专用线路上行驶，而且车站之间距离比较远，因此铁路运输缺乏机动性，此外其运输的起点和终点常常需要汽车进行转运，增加了搬运次数。

（2）公路运输是最普及的一种运输方式，包括汽车运输、人力运输和畜力运输等，其中汽车运输是主要形式。汽车运输最大的优点是空间和时间方面具有充分的自由性，不受路线和停车站的约束，可以实现从发货人到收货人之间门对门直达输送。由于减少了转运环节，货物包装可以简化，货物损伤、丢失以及送错的可能性很小。不过，汽车运输的运输单位小，运输量和汽车台数与操作人员数成正比，产生不了大批量输送的效果，动力费和劳务费较高，特别是长距离输送中缺点较为显著。此外，由于在运行中司机的自由意志起主要作用，容易发生交通事故，对人身、货物、汽车本身造成损失。而汽车数量的增多，也容易导致交通阻塞，使汽车运行困难，同时产生的废气、噪音还造成了环境污染。

（3）水路运输有海运和内河航运两种。利用水路运送货物，在大批量和远距离的运输中价格便宜，可以运送超大型和超重货物。运输线路主要利用自然的海洋与河流，不受道路的限制，在隔海的区域之间是代替陆地运输的必要方式。但水上航行的速度比较慢，航行周期长，易受天气影响，建设港湾也要花费高额费用。

（4）航空运输的主要优点是速度快。因为运输时间短、货物损坏少，所以特别适合一些保鲜物品的输送。但是航空运输的费用高，对于离机场距离比较远的地方来说，其利用价值不大。客运飞机可以利用下部货仓运送少部分货物。随着空运货物的增加，出现了专用货运机，其采用单元装载系统，缩短装卸时间，保证了"快"的特色。

（5）自来水和城市煤气的输配送是和人们生活最为密切相关的管道运输。管道运输的主要优点是基本没有运动部件，维修费便宜。管道一旦建成，可以连续不断地输送大量物资，不费人力，运输成本低。管道铺设可以不占用土地或占地较少。此外，管道运输还具有安全、事故少、公害少等优点。管道运输的缺点是在输送地点和输送对象方面具有局限性，一般适用于气体、液体，如天然气、石油等。

4.2.2　仓储

仓储（保管）在物流系统中起着缓冲、调节和平衡的作用，是物流的另一个中心环节。它的目的是克服产品生产与消费在时间上的差异，使物资产生时间上的效果，内容包括储存、管理、保养、维护等活动。

自从人类社会生产有剩余产品以来，就有储存活动，而储存物品的建筑物或场所一般被称为仓库。随着社会生产水平的提高、社会化生产方式的出现，产品空前丰富，商品经济占有重要地位，出现了为商品流通服务的仓库。社会化的大生产又需要有保证生产需要的原材料和零部件的仓库。仓库成为生产和消费领域中物资集散的中心环节，其功能已不单纯是保管、储存。从现代物流系统观点来看，仓库具有储存和保管、调节供需、调节货物运输能力以及配送和流通加工的功能。

4.2.3　搬运装卸

1. 搬运装卸的意义

搬运装卸是指在同一地域范围内进行的以改变物的存放状态和空间位置为主要内容和目的的活动，具体来说，包括装上、卸下、移送、拣选、分类、堆垛、入库、出库等活动。搬运装卸是伴随输送和保管而产生的必要的物流活动，但是和运输产生空间效用以及保管产生时间效用不同，它本身不产生任何价值。但这并不说明搬运装卸在物流过程中不占有重要地位，物流的主要环节，如运输和存储等是靠搬运装卸活动联结起来的，物流活动其他各个阶段的转换也要通过搬运装卸联结起来，由此可见在物流系统的合理化中，搬运和装卸环节占有重要地位。

2. 搬运装卸作业的构成

搬运装卸作业有对输送设备（如辊道和车辆）的装入、装上、取出和卸下作业，也有对固定设备（如保管货架）的出库、入库作业。堆放（或装上、装入）作业是指把货物移动或举升到装运设备或固定设备的指定位置，再按所要求的状态放置的作业；而拆垛（卸下、卸出）作业则是其逆向作业。分拣是在堆垛作业前后或配送作业之前把货物按品种、出入先后、货流进行分类，再放到指定地点的作业。配货则是把货物从所定的位置按品种、下一步作业种类、发货对象进行分类的作业。搬送、移送作业是为了进行装卸、分拣、配送活动而发生的移动物资的作业，包括水平、垂直、斜行搬送及几种组合的搬送。

4.2.4　包装

无论是产品还是材料，在搬运输送以前都要加以某种程度的包装捆扎或装入适当容器，以保证产品完好地运送到消费者手中，所以包装被称为生产的终点，同时也是社会物流的起点。

包装的作用是保护物品，使物品的形状、性能、品质在物流过程中不受损坏。通过包装还使物品形成一定的单位，作业时便于处置。此外，包装还使物品醒目、美观，可以促进销售。包装的种类有单个包装、内包装、外包装三种。内包装和外包装属于工业包装，更着重于对物品的保护，其包装作业过程可以认为是物流领域内的活动，而单个包装作业一般属于生产领域的活动。包装材料有容器材料、内包装材料、包装用辅助材料等，主要有纸和纸板制品、塑料制品、木制容器、金属容器等。

4.2.5　流通加工

在流通过程中，辅助性的加工活动被称为流通加工。流通与加工的概念本属于不同范畴。加工是改变物质的形状和性质，形成一定产品的活动；而流通则是改变物质的空间状态与时间状态。流通加工则是为了弥补生产过程加工不足，更有效地满足用户或本企业的需要，使产需双方更好地衔接，将这些加工活动放在物流过程中完成，从而成为物流的一个组成部分。流通加工是生产加工在流通领域中的延伸，也可以看成是流通领域为了更好地服务，在职能方面的扩大。流通加工的形式有散件组装成成品、商品的分割、商品分类加工等。流通加工的内容一般包括袋装、定量化小包装、挂牌子、贴标签、配货、拣选、分类、混装、刷标记等。生产的外延流通加工包括剪断、打孔、折弯、拉拔、挑扣、组装、改装、配套等。

4.2.6　物流信息

物流活动进行中所必要的信息为物流信息。所谓信息，是指能够反映事物内涵的知识、资料、信息、情报、图像、数据、文件、语言、声音等。信息是事物的内容、形式及其发展变化的反映。因此，物流信息和运输、仓储等各个环节都有密切关系，在物流活动中起着神经系统的作用。加强物流信息的研究才能使物流成为一个有机系统，而不是各个孤立的活动。在一些物流技术发达的国家，物流信息工作被看做改善物流状况的关键而给予充分的注意。在物流中对各项活动进行计划预测、动态分析时，还要及时提供物流费用、生产情况、市场动态等有关信息。只有及时收集和传输有关信息，才能使物流通畅化、定量化。在物流服务水平要求不断提高的今天，利用物流信息的导向作用，借助于物流信息来对物流活动进行优化，是物流活动中的重要内容。

4.2.7　物联网

物联网是新一代信息技术的重要组成部分。其英文名称是 "the Internet of things"，顾名思义，"物联网就是物物相连的互联网"。其包含两层意思：第一，物联网的核心和基础仍然是互联网，是在互联网基础上的延伸和扩展的网络；第二，其用户端延伸和扩展到了任何物品与物品之间，进行信息交换和通信。因此，物联网的定义是通过射频识别、红外感应器、全球定位系统、激光扫描器等信息传感设备，按约定的协议，把任何物品与互联网相连接，进行信息交换和通信，以实现对物品的智能化识别、定位、跟踪、监控和管理的一种网络。通过物联网的使用，人们能够更容易地感知到物品的信息，详细地了解物品的存放位置，保证了货物的安全性，保证了电子商务的顺利开展。

4.3　电子商务对物流的影响

电子商务的发展给物流提出了更高的要求，这在客观上促进了物流的发展，电子商务所代表的新的信息技术，直接作用于物流活动，提高了物流运作的水平。由于电子商务与物流关系密切，因此电子商务这场革命必然对物流产生极大的影响。这个影响是全方位的，从物流业的地位到物流组织模式，再到物流各作业、功能环节，都将在电子商务的影响下发生巨大的变化。

4.3.1　电子商务中物流的地位与作用

1. 物流是电子商务的重要组成部分

不同的人对电子商务的概念有着不同的理解和定义。由于业务范围的限制，一些美国的 IT 厂商往往把电子商务定位于"无纸贸易"。在这类电子商务的定义中，电子化工具主要是指计算机和网络通信技术，电子化对象主要是针对信息流和资金流，并没有提到物流。

但必须注意到这样一个事实：电子商务概念的提出首先是在美国，而美国的物流管理技术自 1915 年发展至今已有 90 多年的历史，通过利用各种机械化、自动化工具及计算机和网络通信设备，早已日臻完善。同时，美国作为一个发达国家，其技术创新的本源是需求，即所谓的需求拉动技术创新。开展电子商务的最终目的是为了解决信息流和资金流处理上的延迟。可见，美国在定义电子商务概念之初，就有强大的现代化物流作为支持，只需将电子商务与其进行对接即可，而并非电子商务过程不需要物流的电子化。中国作为一个发展中国家，物流业起步晚、水平低，在引进电子商务时，并不具备能够支持电子商务活动的现代化物流水平，所以在引入时一定要注意配备相应的支持技术——现代化的物流模式，否则电子商务活动难以推广。

因此，中国一些专家在定义电子商务时，已经注意到将国外的定义与中国的现状相结合，扩大了美国IT企业对电子商务定义的范围，提出了包括物流电子化过程的电子商务定义。在这一类电子商务定义中，电子化的对象是整个的交易过程，不仅包括信息流、资金流，而且还包括物流；电子化的工具也不仅仅是指计算机和网络通信技术，还包括叉车、自动导向车、机械手臂等自动化工具。可见，从根本上来说，物流电子化应是电子商务的组成部分，缺少了现代化的物流过程，电子商务过程就不完整。

2. 物流是电子商务概念模型的基本要素

本书第1章曾对电子商务概念模型做了较系统的介绍。它是对现实世界中电子商务活动的一般抽象描述，它由电子商务实体、电子市场、交易事务和信息流、商流、资金流、物流等基本要素构成。在电子商务下，信息流、商流和资金流的处理都可以通过计算机和网络通信设备实现。对于少数商品和服务来说，可以直接通过网络传输的方式进行配送，如各种电子出版物、信息咨询服务、有价信息软件等，而对于大多数商品和服务来说，物流仍要经由物理方式传输。由于一系列机械化、自动化工具的应用，准确、及时的物流信息对物流过程的监控，将使物流的流动速度加快、准确率提高，能有效地减少库存、缩短生产周期。

3. 物流是实现"以顾客为中心"理念的根本保证

没有物流，生产无法进行，社会交换不能顺畅地开展。没有良好的物流服务，"以顾客为中心"的理念只能是一句空话。物流作为电子商务活动的最后一个关键环节，是电子商务中最重要的环节之一。

从以上三个方面的论述中可以看出，物流是电子商务重要的组成部分。发展电子商务必须摒弃原有的"重信息流、商流和资金流的电子化，而忽视物流电子化"的观念，应大力发展现代化物流。

4.3.2 电子商务中物流需求与供给的矛盾

电子商务发展过程中，实质性的商品配送是不可省略的过程。从目前国内外开展网上销售的企业已经面临的问题和取得的经验来看，电子商务中物流活动的基本特点可表现为"批量小，变化大，时间紧，区域广"，而对物流活动所带来的主要难点则表现为"规模小，成本高，预期差，周转难"。从经济学的角度讲，物流活动的经济性主要体现在物流规模的扩大、渠道和流量的稳定以及周转周期的缩短，而从上面的分析中可以看到，电子商务对物流的要求同其经济性的要求恰恰是互相矛盾的。

（1）电子商务物流供给与需求的观念差距。电子商务物流供给与需求之间存在观念和认识上的差距。一方面，电子商务提出的物流需求尚没有被物流服务提供商正确理解，电子商务运营商也没有完全理解物流服务提供商如何提供物流服务；另一方面，电子商务运营商和物流服务提供商都对电子商务环境下的物流运作不甚理解。

（2）电子商务物流供给与需求的业务规模差距。在业务规模上，电子商务物流供给与需求之间也存在差距。目前，大型的电子商务企业的订货量巨大，每天的订单也日益增长，扩大企业的物流配送能力成为了供需之间的矛盾。"双十一"时段给电子商务企业带来了较大的压力，所以应事先安排以应付强大的物流冲击。

除此之外，物流服务商与电子商务运营商之间和谐的合作关系、良好的信息沟通和资源整合等的建立都是需要研究和解决的。

4.3.3　电子商务下物流业的特点

电子商务时代的来临，给全球物流带来了新的发展，使物流具备了一系列新的特点。

（1）信息化。电子商务时代，物流信息化是电子商务的必然要求。在供应链管理方面，物流企业需要沟通上、下游，与上、下游之间进行频繁的信息交换，实现整条供应链各个部分之间的平滑对接。在与供销商的交易中，将以往以贸易单据（文件）流转为主体的交易方式，转变成为采用数字化电子方式进行数据交换和商务活动。在库存管理方面，零库存的实现、运转周期的缩短都必须依赖于信息的灵敏传送。物联网是物流信息化最具标志性的技术和应用之一。

（2）网络化。物流的网络化是物流信息化的必然趋势。当今世界，由互联网提供的全球网络资源及网络技术的普及为物流的网络化提供了良好的外部环境。如果离开了网络，物流信息就只能在企业内部流转，信息传输与共享变得不可实现，整条供应链各个环节之间的沟通也将难以进行。

（3）智能化。智能化是建立在物流信息化、网络化之上的一种高层次应用。物流作业过程中大量的运筹和决策，需要借助于计算机的精确运算和智能安排才能得以解决。只有实现物流的智能化，才能使物流的效率得到提高，使整条供应链能够根据客户需求灵活地安排供销，减少"牛鞭效应"，真正实现低库存、高效率。

（4）柔性化。柔性化本来是为实现"以顾客为中心"理念而在生产领域提出的，但需要真正做到柔性化，即真正地能根据消费者需求的变化来灵活调节生产工艺，没有配套的柔性化的物流系统是不可能达到目的的。20 世纪 90 年代，国际生产领域纷纷推出弹性制造系统（flexible manufacturing system，FMS）、计算机集成制造系统（computer integrated manufacturing system，CIMS）、制造资源系统（manufacturing requirement planning，简称 MRPⅡ）、企业资源 ERP 以及供应链管理的概念和技术，这些概念和技术的实质是要将生产、流通进行集成，根据需求端的需求组织生产、安排物流活动。因此，柔性化的物流正是适应生产、流通与消费的需求而发展起来的一种新型物流模式。这就要求配送中心要根据消费需求"多品种、小批量、多批次、短周期"的特色，灵活组织和实施物流作业。

另外，物流设施、商品包装的标准化及物流的社会化、共同化也都是电子商务下物流的新特点。

4.3.4　电子商务下物流业的发展

在电子商务时代，企业销售范围的扩大、商业销售方式及最终消费者购买方式的转变，使得送货上门等业务成为一项极为重要的服务业务，因此促使了物流业的兴起。物流业是指能完整提供物流机能服务，完成运输配送、仓储保管、分装包装、流通加工等活动以获得报酬的行业，主要包括仓储企业，运输企业，装卸搬运、配送企业，流通加工业等。信息化、全球化、多功能化和一流的服务水平，已成为电子商务下的物流企业追求的目标。

（1）提供增值服务是物流业发展的方向。在电子商务时代，物流发展到集约化阶段，这种一体化配送中心不仅仅提供仓储和运输服务，还必须开展配货、配送和各种高附加值的流通加工服务项目，也可按客户的需要提供其他服务。企业追求全面的、系统的综合效果，而不是单一的、孤立的片面效果。作为一种战略概念，供应链管理也是一种产品，而且是可增值的产品，其目的不仅是降低成本，更重要的是提供用户期望以外的增值服务，以产生和保持竞争优势。从某种意义上讲，供应链是物流系统的充分延伸，是产品与信息从原材料到最终消费者之间的增值服务。在经营形式上，电子商务企业采取合同型物流。这种配送中心与公用配送中心不同，它是通过签订合同，为一家或数家企业（客户）提供长期服务，而不是为所有客户服务。

（2）提供一流的服务是物流企业的追求目标。在电子商务下，物流业是介于供货方和购货方之间的第三方，是以服务作为第一宗旨。从物流的现状来看，物流企业不仅要为本地区服务，而且还要做长距离的服务。因为客户不但希望得到很好的服务，而且希望服务点不是一处，而是多处。因此，"如何服务好"便成了物流企业管理的中心课题。应该看到，配送中心离客户最近、联系最密切，商品都是通过它送到客户手中。美国、日本等国物流企业成功的秘诀，就在于它们都十分重视客户服务的研究。配送中心不仅与生产厂家保持紧密的伙伴关系，而且直接与客户联系，能及时了解客户的需求信息，并沟通厂商和客户双方，起着桥梁的作用。

（3）信息化是现代物流业的必由之路。在电子商务时代，要提供最佳的服务，物流系统必须要有良好的信息处理和传输系统。美国洛杉矶西海报关公司与码头、机场、海关信息联网，当货物从世界各地起运，客户便可以从该公司获得到达的时间、到泊（岸）的准确位置，以便收货人与各仓储、运输公司等做好准备，使商品在几乎不停留的情况下快速流动，直达目的地。在大型的配送公司里，往往建立了 ECR（efficient customer response，即有效客户信息反馈）和 JIT 系统。欧洲某配送公司通过远距离的数据传输，将若干家客户的订单汇总起来，在配送中心里采用计算机系统编制出"一笔画"式的路径最佳化"组配拣选单"。配货人员只需到仓库转一次，即可配好订单上的全部货物。

由于全球经济的一体化趋势，当前的物流业正向全球化、信息化、一体化发展。商品与生产要素在全球范围内以空前的速度自由流动。EDI 技术与互联网的应用，使物流效率的提高更多地取决于信息管理技术，电子计算机的普遍应用提供了更多的需求和库存信息，提高了信息管理科学化水平，使产品流动更加容易和迅速。物流信息化包括商品代码和数据库的建立、运输网络合理化、销售网络系统化和物流中心管理电子化建设等，目前还有很多工作有待实施。可以说，没有现代化的信息管理，就没有现代化的物流。

（4）全球化是物流企业竞争的发展趋势。20 世纪 90 年代初期，电子商务的出现加速了全球经济的一体化，致使物流企业的发展达到了多国化。全球化的物流模式，使企业面临着新的问题。全球化战略趋势，使物流企业和生产企业更紧密地联系在一起，形成了社会大分工。生产厂商集中精力制造产品、降低成本、创造价值，物流企业则花费大量时间和精力从事物流服务。物流企业的满足需求系统比原来更进一步了。例如，在配送中心里，对进口商品的代理报关业务、暂时储存、搬运和配送、必要的流通加工，从商品进口到送交消费者手中的服务实现一条龙。

4.4　配送与配送中心

与电子商务密切相关的是配送，配送是物流活动的缩影，同时又较之一般的物流活动有其自身的特点。与配送活动紧密相关的是配送中心，电子商务配送中心有不同的类型。

4.4.1　配送与配送中心的含义

（1）配送。根据《物流术语》国家标准，配送是指在经济合理区域范围内，根据用户要求，对物品进行拣选、加工、包装、分割、组配等作业，并按时送达指定地点的物流活动。一般来讲，配送的货物是多品种的，这些货物大批量进入物流据点（仓库或配送中心），经过必要的储存、保管，按照顾客订货的要求进行分拣、配货后，将配好的多品种、较小批量货物在规定的时间内送交顾客。配送与运输是有明显区别的。配送不是单纯地进行货物运输或输送，配送过程中涉及储存、保管、包装、加工、分拣、配货等环节，当然也包含运输或输送环节，但绝不是仅仅包含运输或输送环节。在很多情况下，比如网上书店的市内图书配送中，运输或输送不是主要的环节，配送中所花时间和成本比重最大的可能是拣货和配货。配送中的送货仅指从物流据点至需求顾客之间的货物输送，它在货物的整个输送过程中处于"终端运输"的地位。在整个货物运输中，货物从工厂至配送中心的运输费用一般占运输费用的较大部分，而配送中的货物输送所占的比重很小。配送的运输距离较短，货物品种较多，货物批量较小，时间性强，而且配送的目的地较为分散，所以一般用汽车来开展。而运输中的运输工具则具有多样性，更多情况会采用火车、轮船等。配送是"配"和"送"的结合。根据顾客订单中载明的订货要求，按照商品品种、规格、等级、型号、数量等在物流据点中进行拣选、组配，这个过程可以称为"配"；配好的货物在进行包装的基础上，按照顾客指定的送货时间和地点，将货物送达，这个过程可以称为"送"。在实际运作中，"配"和"送"是紧密结合的，例如，配货时要根据送货目的地和送货时间的要求，将多个客户的货物组配在一起，方便送货。

（2）配送中心。配送中心是指从事配送业务的物流场所或组织，应基本符合下列要求：主要为特定的用户服务；配送功能健全；完善的信息网络；辐射范围小；多品种、小批量；以配送为主，储存为辅。配送中心是配送活动完成的场所，也是配送活动的承担者。配送中心可以有效减少流通环节，在降低客户库存的同时提高供货的保证程度。通过配送中心将众多小批量的物流需求进行集中，形成规模，有利于节约物流费用。电子商务特别是 B2C 电子商务的物流需求一般规模较小，而且十分分散，这就需要配送中心将这些分散的、小批量的物流需求进行汇总，从而以可接受的物流成本提供电子商务物流服务。配送中心的功能通常包括进货、储存、拣选、流通加工、分拣、配装、送货和信息处理等。

4.4.2　新型配送中心的特征

根据国内外配送业的发展情况，在电子商务时代，信息化、现代化、社会化的新型配送中心具有以下特征：

（1）配送反应速度快。新型配送服务提供者对上游、下游的配送需求的反应速度越来越快，前置时间越来越短，配送时间越来越短，配送速度越来越快，商品周转次数越来越多。作业的规范化和程序化是配送反应速度加快的保障。

（2）配送功能集成化和服务系列化。新型配送着重于将物流与供应链的其他环节进行集成，包括物流渠道与商流渠道的集成、物流渠道之间的集成、物流功能的集成、物流环节与制造环节的集成等。新型配送强调配送服务功能的恰当定位与完善化、系统化，除了传统的储存、运输、包装、流通加工等服务外，还在外延上扩展至市场调查与预测、采购及订单处理，向下延伸至配送咨询、配送方案的选择与规划、库存控制策略建议、货款回收与结算、教育培训等增值服务，在内涵上提高了以上服务对决策的支持作用。

（3）配送目标系统化。新型配送从系统角度统筹规划一个公司整体的各种配送活动，处理好配送活动与商流活动及公司目标之间、配送活动与配送活动之间的关系，不求单个活动的最优化，只求整体活动的最优化。

4.4.3　电子商务配送的影响因素

推行电子商务的关键之一是制定和执行一套合理的物流方案。电子商务物流方案较多体现为配送方案的选择，体现为配送中心的运作方式。在设计电子商务物流方案时应重点考虑以下因素：

（1）消费者的地区分布。互联网的物理分布范围正在迅速扩展，互联网所及的地区不一定都是电子商务的销售区域，至少在电子商务发展的初级阶段这是不可能的。一般商务活动的有形销售网点资源按销售区域来配置，每一个销售点负责一个特定区域的市场。例如，把全国划分为七个销售大区，每个大区内有若干销售网点，再设立一个配送中心，负责向该大区内的销售网点送货，销售点向配送中心订货和补货，配送中心则在规定的时限内将订货送达。电子商务也有可能按照这种方式来操作，但问题在于电子商务的客户可能在地理分布上是十分分散的，要求送货的地点不集中，物流网络并没有像互联网那样广的覆盖范围，无法经济合理地组织送货。所以，提供电子商务服务的公司也需要像有形店铺销售一样,对销售区域进行定位,对消费人群集中的地区提供物流承诺,否则是不经济的。还有一种处理办法,就是对不同的销售区域采取不同的物流服务政策,如在大城市因为电子商务的普及,订货可能比较集中,适于按不低于有形店铺销售的送货标准组织送货,但对偏远地区的订单则要进行集货,送货期限肯定要比大城市长得多,那些地区的电子商务消费者享受的服务就要差一些。从电子商务的经济性考虑,宜先从上网用户比较集中的大城市起步,建立基于一个城市的物流、配送体系,以方便操作。如果电子商务的消费者是十分分散的,那么在配送问题上或者分区域设立多个配送中心,或者与有良好配送网络的物流公司合作,只有这样才能保证物流对电子商务的支持。

（2）销售的品种。不是所有的商品都适合采用电子商务这种形式,至少在电子商务发展的初期是这样的。不同商品的消费特点和流通特点不同,这种差别尤其表现在物流环节上。音乐、歌曲、电影、游戏、图片、图书、计算机软件、电子邮件、新闻、评论、教学节目、医疗咨询、汇款等可以通过信息传递完成服务实现过程,这些商品最适合采用电子商务销售。因为,商品信息查询、订货、支付等商流、信息流、资金流可以在网上进行,而且无需物流支持,例如,消费者可以在网上选择流行音乐,点击音乐名称即完成订货和付款,收听音乐的过程就是服务实现的过程,所以亚马逊（http://www.amazon.com）就是从销售这些商品开始的。当然,如果消费者除了需要满足视听需求外,还要拥有这些商品的载体本身,如发烧友要珍藏歌星的盒带、要满足多次重放功能等,那么物流过程还是需要单独完成的,需要将盒带、光盘或其他载体本身送到消费者手中。

从理论上讲,没有什么商品特别不适合于采用电子商务的销售方式。但从流通本身的规律来看,需要有商品定位。现在的商品品种有 40 万～50 万种之多,一个大型百货商店充其量经营 10 万种商品,没有一个公司能够经营所有的商品,因此总是要确定最适合自己销售的商品。电子商务也一样,为了将某一商品的销售批量累积得更大,就需要筛选商品品种。同时,电子商务也要有一定的销售渠道配合,不同的商品进货和销售渠道可能不同。品种越多、进货渠道及销售渠道越复杂,组织物流的难度就越大,成本也就越高,因此为了考虑在物流环节不增加过多的费用,也需要将品种限制在一定的范围之内。一般而言,商品如果有明确的包装、质量、数量、价格、储存、保管、运输、验收、安装及使用标准,对储存、运输、装卸等作业无特殊要求,就适合于采用电子商务的销售方式。否则,电子商务所需的物流支持要求过高,便难以操作实施。

（3）配送细节。同有形市场一样,电子商务这种无店铺销售方式的物流方案中,配送环节是完成物流过程并产生成本的重要环节,需要精心设计配送细节。一个好的配送方案应该考虑库存的可供性（stock availability）、反应速度（responsiveness）、首次报修修复率（first call fix rate）、送货频率（frequency of delivery）、送货的可靠性（delivery reliability）、配送文档的质量（documentation quality）,同时还要设计配套的投诉程序（claim procedure）,提供技术支持（technical support）和订货状况信息（order status information）等。配送是国内电子商务发展的瓶颈,目前已有了一些解决方案。例如,"宅急送"公司通过与首信公司的合作推出了基于 Internet 上的物流配送系统。作为国内大型的专业物流配送公司,宅急送具有专业的物流技能和网络化发展的战略眼光。它在国内建有 19 家分公司,30 余家分支机构,业务范围覆盖全国。但庞大的业务需要先进的网络技术的介入和支持。为此，宅急送加大企业信息化建设力度，早在 1996 年即自主开发了当时处于国内领先地位的企业内部管理信息系统（management information system，MIS），目前又在全面导入 ERP/LRP（logistics resource planning，即物流资源计划）系统。此次率先开通投入使用的"宅急送网上速递配送系统"（http://www.zjs.com.cn）就是宅急送全面实现企业信息化的重要组成部分。它不仅为宅急送的广大客户增加了网上业务委托和货物查询服务功能，同时它作为首都电子商城的配套设施也为入住商城的3 000 多家商户和消费者提供了便捷的物流配送服务。

（4）服务提供者。网络服务提供商（Internet service provider，ISP）、网络内容提供商（Internet content provider，ICP）、传统零售商店、传统批发企业、制造企业等均有条件开展电子商务业务，但不同的电子商务服务提供商具有不同的组织商流、物流、信息流、资金流的能力。从物流的角度看，传统的零售商、批发商的物流能力要优于纯粹的网络服务提供商和网络内容提供商，也优于一般的制造商，但从商流、信息流和资金流的角度来看，可能正好相反。因此，设计物流方案时，要根据电子商务服务提供商的不同，扬长避短，发挥各自的优势，实现供应链集成，共同完成向消费者提供电子商务服务的工作。

（5）物流成本与库存控制。电子商务的物流成本可能比有店铺销售方式的物流成本高，因为电子商务的物流更加具有"多品种、小批量、多批次、短周期"的特点，由于很难单独考虑物流的经济规模，因而物流成本较高。例如，消费者自己到一个商店去购买一台电视机，商店提供免费送货。假设一次送货费为 50 元，这时商店一般会将其他消费者购买的商品配装在同一货车中，一次完成送货。如果是 5 台电视机同时送货，即使是免费送货，每台电视机的送货费用也只有 10 元。但当采用电子商务时，公司很难这样如愿地将消费者的订货在一个比较短的时间内集中起来并配装在一台货车中，这样就会造成送货次数的增加和送货批量的降低，直接导致了物流成本的提高。电子商务服务商必须扩大在特定的销售区域内消费者群体的基数，如果达不到一定的物流规模，物流成本肯定会居高不下。因此，电子商务更应该注意控制物流成本的问题。如果要严格控制物流成本，配送的服务水平宜定得较低一些。

库存控制历来就是销售管理中最难的课题，电子商务经营很难预测某种商品的销售量，因而在库存控制问题上就更难。回避库存问题的最佳办法就是仿效戴尔公司，采用直销方式。不过，并非任何经营者都可成功地采取直销的方式来规避库存风险。

世界上的制造和销售企业普遍采用的库存控制技术是根据对历史数据、实时数据的分析，依照一定模型预测未来的需求。有的企业进行长期预测，有的只进行短期预测或侧重于对时点数据进行分析，有的则不进行预测或不相信预测结果，对应的库存策略会有很大的区别，库存对销售的保障程度及库存成本也会各不相同。电子商务经营者可以仿效传统企业的库存控制方法。不过，由于电子商务的分散性，电子商务经营者将会遇到比店铺销售更加复杂的库存控制问题。要保证高的供货保证程度，那么势必要提高库存的规模；而要严格控制库存风险，则可能在一定程度上会降低供货保证程度。这是在考虑电子商务配送时必须加以权衡并做出决策的问题。此外，在设计电子商务的物流方案时，还应正确规划运输工具、运输方式及运输方案等。

4.4.4　电子商务配送中心的类型

从电子商务企业所使用的配送中心的不同运作方式来看，配送中心有三种，分别是电子商务企业自建的配送中心、社会化的配送中心和综合性配送中心。

（1）电子商务企业自建的配送中心。一些大型零售连锁经营公司都拥有自己的配送中心。例如，沃尔玛公司是全美商业排位第一的大型零售连锁经营公司，公司拥有 25 个大型配送中心，23 万辆集装箱卡车，其芝加哥配送中心的建筑面积有 10 万平方米，可同时接纳 168 辆集装箱卡车进行装卸作业。在日本，规模较大的零售商如大荣、西友、伊藤洋华堂等，都有自己的配送中心。与零售连锁经营公司类似，电子商务经营者也可以自建配送中心。

企业自建配送中心适用于已达到一定规模的企业。从传统零售业来看，配送中心与店铺面积有一个相适应的比例关系。根据经验，一个便利连锁公司，在拥有 20 个店、总面积达到 4 000 平方米时，就可考虑建配送中心；一个超市连锁公司，在拥有 10 个店、总面积达到 5 000 平方米时，就有建立配送中心的必要。考虑到配送收入与配送成本因素，配送中心应具有相应的配送经济规模。一般来讲，判断标准应是：分店规模扩大使配送中心正常运转所取得的数量折扣和加速资金周转所取得的效益，足以抵偿配送中心建设和配送设施所花费的成本。

当前电子商务取得了较大的发展，电子商务经营者为了更好地提供物流服务，战略性地在各地方建立配送中心，能够迅速反馈消费需求。京东商城总裁刘强东说，如果一个城市内一天的订单数达到 3 000 单，那么就会考虑在这个城市建立自己的物流配送团队。现阶段，成熟的配送中心和配送团队已经成为电子商务企业核心竞争力的一部分。

（2）社会化的配送中心。一些大型超市公司投资建造配送中心，能比较顺利地完成商品配送任务。而一些中小型的超市公司则更多依靠社会化的配送中心来完成其配送业务。随着科技的进步，生产的分工越来越细，已经出现了许多专门承担配送任务的公司，一些连锁企业不再自建配送中心，转而依托社会化的配送中心。这一点很值得电子商务企业借鉴。电子商务企业可以利用为传统商务活动服务的社会化配送中心来开展配送业务。电子商务企业的物流需求是多品种、小批量的，如果各自进行配送，势必增大物流的成本。社会化的配送中心可以把传统零售的配送业务和多家电子商务企业的配送业务集中起来，形成一定的规模，大幅度提高配送效率，实现集约化，从而节省物流成本。

（3）综合性配送中心。许多大型连锁企业的配送中心都开始或多或少承担其他公司的配送任务。例如，日本的西友公司在自建配送系统的基础上，还同时为社会上其他企业配送商品。传统商业中的配送中心尚且如此，电子商务企业当然也可以借用这一模式。不同于社会化的配送中心，大型企业的配送中心一般以为本企业服务为主要目的，同时也为其他企业提供服务。这也是电子商务企业开展其配送的一种方式。这种综合性的配送中心的业务一般不如社会化配送中心那样广泛，但如果电子商务企业的业务与该大企业的主营业务比较类似，比如都是从事食品的销售，那么其服务设施和服务能力足够提供对电子商务的支持服务，而且其费用通常比社会化配送中心更低。

4.5　电子商务下的物流模式

作为为电子商务服务的物流体系，其建立模式可以有多种。对于既开展传统商务同时又经营电子商务的企业，可以利用其已有的物流资源，满足电子商务的物流需求，也就是说，可以将传统商务的物流体系经过改造后同时提供为电子商务服务的物流服务功能。例如，北京的西单商场既从事传统的零售又从事 B2C 电子商务，因而两种商务方式可以共用其已有的物流体系。对于没有传统商务背景的电子商务运营商——网络公司，其物流问题的解决有两种方式：一种是自行组建物流公司，这种模式风险较大，因为电子商务的信息业务和物流业务是截然不同的两种业务，而投入一个不熟悉的行业，其风险可想而知；另一种就是将物流业务外包给专业的物流公司，一般来说，企业将自己的非核心业务外包，这符合供应链管理理论，也符合企业的利益需要，从而就出现了第三方物流和第四方物流。

本节在介绍第三方物流和第四方物流的同时也详细介绍了电子物流这一重要模式。

4.5.1　第三方物流

根据《物流术语》国家标准，第三方物流是指由供方与需方以外的物流企业提供物流服务的业务模式。它是指由与货物有关的发货人和收货人之外的专业企业，即第三方物流企业来承担企业物流活动的一种物流形态。1988 年，美国物流管理委员会的一项顾客服务调查中，首次提到第三方服务提供者，并将其纳入到顾客服务职能中。在美国的有关专业著作中，第三方物流提供者被定义为：通过合同的方式确定回报，承担货主企业全部或一部分物流活动的企业。其所提供的服务形态可以分为与运营相关的服务、与管理相关的服务以及二者兼而有之的服务三种类型。

第三方物流也称合同物流，是第三方物流提供者在特定的时间段内按照特定的价格向使用者提供的个性化的系列物流服务。这种物流服务是建立在现代电子信息技术基础上的，因而可以认为第三方物流是以合同为导向的物流服务，是个性化的物流服务。

第三方物流的出现使得物流活动改变了其从属性地位，物流活动走上专业化、社会化道路，物流活动的经济性问题实现了透明化。第三方物流的产生和发展是现代物流业产生和发展的阶段性标志。

第三方物流的实现方式有三种：第一种是货主企业自己从事物流系统设计、库存管理和物流信息管理等管理性工作，而将货物运输、保管等具体的物流作业活动委托给外部的物流企业；第二种是由物流企业将其开发设计的物流系统提供给货主企业并承担物流作业活动；第三种是由物流企业站在货主企业的角度，代替其从事物流系统的设计，并对系统运营承担责任。

采用第三方物流，电子商务企业可以专心从事其网络业务的经营，将资源集中配置，发展新的客户，扩大其业务的范围，增加经营效果。借助于第三方物流，电子商务企业可以提高其顾客服务水平，因为第三方物流企业作为专门从事物流工作的行家里手，具有丰富的专业知识和经验，这有利于提高电子商务企业的物流服务水平。第三方物流企业可以站在比单一电子商务企业更高的位置，在更大的范围内考虑物流的合理化问题，这有利于物流资源的合理利用和配置，有利于促进物流合理化。

第三方物流在中国兴起的主要原因有二：其一，生产经营活动社会化程度的加剧。当今社会，企业的生产经营活动变得越来越复杂，要实现物流活动的合理化，必须建立企业间、跨行业的物流网络，将原材料生产企业、制成品生产企业、批发零售企业等上下游相关企业的物流活动有机结合起来。第三方物流企业具备强大的物流规划设计能力，能够实现供应链运作最优化。其二，市场竞争的加剧。面对日趋激烈的竞争，企业为降低总成本，将主要精力放在核心业务上，同时将运输、仓储等环节交由更专业的物流企业进行操作。

第三方物流是电子商务长期发展的必要条件，电子商务的发展同时也推动了第三方物流的发展。从发展方向来看，第三方物流必须与电子商务紧密结合，发展综合物流代理业务，实现其内部资源与社会资源配置的最优化，为客户提供定制化服务，实现第三方物流形式的多样化。

4.5.2　第四方物流

关于第四方物流的概念，从定义上讲，"第四方物流供应商是一个供应链的集成商，它对公司内部和具有互补性的服务供应商所拥有的不同资源、能力和技术能进行整合和管理，并提供一整套供应链解决方案"。

第四方物流成功的关键在于为顾客提供最佳的增值服务，即迅速、高效、低成本和人性化服务等。第四方物流提供了一个综合性供应链解决方法，以有效地适应需方多样化的、复杂的需求，集中所有资源为客户完美地解决问题。第四方物流开展的主要服务有供应链再造、业务流程再造等。实施第四方物流，开展多功能、多流程的供应链业务，其范围远远超出传统外包运输管理和仓储运作的物流服务。企业可以把整条供应链全权交给第四方物流运作，第四方物流可为供应链功能或流程的全部提供完整的服务。

在实际的运作中，由于大多数第三方物流公司缺乏对整个供应链进行运作的战略性专长和真正整合供应链流程的相关技术。于是第四方物流正日益成为一种帮助企业实现持续运作成本降低和区别于传统的外包业务的真正的资产转移。第四方物流依靠业内最优秀的第三方物流供应商、技术供应商、管理咨询顾问和其他增值服务商，为客户提供独特的和广泛的供应链解决方案。

第四方物流成功地影响着大批的服务者（第三方物流商、网络工程商、电子商务公司、运输企业等）和供应链中的伙伴。它作为客户间的联结点，通过合作或联盟提供多样化服务。第四方物流的特点是可以提供迅速、高质量、低成本的运作服务。不少人认为第四方物流由于难以获得委托者的信任而只是一个设想，但随着社会经济的不断发展，第四方物流将会得到广泛的运用。当然，第四方物流思想的发展前景如何，尚待理论完善与实践检验。

4.5.3　电子物流

电子物流就是利用电子化的手段，尤其是利用互联网技术来完成物流全过程的协调、控制和管理，实现从网络前端到最终客户端的所有中间过程服务，最显著的特点是各种软件技术与物流服务的融合应用。

电子物流能够实现系统之间、企业之间以及资金流、物流、信息流之间的无缝链接，而且这种链接同时还具备预见功能，可以在上下游企业间提供一种透明的可见性功能，帮助企业最大限度地控制和管理库存。同时，由于全面应用了客户关系管理、商业智能、计算机电话集成、地理信息系统、全球定位系统、互联网、无线互联技术等先进的信息技术手段，以及配送优化调度、动态监控、智能交通、仓储优化配置等物流管理技术和物流模式，电子物流提供了一套先进的、集成化的物流管理系统，从而为企业建立敏捷的供应链系统提供了强大的技术支持。

电子物流业务使得客户可以运用外部服务力量来实现内部经营目标的增长，即客户能够得到量身定做的个性化服务，而整个过程则由第三方电子物流服务提供商来进行管理。

电子物流的主要特点是前端服务与后端服务的集成。目前许多经销商都面临着如何将前端的顾客订单管理、客户管理与后端的库存管理、仓储管理、运输管理相结合的问题。为了实现后台服务以及与其平行的服务功能，电子物流的前端服务是至关重要的。前端服务包括咨询服务（确认客户需求）、网站设计/管理、客户集成方案实施等。而电子物流的后端服务则包括六类主要的业务，即订单管理、仓储与分拨、运输与交付、退货管理、客户服务以及数据管理与分析等，如图 4-1 所示。

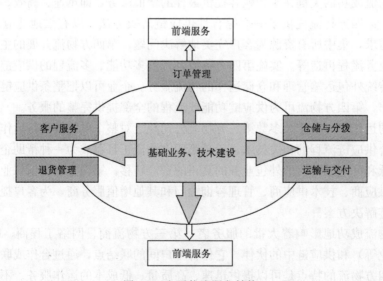

图 4-1　电子物流服务结构

顾客在网上的购买行为与传统的购买行为有所不同，因此也就决定了电子物流服务形式、手段的特殊性。新兴的电子物流服务就是由具备实力的服务商来提供最大限度地满足顾客需求的外包服务，如实时告知顾客是否有存货、何时能够收到货物等信息。传统物流服务与电子物流服务的区别如表 4-1 所示。

表 4-1　传统物流服务与电子物流服务比较

项目	传统物流	电子物流
业务推动力	物质财富	IT 技术
服务范围	单项物流服务（运输、仓储、包装、装卸、配送等）	综合性物流服务，同时提供更广泛的业务范围，如网上的前端服务等
通信手段	传真、电话等	大量应用 Internet、EDI 技术
仓储	集中分布	分散分布，分拨中心更接近顾客
包装	批量包装	个别包装，小包装
运输频率	低	高
交付速度	慢	快
IT 技术应用	少	多
订单	少	多

4.5.4　物联网对电子商务发展的影响

物联网通过智能感知、识别技术与普适计算、泛在网络的融合应用，被称为继计算机、互联网之后世界信息产业发展的第三次浪潮。目前我国的物流设施和以前相比有很大提高，但主要运输通道供需矛盾依然突出，难以适应电子商务发展的要求。在网络购物和营销的过程当中，许多客户投诉都集中在物流配送服务上。例如，物流状态网络上查询不到、送货不及时等现象时有发生。物联网在物流的运输保管、装卸搬运、包装加工、流通配送及信息运输等各服务环节中都具有很大作用，物联网将会对物流各环节起到推动和促进作用，在很大程度上保障物流过程的顺利进行。例如，物联网对各包裹进行统一电子产品编码（electronic product code，EPC），在包裹中加入 EPC 标签，在物流过程中使用 RFID 技术读取 EPC 相关信息，传输到信息处理中心，供消费者查询，从而实现对包裹在物流各环节的实时监控，实现消费者对货物的跟踪，以便发现物流过程中相关问题，有助于进行质量监控，有效地提高物流服务水平，提高消费者在网络购物中的满意程度，促进商家与顾客的诚信系统的建立。物联网技术的出现将大大促进电子商务服务能力的提高和范围的扩大。

❓复习思考题

1. 根据《物流术语》，简述什么是物流？
2. 企业物流包括哪些组成部分？各自的含义是什么？
3. 为什么我国开展电子商务时更加需要重视物流问题？
4. 简述物流的功能要素。
5. 中国电子商务运作过程中，物流的供给与需求之间的矛盾主要表现在哪些方面？
6. 电子商务下物流业的特点有哪些？
7. 配送与运输有何异同？

8. 电子商务配送中心有哪些类型？
9. 第三方物流的实现方式有哪几种？
10. 电子物流的主要特点是什么？
11. 物联网对电子商务的意义是什么？

第5章

电子商务系统基本技术体系

本章要点： 本章以电子商务应用框架和应用系统体系结构为基础，深入讨论了电子商务系统的技术体系特征及电子商务系统的框架结构和应用系统的体系结构，并对电子商务所涉及的网络、应用系统开发和相关的数据库技术做了简单介绍。

5.1 电子商务系统技术框架

电子商务的框架结构是指电子商务活动环境中所涉及的各个领域以及实现电子商务应具备的技术保证。从总体上来看，电子商务框架结构由三个层次和两大支柱构成。其中，电子商务框架结构的三个层次分别是网络层、信息发布与传输层、电子商务服务和应用层，两大支柱是指社会人文性的公共政策和法律规范以及自然科技性的技术标准和网络协议。

5.1.1 电子商务与电子商务系统

以电子技术为手段的商务活动被称为电子商务，而这些商务活动所赖以存在的环境则被称为电子商务系统。正确理解和区分二者的关系是至关重要的，如表5-1所示。电子商务与电子商务系统最核心的区分在于目标不同，电子商务的目标是完成商务，而电子商务系统是保证以电子商务为基础的网上交易实现的体系，电子商务系统的目标是提供商务活动所需要的信息沟通与交流的环境，以及相关的信息流程。电子商务通常是指在全球各地广泛的商业贸易活动中及 Internet 开放的网络环境下，基于浏览器/服务器应用方式，买卖双方不谋面地进行各种商贸活动，实现消费者的网上购物、商户之间的网上交易和在线电子支付以及各种商务活动、交易活动、金融活动和相关的综合服务活动的一种新型的商业运营模式。因此，要实现电子商务，必须首先建立电子商务系统。

表 5-1　电子商务与电子商务系统的区别

项目	电子商务	电子商务系统
定义	以电子技术为手段的商务活动	商务活动所赖以生存的环境
目标	进行商务	信息沟通与交流
功能	及时、准确地提供商品（有形、无形）或商务服务	适时、适地提供恰当的信息（支撑电子商务的运行）
内容	实体货物的生产、配销，运输信息搜集、处理、控制和传递活动	信息搜集、处理、控制和传递活动

广义上的电子商务系统是指支持电子商务活动的电子技术手段的集合。狭义上的电子商务系统是指，在 Internet 和其他网络的基础上，以实现企业电子商务活动为目标，满足企业生产、销售、服务等生产和管理的需要，支持企业的对外业务协作，从运作、管理和决策等层次全面提高企业信息化水平，为企业提供商业智能的计算机系统。在许多人的认识中，电子商务系统等同于电子商务网站，实际上这是两个层次完全不同的概念。电子商务系统是基于 Internet 并支持企业价值链增值的信息系统，而网站仅仅是这一系统的一个部分。

与传统信息系统所支持的管理系统相比，电子商务对于电子商务系统的依赖已远远超越信息技术应用的范畴，二者已经难以截然划分了。在很多场合，人们并不对这两个名称作确切的区分，需要读者自己根据上下文去理解。例如，"电子商务的实质是管理信息系统的扩充"，这里应当指的是电子商务系统。

5.1.2　电子商务应用系统体系结构

网络环境中对于资源均衡、有效应用的需求，推动了客户/服务器体系结构及相关技术的发展；随着 Internet 技术的发展和普及，电子商务应用中对于更大范围商务活动的跟踪和控制需求，又带来了三层和多层应用体系结构的出现，并极大地推动了这一领域的技术发展。

1. 客户/服务器体系结构

信息系统的建设由来已久，其规模和复杂度都在成倍地增长，这就要求能够将已有的计算机资源以及信息系统进行重新规划，使其充分发挥效益，各种规模的任务都能够获得相应规模的计算能力，信息资源得到均衡、有效的应用，并满足实际的需求。客户/服务器（client/server，C/S）结构正是基于这一思想提出的一种灵活的、规模可变的体系结构和计算平台。客户/服务器的概念是 20 世纪 80 年代中期提出来的，从分布系统角度对其定义如下：在客户/服务器计算模式下，一个或多个客户、一个或多个服务器与操作系统协同工作，形成允许分布计算、分析、表示的合成系统。

从硬件角度讲，客户/服务器结构是指将某项任务在两台或多台计算机之间进行分配，其中客户机用来提供用户接口和前端处理的应用程序，服务器提供可供客户机使用的各种资源和服务。客户机在完成某一项任务时，通常要利用服务器上的共享资源和服务器提供的服务。在一个客户/服务器体系结构中通常有多台客户机和服务器。

从应用系统、特别是应用软件的角度讲，客户/服务器结构将信息系统进行层次划分，提高各层的逻辑独立性以及对上层处理的透明性，其目的在于提高系统的灵活性和可扩展性，方便应用系统在网络环境中的配置和使用。Gartner Group 小组在 20 世纪 90 年代初提出的应用分配模型图既说明了客户/服务器演进的历史，又说明了其思想内涵，如图5-1所示。

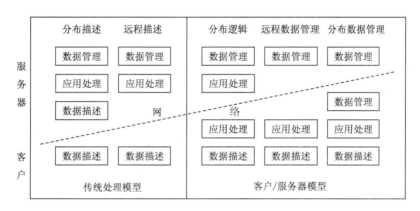

图 5-1　客户/服务器应用分配模型

其中，数据描述主要完成与用户的交互，接受用户输入，并提供系统输出；应用处理是应用系统的核心部分，负责应用系统的业务逻辑处理；数据管理完成业务数据的存储、管理及提取等功能。该模型在物理上将系统划分为客户和服务器两大部分，客户为最终用户提供服务，服务器向客户提供资源和服务，两部分通过网络连接；在逻辑上，该模型将应用系统功能划分为数据描述、应用处理和数据管理三大部分，并描述了随着网络和软、硬件技术的发展，各逻辑功能在物理上的分布位置。

随着软件技术的提高，特别是数据库管理系统自身客户/服务器计算能力的提高，客户端只需要将数据请求发送给服务器端，由服务器端完成数据查找及客户的请求处理工作，将处理结果发送回客户端，再由客户机完成与用户的交互工作。该模式中，数据处理任务分开在客户端和数据库服务器上进行，客户端负责用友好的界面与用户交互，从客户发往数据库服务器的只是查询请求；服务器专门负责数据库的操作、维护，从数据库服务器传回给客户的只有查询结果，减少了网络上的传输量，提高了整个系统的吞吐量和响应时间，并充分利用了网络中的计算资源。

2. 电子商务应用系统体系结构

在传统的客户/服务器的应用分配模型中，由客户机完成表示部分和应用逻辑部分的功能，在软件开发中，这两部分通常是紧密地耦合在一起的，即设计和代码编写中并不对两部分的内容进行明确的划分，应用中这两部分也作为一个整体安装在客户机上。

与传统的应用系统相比，电子商务应用系统的主要特征体现在 Internet 技术的使用上，其结果是系统应用范围扩张，用户数目和类型具有很大的不确定性，这就给传统应用逻辑分配方案带来了挑战：由于表示部分和应用逻辑部分耦合在一起，因此任何对于应用逻辑的变化都将导致客户端软件的变化，需要不断地更新客户端的系统；在电子商务等新的应用中，用户的数量和范围都在不断扩张，如果客户端需要复杂的处理能力，需要较多的客户端资源，必然会导致应用系统总体费用的增加，这与客户/服务器结构的借助任务共担提高网络资源利用率以减少总体费用的初衷相违背；传统模式中，客户端通常由一些大的复杂的软件包构成，提供的功能很多，需要对用户进行大量的教育培训，因此该类软件的使用通常局限在以局域网为中心的应用环境中，很难扩展到 Internet 环境中。

细分起来，上述三方面挑战应划分为两大类问题，即应用任务分担问题和客户端系统的分发和界面问题，由此也产生了两类新的结构，即三层客户/服务器结构和浏览器/服务器（browser/server，B/S）结构。

三层客户/服务器结构是指将商业和应用逻辑独立出来，组成一个新的应用层次，并将这一层次放置于服务器端；B/S 结构特指客户端使用了 Web 技术，即在客户端使用浏览器，并在应用服务器端配置 Web 服务器以响应浏览器请求。

三层结构在网络的流量和系统的反应速度方面优于两层结构，这是因为：首先，加入的应用服务器使两层的客户/服务器中的客户机和服务器都减轻了负担，三层结构中数据在发送到网络之前首先由功能性服务器加以过滤，网络通信量会因此下降；其次，由于三层结构中客户端并不直接同数据库打交道，而是通过中间层的统一调用来实现，因此具有较好的灵活性和独立性，而且适合于不同数据库之间的互联。与两层结构相比，三层结构在以下几个方面具有优势：

（1）可伸缩性。由于系统的业务逻辑处理完全在应用服务层完成，因此所有客户端不直接与数据库连接，应用服务层通过一个数据库连接池与数据库连接，系统可以根据客户端请求的多少来动态调整池中的连接，使系统消耗较少的资源来完成客户端的请求。此外，应用服务层的独立为硬件系统的构成提供了灵活性，使各部分可选择与其处理负荷和处理特性相适应的硬件。

（2）可管理性。系统的客户层基本实现了"零管理"，局域网内的主要管理工作集中在顶端 Web 服务层，整个系统的主要管理工作集中在应用服务层，业务逻辑的修改对客户层没有影响。此外，由于各层相对独立，可以进行并行开发，提高开发维护效率。

（3）可维护性。三层结构模型将应用的实现和用户界面分离，使得应用开发人员能专注于应用核心业务的分析和设计，快速建立应用系统的核心，也使得系统管理员能更有效地管理应用系统。三层模型将用户界面放到客户端，而把内部业务的实现放到应用服务器上，体现了各层的分工，对实现数据库模式的改动通常都不会造成客户端的改动，因此具有很好的可维护性。

（4）安全性。应用服务层上的安全服务作为一个公用服务被所有应用调用，因此不必为每一个应用编写安全服务，整个系统的安全数据工作只能由安全服务来访问，各个客户机无法直接访问到数据库，这样大大提高了系统的安全性。

三层结构的概念提出后，不断被引申、扩展，电子商务领域一些大的电子商务解决方案供应商先后提出了自己的电子商务系统的体系结构，推出了多层次标准的电子商务体系结构。实践中就经常采用一种四层结构，在该结构中应用服务器和数据库服务器都是远程服务器，而在客户机的同一局域网中安装一个代理服务器，这种结构一般应用在广域网中。在世界著名的电子商务应用系统开发中，大多都采用多层结构设计。

5.1.3　电子商务系统的实现要素

电子商务系统的框架结构和应用系统的体系结构结合，勾画出电子商务系统的技术组成和配置图，也为了解电子商务技术、搭建电子商务系统提供了一个框架。

1. 电子商务系统框架的实现要素

电子商务系统是一个大系统，包括两个层次的含义：一是信息交易的范围大，包括组织内部的信息流程以及组织与外部的信息交互；二是系统所涉及的环节和角色多，包括相关的法律、安全、电子支付等。更重要的是，所有这些必须有机地整合在一起，形成一个标准统一、各方协作、信息畅通的一体化系统。

电子商务系统中的各方没有像传统商务活动中大量存在的直接联系，而是完全通过网上进行信息沟通，因此需要一些传统商务活动中没有（如认证中心）或者重要程度不同（如物流中心）的电子商务系统角色。至于网络平台，则更是传统商务系统中所没有的。

电子商务系统的顺利运行，需要众多环境技术的保障：网络支付技术是实现真正网上交易的基本保障，也是制约电子商务发展的关键环节；电子商务交易过程中，如何保证商业机密和交易过程的安全可靠，是电子商务推广普及的先决条件；物流技术在电子商务中的应用与发展，为电子商务的有效开展提供了重要保障。相关内容在后续章节中会有详细讲解。

本章重点在于介绍电子商务系统的基本技术体系，在构建体系框架的基础上，阐述核心的技术思想和方法。此外，电子商务的开展，带来了许多新的观念和技术，第 6 章将对其中的一些热点技术，如网络通信的最新技术进展、Web 信息资源管理等进行简单的介绍。

2. 电子商务应用逻辑的实现要素

电子商务系统的复杂性使得电子商务应用系统及其开发运行环境要比传统信息系统复杂得多，它涉及了系统框架的上面四层，实现了对用户应用逻辑的支持。图 5-2 进一步从逻辑和物理两个不同的角度细化了电子商务系统的组成要素，其中上半部为应用逻辑层次的划分，下半部是物理实现层次的划分，从应用系统组成结构上阐述了系统的组成，更加明确地说明了应用逻辑的实现要素。

商务表达层主要为电子商务系统的用户提供使用接口，最终表现在客户端应用程序的硬件设备——商务表达平台上，如计算机、移动通信设备等，应用程序或是浏览器，或是专用的应用程序。从物理平台上看，商务表达平台是一种瘦客户逻辑，但具体的实现过程中，表达逻辑还要依赖于 Web 服务器等后台设备和软件，更多的是服务器端的逻辑处理以及前后台的通信处理技术。

商务逻辑层描述商务处理过程和商务规则，是整个商务模型的核心，该层所定义的应用功能是系统开发过程中需要实现的重点。企业的商务逻辑可以划分成两个层次：一个层次是企业的核心商务逻辑，需要通过开发相应的电子商务应用程序实现；另一层次就是支

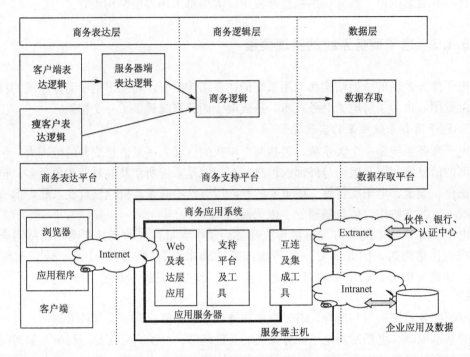

图 5-2 应用逻辑实现要素示意图

持核心商务逻辑的辅助部分，如安全管理、内容管理等，这些功能可以借助一些工具或通用软件，如内容管理、供应链管理等实现。从物理实现上看，商务逻辑运行在商务支持平台上，企业核心商务逻辑由电子商务应用系统完成，需要根据系统需求进行应用软件的开发，相对比较独立；提供辅助功能的通用软件集成在一起，通过与其他软、硬件的集成构成支持商务逻辑的商务支持平台。

数据层为商务逻辑层提供数据支持。一般来说，这一部分为商务逻辑层中的各个应用软件提供各种后端数据，这些后端数据具有多种格式、多种来源，如企业内部数据库、ERP 系统的数据、EDI 系统的数据以及企业外部的合作伙伴、商务中介（如银行、认证中心等）的数据。数据层规划时的重点是标识清楚各种数据的来源、格式等特征，确定数据层与商务逻辑层数据交换的方式；构造数据层的重点是开发电子商务系统与外部系统、内部信息资源的接口，完成系统集成。

在应用逻辑上，电子商务系统由商务表达层、商务逻辑层和数据层组成，而在具体的实现中，涉及硬件环境和应用软件的具体配置，Web 应用的技术架构使得现实的物理实现层次划分与逻辑划分并非完全一致，这种在物理配置上的变化，由于网络的连接，又使得它并不显现在用户的面前，用户所了解的仍是逻辑结构。本章后部将根据应用逻辑实现的三个层次，结合应用逻辑的功能需求和物理平台的实现方法，分别讲述相关的基础技术。

5.2　计算机网络与 Internet 技术

5.2.1　计算机网络概述

1. 计算机网络及其功能

计算机网络是指将地理位置不同的具有独立功能的多台计算机及其外部设备，通过通信线路连接起来，在网络操作系统、网络管理软件及网络通信协议的管理和协调下，实现资源共享和信息传递的计算机系统。从最简单的形式来看，一个网络包含三种基本的组成要素——源（source）、介质（medium）和目的地（destination），与此对应，计算机网络一般由计算机、通信处理设备、物理连接介质等组成。为了更好地划分网络的逻辑结构，一般将计算机网络划分为资源子网和通信子网，如图 5-3 所示，虚线以内为通信子网，虚线以外为资源子网。

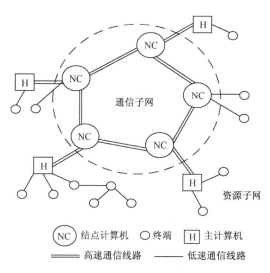

图 5-3　计算机网络的一般结构形式

资源子网由提供资源的主机和请求资源的终端组成，包含网络中的面向网络用户的各台计算机、外部设备以及存放在其中的各种软件和数据资源，负责全网的数据处理和向用户提供网络资源及服务。通信子网主要由网络节点和通信链路组成，由专门负责网络通信的计算机、通信设备、通信线路组成，承担全网数据传输、交换、加工和变换等通信处理工作，负责实现网络中数据无差错的传输，是计算机网络的内层。网络用户在资源子网中的计算机上工作，当他们需要与网络中其他计算机进行数据通信时，资源子网中的软件就会调用通信子网提供透明的服务。

计算机网络的诞生来自于共享数据资源的需求，随着计算机技术和通信技术的不断发展，其功能也在不断发掘和扩充之中，综合起来主要有：

（1）资源共享。充分利用计算机资源是组建计算机网络的重要目的之一。资源共享除共享硬件资源外，还包括共享数据和软件资源。

（2）数据通信能力。利用计算机网络可实现各计算机之间快速可靠地互相传送数据，进行信息处理，如传真、电子邮件、EDI、BBS、远程登录（Telnet）与信息浏览等通信服务。数据通信能力是计算机网络最基本的功能。

（3）均衡负载。均衡负载是指工作被均匀地分配给网络上的各台计算机系统。网络控制中心负责分配和检测，当某台计算机负荷过重时，系统会自动转移负荷到较轻的计算机系统去处理，以此扩展计算机系统的功能，提高系统可靠性，提高性能价格比，通过网络缓解用户资源缺乏的矛盾，使各种资源得到合理的调整。

（4）分布处理。一方面，对于一些大型任务，可以通过网络分散到多个计算机上进行分布式处理，也可以使各地的计算机通过网络资源共同协作，进行联合开发、研究等；另一方面，计算机网络促进了分布式数据处理和分布式数据库的发展。

（5）提高计算机的可靠性。计算机网络系统能实现对差错信息的重发，网络中各计算机还可以通过网络成为彼此的后备机，从而增强了系统的可靠性。

2. 计算机网络的组成与分类

计算机网络系统由通信子网和资源子网组成，网络软件系统和网络硬件系统是网络系统赖以存在的基础，网络硬件对网络的选择起着决定性作用，网络软件则是挖掘网络潜力的工具。

常见的网络软件主要包括：①网络协议和协议软件，通过协议程序实现网络协议功能；②网络通信软件，通过网络通信软件实现网络工作站之间的通信；③网络操作系统，实现系统资源共享、管理用户对不同资源访问的应用程序，是最主要的网络软件；④网络管理及网络应用软件，对网络资源进行管理和维护，为网络用户提供服务并为网络用户解决实际问题。

网络硬件是计算机网络系统的物质基础。要构成一个计算机网络系统，首先要将计算机及其附属硬件设备与网络中的其他计算机系统连接起来。不同的计算机网络系统，在硬件方面是有差别的，随着计算机技术和网络技术的发展，网络硬件日趋多样化，功能更加强大、复杂。

节点间通信的信道有多种不同的实现方式。在大多数情况下，信道是一根电缆，用于连接两个或两个以上的端节点。电缆可以是同轴、光纤或者是双绞线，这些电缆具有不同的性能，传输距离和传输速度各不相同。随着计算机网络技术的发展和网络应用的普及，网络结点设备会越来越多，功能也更加强大，设计也更加复杂，无线通信线路也成为计算机通信的重要成员。

计算机网络可按网络拓扑结构、网络交换方式、网络通信技术、网络操作系统类型、系统拥有者以及服务对象等不同标准进行划分，因此一个网络可以从不同的角度被划分到不同的类别，常用的分类方法包括以下几种。

（1）按网络的作用范围和计算机之间的相互距离，可将计算机网络分为：

广域网（wide area network，WAN）。广域网也通常被称为远程网，是一种用来实现不同地区的局域网或城域网的互联，可提供不同地区、城市和国家之间的计算机通信的远程计算机网。其分布范围可达几千千米乃至上万千米，横跨洲际，Internet就是典型的广域网。

局域网（local area network，LAN）。局域网是指在某一区域内由多台计算机互联成的计算机组，一般是方圆几千米以内。局域网可以实现文件管理、应用软件共享、打印机共享、工作组内的日程安排、电子邮件和传真通信服务等功能。局域网是封闭型的，可以由办公室内的两台计算机组成，也可以由一个公司内的上千台计算机组成。其分布范围一般在几米到几千米之间，最大不超过十多千米，局域网一般位于一个建筑物或一个单位内，如校园网。

城域网（metropolitan area network，MAN）。城域网是在一个城市范围内所建立的计算机通信网，属宽带局域网。由于采用具有有源交换元件的局域网技术，网中传输时延较小，它的传输媒介主要采用光缆，传输速率在 100 兆比特/秒以上。MAN 的一个重要用途是用作骨干网，通过它将位于同一城市内不同地点的主机、数据库以及 LAN 等互相连接起来，这与 WAN 的作用有相似之处，但两者在实现方法与性能上有很大差别。它适合一个地区、一个城市或一个行业系统使用，分布范围一般在十几千米到上百千米。

（2）按照交换方式，计算机网络可分为电路交换网、报文交换网和分组交换网。

（3）按网络的数据传输与交换系统的所有权，可将计算机网络分为专用网（如用于军事的军用网络）和公共网（如基于电信系统的公用网络）。

（4）按网络的拓扑结构，可将计算机网络分为总线型网络、星型网络、环型网络、树型网络和网状型网络。

（5）按传输的信道不同，可将计算机网络分为基带网和宽带网、模拟网和数字网。

3. 计算机网络协议

网络中的计算机与终端间要想正确地传送信息和数据，必须在数据传输的顺序、数据的格式及内容等方面有一个约定或规则，这种约定或规则被称做协议。网络协议主要有三个组成部分：

（1）语义。语义是对协议元素的含义进行解释，不同类型的协议元素所规定的语义是不同的，如需要发出何种控制信息、完成何种动作及得到何种响应等。

（2）语法。语法是将若干个协议元素和数据组合在一起用来表达一个完整的内容所应遵循的格式，也就是对信息的数据结构作一种规定，如用户数据与控制信息的结构与格式等。

（3）时序。时序是对事件实现顺序的详细说明。例如，在双方进行通信时，发送点发出一个数据报文，如果目标点正确收到，则向源点回答接收正确；若接收到错误的信息，则要求源点重发一次。

由此可以看出，协议实质上是网络通信时所使用的一种语言。网络协议对于计算机网络来说是必不可少的。不同结构的网络，不同厂家的网络产品，所使用的协议也不一样，但都遵循一些协议标准，这样便于不同厂家的网络产品进行互联。在同一网络中，可以有多种协议同时运行。

一个功能完善的计算机网络需要制定一套复杂的协议集合，对于这种协议集合，最好的组织方式是层次结构模型。即将一个计算机网络分为若干层次，处在高层次的系统仅是利用较低层次的系统提供的接口和功能，不需了解低层实现该功能所采用的算法和协议；

较低层次也仅是使用从高层系统传送来的参数。这就是层次间的无关性，因为有了这种无关性，层次间的每个模块都可以用一个新的模块取代，即使它们使用的算法和协议都不一样，只要新的模块与旧的模块具有相同的功能和接口即可。计算机网络层次结构模型与各层协议的集合被定义为计算机网络体系结构。

20 世纪 70 年代以来，国外一些主要计算机生产厂家先后推出了各自的网络体系结构，但它们都属于专用的。为使不同计算机厂家的计算机能够互相通信，以便在更大的范围内建立计算机网络，有必要建立一个国际范围的网络体系结构标准。ISO 于 1981 年正式推荐了一个网络系统结构——七层参考模型，即开放系统互联模型（open system interconnection，OSI），如图 5-4 所示。这个标准模型的建立使得各种计算机网络向它靠拢，大大推动了网络通信的发展。

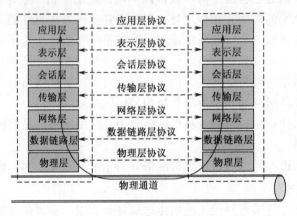

图 5-4　开放系统互联模型

OSI 参考模型将整个网络通信的功能划分为七个层次。它们由低到高分别是物理层（PH）、数据链路层（DL）、网络层（N）、传输层（T）、会话层（S）、表示层（P）和应用层（A）。每层完成一定的功能，每层都直接为其上层提供服务，并且所有层次都互相支持。第四层到第七层主要负责互操作性，而第一层到第三层则用于创造两个网络设备间的物理连接。

5.2.2　Internet 协议组

Internet 协议组是一组计算机通信协议的集合，由于 TCP 协议和 IP 协议是保证数据完整传输的两个基本的重要协议，所以习惯上又称整个 Internet 协议组为 TCP/IP 协议组，主要包括 TCP、IP、UDP（user datagram protocol，即用户数据报协议）、ICMP（Internet control message protocol，即因特网控制信息协议）、SMTP（simple mail transfer protocol，即简单邮件传输协议）、SNMP（simple network manage protocol，即简单网络管理协议）、FTP（file transfer protocol，即文件传输协议）、ARP（address resolution protocol，即地址解析协议）等许多协议。

TCP/IP 协议是 20 世纪 70 年代中期美国国防部为 ARPANET 广域网开发的网络体

系结构和协议标准，以它为基础组建的 Internet 是目前国际上规模最大的计算机网络。正因为 Internet 的广泛使用，TCP/IP 成了事实上的标准。

TCP/IP 协议的目的是允许互相合作的计算机系统通过网络共享彼此的资源，这里的计算机系统既包括同构的系统，也包括异构的系统。网络可由同构的网络系统组成，也可由异构的网络系统组成，TCP/IP 协议主要针对的是异构的网络系统。TCP/IP 协议并不完全符合 OSI 的七层参考模型，它采用了四层的层级结构，如图 5-5 所示。

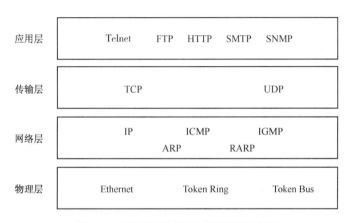

图 5-5　TCP/IP 协议的四层结构示意图

（1）物理层相当于 OSI 的第一层、第二层，表示 TCP/IP 的实现基础，如 Ethernet、Token Ring、Token Bus 等。

（2）网络层又进一步细分为网络接口层和网络层。网络接口层包括了硬件接口和 ARP、RARP（reverse address resolution protocol，即反向地址解析协议），这两个协议主要是用来建立送到物理层上的信息和接收从物理层上传来的信息。ARP 负责将网络地址映射到硬件地址，RARP 将硬件地址映射到网络地址。网络层中的协议主要有 IP、ICMP、IGMP（Internet group management protocol，即因特网组管理协议）等，由于它包含了 IP 协议模块，所以它是所有基于 TCP/IP 网络的核心。在网络层中，IP 模块完成大部分功能，ICMP 和 IGMP 以及其他支持 IP 的协议帮助 IP 完成特定的任务，如传输差错控制信息以及主机/路由器之间的控制电文等。

（3）传输层上的主要协议是 TCP 和 UDP。正如网络层控制着主机之间的数据传递，传输层控制着那些将要进入网络层的数据。两个协议就是它管理这些数据的两种方式。

TCP 是一个基于连接的协议，这是一种提供给用户进程的可靠的全双工字节流面向连接的协议。它要为用户进程提供虚电路服务，并为数据可靠传输建立检查。大多数网络用户程序使用 TCP。UDP 则是面向无连接服务管理方式的协议，提供给用户进程的无连接协议用于传送数据而不执行正确性检查。

（4）应用层向用户提供一组常用的应用程序，如电子邮件、文件传输访问、远程登录等。应用层位于协议栈的顶端。

5.3　电子商务表达层基础技术

Web 是 Internet 的一部分，它是一些计算机按照一种特定方式互相连接所构成的 Internet 的子集，这些计算机可以很容易地进行内容互访。Web 的另一个重要的特点是具有容易使用的标准图形界面，这种界面使得那些对计算机并不精通的人也可用 Web 访问大量的 Internet 资源。

5.3.1　电子商务的信息分享架构

作为全球性的信息分享架构，万维网以快速、经济和容易使用的方式整合了许多层面的在线内容及信息服务器，并成为电子商务应用的软件基础。

1. Web 的技术架构

与其说 Web 是一种技术，倒不如说它是对信息的存储和获取进行组织的一种思维方式。在 Internet 从研究专家使用的领域走向平常百姓使用的过程中，两项重要的创造发挥了关键的作用，这两项技术是超文本和图形化用户界面。

Web 已经变成了浏览、信息出版以及在 Internet 和 Intranet 上执行交易的标准，它原来是一组简单的协议和格式，现在成为复杂的多媒体出版及信息取用的场所。简单来说，Web 的作用在于收集世界上分布式的文件，并将其转换成网页放置在电脑（或服务器）上。

服务器储存了超文本文档，并对一些询问的请求加以回复；PC（personal computer，即个人计算机）的使用者可以借助使用浏览器寻找及察看位于服务器上面的文件及显示出多媒体的资料。

Web 所有活动的基础是基本的客户/服务器结构，信息储存在 Web 服务器上，服务器储存档案并对客户端的请求做出响应。Web 浏览器借助信息的名称从服务器索取信息，并在客户端电脑上将信息格式化后显示在使用者的屏幕上，其示意图见图 5-6。人们通常将格式化显示的信息称为网页，而将 Web 服务器的软、硬件及其上的信息统称网站。

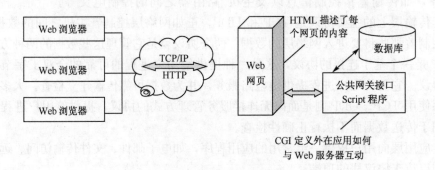

图 5-6　Web 的架构及工作原理示意图

与传统的信息形式相比，Web 所采用的超文本的含义有两层：一是信息的形式不再限于简单的字符或数值型数据，而是可以包含多媒体信息；二是超文本可以实现网络上信息之间的相互链接。在 Web 架构中，信息被分成了分布式的网页，以 HTML 编写而成，使用者可以用 HTML 制作混合文字与多媒体内容的信息。除了静态的 HTML 网页，Web 服务器还可以利用通用网关接口（common gateway interface，CGI）取得动态信息。

万维网所依赖的各种概念和技术包括以下几个方面：

（1）超文本传送协议（hypertext transfer protocol，HTTP）。Web 是通过 Internet 连接，由浏览器和服务器软件组成的，HTTP 提供了服务器与浏览器沟通的语言，用于在 Internet 上传输文档。HTTP 是建立在 TCP/IP 之上的应用协议。

（2）统一资源标识（uniform resource locator，URL）。每个网页都有一个独一无二的位置，被称为统一资源标识，Web 浏览器借此来寻找 Web 服务器。Web 的威力在于它可以使用超链接连接分散的网页，让读者借助点选网页上的超文本在网页间移动。

（3）超文本标记语言（hypertext markup language，HTML）。HTML 是个可以包含文字、窗体及图形信息的超文本文件的表现语言，其目的在于使 Web 页面能显示在任何支持 HTML 的浏览器中，而与联网的机器平台无关。特别需要指出的是，HTML 提供的链接机制是 Web 的本质特性之一。

（4）Web 服务器。Web 服务器也称 HTTP 服务器，是储存文件和其他内容的软、硬件组合，用于提供 HTTP 及 FTP 等服务，有的还可作为代理服务器（一个可以从别的服务器上为它的客户获取文件的服务器）。本来 Web 服务器只提供"静态"内容，返回在 URL 里指定的文件的内容。现在也可以采用 CGI 等技术从一个运行的程序里得出"动态"内容。

（5）Web 浏览器。Web 客户通常指的是 Web 浏览器，如 Netscape Navigator 和 Microsoft Internet Explorer 等。这种浏览器能理解多种协议，如 HTTP、HTTPS（hypertext transfer protocol secure socket layer，是 HTTP 的安全版）、FTP；也能理解多种文档格式，如 TEXT、HTML、JPEG（一种图像格式）、XML（extensible markup language，即可扩展标记语言）（有的还不支持）；也具备根据对象类型调用外部应用的功能。总之，URL、HTTP、HTML、Web 服务器和 Web 浏览器是构成 Web 的五大要素，而 Web 的本质内涵是建立在 Internet 基础上的网络化超文本信息传递系统，而其外延是不断扩展的信息空间，它成功的主要原因就在于：简易的导览和使用、新的分送模式以及实现了一个网络集中式的模式。

2. Web 2.0

上一部分介绍的基本原理被称为 Web 1.0，其主要特点在于用户通过浏览器获取信息。所谓的 Web 2.0，是 Web 1.0 应用理念上和架构上的升级，而不是简单的某种技术的创新或者某种应用，Web 2.0 思想的出现将电子商务应用和服务能力提升到了一个新的高度。Web 2.0 更注重用户的交互作用，用户既是网站内容的浏览者，也是网站内容的制造者。所谓网站内容的制造者，是说互联网上的每一个用户不再仅仅是互联网的读者，同时也成为互联网的作者；不再仅仅是在互联网上冲浪，同时也成为波浪制造者；在模式上由单纯的"读"向"写"以及"共同建设"发展；由被动地接收互联网信息向主动创造互联网信息发展，从而更加人性化。

　　与 Web 1.0 网站单项信息发布的模式不同，Web 2.0 网站的内容通常是用户发布的，使得用户既是网站内容的浏览者也是网站内容的制造者，这也就意味着 Web 2.0 网站为用户提供了更多参与的机会。例如，博客网站和 wiki（维基）就是典型的用户创造内容的指导思想，而 tag 技术（用户设置标签）将传统网站中的信息分类工作直接交给用户来完成。

　　Web 2.0 更加注重交互性，不仅用户在发布内容的过程中实现与网络服务器之间的交互，而且也实现了同一网站不同用户之间的交互，以及不同网站之间信息的交互。

　　符合 Web 标准的网站设计。Web 标准是国际上正在推广的网站标准，通常所说的 Web 标准一般是指网站建设采用基于可扩展超文本标记语言（extensible hypertext markup language，XHTML）的网站设计语言，实际上 Web 标准并不是某一标准，而是一系列标准的集合。Web 标准中典型的应用模式是"CSS＋XHTML"，它摒弃了 HTML 4.0 中的表格定位方式，优点之一是网站设计代码规范，并且减少了大量代码，减少网络带宽资源浪费，加快了网站访问速度。更重要的一点是，符合 Web 标准的网站对于用户和搜索引擎更加友好。

　　Web 2.0 网站与 Web 1.0 没有绝对的界限。Web 2.0 技术可以成为 Web 1.0 网站的工具，一些在 Web 2.0 概念之前诞生的网站本身也具有 Web 2.0 特性。例如，B2B 电子商务网站的免费信息发布和网络社区类网站的内容也来源于用户。

5.3.2　静态页面与标记语言

　　以 HTML 为代表的标记语言是静态页面表达的技术基础，XML 语言在处理机器之间的相互交流和信息传递等方面所表现出来的技术优势，使其日益受到关注。

　　1. 静态页面的体系结构

　　静态网页的内容存储于 Web 服务器上，包括 HTML 文件、图像和电影等多媒体文件。这些文件通常由各种页面设计、图形制作等相应工具制作而成，事先存放在 Web 服务器的文件系统中，当客户在浏览器页面中点选了某个超链接，浏览器就会发出相应页面的请求，并通过 Internet 发送到 Web 服务器，Web 服务器识别所请求的文件后，将复制文件通过 HTTP 发送回浏览器，由浏览器解释并显示在界面之上，其原理如图 5-7 所示。

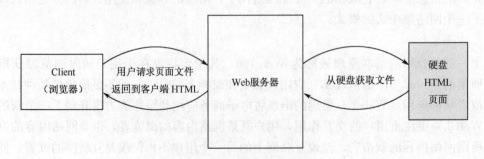

图 5-7　静态页面体系结构

客户端向 Web 服务器发送的请求以及服务器返回给客户端的应答都遵循 Internet 的

标准协议——HTTP 协议。HTTP 传送客户端的请求，把它打包成 Web 服务器能理解的格式，服务器应答时，返回给客户端的页面信息采用同样的 HTTP 协议。Web 服务器的核心就是向请求浏览器传送文件，Web 服务器并不对文件进行任何处理，这是"静态"名称的核心思想。

从图 5-7 中可以看到，电子商务系统的商务信息是通过统一的浏览器界面进行表达，由客户端设备完成与用户的交互工作，由客户端与 Web 服务器共同承担交互过程的实现。物理上，Web 服务器属于后台设施，逻辑上主要用于商务表达信息的完成，是商务表达平台的重要组成部分。从商务信息，即静态网页的内容编制上讲，标记语言（markup language）是静态网页的核心技术。

2. 标记语言的特征与演变

所谓标记语言，是指由一系列标准化了的标记组成的集合，这种语言不需要经过编译，只需要通过可以识别这些标记的电子阅读器（如浏览器）就可以看到结果。

SGML（standard generalized markup language，即标准通用标记语言）是最早的标记语言，是 ISO 在 1986 年推出的一个用来创建标记语言的语言标准，是一种丰富的元语言，几乎可以用来定义无数种标记语言，HTML 和 XML 都是在此基础上派生出来的。

在 HTML 语言的设计开发中，除了突出其超文本链接功能，其主要功能在于信息的显示。与许多文字处理技术相比，Word 等编辑器在创建文档时，以二进制格式保存文档，这种格式在其他平台的程序中不一定被兼容，因此 HTML 的发明者希望能创建一种文档格式，既可以保存文本信息，又可以做到平台兼容，这就要求 HTML 必须是全文本的。为此，HTML 以标记保存文档的格式，Web 服务器不处理这些标记，而由客户端的浏览器解释。浏览器一般是与平台相关的，不过在遵循万维网协会标准的基础上，浏览器都以完全一样的方式解释 HTML。

HTML 文档提供了丰富的多媒体显示、各种布局处理等功能，但是 HTML 更多地关注 Web 浏览器如何在页面上安排文本、图像和按钮等，过多地考虑外观使其缺乏对结构化数据的表示能力。另外，HTML 还有一些诸如链路丢失后不能自动纠正、下载的内容太多、搜索不方便、时间长等缺点。

此外，HTML 中有限的标记不能满足众多 Web 应用的需要，如基于 Web 的大型出版系统和新一代的电子商务，需要在 HTML 中不断地为各种应用增加标记，这显然不是最终的解决方法。究其原因，是因为 HTML 缺乏可扩展性，为此，自 1996 年，世界万维网协会（World Wide Web Consortium，W3C）的一个工作组开始着手设计一个超越 HTML 能力范围的新语言，后来被命名为 XML。

XML 在 SGML 的基础上，去除 SGML 中过于复杂的缺点，保留了其作为元标记语言的优点，用户甚至可以通过 XML 制定自己的标记语言，而不必得到 W3C、Microsoft 或 Netscape 的同意，因此 XML 的应用潜力是很明显的。

XML 的优势之一是它允许各个组织、个人建立适合自己需要的标记集合，并且这些标记可以迅速地投入使用。这一特征使得 XML 可以在电子商务、政府文档、司法、出版、CAD/CAM、保险机构、厂商和中介组织信息交换等领域中一展身手，针对不同的系统、厂商提供各具特色的独立解决方案。

XML 的最大优点在于它的数据存储格式不受显示格式的制约。一般来说，一篇文档包括三个要素，即数据、结构和显示方式。对于 HTML 来说，显示方式内嵌在数据中，这样在创建文本时，要时时考虑输出格式，如果因为需求不同而需要对同样的内容进行不同风格的显示时，就要从头创建一个全新的文档，重复工作量很大。XML 的简单使其易于在任何应用程序中读写数据，这使 XML 很快成为数据交换的唯一公共语言，虽然不同的应用软件也支持其他的数据交换格式，但不久之后它们都将支持 XML，那就意味着程序可以更容易地与 Windows、Mac OS、Linux 以及其他平台下产生的信息结合，然后可以很容易加载 XML 数据到程序中并分析它，并以 XML 格式输出结果。此外，HTML 缺乏对数据结构的描述，对于应用程序理解文档内容、抽取语义信息都有诸多不便。

从本质上讲，Web 上的标记语言的根本目的不是文字处理工具、桌面出版系统或编程语言，而是要定义文档或者文档集的结构和外观，以使这些文档能够迅速并容易地通过网络发送给用户，用户可以在各种各样的终端设备上显示这些文档。因此，HTML 虽然提供比较友好的人机界面，但却不擅长处理机器之间的相互交流和信息传递。XML 与 HTML 的设计区别是：XML 的核心是数据，其重点是数据的内容；而 HTML 被设计用来显示数据，其重点是数据的显示。XML 和 HTML 的语法区别：HTML 的标记不是所有的都需要成对出现，XML 则要求所有的标记必须成对出现；HTML 标记不区分大小写，XML 则大小写敏感，即区分大小写。

表 5-2 将 XML 与 HTML 进行了详细的比较，有助于深入理解两者的特点。

表 5-2　XML 与 HTML 的综合比较

比较内容	HTML	XML
可扩展性	不具有扩展性	是元标记语言，可用于定义新的标记语言
侧重点	如何表现信息	如何结构化地描述信息
语法要求	不要求标记的嵌套、配对等，不要求标记之间具有一定的顺序	严格要求嵌套、配对，遵循 DTD 的树型结构
可读性及可维护性	难于阅读、维护	结构清晰，便于阅读和维护
数据与显示的关系	内容与显示方式整合为一体	内容描述与显示方式分离
保值性	不具有保值性	具有保值性
编辑与浏览工具	已有大量的编辑浏览工具	编辑浏览工具尚不成熟

3. HTML 5 的发展

HTML 5 是用于取代 1999 年所制定的 HTML 4.01 和 XHTML 1.0 标准的 HTML 标准版本，现在仍处于发展阶段，但大部分浏览器已经支持某些 HTML 5 技术。HTML 5 有两大特点：首先，强化了 Web 网页的表现性能。其次，追加了本地数据库等 Web 应用的功能。广义论及 HTML 5 时，实际指的是包括 HTML、CSS 和 JavaScript 在内的一套技术组合。它希望能够减少浏览器对于需要插件的丰富性网络应用服务（plug-in-based rich Internet application，RIA），如 Adobe Flash、Microsoft Silverlight 与 Oracle JavaFX 的需求，并且提供更多能有效增强网络应用的标准集。

HTML 5 在以后的移动互联网中将会发挥很大的作用，所以在以后的移动电子商务中也将是一个巨大突破和创新。它的主要优势在于：提高可用性和改进用户的友好体验；

有几个新的标签，这将有助于开发人员定义重要的内容；可以给站点带来更多的多媒体元素（视频和音频）；可以很好地替代 Flash 和 Silverlight；当涉及网站的抓取和索引的时候，对于 SEO（search engine optimization，即搜索引擎优化）很友好；将被大量应用于移动应用程序和游戏。

5.4　电子商务应用逻辑层基础技术

商务表达层的技术重点在于如何呈现商务信息，提供用户与电子商务系统的交互接口。商务逻辑层的功能在于根据用户输入进行商业逻辑处理，将逻辑处理结果提供给商务表达层，完成动态内容的构建，其技术重点是如何构建和实现复杂的业务逻辑。

5.4.1　商务逻辑层概述

企业的商务逻辑可以划分成两个层次：一个层次是企业的核心商务逻辑，这一部分通常具有明显的企业特征，如企业宣传、网上销售、网络银行等；另一层次是支持核心商务逻辑的辅助部分。商务逻辑层通过不同的方式实现这两个层次，一般的，企业的核心逻辑依靠电子商务应用程序实现，而辅助部分可以通过不同的技术产品来集成，搭建支持商务应用程序运转的支持平台。因此，商务逻辑层包括商务应用系统（程序）和支持平台两个层次。

电子商务应用系统是指结合各企业具体应用，针对各企业的行业特点和业务流程所开发的应用系统，用以实现企业的主业务。虽然电子商务提供许多通用模式，但不同企业的电子商务软件也不会完全相同，通常是由各企业根据自己的特点专门开发的，即使有一些成型的产品，往往也需要针对不同企业的特点进行二次开发。

支持平台向上层（商务应用）提供的服务主要包括表达、商务支持、运行支持、开发和集成服务。构成支持平台的技术产品至少应当包括 Web 服务器、商务支持软件、集成与开发工具、计算机主机、网络、其他系统软件（如操作系统、管理工具软件等）。通常Web 服务器、商务支持软件、部分集成开发工具被集中在一个被称为"应用服务器"的软件包中，所以商务逻辑层在物理上可以简化为以下三个部分：应用软件（实现商务逻辑）；应用服务器（为应用软件提供软件支持平台）和其他支持软件；计算机主机及网络（为应用软件提供硬件支持平台）。

由此可以看出，商务逻辑层在电子商务系统的组成中占有重要地位，商务逻辑层的实现过程就是电子商务系统的开发过程，电子商务特征以及电子商务系统技术特征决定了电子商务系统开发与已有信息系统开发具有很大的不同，信息系统开发理论和方法得到了进一步的改善，了解这一变化原因和变化趋势，是掌握和应用电子商务系统开发技术的基础。电子商务支持平台的发展，促进了以应用服务器为代表的一批相关技术的诞生和发展，了解这类技术产生、发展的历史以及相关的技术，是构建电子商务平台的技术保证。

5.4.2 核心商务逻辑的实现及其技术

核心商务逻辑的实现主要是借助程序语言完成的，从最初的 CGI 技术，到目前广泛应用的 ASP（active service page，即动态服务器页面）和 Java 技术，该类技术从简单的语言选择已经发展到平台之间的选择。

1. 传统程序语言与 CGI

Web 技术发展的早期，HTML 语言提供了静态页面的编制技术，动态页面的内容需要依靠传统语言与 CGI 技术的结合来完成。CGI 并不是一种程序语言，而是一种从浏览器向服务器申请执行程序的机制，是一种基于浏览器的输入，在 Web 服务器上运行相应程序的技术标准。这种标准规定了服务器如何获得客户端的输入、如何输出处理结果以及相关的一些技术标准等。按照这种标准，利用 Perl、C、C++、C Shell、Visual Basic 等各种语言均可编制相应的程序，这些程序被统称为 CGI 程序。

CGI 是 Web 服务器调用外部程序的一个接口。通过 CGI，Web 服务器能将用户从浏览器中录入的数据作为参数，运行本机上的程序，并把运行结果通过浏览器返回给用户。CGI 程序的工作原理如图 5-8 所示。

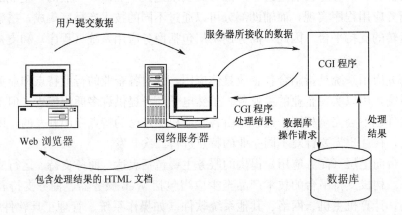

图 5-8 CGI 程序的工作原理

通过 CGI 程序可以实现客户端与服务器端的信息交互能力，可以提供很多 HTML 不能实现的功能，如计算器（客户信息表格的提交以及统计）搜索程序、Web 数据库等，其中比较典型的 CGI 程序，如计数器，可以统计用户点击的次数，用户每点击一次，服务器端的计数器就加 1，并将数字显示给客户端。另一类非常典型的例子是用于表格提交处理的 CGI，这也是 CGI 最常用的方面之一，经常在网上遇到的在 Web 上填表或进行搜索用的就是 CGI 程序。程序员在编写 CGI 时可以选用任何一种其所熟悉的高级语言，Perl、C、C++、C Shell 和 Visual Basic 等都可作为编程的工具。

2. 基于 ASP 的系统开发

ASP 是微软推出的动态 Web 设计技术，代表了 Web 技术从静态内容连接到动态生成文档的重要发展历程，是 Web 技术一个新的发展方向。ASP 能够将代码直接嵌入

HTML，是一种在 Web 服务器上解释执行的脚本程序，可以很容易地把 HTML 标记、文本、脚本命令及 ActiveX 组件混合在一起构成 ASP 页，以此生成动态网页，创建交互式的 Web 站点，实现对 Web 数据库的访问。

一个 ASP 文件包含两部分，即 HTML 部分和 ASP 脚本命令部分。其中，HTML 部分与普通的 HTML 文件的语法规则是相同的；而 ASP 脚本则利用<％和％>两种标记嵌入到 HTML 部分之中，在已有的 HTML 基础上对其输出实现控制。

ASP 在服务器端运行，运行结果以 HTML 主页形式返回用户浏览器，也就是说，用户在客户端浏览器看到的仅仅是 ASP 页的执行结果所生成的页，而 ASP 页本身的内容用户在客户端浏览器是看不到的，因而 ASP 源程序不会泄密，增加了系统的安全保密性。

此外，ASP 也是一套微软开发的用于 Web 服务的服务器端脚本环境，可以产生并执行动态、交互式、高效率的站点服务器应用程序，内含于 IIS 3.0 及其后续版本之中。ASP 的编程可采用各种脚本语言，只要服务器端安装了相应的脚本引擎即可。需要注意的是，ASP 本身有一定的语法规则，也可算做一种编程语言，而同时其所使用的脚本语言自身还有一套语法，因此在编制 ASP 程序的过程中，必须同时遵守这两方面的语法规定才行，缺一不可。

3. Java 语言技术特点分析

Java 是 SUN 公司于 1990 年开始，为消费者电子市场，如电视机、电话、烤面包机等家用电器的控制和通信而设计的软件。设计小组最开始使用 C++，但是它在消费者使用的各种硬件架构及对稳定的要求上产生了问题，于是这个小组开发了一种新的语言，并将它命名为 Java。这个名称并不是某个简称，而是指设计人员们所喜欢的又热又香醇的咖啡，更重要的是，它包含了激发这个技术的要素，即活泼、动画、速度、互动以及其他会选择 Java 的可能因素。如今，它已经成为 Internet 上最重要的配送工具。

Java 作为高级程序设计语言在网络编程方面有传统程序设计语言难以比拟的特点。首先，作为一种程序设计语言，它简单可靠，是面向对象、与平台无关的，具有可移植性，安全性好，并且支持多线程，具有很高的性能；其次，它最大限度地利用了网络，Java 小应用程序可在网络上传输而不受计算机和操作系统的限制。

Java 既可以被编译，也可以被解释。通过编译器，可以把 Java 程序翻译成一种中间代码（字节码）——可以被 Java 解释器解释的独立于平台的代码。通过解释器，每条 Java 字节指令被分析，然后在计算机上运行。

Java 不仅是一种编程语言，也成为一种平台。平台是程序运行的硬件或软件环境，Java 平台与大多数其他平台的不同之处在于：它是运行于其他硬件平台之上的纯软件平台，而大多数其他平台是硬件和操作系统的结合。Java 平台由 Java 虚拟机（Java virtual machine，JVM）和 Java 应用程序接口（Java application programming interface，Java API）两部分组成。

JVM 是 Java 平台的基础。JVM 发挥抽象计算机的作用，在 Java 应用程序和本机系统之间建立了一个绝缘层，屏蔽掉了硬件和操作系统的不同，使得 Java 字节码成为运行在 JVM 上的计算机代码指令，Java 程序由此实现了"编写一次，任意运行"的理想。每种 Java 解释器，不管是 Java 开发工具还是可以运行 Java 小应用程序的 Web 浏览器，都是 JVM 的实例。Java 技术为构建多层应用软件体系结构提供了一系列的相关技术，SUN 公司为此制定了相关的技术规范，形成了基于 Java 的技术平台 J2EE。

4. 基于 LAMP 体系的开发

Linux＋Apache＋Mysql＋Perl/PHP/Python（LAMP）是一组常用来搭建动态网站或者服务器的开源软件，本身都是各自独立的程序，但是因为常被放在一起使用而拥有了越来越高的兼容度，共同组成了一个强大的 Web 应用程序平台。随着开源潮流的蓬勃发展，开放源代码的 LAMP 已经与 J2EE 和 .Net 商业软件形成三足鼎立之势，并且该软件开发的项目在软件方面的投资成本较低，因此受到整个 IT 界的关注。从网站的流量上来说，70％以上的访问流量是由 LAMP 来提供的，LAMP 是最强大的网站解决方案。LAMP 包的脚本组件中包括了 CGIWeb 接口，它在 20 世纪 90 年代初期变得流行。这个技术允许网页浏览器的用户在服务器上执行一个程序，并且和接受静态的内容一样接受动态的内容。程序员使用脚本语言来创建这些程序，因为它们能很容易有效地操作文本流，甚至当这些文本流并非源自程序自身时也是。正是由于这个原因，系统设计者经常称这些脚本语言为胶水语言。

5.4.3　商务支持平台及相关技术

根据所提供的商务服务的功能特征，商务支持平台可以划分为商务基础平台和商务服务平台，分别完成对系统性能和商务服务的支持。

1. 商务支持平台概述

简单地讲，商务支持平台就是对企业的商务应用系统提供支持，使企业的商务应用能更好开展的一些服务。根据所提供服务的特征，一般可以将支持平台进一步划分为商务基础平台和商务服务平台。前者志在提高系统性能，侧重于保障系统的效率、可靠性和优化，如负载平衡、系统管理等；后者提供更多的商务服务，为企业的核心商务逻辑提供服务，如供应链管理、客户关系管理、安全认证等。

商务支持平台的出现使得企业能够将更多的精力集中于其核心业务的构建上。通常可以把企业的所有业务分为核心业务和辅助性业务，核心业务通常是企业特有的，而辅助性业务则是大部分企业都需要的，也是商务支持平台所实现的功能。同时，商务支持平台是 IT 厂商在分析了大量企业的实际需要之后开发的，专业性比较强，通常它所实现的功能比企业自己开发的更全面，企业可由此获得功能更强、更好的服务。

商务支持平台的功能主要通过通用软件包完成，Web 服务器和应用服务器是其典型代表，二者在 Web 应用中承担了不同的责任，它们自身技术的发展也反映了商务支持平台的技术发展规律。

2. Web 服务器与应用服务器

Web 平台中，传统 Web 服务器的作用相当于使用 HTTP 协议的文件服务器，主要功能在于 Web 页面的组织和存取。随着电子商务系统规模的扩大，其功能也在不断丰富，在传统 CGI 编程接口的基础上，提供了其他应用开发接口，并增强了网站管理等系统管理功能，有些产品的功能足以承担商务服务处理的需要。

随着电子商务系统三层体系结构的提出和明确，更细致的层次划分又导致了应用服务器的出现。应用服务器是一个软件包，它将一些通用的、与具体商务应用无关的软件集成为一个整体，为电子商务应用系统的运行提供基础平台。此外，应用服务器预装了部分功能，并提供了一些开发工具，在其基础上开发应用软件能够简化用户接口、减少开发难度。从电子商务系统的体系结构上看，应用服务器是商务服务平台和基础服务平台的某些功能的一个集合。

从实际的软件产品来看，目前应用服务器的内容主要包括两部分：一部分是增强型的Web 服务器，以 HTTPD（Apache 超文本传输协议服务器的主程序）为核心，增强了动态页面脚本、服务器管理、Web 开发接口等功能；另一部分专门为应用提供服务。这两个部分在某些产品中是合并在一起提供的，如 IBM 的 Websphere 和 BEA 的 Weblogic，也有些公司将它们作为两个独立的产品分开提供，如 iPlant。因此，在很多场合所说的应用服务器指的是包含 Web 服务器的服务器软件包。

从逻辑角度看，应用服务器与 Web 服务器是相对独立的两个部分，相互配合共同完成商务逻辑。Web 服务器向应用服务器提供用户请求，并表达处理的结果；应用服务器及其上层的应用负责完成商务逻辑的处理，并反馈处理结果。从产品角度讲，应用服务器和 Web 服务器既存在很多的相似之处，又有很大的差别。相似原因主要是应用服务器源于 Web 服务器这一历史背景，以及厂商产品策略的影响，特别是原有的 Web 服务器产品向应用服务器产品过渡的过程中，在增强型 Web 服务器和应用服务器之间的界定并不明显，由此带来一些概念上的混淆。

5.5　电子商务数据层基础技术

电子商务应用对数据模型、数据性能等核心技术以及数据访问接口技术提出了一系列新的需求，推动了 Web 数据库技术的诞生与发展。

5.5.1　电子商务系统中的数据管理技术

1. 电子商务系统中的数据库技术

数据管理是指对数据的分类、组织、编码、存储、检索和维护，而数据库技术正是数据处理技术发展比较成熟后的产物，并成为计算机系统框架中相对独立的一个层次，成为信息技术应用的支撑技术。随着应用的不断深入和软、硬件技术的不断进步，数据库技术在自身数据管理和对外信息处理方面得到了飞速发展，到目前为止，主要经历了手工管理、文件系统、数据库系统和数据仓库这几个阶段，并形成了众多研究领域。

电子商务系统中的信息需求更加广泛。数据库技术对电子商务的支持是全方位的，电子商务应用的推广和发展对数据库技术提出了新的要求，推动了数据库技术与 Web 技术的全面结合，在数据库核心技术和数据库访问接口技术等多方面得到了发展。在电子商务中，从底层的数据基础到上层的应用都涉及数据库技术，如图 5-9 所示。

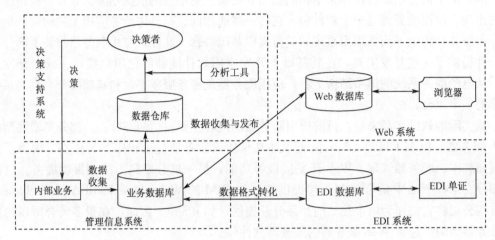

图 5-9　电子商务中的数据库技术

从图 5-9 中可以看出，数据库技术对电子商务的支持可以概括为数据的收集、存储和组织，决策支持，对 EDI 的支持以及 Web 数据库。

2. 电子商务系统数据层实现概述

数据层是信息系统的核心平台之一，提供系统信息资源的管理。传统信息系统中主要由数据库系统承担，电子商务系统中由数据库平台和 Web 信息平台共同完成。

Web 信息平台既是一个信息取用和发布的场所，又是一个信息组织和存储的场所，因此涉及多个层面的技术。从信息的组织和管理角度讲，主要是借助全球 Web 网站建立全球的网页信息共享系统，网页信息主要以 HTML、XML 等文件形式由网站的 Web 服务器统一管理和提取。从信息存储角度讲，Web 信息平台的信息以文件方式组织和存储，借助超链接实现信息的共享，因此需要更好地考虑超链接的组织。

在 Web 信息获取方面，主要是通过信息检索技术（如检索目录）使信息具有更好的结构化，通过搜索引擎等技术提高信息的捕获能力。从信息发布的角度讲，对于静态页面直接由 Web 服务器提取，对于动态页面，还需要从数据库获取信息，完成页面组合。因此，也有人认为，Web 信息平台的技术就是简单的文件管理系统技术再加上现代的情报检索技术。

5.5.2　Web-DB 访问接口技术

早期的 Web 通过编写 C 代码、命令解释程序或 Perl 脚本借助 CGI 调用运行在 UNIX 机器上的 SQL（structured query language，即结构化查询语言）引擎，进行交互式服务及数据库访问。1995 年以前，大多数数据库支持的 Web 站点都是采用这种方法，现在仍然可以用 C 甚至 Visual Basic 编写定制的 CGI 程序，但实际工作中，这种方法需要具有 Internet 协议及 Web 服务器操作等方面的知识，所以除非是非常特别的情况，否则原始的 CGI 方法很少使用。

5.6　云计算及其对电子商务的影响

云计算可以为企业提供经济可靠的电子商务系统定制服务，软件即服务（Software as a Service，SaaS）是云计算提供的一种服务类型，它将软件作为一种在线服务来提供。

近几年来，云计算已经成为了国内外 IT 企业相追逐的主要目标，并且已经慢慢地开始完善。基于云计算的电子商务模式其实就是云计算与经济、商务、经济等相交叉而形成的采用新盈利方式的电子商务活动模式。云计算技术分为硬件、云操作系统、云平台软件和云应用软件四个关键环节。云计算就是利用高速互联网的传输能力，将数据的处理过程从个人计算机或企业服务器转移到云上，企业与个人用户无需再投入昂贵的硬件购置成本，只需要通过互联网来租赁或购买这个超级计算机集群的超强计算功能。云计算的电子商务模式提高了企业的核心竞争力。云计算对电子商务的影响主要有：

（1）云计算能够改善企业电子商务应用的安全性。企业规模越来越大，企业将积累更多的信息资源。随着网络的快速发展，企业数据在得到有效存储的同时也引来了很多病毒和黑客的攻击，进而使企业数据存储的安全性受到了严重的威胁，使得在信息安全上的投入也越来越大。在企业中应用云计算，可以将数据存储在云端，由云计算服务提供专业、高效和安全的数据存储，从而企业不必再担心由各种安全问题导致的数据丢失。因此，云计算可以为企业提供可靠和安全的数据存储中心。

（2）云计算能够改善企业电子商务应用的灵活性和专业性。基于云计算技术的电子外包就是企业应用电子商务服务的重要应用之一。企业在使用网络构架和应用程序时利用云计算可以更加方便，电子外包实际上就是随需而变电子商务的一种形式。企业采用云计算服务，对电子商务系统进行开发和升级已经不再需要花费大量的资金和人力，不需要单独地投资建立内部的全套软件和程序。作为客户端的企业可以更方便地使用云计算提供的各种服务，此时只需要安装网络浏览器即可，这使企业为维护和升级电子商务系统而投入的费用更少。由此可知，云计算改善了企业电子商务应用的灵活性和专业性。

（3）云计算能够实现普通计算环境下难以达到的数据处理能力。云计算通过一定的调度策略，可以通过对数万乃至上百万的普通计算机之间进行联合来为用户提供超强的计算能力，使用户能够完成使用单台计算机难以完成的任务。在"云"中，当提交一个计算请求时，云计算模式将根据需要调用云中众多的计算资源来提供强大的计算能力。在云计算模式中，企业不再是从自己的计算机上，也不是从某个指定的服务器上，而是从互联网络上通过各种设备（如移动终端等）来获得所需的信息，因此获取信息的速度得到了质的飞跃。

（4）云计算可以为电子商务应用提供良好的经济效益。大量的计算机和网络设备是企业构建电子商务系统必须配备的，值得注意的是，企业为了满足越来越多的商务需求，还必须定期对计算机和网络设备进行更换。电子商务系统建立的成本较大，并且开发和维护的后期需要较高的费用，对于资金相对有限的中小企业来讲，是难以承担的，并且与快速成长的网络服务和商务应用要求也难以匹配。云计算在电子商务中的应用能够减少企业电子商务系统的建立成本。企业通过云计算再也不用继续购买昂贵的硬件设备，也不用负担高额的维护费，这主要是因为云计算能够提供 IT 基础架构，此时只需要租用云端的设备就可以了。由此可见，云计算能够为企业电子商务的应用提供良好的经济效益。

复习思考题

1. 如何理解电子商务系统框架的演进？请简单分析该框架对于电子商务系统建设的主要影响。
2. Gartner Group 小组在 20 世纪 90 年代初所做的应用分配模型图中，将应用分为哪几部分？分别是什么含义？
3. 三层客户/服务器结构的核心思想是什么？与两层结构相比，三层客户/服务器结构具有哪些优势？
4. 从系统框架结构和应用系统体系结构的角度，分析电子商务系统所涉及的技术及其主要的技术特色。
5. 计算机通信协议的组成及作用是什么？采用层次结构模型的意义何在？
6. Web 技术架构的主要组成包括哪些？为什么 Web 能够成为电子商务信息表达的技术平台？
7. 如何理解标记语言与程序设计语言的区别？举例说明 HTML 与 XML 的区别。
8. 实现动态页面主要有哪些技术？其特点如何？
9. 客户端脚本和服务器端脚本的本质区别是什么？后者的优势是什么？
10. 商务逻辑层的主要任务是什么？主要通过哪些技术手段实现？
11. ASP 技术对 Web 应用程序开发的主要贡献表现在哪里？请简要说明其关键技术环节。
12. 为什么说 Java 不仅是编程语言，而且是一个平台？
13. 商务支持平台的主要功能和技术要求是什么？调查分析目前现有的 Web 服务器软件包，根据核心功能与其他功能的分类方法，比较各软件包的特点及其发展趋势。
14. 根据电子商务的应用框架、应用系统体系结构，以及 Internet 和 Web 技术的特征，分析"网络就是计算机"的含义。
15. 简述电子商务系统中的数据管理技术及其主要技术特征。
16. 调查分析市场上关系、面向对象和对象-关系数据库管理系统的主流产品特性，以及关系数据库厂商在发展数据仓库技术、对象-关系数据库方面的策略和现状。
17. 云计算对电子商务的意义？

第6章

电子商务系统相关技术及其发展

本章要点：本章在第5章电子商务技术架构和基础技术的基础上，有选择地介绍了相关层面的重要技术进展，要求了解和初步掌握各类技术的技术起源、技术原理、技术特点、技术应用特点、技术发展及应用趋势，重点包括 IP 协议及其发展、移动通信的热点技术、EDI 技术的特点及应用、Web 信息资源及查询技术和分布计算与开发平台技术。

6.1　IP 协议及其发展

6.1.1　IP 协议

IP 协议是 Internet 中的基础协议，由 IP 协议控制传输的协议单元被称为 IP 数据报。IP 数据报包括 IP 数据报报头和数据域两部分，报头主要包含数据报传输时所用的控制信息，数据域携带用户希望传输的数据信息，IP 数据报中含有收发方的 IP 地址。Internet 中传输的每个分组必须符合 IP 协议定义的格式，Internet 上的每台计算机都安装了 IP 软件，能够生成 IP 数据报并将其发送给其他计算机。IP 协议提供不可靠的、无连接的、尽力的数据报投递服务。

（1）不可靠的投递服务。IP 协议无法保证数据报投递的结果，在传输的过程中，数据报可能会被丢失、重复、延迟和乱序等，但是 IP 服务的本身却不关心这些结果，也不负责将这些结果通知收发双方。

（2）无连接的投递服务。对每个数据报独立处理和传输，由一台主机发出的数据报序列可能取不同的路径，其中的一部分有可能会在传输过程中被丢失。

（3）尽力的投递服务。IP 协议尽力不丢弃数据包，只要有可能，就向前投递数据。IP 数据报的传输可能需要跨越多个子网，不同的子网由 IP 地址中的网络标识符和子网掩码标识，这些子网可以属于相同或者不同的物理网络。跨越子网的 IP 数据报传送由 IP 路由算法进行控制。

IP路由算法描述如下：IP模块根据IP数据报中的接收方IP地址确定是否为本子网投递，如果为本网投递（收发方的IP地址具有相同的IP网络标识），利用ARP（address resolution protocol，即地址解析协议）取得对应IP地址的物理地址形成物理帧（或分组），IP数据报填入其数据域，直接将帧（或分组）发往目的地，结束IP路由算法；如果为跨网投递（收发方的IP地址具有不同的网络编码），利用ARP取得Internet网关的IP地址对应的物理地址，形成物理帧（或分组），IP数据报填入其数据域，直接将帧（或分组）发往该网关，网关软件取出IP数据报，并重复IP路由算法。

为了提高处理效率，执行ARP的主机动态维护IP地址/物理地址的映射表，传输IP数据报之前先查找该映射表，如果表中无对应项，发送ARP报文，取得物理地址，并将IP地址/物理地址的映射关系记入该映射表；如果表中有对应项，直接取得物理地址。由于通信双方传输的信息往往包括多个IP数据报，使用这种方法可以大大减少ARP广播的次数，提高传输的效率。

6.1.2　IP多点广播协议

IP多点广播被定义为一个去往"主机群"的IP数据报的传输，由零个或多个主机组成的"主机群"通过单个IP目的地址标识。一个多点播送数据报被投递给它的目的主机群的所有成员，具有和常规单路传送IP数据报同样的安全性，那就是说该数据报不保证到达目的地组的所有成员或不和其他数据报具有相同的顺序。

IP多点广播即利用IP网一方（或多方）可以同时向网络中多方发送信息的技术。传统的点对点单播，在发送方和每一接收方需要一个单独的数据通道，从一台服务器送出的每个数据包只能传送给一个客户机，这种传送方式被称为单路广播。如果有另外多个用户希望同时获得这个数据包的拷贝是不可行的。Internet的工作方式要求多个用户中的每个用户必须分别对信息源服务器发送单独的查询，而信息源服务器必须向每个用户发送他们自己申请的数据包拷贝。这种冗余发送的代价首先在于服务器负担过于沉重，响应需要很长时间；其次是管理人员被迫购买本来不必要的硬件和带宽来保证一定的服务质量。解决的办法是构建一种具有多播能力的网络，允许路由器一次将数据包复制到多个通道上。

采用多播方式，单台服务器能够对几十万台桌面机同时发送连续数据流而无延时。多播发送方只要发送一个信息包而不是很多个，所有目的地便可同时收到同一信息包，可以更及时、同步地把信息发送到任意目的地，能减少网络上传输的信息包的总量。网络成本变得相当低廉，可达到从未有过的传送能力。

IP多播应用大致可以分为三类，即点对多点应用、多点对点应用和多点对多点应用。点对多点应用是指一个发送者和多个接收者的应用形式，这是最常见的多播应用形式，其典型应用包括媒体广播、媒体推送、信息缓存、事件通知和状态监视等；多点对点应用是指多个发送者和一个接收者的应用形式，通常是双向请求响应应用，任何一端（多点或点）都有可能发起请求，典型应用包括资源查找、数据收集、网络竞拍和信息询问等；多点对多点应用是指多个发送者和多个接收者的应用形式，通常每个接收者可以接收多个发送者发送的数据，同时每个发送者可以把数据发送给多个接收者，典型应用包括多点会议、资源同步、并行处理、协同处理、远程学习、讨论组、分布式交互模拟和多人游戏等。

IP 多播带来了许多新的应用并减少了网络的拥塞和服务器的负担。目前 IP 多播的应用范围还不够大，但它能够降低占用带宽，减轻服务器负荷，并能改善传送数据的质量，尤其适用于需要大量带宽的多媒体应用，如音频、视频等。

6.1.3　新一代 IP 协议——IPv6

1. 从 IPv4 到 IPv6

随着 Internet 应用的迅速增长和要求唯一 IP 地址的无线设备的激增，现在正在使用的 IP 协议（IPv4）开始有点力不从心了，随着 IP 地址需求量的指数增长，IPv4 需要增加新的内容和功能，向 IPv6（下一代 IP 协议）转化。总体而言，现在运行的 Internet 协议 IPv4 具有以下两方面固有的主要的局限性：①地址问题。IPv4 的地址长度只有 32 位，这意味着总的地址数大约是 40 亿个，并且还有许多地址是不可用的。根据最新 CNNIC 分析，按现有每年约 2 亿个 IP 地址消耗及年约 19% 的消耗增速，必须用另一种地址方案来替代它。②IPv4 提供的服务。IPv4 尽它最大的努力来传送信息包，但是它不会保证提供给上层的服务是可靠的，没有服务质量的概念。

这些问题都是 IPv4 的薄弱环节，另外 Internet 不断提出对移动性、安全性以及多媒体业务的支持等问题，IPv4 都无法解决，这样就迫使人们必须引入下一带 Internet 协议。1994 年 7 月，IETF（Internet engineering task force，即互联网工程任务组）决定以 SIPP（simple Internet protocol plus，即增强的简单因特网协议）作为 IPng（下一代 IP）的基础，同时把地址数由 32 位增加到 128 位。新的 IP 协议被称为 IPv6，其版本是在 1994 年由 IETF 批准的 RFC1752。

由 IPv4 到 IPv6 的主要改变包括：①地址容量的扩展。IPv6 把 IP 地址的大小从 32 位增至 128 位，可以支持更多的地址层次、更大数量的节点以及更简单的地址自动配置。②头部格式简化，支持扩展和选项的改进。一些 IPv4 头部字段被删除或者成为可选字段，减少了一般情况下包的处理开销以及 IPv6 头部占用的带宽。IP 头部选项编码方式的修改导致更加高效的传输，在选项长度方面更少的限制，以及将来引入新的选项时更强的适应性。③数据流标签的能力。加入一个新的能力，使得那些发送者要求特殊处理的传输数据流包能够贴上要求标签，比如要求实时服务的数据。④认证和保密的能力。IPSec（Internet 协议安全）为 IP 网络通信提供对应用程序透明的加密服务，IPSec 提供三种不同的形式来保护通过公有或私有 IP 网络来传送的私有数：认证可以确定所接受的数据与所发送的数据是一致的，同时可以确定申请发送者在现实世界中是真实发送者，而不是伪装的；数据完整是保证数据从原发地到目的地的传送过程中没有任何不可检测的数据丢失与改变；机密性是使只有相应的接收者能获取发送的真正内容，而无意获取数据的接收者无法获知数据的真正内容。

2. IPv4 向 IPv6 的过渡策略

从 IPv4 向 IPv6 的过渡需要一个相当长的过程，在此期间，必须保证 IPv4 和 IPv6 具有互操作性。在 IPv6 的网络流行之前，总是有一些网络首先具有 IPv6 的协议栈，这时这些网络就像 IPv4 海洋中的小岛。过渡的问题就可以分成两大类：第一类就是解决这些"岛"之间互相通信的问题；第二类就是解决 IPv6 的岛与 IPv4 的海洋之间通信的问题。解决过渡问题可以采用三种策略，即双协议栈（dual stack）策略、隧道（tunnel）策略和翻译器策略。

（1）双协议栈策略是指采用双协议栈同时访问 IPv6 和 IPv4 服务，双协议栈是保证能对 IPv6 和 IPv4 服务访问的关键。双协议栈策略的工作方法是：如果应用程序使用的目的地址是 IPv4 地址，则使用 IPv4 协议；如果应用程序使用的目的地址是 IPv6 中的 IPv4 兼容地址，则此时使用的是将 IPv6 封装在 IPv4 当中的新的 IPv4 协议；如果应用程序使用的目的地址是一个不能被 IPv4 兼容的 IPv6 地址，那么此时将使用 IPv6 协议。

（2）隧道策略是指在一方将 IPv6 封装在 IPv4 包里，然后在目的地再将 IPv6 包释放出来。形象地说，隧道就是"海洋"连接"岛"的通道。当 IPv6 网络之间需要通信或 IPv6 节点需要与 IPv4 的节点通信时，IPv4 协议就被当做 IPv6 数据传输的一个隧道。通过 IPv4，IPv6 被封装在 IPv4 数据报中进行网络传输，在隧道出口对接收到的协议数据解封后，再做出相应的处理。

（3）翻译器策略是指对不同的协议进行翻译转换。对于不同协议之间的翻译不仅包括对 IPv4 和 IPv6 协议层的翻译，还包括双方应用之间的翻译。这种方法还需要在 IPv4 网络中增加大量的服务器。

总之，IPv6 相对于 IPv4 来说有很大的优越性，从 IPv4 向 IPv6 的过渡是人们未来实现全球 Internet 必经的步骤，从 IPv4 向 IPv6 的转换是一个相当长的过渡时期，在此过渡期间需要 IPv4 与 IPv6 共存，并解决好互相兼容的问题，最终在全球的 Internet 实现 IPv6。

6.1.4　移动 IP 技术

最初的 IP 技术是一种固定网络技术，所有主机都是固定地连接到 Internet 的某一点上，随着技术的进步，计算机设备也有移动的需求，因此需要一种技术来解决主机的漫游问题。移动 IP 是 IP 技术体系中的一个新概念，需要特别指明的是，移动 IP 并不是指移动通信系统中的 IP 技术，而是指主机是可以移动的，可以在不同的地点接入 Internet，其中包括通过移动通信网接入，也包括通过固定网或局域网接入。

1. 移动 IP 的基本原理

传统 IP 技术的主机使用固定的 IP 地址和 TCP 端口进行相互通信。在通信期间，它们的 IP 地址和 TCP 端口号必须保持不变，否则 IP 主机之间的通信将无法继续。而移动 IP 主机在通信期间可能需要在网络上移动，它的 IP 地址也许会经常发生变化。若采用传统方式，IP 地址的变化会导致通信中断。为解决这一问题，移动 IP 技术引用了处理蜂窝移动电话呼叫的原理，使移动节点采用固定不变的 IP 地址，一次登录即可实现在任意位置上保持与 IP 主机的单一链路层连接，使通信持续进行。

移动终端在自己的网络中时，仍按传统的 TCP/IP 方式进行通信，不需要使用移动 IP 协议。移动终端漫游到一个外地网络时，仍然使用固定的 IP 地址进行通信。为了能够收到通信对端发给它的 IP 数据包，移动终端需要向代理注册当前的位置地址，这个位置地址就是转交地址。代理接受来自转交地址的注册后，会构建一条通向转交地址的隧道，将截获的发给移动终端的 IP 数据包通过隧道送到转交地址处，在转交地址处解除隧道封装，恢复出原始的 IP 数据包，最后送到移动终端，这样移动终端在外网就能够收到这些发送给它的 IP 数据包。移动终端在外网通过外网的路由器或者外代理向通信对端发送 IP 数据包。当移动终端来到另一个外网时，只需要向代理更新注册的转交地址，就可以继续通信。当移动终端回到原来的网络时，移动终端向代理注销转交地址，这时移动终端又将使用传统的 TCP/IP 方式进行通信。

2. 移动 IP 地址

移动 IP 节点拥有两个 IP 地址。一个是归属地址，是移动节点与归属网连接时使用的地址，不管移动节点移至网络何处，其归属地址保持不变。二是转交地址，就是隧道终点地址，转交地址可能是外区代理转交地址，也可能是驻留本地的转交地址，通常用的是外区代理转交地址。在这种地址模式中，外区代理就是隧道的终点，它接收隧道数据包，解除数据包的隧道封装，然后将原始数据包转发到移动节点。

在移动 IP 系统中，移动终端始终使用固定的 IP 地址进行通信，这样在移动过程中可保证已经建立的 TCP 连接不会中断。由于使用固定 IP 地址，移动 IP 实现网络位置的移动对用户使用来讲是透明的；同时由于移动 IP 和网络介质无关，因此可以实现异质网络间的无缝漫游；使用移动 IP 技术还可以突破无线局域网（wireless LAN，WLAN）的地域范围限制，并且克服了跨网段时使用动态主机配置协议方式所造成的通信中断等问题。当然，移动 IP 技术与 WLAN 系统相结合是最为完美的方式。基于移动 IP 技术的第三代移动通信系统和 Internet 网络相结合，提供高速、高质量的多媒体通信业务必将是大势所趋。移动 IP 技术为移动节点提供了一个高质量的实现技术，可应用于用户需要经常移动的所有领域，如通过无线上网，使用手提电脑，用户可以随时随地上网，通过 IP 技术还可以与公司的专用网相连。扩展移动 IP 技术，还可以使一个网络移动，即把移动节点改成移动网络。它的实现可以简单地认为是把原先的移动节点所做的工作改成移动网络中的路由器所做的工作，这种技术广泛地应用于轮船、列车等活动网络中。

6.2　移动通信及相关技术

在需求和技术两种驱动力的作用下，全世界范围内涌现出多种移动 Internet 技术。通过移动和无线通信系统接入 Internet 的方式分为两大类：一是基于蜂窝的接入技术，如 CDPD（cellular digital packet data，即蜂窝数字式分组数据）、GPRS（general packet radio service，即通用分组无线服务）、EDGE（enhanced data rate for GSM evolution，即增强型数据速率 GSM 演进技术）等；二是基于局域网的技术，如 IEEE802.11 WLAN、

Bluetooth（蓝牙）等。

6.2.1　移动通信及无线互联技术概述

移动通信就是移动对象之间的通信，或移动体与固定体之间的通信。移动体可以是人，也可以是汽车、飞机等在移动状态中的物体。

与固定物体之间的通信相比，移动通信具有一系列的特点：①移动性。移动通信就是要保持物体在移动状态中的通信，因而它必须是无线通信，或无线通信与有线通信的结合。②电波传播条件复杂。因移动体可能在各种环境中运动，电磁波在传播时会产生反射、折射、绕射、干扰、信号传播延迟等效应。③系统和网络结构复杂。它是一个多用户通信系统和网络，必须使用户之间互不干扰，能协调一致地工作。此外，移动通信系统还应与市话网、卫星通信网、数据网等互连，整个网络结构是很复杂的。

至今移动通信经历了三代技术革新，即 20 世纪 80 年代的第一代模拟技术、90 年代的第二代窄带数字技术以及 21 世纪的第三代技术。近些年来，随着无线通信宽带化技术的突破，移动通信正在向以宽带化通信为特征的第四代技术发展。

第一代系统对应的接入技术是频分多址技术（frequency division multiple access，FDMA），它仅能提供 96 千比特/秒通信带宽。其典型系统如美国的模拟电话系统（advanced mobile phone system，AMPS）、北欧的移动电话系统（Nordic mobile telephone，NMT）、英国的全接入通信系统（total access communication system，TACS）等。第一代系统采用的是模拟技术，但为了解决容量增加的问题，提高通话质量和增加服务功能，开始应用数字识别信号，即数字移动通信。

第二代窄带数字系统的接入技术主要有时分多址技术（time division multiple access，TDMA）和码分多址技术（code division multiple access，CDMA）两种，它可以提供 96～288 千比特/秒的传输速率。其典型系统如欧洲的全球移动通信系统（global system for mobile communications，GSM）、北美的数字增强型系统 IS136、日本的个人数字蜂窝系统（personal digital cellular，PDC）等。与第一代模拟蜂窝移动通信相比，第二代移动通信系统具有保密性强、频谱利用率高、提供业务丰富、标准化程度高等特点。

第三代技术又被称为 3G（3th generation），3G 极大地促进了全球移动通信技术的发展。目前全球 3G 技术演进速度非常快，终端也越来越多。而 3G 巨大的市场引发了非常激烈的市场竞争。有很多企业想进入移动通信领域，而竞争引发了 3G 技术的加快演进。2008 年 4 月，工业和信息化部副部长奚国华在 2008 中国移动通信产业高峰论坛指出，目前 3G 发展时机已经成熟，中国第四代技术（4G）的研发也已启动。中国将进一步推进第三代移动通信标准 TD-SCDMA（time division-synchronous code division multiple access）成熟，参与 4G 的产业研究，为 TD 的产业发展争取有利的地位。

4G 移动通信接入系统的显著特点是，智能化多模式终端（multi-mode terminal）基于公共平台，通过各种接入技术，在各种网络系统（平台）之间实现无缝连接和协作。在 4G 移动通信中，各种专门的接入系统都基于一个公共平台，相互协作，以最优化的方式工作，来满足不同用户的通信需求。当多模式终端接入系统时，网络会自适应分配频带、给出最优化路由，以达到最佳通信效果。

从未来的发展来看，移动通信主要有以下发展趋势：在数据通信领域，更高速率的数据通信业务仍将以固定网络为主；从业务角度看，移动通信将从较单一的业务向综合业务方向发展，同时移动服务的灵活性和方便性以及个人性将得到更大限度地发挥；移动通信网络结构正在经历一场深刻的变革，现有电路交换网络向 IP 网络过渡的趋势已非常明显，IP 技术将成为未来网络的核心关键技术。

6.2.2　移动通信及无线互联热点技术

1. WLAN 技术

通常计算机组网的传输媒介主要依赖铜缆或光缆，但有线网络在某些场合要受到布线的限制：布线、改线工程量大；线路容易损坏；网中的各节点不可移动等。WLAN 就是为解决以上问题而出现的。WLAN 是指利用无线通信技术在局域范围内进行互联的一组计算机和相关设备构成的网络，以减少或消除有线线缆连接，实现方便的移动计算。

图 6-1 为 WLAN 的应用模式示意图，无线接入点（access point，AP）是指将无线设备或客户机连接到网络的通信基站，一些接入点还拥有内建服务，如路由器、防火墙、打印服务器等。无线热点是指通过无线接入点为移动用户提供局域联网或 Internet 服务的区域。

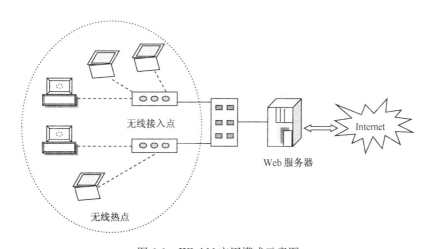

图 6-1　WLAN 应用模式示意图

为了让 WLAN 技术能够被广为接受和使用，必须建立一种业界标准，以确保各厂商生产的设备都能具有兼容性与稳定性。目前 WLAN 所采用的热门技术标准有四种，即红外线（Infrared）、HomeRF、Bluetooth、IEEE802.11 家族。

由于 WLAN 具有多方面的优点，故其发展十分迅速。WLAN 将首先应用于企业的会议厅和部门办公室以及饭店、机场、车站、教室等公共部门，帮助实现随时随地的移动应用。最近几年里，WLAN 已经在医院、商店、工厂和学校等不适合网络布线的场合得到了广泛的应用。随着移动终端和移动互联网的发展，用户对 WLAN 提出了更高的要求，不仅要求能够在生活的周边提供全面覆盖的网络，对网速也提出了更高的需求。

2. RFID

RFID 是一种近距离无线通信技术，可以通过无线电讯号识别特定目标并读写相关数据，而无需识别系统与特定目标之间建立机械或者光学接触。常用的有低频（125～134.2赫兹）、高频（13.56 兆赫）、超高频、无源等技术。无线电的信号是通过无线电频率的电磁场，把数据从附着在物品上的标签上传送出去，以自动辨识与追踪该物品。

一套完整的 RFID 系统，是由阅读器（reader）与电子标签（tag）［也就是所谓的应答器（transponder）］及应用软件系统三个部分所组成。其工作原理是 reader 发射一段特定频率的无线电波能量给 transponder，用以驱动 transponder 电路将内部的数据送出，此时 reader 便依序接收解读数据，送给应用程序做相应的处理。

3. 无线传感器网络

无线传感器网络（wireless sensor network，WSN）是由大量部署在作用区域内的、具有无线通信与计算能力的微小传感器节点通过自组织方式构成的能根据环境自主完成指定任务的分布式智能化网络系统。传感网络的节点间距离很短，一般采用多跳（multi-hop）的无线通信方式进行通信。传感器网络可以在独立的环境下运行，也可以通过网关连接到 Internet，使用户可以远程访问。

WSN 协议栈多采用五层协议，即应用层、传输层、网络层、数据链路层、物理层，与以太网协议栈的五层协议相对应。另外，协议栈还应包括能量管理器、拓扑管理器和任务管理器。这些管理器使得传感器节点能够按照能源高效的方式协同工作，在节点移动的传感器网络中转发数据，并支持多任务和资源共享。

WSN 的技术标准主要依托于 IEEE 802.15.4。IEEE 802.15.4 规范是一种经济、高效、低数据速率（<250 比特率）、工作在 2.4 吉赫和 868/915 兆赫的无线技术，用于个人区域网和对等网络。它是 ZigBee 应用层和网络层协议的基础。ZigBee 是一种新兴的近距离、低复杂度、低功耗、低数据速率、低成本的无线网络技术，是一种介于无线标记技术和蓝牙技术之间的技术提案，主要用于近距离无线连接。它依据 IEEE 802.15.4 标准，在数千个微小的传感器之间相互协调实现通信。这些传感器只需要很少的能量，以接力的方式通过无线电波将数据从一个网络节点传到另一个节点，所以它们的通信效率非常高。

无线传感器网络是物联网最重要的技术之一，通过感知识别技术，让物品"开口说话、发布信息"，是融合物理世界和信息世界的重要一环，是物联网区别于其他网络的最独特的部分。物联网的"触手"是位于感知识别层的大量信息生成设备，包括 RFID、传感器网络、定位系统等。传感器网络所感知的数据是物联网海量信息的重要来源之一。

4. 4G 技术

4G 技术又称 IMT-Advanced 技术。准 4G 标准，是业内对 TD 技术向 4G 的最新进展 TD-LTE-Advanced 的称谓。4G 通信系统的这些特点，决定了它将采用一些不同于 3G 的技术。对于 4G 中将使用的核心技术，业界并没有太大的分歧。总结起来，有以下几种：

（1）正交频分复用（orthogonal frequency division multiplexing，OFDM）技术。OFDM 是一种无线环境下的高速传输技术，其主要思想就是在频域内将给定信道分成许多正交子信道，在每个子信道上使用一个子载波进行调制，各子载波并行传输。OFDM

技术的优点是可以消除或减小信号波形间的干扰，对多径衰落和多普勒频移不敏感，提高了频谱利用率，可实现低成本的单波段接收机。

（2）软件无线电。软件无线电的基本思想是把尽可能多的无线及个人通信功能通过可编程软件来实现，使其成为一种多工作频段、多工作模式、多信号传输与处理的无线电系统。也可以说，它是一种用软件来实现物理层连接的无线通信方式。

（3）智能天线技术。智能天线具有抑制信号干扰、自动跟踪以及数字波束调节等智能功能，是未来移动通信的关键技术。智能天线应用数字信号处理技术，产生空间定向波束，使天线主波束对准用户信号到达方向，旁瓣或零陷对准干扰信号到达方向，达到充分利用移动用户信号并消除或抑制干扰信号的目的。这种技术既能改善信号质量又能增加传输容量。

（4）多输入多输出（multiple-input multiple-out-put，MIMO）技术。MIMO 技术是指利用多发射、多接收天线进行空间分集的技术，它采用的是分立式多天线，能够有效地将通信链路分解成为许多并行的子信道，从而大大提高容量。信息论已经证明，当不同的接收天线和不同的发射天线之间互不相关时，MIMO 系统能够很好地提高系统的抗衰落和抗噪声性能，从而获得巨大的容量。在功率带宽受限的无线信道中，MIMO 技术是实现高数据速率、提高系统容量、提高传输质量的空间分集技术。

（5）基于 IP 的核心网。4G 移动通信系统的核心网（center network，CN）是一个基于全 IP 的网络，可以实现不同网络间的无缝互联。核心网独立于各种具体的无线接入方案，能提供端到端的 IP 业务，能同已有的核心网和公共交换电话网络（public switched telephone network，PSTN）兼容。核心网具有开放的结构，能允许各种空中接口接入核心网；同时核心网能把业务、控制和传输等分开。采用 IP 后，所采用的无线接入方式和协议与核心网络协议、链路层是分离独立的。IP 与多种无线接入协议相兼容，因此在设计核心网络时具有很大的灵活性，不需要考虑无线接入究竟采用何种方式和协议。

6.3　EDI 技术的应用与未来

6.3.1　EDI 简介

EDI 被称为 B2B 电子商务的雏形，有人认为 EDI 贸易方式就是电子商务，只不过 EDI 贸易方式是在专用的网络平台上。如果通信网络系统采用 Internet 平台，即 Web 式 EDI，它就是 B2B 电子商务的一种开展形式。

1. EDI 的定义

EDI 是英文 electronic data interchange 的缩写，中文可译为"电子数据交换"，香港、澳门及海外华人地区称做"电子资料通"。EDI 商务是指将商业或行政事务按一个公认的标准，形成结构化的事务处理或文档数据格式，从计算机到计算机的电子传输方法。简单地说，EDI 就是按照商定的协议，将商业文件标准化和格式化，并通过计算机网络，在贸易伙伴的计算机网络系统之间进行数据交换和自动处理。EDI 的主要特点表现为：①应用对象是不同的组织之间（即 B2B）；②所传送的是一定格式的业务资料；③采用共同标准化的格式传送数据；④传送的数据由收发双方计算机系统自动完成。EDI 这种工具和方式的实质在于"数据不落地"，传统贸易方式中所使用的各种书面单证、票证等全部被电子化的数据所代替，书面单证、票证通过邮局和传真进行交换的方式被网络的电子数据传送所取代，原来由人工进行的单据和票证的核对、入账、结算、收发等事务全部由计算机网络系统自动进行。

由于使用 EDI 可以减少甚至消除贸易过程中的纸面文件，因此 EDI 又被人们通俗地称为"无纸贸易"。采用 EDI 方式，可以大大节省纸张处理费用和人力资源；使交易活动在最短的时间内完成，提高了工效；大大减少人为错误，以及延误时间造成的经济损失；有效地提高企业的作业与生产的效率；使企业与其上下相关企业的产、供、销的关系更加密切，有效地降低库存量，使库存保持合理的最佳状态；提高企业竞争力，增加更多的商业机会。

2. EDI 的技术特征

EDI 的本质是将企业与企业间的商业往来信息借助专用计算机系统，转换成标准化、规范化的电子化文件格式，通过通信网络系统在商业伙伴间直接进行业务信息交换与处理，以提高效益与效率。从技术上讲，EDI 包含了三个方面的内容，即计算机应用、通信网络和数据标准化。其中计算机应用是 EDI 的条件，通信环境是 EDI 应用的基础，标准化是 EDI 的特征。这三方面相互衔接、相互依存，构成 EDI 的基础框架，EDI 系统模型如图 6-2 所示。

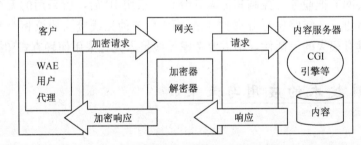

图 6-2　使用 EDI 时贸易单证的处理

用户在现有的计算机系统上进行信息的编辑处理，然后通过 EDI 转换软件将原始单据格式转换为中间文件。中间文件是用户原始资料格式与 EDI 标准格式之间的对照性文件，它符合翻译软件的输入格式，通过翻译软件变成 EDI 标准格式文件。最后在文件外层加上通信交换信封，通过通信软件送到增值服务网络或直接传给对方用户，对方用户则进行相反的处理过程，最后成为用户应用系统能够接受的文件格式进行收阅处理。

3. EDI 系统的分类

EDI 系统可分为两类：一类是 EDI 服务系统，面向社会团体、个人提供 EDI 服务，提供相关用户群使用；另一类是 EDI 的应用系统，完成 EDI 报文的收发、翻译、面向最终的具体应用业务。对于大团体，其 EDI 相关业务的数据量大，可以建立自己的 EDI 业务处理中心，通过多种方式，如通过电话线直接和用户端的 PC 相连，或通过增值网络和用户的 PC 或 EDI 服务器相连。

　　EDI 服务中心的服务属于增值服务的范畴，提供的服务因系统的规模与内容不同而千差万别。一般而言，EDI 中心应由以下四部分组成：①公用 EDI 服务手段。EDI 中心提供基于 MHS（message handling systems，即消息处理服务）的邮箱服务，基于 UN/EDIFACT 报文的成组交换，支持 EDIFACT（electronic data interchange for administration commerce and transport，即多行业电子数据交换标准）报文的翻译、验证、核查跟踪等功能，允许用户在不同阶段进行报文的翻译。②通信接口。用户可通过点对点或增值网络（value added network，VAN）的方式连接到中心，中心提供多种存取方式的接口。③公共业务服务。EDI 中心提供公共业务服务，代办用户委托的 EDI 业务，用户可以通过FAX（传真）、柜台服务，进行现有纸面单证的 EDI 处理；协助用户向 EDI 化平稳地过渡。④EDI 最终用户系统。EDI 中心提供最终用户系统的 EDI 应用系统解决方案，供用户选择使用。

　　EDI 应用系统设在用户的计算机系统上，一般由报文生成处理模块、格式转换模块、通信模块和联系模块组成。报文生成处理模块的作用有两个方面：其一是接收用户联系接口和其他信息系统或数据库内部联系接口模块的命令和信息，按 EDI 标准生成报文；其二是接收外部 EDI 报文并进行处理。格式转换模块将产生的报文转换成符合通信标准的格式，同时将收到的报文转换成本系统可读懂的格式。通信模块是 EDI 系统与 EDI 通信网的接口，执行呼叫、应答、自动转发和地址转换等功能。联系模块是 EDI 系统和数据库的接口，包括用户联系模块和内部联系模块两大部分，既可以与本位数据库信息系统连接，也可以与其他用户连接。EDI 通信网络的结构不同，对模块功能的要求也不同。

6.3.2　Internet 上的 EDI

　　应用 EDI，必须在贸易伙伴间建立计算机网络通信系统，目前许多应用 EDI 的大型企业采用 VAN 方式进行通信。VAN 并不是一种新型的通信网，而是在现有通信网络的基础上增加 EDI 服务功能的计算机网络。VAN 的构建一般是向增值数据业务公司租用信箱，进行协议和报文格式的转换而实现的。

　　由于增值网的 EDI 服务功能不尽相同，对全球 EDI 通信而言，EDI 报文格式也有多种，所以系统必须支持不同标准的 EDI 报文交换。又由于各种网络的协议和报文格式的差异，多个 EDI 用户之间的信息交换必须采用相当多的网关和网桥，因此增加了网际交换的复杂性和技术难度。同时，传统的 VAN 本身有一个致命的问题，即它只实现计算机网络的下层协议，相当于 OSI 参考模型的下三层，而 EDI 通常是发生在异种计算机的应用软件层之间，所以 EDI 软件与 VAN 的联系比较松散，需要大量中间件进行转换工作，效率较低。

　　VAN 中新业务仅能进行数据变换，而在实际的贸易过程中，单纯的 EDI 文本信息是不够的，必须制作带有多媒体信息的电子样本，才能使商务伙伴随时获得最新的商品信息。Internet 的多媒体、互通互联、低费用的应用模式正好满足了 EDI 的发展趋势。

EDI 与 Internet 的结合产生了 Web-EDI，该方式允许企业只需通过浏览器和 Internet 连接就可以进行 EDI 交换。Web-EDI 是不对称的，一般是较大型的企业针对 EDI 报文开发或购买相应的 Web 表单，改造成适合自己的译文，然后把它们放在 Web 站点上。此时，Web 表单成为 EDI 系统的接口，另外一个参与者（较小的公司）登录到 Web 站点，选择所感兴趣的表单填写，填写结果递交给 Web 服务器后，通过服务器端程序进行合法性检查，把它变成通常的 EDI 报文，之后报文的处理就与传统的 EDI 报文处理一样。为了保证报文信息从 Web 站点返回给它的参与者，报文还能转变成 Web 表单或电子邮件形式。因此，对所有的交易，EDI 相关的费用只发生一次，对所有的参与者来说都发生在 Web 站点。

6.4　Web 信息资源及其管理

6.4.1　电子信息资源及其检索

电子信息资源的种类和形式不断丰富，由此也产生了不同的信息检索技术。Internet 信息资源成为电子商务信息的重要汇集地，以搜索引擎为代表的 Internet 信息查询技术得到了快速发展。

1. 电子信息资源的类型

Internet 在地域和领域上急剧扩张的同时，其应用领域也在不断扩大。一方面，Internet 提供了极为便捷的科研交流环境，各个领域研究者纷纷用它公布自己的设想和成果，或者从网上寻找信息、获得灵感；另一方面，由于它连接着大量的用户，并且是用户们交流信息的场所，就必然隐藏着大量的商机，也就必然要引起人们极大的商业兴趣。于是，Internet 很快就成为自然、社会、科技、教育、政治、历史、商业、金融、卫生、娱乐、天气预报、政府决策等各种各样的多媒体信息的汇合地。这些信息资源广泛分布在世界各地，没有统一的组织管理机构，也没有统一的目录，基本上按照所采用的网络传输协议构成不同体系的信息资源或信息服务。

信息技术的发展加快了信息资源的电子化，其按照载体、通信通道划分为联机信息资源、光盘信息资源、Internet 信息资源；按照信息的表现形式划分为文本信息资源、超文本信息资源、多媒体信息资源、超媒体信息资源。

2. 大数据

大数据（big data），或称巨量资料，指的是所涉及的资料量规模巨大到无法透过目前主流软件工具，在合理时间内达到撷取、管理、处理并整理成为有效的资讯，帮助企业经营决策的目的。

数据的特点有四个层面：第一，数据体量巨大，从 TB（terabyte，即万亿字节）级别跃升到 PB（petabyte，即千万亿字节）级别。第二，数据类型繁多，如前文提到的网络日志、视频、图片、地理位置信息等。第三，价值密度低，商业价值高。以视频为例，连续不间断地监控过程中，可能有用的数据仅仅有一两秒。第四，处理速度快——1 秒定律。最后这一点和传统的数据挖掘技术有着本质的不同。业界将这四个层面归纳为 4 个 "V" ——Volume，Variety，Value，Velocity。

大的数据需要特殊的技术以有效地处理大量的容忍经过时间内的数据。适用于大数据的技术，包括大规模并行处理（massively parallel processing，MPP）数据库、数据挖掘电网、分布式文件系统、分布式数据库、云计算平台、互联网和可扩展的存储系统。

3. Internet 上的信息查询

针对 Internet 信息特点，为了提供全方位的信息服务，必须对传统的以集中和规范为特征的数据库资源检索进行根本变革，采取崭新的信息处理方式，为了标示这种区别，国外称传统信息检索为"信息检索"，而称 Internet 等网络信息检索为"信息查询"。利用 Internet 收集信息有三种可以借用的工具，即目录服务、搜索引擎和元搜索引擎。

（1）目录服务。提供关于网站地址的分类目录，这些目录用菜单形式列出，每一个目录下又有子目录，通过逐级进入，人们最终可以找到自己要找的网站所在的子目录。目录的组织方式类似于图书的分类，通常是由提供该服务的网站的工作人员人工进行收集、分类整理完成的。在目录服务中，对于一个网站，只有简单的描述，而没有详细信息。一般情况下，一个网站只被列在一个（最多两个）子目录下，尽管一个网站可能与多个子目录相关。在使用目录服务时，使用者应该对要查询的对象有一定的了解，比如知道它在哪个目录或子目录下。

（2）搜索引擎。搜索引擎是根据用户输入的检索对象，将所有相关的网页以及网页上所有可找到的信息都列出来。

（3）元搜索引擎。元搜索引擎同时向多个搜索引擎发送搜寻请求，对输入的查询关键词在各个搜索引擎所得的反馈结果进行整合。因此，它实际上也是一种搜索引擎，只不过功能更强大。

用户不但可以使用目录服务和搜索引擎查找自己需要的信息，还可以申请将自己的站点加入到目录中，即在提供该服务的站点上填写申请表，该网站的工作人员则通过访问申请者的网站，来决定它是否有列入目录的价值。当某个站点有变动时，应由该站点工作人员向目录服务网站提供，一个网站希望被搜索引擎搜索到，则需要在网页设计时使用一些技巧。其主要方式是在 HTML 源文件的 Meta 标记中，加入关于网站关键词和描述的信息。

6.4.2　搜索引擎技术及其应用

搜索引擎以超级文本方式提供世界范围内的多媒体信息服务，既包括文本，又包括图像、影视和声音信息，彻底改变了过去只靠浏览挖掘信息的情况，用户可以进行目标明确的检索，使网络信息获取方式产生根本变化。

1. 搜索引擎概述

搜索引擎是指互联网上专门提供检索服务的一类网站，这些站点的服务器通过网络搜索软件或网络登录等方式，将 Internet 上大量网站的页面信息收集到本地，经过加工处理建立信息数据库和索引数据库，从而对用户提出的各种检索做出响应，提供用户所需的信息或相关指针。用户的检索途径主要包括自由词全文检索、关键词检索、分类检索及其他特殊信息的检索。搜索引擎软件由巡视软件（英文称 Robot、Crawlers 或 Spiders）、检索数据库和检索代理三部分组成。

（1）巡视软件的作用是在 Web 空间中穿梭式地采集新出现的信息。它们遵循 HTTP 协议，自动追寻超文本链接，从一个网页到另一个网页地对网页中的信息进行标引，确认有效的链接，删除无效的链接，发现新的信息。

（2）检索数据库用于记录标引和巡视软件采集到的信息，不同检索软件的数据库中存放的网页内容是不相同的，有些记录网页全文，有些记录网页的地址、篇名、题名、特定的段落和重要的词汇。大部分情况下，巡视软件主要从网页中自动抽取能表达网页主题意义的词作为标引词构建网页标引记录。

（3）检索代理负责接收用户提出的检索请求，然后在检索数据库中进行检索，并将检索结果返回给用户。在检索过程中，检索代理还会对检索到的文件与用户需求的相关性进行评价，并对结果文件进行排序。

2. 搜索引擎的分类

搜索引擎的分类方法很多，按照搜索信息的方法和服务进行分类，主要包括以下几类：

（1）全文搜索引擎。全文搜索引擎利用网络机器人以某种方法自动地对 Internet 资源进行搜索标引。这些网络机器人都是一些程序，提供搜索引擎的后台操作。这类搜索引擎的性能主要取决于检索数据库的容量、存放内容、更新速度、搜索速度、用户界面的友好程度等。

（2）分类搜索引擎。分类搜索引擎是一种目录型检索工具，也称网络目录、专题目录、主题指南、站点导航系统等，是网站级的检索。分类搜索引擎遇到一个网站时，不像全文搜索引擎那样将网站上的全部文献和信息都收录进去，而是首先将网站划分在某个分类下，再记录一些摘要信息，对网站进行概述性简要介绍。用户提出检索要求时，搜索引擎只在简介中搜索。

（3）多元搜索引擎。多元搜索引擎是搜索引擎之上的搜索引擎，是一种需要调用其他搜索引擎的搜索引擎。它接收一个查询请求后，立即将该查询格式转化为每个目录搜索站点能接收的格式，然后转交给其他若干个独立的搜索引擎处理，最后将多个搜索引擎的搜索结果进行整合处理后返回查询者。整合处理包括消除重复、对多个引擎的结果进行排序等。

3. 数据挖掘

数据挖掘（data mining）是从大量的、不完全的、有噪声的、模糊的、随机的数据中提取隐含在其中的、人们事先不知道的但又是潜在有用的信息和知识的过程，是信息搜索的高级形式。数据挖掘与传统的数据搜索、数据分析的本质区别是，数据挖掘是在没有明确假设的前提下去挖掘信息、发现知识。数据挖掘所得到的信息应具有先前未知、有效和可实用三个特征。先前未知的信息是指该信息是预先未曾预料到的，即数据挖掘是要发现那些不能靠直觉发现的信息或知识，甚至是违背直觉的信息或知识，挖掘出的信息越是出乎意料，就可能越有价值。

数据挖掘的任务主要是关联分析、聚类分析、分类、预测、时序模式和偏差分析等。

两个或两个以上变量的取值之间存在某种规律性，就称为关联。数据关联是数据库中存在的一类重要的、可被发现的知识。关联分为简单关联、时序关联和因果关联。关联分析的目的是找出数据库中隐藏的关联网。一般用支持度和可信度两个阀值来度量关联规则的相关性，同时还不断引入兴趣度、相关性等参数，使得所挖掘的规则更符合需求。聚类是把数据按照相似性归纳成若干类别，同一类中的数据彼此相似，不同类中的数据相异。聚类分析可以建立宏观的概念，发现数据的分布模式以及可能的数据属性之间的相互关系。分类就是找出一个类别的概念描述，它代表了这类数据的整体信息，即该类的内涵描述，并用这种描述来构造模型，一般用规则或决策树模式表示。分类是利用训练数据集通过一定的算法而求得分类规则，可被用于规则描述和预测。预测是利用历史数据找出变化规律，建立模型，并由此模型对未来数据的种类及特征进行预测。预测关心的是精度和不确定性，通常用预测方差来度量。时序模式是指通过时间序列搜索出的重复发生概率较高的模式。与回归一样，它也是用已知的数据预测未来的值，但这些数据的区别是变量所处时间不同。在偏差分析中，数据库中的数据存在很多异常情况，发现数据库中数据存在的异常情况是非常重要的。偏差分析的基本方法就是寻找观察结果与参照之间的差别。

6.5　电子商务应用软件开发技术进展

6.5.1　分布计算及其影响

1. 分布计算与组件技术

近年来，随着 Internet 技术的日益成熟，公众及商业企业正享受着高速、低价网络信息传输所带来的高品质的数字生活。但是，网络规模的不断扩大以及计算机软、硬件技术水平的飞速提高，给传统的应用软件系统的实现方式带来了巨大挑战。

首先，在企业级应用中，硬件系统集成商基于性能、价格、服务等方面的考虑，通常在同一系统中集成来自不同厂商的硬件设备、操作系统、数据库平台和网络协议等，由此带来的异构性给应用软件的互操作性、兼容性以及平滑升级能力带来了严重影响。其次，随着基于网络的业务的不断增多，传统的客户/服务器模式的分布式应用方式越来越显示出在运行效率、系统网络安全性和系统升级能力等方面的局限性。

为解决以上问题，分布计算技术得到了迅速的发展。所谓分布计算，是指网络中两个或两个以上的软件相互共享信息资源，这些软件可以位于同一台计算机中，也可以部署在网络节点的任意位置，基于分布式模型的软件系统具有均衡运行系统负载、共享网络资源的技术优势。

分布计算技术的发展，使软件的开发从单一系统的完整性和一致性，向着群体生产率的提高、不同系统之间的灵活互连和适应性方面发展，软件的非功能性需求比以往得到更多的重视，以主机为中心的计算方式转变为以网络为中心的计算方式。

随着分布式计算的发展，各种应用软件的互操作性显得越来越重要。应用软件的使用者和开发者希望能像电子类产品部件的消费者和制造商那样即插即用各种应用软件，由此产生了组件（component，也称部件）技术。

组件技术的基本思想在于，创建和利用可复用的软件组件来解决应用软件的开发问题。组件是一种可复用的一小段软件（可为二进制形式）。组件的概念范围很广，小到图形界面的一个按钮，大到一些复杂的组件，如文字编辑器和电子表格。组件对于用户来说是不可见的，预先由开发商编制好一系列易于理解和应用的模型——组件，这些组件具有种种优势，如模块化、可复用性、可靠性等，然后希望只花很少的工作量就可以接插不同厂商的组件。开放式分布系统希望能提供一种方式，使客户在要求其他系统提供服务时，能够不必知道所用的服务是由谁以及用什么方式来提供，提供服务的软件或组件可以用不同的语言实现，运行在不同的机器、平台上。此外，对于组件来说，还需要兼容异种成分的分布式处理，要达到这些要求，就不能任意地构造软件组件，必须研究组件软件的特点，或组件软件的体系结构和组件间的接口方式，由此推动了组件系统体系结构和组件接口标准等有关概念的产生。

软件组件规范是关于开发可复用软件组件和组件之间相互通信的一组标准的描述，这些组件规范主要在组件模型中得以体现。遵循软件组件规范，通过复用已有的软件组件，软件开发者可以像搭积木一样快速构造应用程序，不仅可以节省时间和经费、提高工作效率，而且可以产生更加规范、更加可靠的应用软件。

2. Web 服务技术

Web 服务技术是继组件技术之后，在软件重用和分布计算领域的又一重要技术进展。Web 服务是一种通过标准的 XML 格式接口来访问网络（包括 Internet、Intranet 和 Extranet）的一类模块化应用。微软将 Web 服务称为："一个能够通过 TCP/IP 网络，被其他应用程序调用的，执行某种特定功能，并向调用程序返回结果的组件。其能完成的功能既包括简单的计算和信用卡验证，也包括复杂的订单处理。"简单地说，Web 服务可以看做是一个在 Internet 上方便调用的函数。

Web 服务具有以下主要特性：

（1）互访性。Web 服务通过 SOAP（simple object access protocol，即简单对象访问协议）实现相互间的访问，任何 Web 服务都可以与其他 Web 服务进行交互，避免了不同协议之间的相互转换。Web 服务可以用任何语言编写，同时还可以在新的 Web 服务中使用已有的 Web 服务，而不必考虑 Web 服务的实现语言、运行环境等具体实现细节。

（2）普遍性。Web 服务使用 HTTP 和 XML 进行通信，任何支持这些技术的设备都可以拥有和访问 Web 服务。

（3）低进入屏障。Web 服务供应商提供的免费工具箱能够让开发者快速创建和部署自己的 Web 服务，其中某些工具箱还可以让已有的组件方便地成为 Web 服务，这样就降低了 Web 服务的开发费用，同时也加快了开发速度。

Web 服务的独特之处在于能够跨越 Web 进行调用。Web 服务可以通过使用 HTTP 或 SOAP 进行调用，并通过 XML 与其他组件进行数据交换，由此为任何可以访问 Web

的应用提供服务，为 B2B 事务提供了理想的技术方法。Web 服务的特性使之成为电子商务领域的重要技术进展，得到了多个技术厂商的支持，对 Web 服务的支持能力也成为应用开发平台的评判标准之一。JAVAEE（Java 2 platform enterprise edition，即企业级的 Java 应用程序）和 NET 从服务描述、服务实现和服务的发布、发现与绑定，以及服务的调用和执行等各方面均提供了支持，唯一的区别可能是 NET 的开发工具更为方便，集成度更高一些。

3. 云计算

云计算是一种通过 Internet 以服务的方式提供动态可伸缩的虚拟化资源的计算模式。云计算是分布式计算、并行计算、效用计算、网络存储、虚拟化、负载均衡等传统计算机和网络技术发展融合的产物。其核心技术的基本思想是用多个处理器来协同求解同一问题，即将被求解的问题分解成若干个部分，各部分均由一个独立的处理机来并行计算。并行计算系统既可以是专门设计的、含有多个处理器的超级计算机，也可以是以某种方式互连的若干台独立计算机构成的集群。计算机通过并行计算集群完成数据的处理，再将处理的结果返回给用户。

从用户的角度来看，云计算是一种按使用量付费的模式，这种模式提供可用的、便捷的、按需的网络访问，进入可配置的计算资源共享池（资源包括网络、服务器、存储、应用软件、服务），这些资源能够被快速提供，只需投入很少的管理工作或与服务供应商进行很少的交互。

云计算具有以下几个主要特征：

（1）资源配置动态化。根据消费者的需求动态划分或释放不同的物理和虚拟资源，当增加一个需求时，可通过增加可用的资源进行匹配，实现资源的快速弹性提供；如果用户不再使用这部分资源时，可释放这些资源。云计算为客户提供的这种能力是无限的，实现了 IT 资源利用的可扩展性。

（2）需求服务自助化。云计算为客户提供自助化的资源服务，用户无需同提供商交互就可自动得到自助的计算资源能力。同时云系统为客户提供一定的应用服务目录，客户可采用自助方式选择满足自身需求的服务项目和内容。

（3）以网络为中心——云计算的组件和整体构架由网络连接在一起并存在于网络中，同时通过网络向用户提供服务。客户可借助不同的终端设备，通过标准的应用实现对网络的访问，从而使得云计算的服务无处不在。

（4）服务可计量化。在提供云服务的过程中，针对服务客户的不同类型，通过计量的方法来自动控制和优化资源配置。即资源的使用可被监测和控制，是一种即付即用的服务模式。

（5）资源的池化和透明化——对云服务的提供者而言，各种底层资源（计算、储存、网络、资源逻辑等）的异构性（如果存在某种异构性）被屏蔽、边界被打破，所有的资源可以被统一管理和调度，成为所谓的"资源池"，从而为用户提供按需服务；对用户而言，这些资源是透明的、无限大的，用户无须了解内部结构，只关心自己的需求是否得到满足即可。

6.5.2　企业开发平台技术的进展

1. 企业开发平台的发展

企业应用系统的开发一直面临着重大挑战：一方面，企业应用系统面对的是一个异构的分布式环境，它必须支持与已有系统的集成性和与其他系统的互操作性；另一方面，作为为客户、合作伙伴和企业内部提供信息服务的平台，企业系统还必须具有高可用性、安全性、可靠性和可伸缩性。这些要求再加上复杂多变的用户需求和不断伸缩的交付时间，使得企业系统的开发越来越困难。

随着三层/多层企业信息系统结构的深度发展和下一代分布式计算模型 Web 服务的出现，企业应用开发中关于平台、框架、语言的选择成为系统建设方案的重要问题，开发商和广大程序员一直在努力推动和殷切期待一个成熟、标准的企业平台来简化和规范企业系统的开发和部署。Java 技术的出现，尤其是 JAVAEE 平台的推出正是这种努力的结果，也使得企业系统的开发由此变得快速和方便。

2. JAVAEE

JAVAEE 的英文定义为：Open and standard based platform for developing, deploying and managing N-tier，Web-enabled，server-centric enterprise applications。也就是说，它是开放的、基于标准的平台，用于开发、部署和管理 N 层结构，面向 Web 应用，以服务器为中心的企业级应用。JAVAEE 实际上是建立在 Java 的"一次开发，多次运行"的理念上的。JAVAEE 平台的思想是通过一个基于组件的应用程序模型为分布式应用程序提供一个统一的标准。通过使用 JAVAEE，可以使用分布式、可移植构件的框架，简化服务器端中间层构件的设计，为构件与应用服务器提供标准 API。

从技术层面上讲，JAVAEE 是一套体系结构。首先，JAVAEE 是一个开发平台，提供一组集成的企业 API 库软件和开发工具；其次，JAVAEE 是一套功能健全的开发企业级中间件的技术规范，特别是定义了三个 JAVAEE 组件容器模型（即 EJB 组件容器模型、Servlet/JSP 组件容器模型、Applet 组件容器模型），以及企业应用所需的公共底层服务，第三方开发的 JAVAEE 应用服务器都必须遵循这些标准，为基于 JAVAEE 的企业应用提供基础服务；最后，JAVAEE 也是一种编程模型，容器及服务器提供商为企业应用提供了许多复杂的、基础的服务（如事务与安全），使得企业应用开发人员只需专注于商务逻辑的开发，无需进行底层复杂的编程，极大地简化了企业应用的开发。

JAVAEE 开发平台提供了多层的分布式应用模型、组件重用策略、一致化的安全模型以及灵活的事务控制特性。由于它是一个开放的标准，所以保证开发出来的平台是独立的，基于组件的解决方案不会被束缚在任何一个厂商的产品和 API 上。需要注意的是，JAVAEE 本身是一个标准，而不是一个现成的产品（虽然现在有很多符合 JAVAEE 标准的产品）。它由以下几个部分组成：

（1）JAVAEE 规范。该规范定义了 JAVAEE 平台的体系结构、平台角色及 JAVAEE 中每种服务和核心 API 的实现要求。它是 JAVAEE 应用服务器开发商的大纲。

（2）JAVAEE 兼容性测试站点。Sun 公司提供一个测试 JAVAEE 应用服务器是否符合 JAVAEE 规范的站点，对通过该站点测试的产品，Sun 公司将发放兼容性证书。

（3）JAVAEE 参考实现，即 JAVAEE SDK。它既是 Sun 公司自己对 JAVAEE 规范的一个非商业性实现，又是为开发基于 JAVAEE 企业级应用系统原型提供的一个免费的底层开发环境。

（4）JAVAEE 实施指南，即 BluePrints 文档。该文档通过实例来指导开发人员如何去开发一个基于 JAVAEE 的多层企业应用系统。

从应用的角度来看，JAVAEE 为企业应用系统的开发提供了一种多层分布式企业应用模型。在 J2EE 中，应用逻辑按功能不同可以划分为不同类型的组件，各组件根据它们所在的层分布在不同的机器上，共同组成一个基于组件的分布式系统。现在 JAVAEE 的多层企业级应用模型将两层化模型中的不同层面切分成许多层。一个多层化应用能够为不同的每种服务提供一个独立的层，最典型的是 JAVAEE 的四层结构：运行在客户端机器上的客户层组件；运行在 JAVAEE 服务器上的 Web 层组件；运行在 JAVAEE 服务器上的业务逻辑层组件；运行在 EIS（executive information system，即主管信息系统）服务器上的企业信息系统（enterprise information system）层软件。在应用开发时，JAVAEE 定义的四层模型可根据实际情况灵活运用。

由于除了 Applet 外其他的组件都可以访问数据库、EJB（enterprise Java beans，即 J2EE 的服务器端组件模型）组件和企业信息系统，所以通过不同层的取舍及组合，可以衍生出许多应用软件开发模型，如基于 Web 的四层模型、基于桌面应用的三层模型（不包括 Web 层）、B2B 模型（不包括客户层）等。如果应用系统比较简单，一般不用 EJB 作为逻辑层，而直接用 Web 组件来实现商业逻辑和数据访问，毕竟 EJB 的开发和部署费用还是相当高的。

3. .NET 概述

.NET 战略将 Internet 本身作为构建新一代操作系统的基础，并对 Internet 和操作系统的设计思想进行合理延伸，使开发人员能够创建出与设备无关的应用程序，以便轻松实现 Internet 连接。.NET 包括一个相当广泛的产品家族，它们构建于 XML 和 Internet 产业标准之上，为用户提供 Web 服务的开发、管理、应用和体验。.NET 战略由五个方面组成：

（1）.NET 开发平台：这是一组用于建立 Web 服务应用程序和 Windows 桌面应用程序的软件组件，包括 .NET 框架、.NET 开发者工具和 ASP.NET。Visual Studio.NET 是 RAD（rapid application develop，即快速应用开发）开发工具中的一个重要产品。

（2）.NET 服务器：能够提供广泛聚合和集成 Web 服务的服务器，是搭建 .NET 平台的后端基础。

（3）.NET 基础服务：密码认证、日历、文件存储、用户信息等基础服务是必不可少的。微软正在着力建设的 .NET My Services 等基础性服务平台是这方面可以借鉴的例子。

（4）.NET 终端设备：广泛地连接 Internet 并体验 Web 服务的终端设备是实现 .NET 的前端基础。PC、PDA（personal digital assistant，即个人数字助理）以及各种嵌入式设备将在这个广阔的天地里发挥作用。

（5）.NET 用户体验：能够满足人们各种各样需求的用户体验是 .NET 的最终目标，也是 .NET 的价值实现。

在这五个组成部分当中，.NET 开发平台中的 .NET 框架是 .NET 软件构造中最具挑战性的部分，其他四个部分则紧紧围绕 .NET 框架进行组织整合。.NET 框架实现了语言开发、代码编译、组件配置、程序运行、对象交互等各个层面的功能，为 Web 服务及普通应用程序提供了一个托管、安全、高效的执行环境。

通常所说的 .NET 包含了一个相当广泛的产品家族，包括开发平台、操作系统、服务器、终端设备等，此外还包括服务平台，开发平台只是整个 .NET 战略中的一部分。JAVAEE 是一个平台规范而非产品，同样的，在这里述及的 .NET 也专注于该平台的架构规范，而较少地涉及具体产品，尽管对 .NET 而言有时候这方面并不能被区分得很清楚。

复习思考题

1. 简述 IP 协议的特点，分析 IPv4 协议的不足以及 IPv6 协议的主要技术特征。

2. 简述移动 IP 协议的技术特征及其发展和应用现状。

3. 请调查移动通信技术发展的最新现状以及应用状况。

4. 请分析 WLAN 技术的特点和优势，并以此分析其应用特征和应用领域。

5. 简单比较移动通信技术与无线局域网技术的技术特征，并调查分析二者在业务上的融合特性。

6. 什么是 WSN？分析 WSN 在电子商务物流管理中的作用。

7. 简述 EDI 的两种应用方式，并调查相关的应用实例。

8. 请分析电子信息资源，特别是大数据对电子商务以及人类生活的影响。

9. 调查搜索引擎的发展现状，选用两三个搜索引擎，从用户的角度就其功能和特征进行对比分析。

10. 请分别从软件重用和分布计算两个角度分析 Web 服务技术的诞生与发展。

11. 简述 JAVAEE 和 .NET 的技术特征，并调查二者的区别及在市场上的使用情况。

第七章

电子与网络支付

本章要点：本章系统、全面地介绍了电子与网络支付的基本理论，给出了网络支付的定义、功能、特征与分类，描述了支持电子商务发展的网络支付运作体系结构；结合对支撑网络支付的大众化网络平台的叙述，描述了网络支付的基本流程，以及相应的"类支票电子货币支付系统模式"和"类现金电子货币支付系统模式"；介绍了现在比较典型的一些网络支付方式，如信用卡、电子现金、电子钱包、电子汇兑系统与网络银行等。

■ 7.1 电子与网络支付的基本理论

以 Internet 为主要平台的网络支付方式发展迅猛，已成为一种主流的商务支付模式，应用面也越来越广，已经形成一个完整的理论与应用体系，并仍然在不断发展和完善中。本节主要从理论角度比较完整地叙述网络支付的产生与定义、基本构成、功能、分类以及各种典型的支付方式。

7.1.1 电子支付与网络支付

在 20 世纪 70 年代，计算机和网络通信技术在一些发达国家得到普及和应用，银行的业务开始以电子数据的形式通过电子信息网络进行办理，诸如信用卡、电子汇兑等一些电子支付方式开始投入使用，这是应用电子信息技术手段用于商务支付结算的开始，一直发展到现在，出现了很多电子支付方式。

电子支付，英文描述为 electronic payment，或简称 e-payment，指的就是通过电子信息化的手段实现交易中的价值与使用价值的交换过程，即完成支付结算的过程。电子支付是指电子交易的当事人，包括消费者、厂商和金融机构，使用安全电子支付手段，通过网络进行的货币支付或资金流转。电子支付是电子商务系统的重要组成部分。远程网络通信、数据库等电子信息技术应用于金融业，如信用卡专线支付结算方式在 20 世纪 70 年代就产生了，因此电子支付方式的出现要早于现在的 Internet。随着 20 世纪 90 年代全球范围内 Internet 的普及和应用，电子商务深入发展，这标志着信息网络经济时代的到来，一些电子支付结算方式逐渐采用费用更低、应用更为方便的公用计算机网络特别是 Internet 作为运行平台，网络支付方式就应运而生了。

网络支付，英文叫做 net payment 或 Internet payment，从媒介角度来说就是指以金融电子化网络为基础，以商用电子化工具和各类交易卡为媒介，通过计算机网络系统特别是 Internet 来实现资金的流通和支付。网络支付是指电子交易的当事人，包括消费者、厂商和金融机构，使用安全电子支付手段通过网络进行的货币支付或资金流转。其主要类型有电子货币类、电子信用卡类和电子支票类。

可以看出，网络支付是在电子支付的基础上发展起来的，它是电子支付的一个最新发展阶段；或者说，网络支付是基于 Internet 并适合电子商务发展的电子支付，带有很强的 Internet 烙印，且这种特征随着网络经济的发展愈发明显，所以很多学者干脆称之为 Internet payment。它是基于 Internet 的电子商务的核心支撑流程。网络支付比现在流行的信用卡 ATM 存取款、POS 支付结算等这些基于专线网络的电子支付方式更新、更先进、更方便，将是 21 世纪网络时代里支撑电子商务发展的主要支付与结算手段。

7.1.2　基于 Internet 的网络支付体系基本构成

网络支付与结算的过程涉及客户、商家、银行或其他金融机构、商务认证管理部门之间的安全商务互动，因此支撑网络支付的体系可以说是融购物流程、支付与结算工具、安全技术、认证体系、信用体系以及现在的金融体系为一体的综合大系统。

具体到电子商务系统中，电子商务的网络支付指的是客户、商家、金融机构及认证管理机构之间使用安全电子手段进行的网上商品交换或服务交换，主要以 Internet 为应用网络平台。这种在电子商务中主要基于 Internet 公共网络平台的网络支付结算体系的基本构成如图 7-1 所示。

图 7-1 中主要涉及七大构成要素，分别叙述如下：

(1) 客户，是指在 Internet 上与某商家或企业有商务交易关系并存在未清偿的债权债务关系（一般是债务）的一方。客户用自己拥有的网络支付工具（如信用卡、电子钱包、电子支票等）来发起支付，是网络支付体系运作的原因和起点。

(2) 商家，是拥有债权的商品交易的另一方。商家可以根据客户发起的支付指令向中介的金融体系请求获取货币给付，即请求结算。商家一般设置了专门的服务器来处理这一过程，包括协助身份认证以及不同网络支付工具的处理。

(3) 客户开户行，是指客户在其中拥有资金账户的银行。客户所拥有的网络支付工具主要就是由开户银行提供的，客户开户行在提供网络支付工具的时候也同时提供了一种银行信用，即保证支付工具是真实并可兑付的。例如，在利用银行卡进行网络支付的体系中，客户开户行又被称为发卡行。

(4) 商家开户行，是商家在其中开设资金账户的银行，其账户是整个支付结算过程中资金流向的地方或目的地。商家将收到的客户支付指令提交给其开户行后，就由开户行进

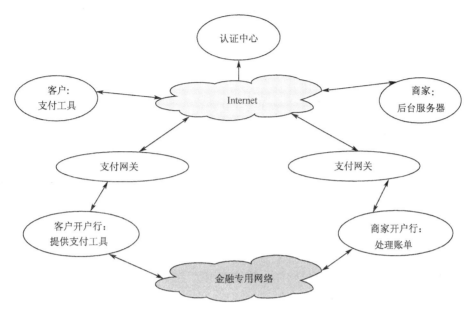

图 7-1 电子商务网络支付体系的基本构成

行支付授权的请求以及进行商家开户行与客户开户行之间的清算等工作。商家的开户行是依据商家提供的合法账单（客户的支付指令）来工作的，因此又被称为收单行或接收行。

（5）支付网关，英文为 payment gateway，是 Internet 公用网络平台和银行内部的金融专用网络平台之间的安全接口，网络支付的电子信息必须通过支付网关进行处理后才能进入安全的银行内部支付结算系统，进而完成安全支付的授权和获取。支付网关的建设关系着整个网络支付结算的安全以及银行自身的安全，关系着电子商务支付结算的安排以及金融系统的风险，必须十分谨慎。不过，支付网关这个网络节点也不能分析通过的交易信息，支付网关对送来的双向支付信息也只是起保护与传输的作用，即这些保密数据对网关而言是"透明"的，即无需网关进行一些涉及数据内容级的处理。

（6）金融专用网络，是银行内部及银行间进行通信的专用网络，不对外开放，具有很高的安全性，如正在完善的中国国家金融通信网，其上运行着中国国家现代化支付系统、中国人民银行电子联行系统、工商银行电子汇兑系统、银行卡授权系统等。目前中国传统商务中主要的电子支付与结算方式如信用卡 POS 支付结算、ATM 资金存取、电话银行、专业 EFT 系统等均运行在金融专用网上。中国银行的金融专用网发展很迅速，虽然不能直接为基于 Internet 平台的电子商务进行直接的支付与结算，但是它为逐步开展电子商务提供了必要的条件，因为归根结底，金融专用网必然是涉及银行业务这一端的电子商务网络支付 Internet 平台的一部分。

（7）认证中心。作为认证机构的认证中心必须确认各网上商务参与者的相关信息（如在银行的账户状况、与银行交往的信用历史记录等），因此认证过程其实也离不开银行的参与。

除以上七大参与要素外，在电子商务网络支付系统的构成中还应该包括在网络支付时使用的网络支付工具以及遵循的支付通信协议，即电子货币的应用过程。其中，目前经常被提及的网络支付工具有银行卡、电子现金、电子支票、网络银行等。银行卡的发展已有一段时间，社会上大多数银行卡只用在金融专用网络的 POS 支付结算等，发展到现在，基于 Internet 公用网络上的银行卡支付已基本成熟，应该说在电子商务中的一些小额支付结算中已得到很好的应用，并迅速普及。

综上所述，基于 Internet 的网络支付体系基本构成是电子商务活动参与各方与网络支付工具、支付协议的结合体。

7.1.3 网络支付的基本功能

虽然网络支付体系的基本构成在不同的环境不尽相同，但安全、有效、方便、快捷是所有网络支付方式或工具追求的共同目标。一个实用的网络支付系统（可能专门针对一种网络支付方式，也可能兼容几种网络支付方式），应该具有以下基本功能：

（1）认证交易双方，防止支付欺诈。能够使用数字签名和数字证书等实现对网上商务各方的认证，以防止支付欺诈，对参与网上贸易的各方身份的有效性进行认证，通过认证机构或注册机构向参与各方发放数字证书，以证实其身份的合法性。

（2）加密信息流。可以采用单密钥体制或双密钥体制进行信息的加密和解密，可以采用数字信封、数字签名等技术加强数据传输的保密性与完整性，防止未被授权的第三者获取信息的真正含义。

（3）数字摘要算法确认支付电子信息的真伪。为了保护数据不被未授权者建立、嵌入、删除、篡改、重放等，完整无缺地到达接收者一方，可以采用数据杂凑技术。

（4）保证交易行为和业务的不可抵赖性。当网上交易双方出现纠纷，特别是有关支付结算的纠纷时，系统能够保证对相关行为或业务的不可否认性。网络支付系统必须在交易的过程中生成或提供足够充分的证据来迅速辨别纠纷中的是非，可以用数字签名等技术来实现。

（5）处理网络贸易业务的多边支付问题。支付结算牵涉客户、商家和银行等多方，传送的购货信息与支付指令信息还必须连接在一起，因为商家只有确认了某些支付信息后才会继续交易，银行也只有确认支付才会提供支付。为了保证安全，商家不能读取客户的支付指令，银行不能读取商家的购货信息，这种多边支付的关系能够借用系统提供的诸如双重数字签名等技术来实现。

（6）提高支付效率。网络支付的手续和过程并不复杂，支付效率很高。

7.1.4 网络支付的特征

相比较传统支付结算时普遍使用的"一现三票一卡"（即现金、发票、本票、汇票和信用卡）方式，以 Internet 为主要平台的网络支付结算方式表现出更多的优点和特征。

（1）网络支付通过数字方式完成。网络支付结算主要在开放的公共网络系统中通过看不见但先进、准确的数字流来完成相关支付信息传输，即采用数字化的方式完成款项支付结算。而传统支付结算方式则是通过纸质现金的流转、纸质票据的转让和银行的汇兑等物理实体的流转来完成款项支付的，需要在较为封闭的系统中运行，大多需要面对面处理。

（2）网络支付具有方便、快捷、高效、经济的优势。用户只要拥有一台联网的计算机，便可足不出户，在很短的时间内完成整个支付与结算过程。其手续费用仅相当于传统支付的几十分之一，甚至几百分之一。而传统的支付方式，由于票据传递迟缓和手工处理手段落后，而造成大量的在途资金，无法做到银行间当天结算，交易双方的资金周转速度很慢。网络支付系统可以直接将钱打到收费者的银行账号上，与通过邮寄或第三方转款相比，大大缩短了付款时间，提高了资金的周转率和周转速度，既方便了客户，又提高了商家的资金运作效率，同时也提高了银行处理业务的效率。

（3）网络支付具有轻便性和低成本性。与电子货币相比，一些传统的货币（如纸质、货币和硬币）则愈发显示出其奢侈性。中国由于电子支付比例小，传统的金融业务费用非常庞大，与世界银行体系之间的货币结算和搬运费用占到其全部管理费的 5%。而采用网络支付方式，则因电子信息系统的建立和维护费用很小，而使小公司和大企业都可从中受益。

（4）网络支付与结算具有较高的安全性和一致性。支付的安全性是保护买卖双方不会被非法支付和抵赖，一致性是保护买卖双方不会被冒名顶替。网络支付系统和现实的交易情况基本一致，而付费协议提供了与纸质票据相对应的电子票据的交易方法，网络支付协议充分借用尖端加密与认证技术，设计细致、安全、可靠。

（5）网络支付可以提高管理的效率。采用了网络支付方式以后，不仅可以作原有的网络广告宣传，而且能够十分方便地利用收集到的客户信息建立相关决策支持系统，如作账单分析、估测市场趋势、预算新举措费用等，为企业进行科学的决策、降低经营风险等提供了有利支持。同时，网络支付系统的高效率，可以使企业很快地进行资金处理和结算，有效地防止了拖欠的发生，这对于提高资金管理和利用水平有很大的帮助。

（6）银行提供网络支付结算的支持使客户的满意度与忠诚度均上升。这为银行与开展电子商务的商家实现良好的客户关系管理提供了支持。当然，就目前的技术水平而言，网络支付作为新兴方式，还存在安全性、支付环境、管理规范等方面的问题，但这些问题在传统支付结算中也存在。伴随着电子商务的蓬勃发展，电子货币和网络支付的发展已经呈现出加速趋势。

7.2　网络支付的基本流程和基本模式

本节先主要介绍了目前出现的众多网络支付与结算方式的基本流程，然后结合电子货币的支付流程分类描述了当前网络支付与结算的基本模式。

7.2.1　网络支付的基本流程

网络支付借鉴了很多传统支付方式的应用机制与过程，只不过流动的媒介不同，一个是传统纸质货币与票据，大多手工作业，另一个是电子货币并网上作业。可以说，基于Internet平台的网络支付结算流程与传统的支付结算过程是类似的，如果熟悉传统的支付结算方式如纸币现金、支票、POS信用卡等方式的支付结算过程，将大大有助于对网络支付结算流程的理解。以Internet为基本平台的网络支付的一般流程如图7-2所示。

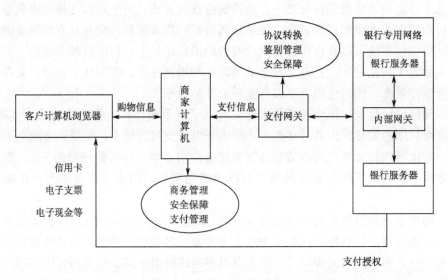

图7-2　基于Internet平台的网络支付一般流程

网络支付的基本流程可以描述为：

（1）客户连接Internet，用Web浏览器进行商品的浏览、选择与订购，填写网络订单，选择应用的网络支付结算工具，并得到银行的授权使用，如信用卡、电子钱包、电子现金、电子支票或网络银行账号等。

（2）客户机对相关订单信息如支付信息进行加密，在网上提交订单。

（3）商家电子商务服务器对客户的订购信息进行检查、确认，并把相关的经过加密的客户支付信息等转发给支付网关，直至银行专用网络的银行后台业务服务器进行确认，以期从银行等电子货币发行机构验证得到支付资金的授权。

（4）银行验证确认后通过刚才建立起来的经由支付网关的加密通信通道，给商家服务器回送确认及支付结算信息，并为进一步的安全而给客户回送支付授权请求（也可没有）。

（5）银行得到客户传来的进一步授权结算信息后，把资金从客户账号转拨至开展电子商务的商家银行账号上（可以是不同的银行），后台银行与银行之间借助金融专网进行结算，并分别给商家、客户发送支付结算成功信息。

（6）商家服务器接收到银行发来的结算成功信息后，给客户发送网络付款成功信息和发货通知。至此，一次典型的网络支付结算流程就结束了，商家和客户可分别借助网络查询自己的资金余额信息，以进一步核对。

需要说明的是，图7-2所示的网络支付结算流程只是对目前各种网络支付结算方式应用流程的普遍归纳，并不表示各种网络支付方式的应用流程与图7-2中所示一模一样，或不同网络支付结算工具的应用流程也一样。在实际应用中，这些网络支付方式的应用流程由于技术上、资金数量上、管理机制上的不同还是有所区别的,但大致遵守图 7-2 所示的流程。

7.2.2 网络支付的基本模式

网络支付结算的应用流程其实就是电子货币流动过程的普遍形式,但不同的电子货币的应用流程还是有区别的。

在这里,根据电子货币的支付流程的区别,可以把网络支付的基本系统模式大体分为类支票电子货币支付系统模式和类现金电子货币支付系统模式两种。

1. 类支票电子货币支付系统模式

类支票电子货币支付系统模式是典型的基于电子支票、电子票证汇兑、信用卡、网络银行账号等的网络支付系统模型,支持大、中、小额度的资金支付与结算。

类支票电子货币支付系统模式,顾名思义就是类似传统的纸质支票应用系统模式,二者原理上差不多,主要涉及三个交易方,即买方、卖方和各自的开户银行。银行可为同一个,也可能是不同的,当然在网络平台上还涉及认证中心。

类支票的基本应用过程可简要描述为:

(1) 电子商务买卖双方都在银行拥有账户,而买方应在开户行有一定的存款。

(2) 在买卖双方开始交易以前,买方先从银行得到电子支付票证,即授权的电子货币。

(3) 买方把授权的电子货币交给卖方,卖方验证此电子票证的有效性后,继续交易过程。

(4) 卖方将收到的电子票证转给自己的开户银行,要求资金兑付。

(5) 银行收到卖方的电子票证,验证确认后进行后台的资金清算工作,并给买卖双方回送支付结算成功消息。至此,这次网络支付完毕。

2. 类现金电子货币支付系统模式

类现金电子货币的网络支付系统模式,是一种新的网络支付模式,其主要的网络支付工具是类现金电子货币,如现在开始应用的电子现金以及装电子现金的电子钱包,较有代表性的是电子现金。类现金,顾名思义就是类似传统的纸币现金,所以类现金电子货币的网络支付系统模式与传统纸币的支付模式也基本类似,二者原理上差不多,只是货币表现形式上有所不同。类现金电子货币表现为特殊的加密的电子信息串,用户可以像用纸币一样用类现金在网络平台上进行日常买卖。类现金同样主要涉及三个交易方,即买方、卖方和各自的开户银行,银行可为同一个,也可能是不同的,当然在网络平台上还要涉及认证中心。类现金的基本应用过程可简要描述为:

(1) 电子商务中的买方先在开户银行中有一定的存款,并对应其类现金账号。

(2) 在买卖双方开始交易以前,买方先从银行通过银行存款请求兑换类现金,就像我们平时上银行从资金账号中提取纸币现金一样。

(3) 银行根据买方的请求把相应的类现金发送至买方的计算机中,供买方随便使用。

(4) 买方根据付款数额把相应书面的类现金发送给卖方的计算机,卖方验证此类现金的有效性后，继续交易过程。

（5）卖方可以把收到的类现金暂时存储起来，也可以发送给相应银行，银行清算后增加卖方账号的对应资金数额，卖方还可以把收到的类现金发送给自己的另一个商务伙伴如供应商进行网络支付。至此，这次类现金的网络支付过程完毕。

7.3　网络支付方式的分类

发展中的以 Internet 为主要运作平台的网络支付方式也有很多种分类标准，而且随着电子商务的发展与技术的进步，更多更新的网络支付工具还被不断地研发并投入应用，又会产生新的分类。

通过对目前国内外正在使用与实验中的网络支付方式的调研与分析，本书主要讨论电子商务下网络支付方式的以下两种分类。

7.3.1　按开展电子商务的实体性质分类

众所周知，电子商务的主流分类方式是按照开展电子商务的实体性质分类的，即分为B2B、B2C、C2C、G2B、G2G、O2O 等各种类型的电子商务。目前，客户在进行电子商务交易时通常会按照开展的电子商务类型的不同来选择使用不同的网络支付与结算方式。这正如企业在进行传统商务时，一般小金额的消费直接就用信用卡与现金进行支付以图方便，而购买像计算机、数字摄像机、汽车等贵重设备时，由于涉及较大金额付款，就常用支票结算，而大批量订货时就用银行电子汇票。

所以，考虑到这些不同类型的电子商务实体的实力、商务的资金流通量大小、一般支付结算习惯等因素，可以按开展电子商务的实体性质把当前的网络支付方式分为以下两类，即 B2C 型网络支付方式和 B2B 型网络支付方式，这也是目前较为主流的网络支付结算分类方式。与传统的商务支付方式分类相近，个体消费者有自己习惯的支付方式，而企业与政府单位用户也有适合自己的网络支付方式。

（1）B2C 型网络支付方式。这主要是企业与个人、政府部门与个人、个人与个人进行网络交易时采用的网络支付方式，比如信用卡网络支付、IC 卡网络支付、电子现金支付、电子钱包支付以及最新的个人网络银行支付等。这些方式的特点就是适用于不是很大金额的网络交易支付结算，应用起来较为方便灵活，实施起来也较为简单，风险也不大。

（2）B2B 型网络支付方式。这主要是企业与企业、企业与政府部门单位进行网络交易时采用的网络支付方式，如电子支票网络支付、电子汇兑系统、国际电子支付系统SWIFT 与 CHIPS、中国国家现代化支付系统、金融 EDI 以及最新的企业网络银行服务等。这些方式的特点就是适用于较大金额的网络交易支付结算。

本书在这里把一些基于专用金融通信网络平台的电子支付结算方式如电子汇兑系统、国际电子支付系统 SWIFT 与 CHIPS、中国国家现代化支付系统、金融 EDI 等都归结为B2B 型网络支付方式，主要是因为银行金融专用网本来也是大众化的 Internet 支付平台的一部分，随着新一代 Internet（如 IPv6）的使用，银行金融专用网、EDI 网与 Internet 有融合的趋势。

7.3.2　按支付数据流的内容性质分类

根据电子商务流程中用于网络支付结算的数据流传递的是指令还是具有一般等价物性质的电子货币本身，可以将网络支付方式分为如下两类：

（1）指令传递型网络支付方式。支付指令是指启动支付与结算的口头或书面命令，网络支付的支付指令是指启动支付与结算的电子化命令，即一串指令数据流。支付指令的用户从不真正地拥有货币，而是由他指示银行等金融中介机构替他转拨货币，完成转账业务。指令传递型网络支付系统是现有电子支付基础设施和手段［如同城清算 ACH（automated clearing house，即自动化交易所）系统和信用卡支付等］的改进和加强。

指令传递型网络支付方式主要有银行网络转拨指令方式［如电子资金转账（electronic funds transfer，EFT）、国际电子支付系统 SWIFT 与 CHIPS、电子支票、网络银行、金融电子数据交换（financial electronic data interchange，FEDI）等］、信用卡支付方式等。其中，FEDI 是一种以标准化的格式在银行与银行计算机之间、银行与银行的企业客户计算机应用之间交换金融信息的方式。因此，FEDI 可较好地应用在 B2B 的电子商务交易的支付结算中。

（2）电子现金传递型网络支付方式。电子现金传递型网络支付是指客户进行网络支付时在网络平台上传递的具有等价物性质的电子货币本身即电子现金的支付结算机制。其主要原理是：用户可以从银行账户中提取一定量的电子现金，并把电子资金保存在一张卡（如智能卡）或是用户计算机中的某部分（如一台电脑或 PDA 的电子钱包），这时消费者拥有了真正的电子"货币"，他就能够在 Internet 上直接把这些电子现金按相应支付数额转拨给另外一方，如消费者、银行或供应商。

7.4　典型的网络支付方式述解

前面叙述到，按照电子商务的实体性质分类（主流分类方法），网络支付方式可以分为 B2C 型网络支付方式和 B2B 型网络支付方式。本节主要对几种典型的 B2C 型网络支付方式（包括信用卡、电子现金、电子钱包等）与几种典型的 B2B 型网络支付方式（包括电子汇兑系统、国际电子支付系统 SWIFT 与 CHIPS 等）进行介绍，并叙述每一种方式应用的技术、网络支付的业务过程。

7.4.1　信用卡网络支付方式

1. 信用卡简介

从广义上说，凡是能够为持卡人提供信用证明，持卡人可凭卡购物、消费或享受特定服务的特制卡片均可称为信用卡。广义上的信用卡包括贷记卡、准贷记卡、借记卡、储蓄卡、提款卡（ATM 卡）、支票卡及赊账卡等。

信用卡具有支付结算、消费信贷、自动取款、信息记录与身份识别等多种功能，是集金融业务与电脑技术于一体的高科技产物。信用卡已经成为当今发展最快的一项金融业务之一，它将在一定范围内用电子货币替代传统现金的流通。

2. 基于 SSL 协议机制的信用卡支付方式

（1）基于 SSL 协议机制的信用卡支付方式简介。SSL 协议机制是一种具有较高效率、较低成本、比较安全的网上信息交互机制，大量应用于目前的网络支付实践中。所谓基于 SSL 协议机制的信用卡支付方式，就是在电子商务过程中利用信用卡进行网络支付时遵守 SSL 协议的安全通信与控制机制，以实现信用卡的即时、安全的在线支付。也就是说，持卡客户在公共网络即 Internet 上直接同银行进行相关支付信息的安全交互，即通过对持卡人信用卡账号、密码的加密并安全传递以及与银行间相关确认信息的交互，来实现快速安全支付的目的。

在这种信用卡网络支付方式中，运用了一系列先进的安全技术与手段，如对称密钥加密法、公开密钥加密法、数字摘要以及数字证书等手段，但还需一个发行数字证书的间接的认证中心机构协助。

（2）基于 SSL 协议机制的信用卡网络支付流程。目前消费者客户端上的网络浏览器软件产品、商家的电子商务服务器软件等基本都内嵌了对 SSL 协议的支持，而绝大多数银行以及第三方的支付网关平台也都研发了大量支持 SSL 协议的应用服务与产品，这些都为持卡客户借助 SSL 协议机制利用信用卡进行网络支付提供了方便。图 7-3 是基于 SSL 协议机制的信用卡网络支付流程示意图。

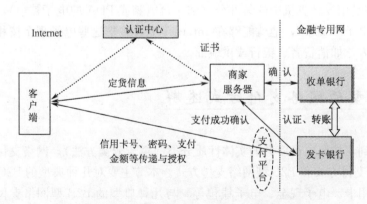

图 7-3 基于 SSL 协议的信用卡网络支付流程示意图

SSL 介入的是涉及持卡客户的信用卡隐私信息的传送方面，而且现在大多是持卡客户与银行服务器的直接加密通信，而不通过商家中转，是相当安全的。

（3）基于 SSL 协议机制的信用卡网络支付模式的特点与应用。其实在这里，信用卡的硬件已经没有多大作用了，只需记住一个信用卡号与密码就行了。这与个人的网络银行账号、存折账号性质是一样的。

7.4.2 电子现金网络支付方式

1. 电子现金的定义

电子现金（e-cash）全称 electronic cash，又称电子货币（e-money）或数字货币（digital cash），是一种非常重要的电子支付系统，它可以被看做是现实货币的电子或数字模拟，电子现金以数字信息形式存在，通过互联网流通，但比现实货币更加方便、经济。它最简单的形式包括三个主体（即商家、用户、银行）和四个安全协议过程（即初始化协议、提款协议、支付协议、存款协议）。

电子现金是一种比较成熟的电子支付手段，适用于那些通过网络进行支付的小额交易。电子现金的特点包括：银行和商家之间应有协议和授权关系；用户、商家和 e-cash 银行都需要使用 E-cash 软件；e-cash 银行负责用户和商家之间资金的转移；电子现金对使用者来说都是匿名的，使用电子现金消费可以保护使用者的信息。

2. 电子现金的网络支付

（1）电子现金的网络支付方式简介。所谓电子现金的网络支付方式，就是在电子商务过程中客户利用银行发行的电子现金在网上直接传输交换，发挥类似纸币的等价物职能，以实现即时、安全的在线支付形式。这种支付方式，在电子现金的产生以及传输过程同样运用了一系列先进的安全技术与手段，如公开密钥加密法、数字摘要、数字签名以及隐蔽签名技术等手段，所以其应用还是比较安全的。

电子现金网络支付方式的主要好处就是在客户与商家运用电子现金支付结算的过程中，基本无需银行的直接中介参与，这不但方便了交易双方应用，提高了交易与支付效率，降低了一些成本，而且电子现金具有类似纸币匿名而不可追溯使用者的特征，可以直接转让给别人使用（就像借纸币给别人一样）并保护使用者的个人隐私。电子现金的这些特征与信用卡、电子支票等网络支付方式不同，后者的支付过程中一直有银行的中介参与，而且是记名认证的。当然，电子现金支付过程因为无需银行直接中介参与，所以可能存在伪造与重复使用的可能，在这一点上各电子现金发行银行也正采取一些管理与技术措施来对其进行完善。例如，发行银行建立大型数据库来存储发行的电子现金的序列号、币值等信息，商家每次接受电子现金后均直接来银行兑换入账，银行记录已使用电子现金；在接受电子现金的商家与发行银行间进行约定，每次交易中由发行银行进行在线鉴定，验证送来的电子现金是否是伪造或重复使用的等。这样肯定会在一定程度上牺牲电子现金像纸币一样充当一般等价物的自由流通性，但它更加安全。随着电子现金相关新技术的不断开发与应用、技术与应用规范的统一完善，电子现金也会更加自由地流通，真正发挥出"网络货币"的职能。

（2）电子现金的网络支付流程。应用电子现金进行网络支付需要在客户端安装专门的电子现金客户端软件，在商家服务端安装电子现金服务器端软件，在发行银行运行对应的电子现金管理软件等。为保证电子现金的安全以及可兑换性，发行银行还应该从第三方认证中心申请数字证书以证实自己的身份并借此获取自己的公开/私人密钥对，并把公开密钥公开出去，利用私人密钥对电子现金进行签名。

　　电子现金的网络支付业务处理流程一般包括图 7-4 所示的几个步骤，涉及三个主体（即商家、用户与发行银行）、四个安全协议过程（即初始化协议、提款协议、支付协议以及存款协议）。图 7-4 是电子现金网络支付流程示意图。

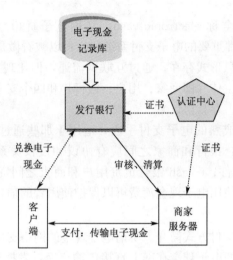

图 7-4　电子现金网络支付流程示意图

　　预备工作 1。电子现金使用客户、电子现金接受商家与电子现金发行银行分别安装电子现金应用软件，为了交易与支付的安全，商家与发行银行从认证中心申请得到数字证书。

　　预备工作 2。客户端在线认证发行银行的真实身份后，在电子现金发行银行开设电子现金账号，存入一定量的资金，利用客户端与银行端的电子现金应用软件，遵照严格的购买兑换步骤（如前面所述的电子现金制作步骤），兑换到一定数量的数字现金（初始化协议）。

　　预备工作 3。客户使用客户端电子现金应用软件在线接收从发行银行兑换来的电子现金，并存在客户机硬盘上（或电子钱包、IC 卡上），以备随时使用（提款协议）。

　　预备工作 4。接收电子现金的商家与发行银行间应在电子现金的使用、审核、兑换等方面有协议与授权关系，商家也可在发行银行开设接收与兑换电子现金的账号，也可另有收单银行。

　　客户验证网上商家的真实身份（安全交易需要）并确认其能够接收本方电子现金后，挑好商品，选择己方持有的电子现金来支付。

　　客户把订货单与电子现金借助 Internet 平台一并发送给网上商家（可利用商家的公开密钥对电子现金进行加密传送，商家收到后利用私人密钥解开）。对客户来说，到这一步支付就算完成得差不多了，且无需银行的中转（支付协议）。

　　商家收到电子现金后，可以随时地一次或批量地到发行银行兑换电子现金，即把接收到的电子现金发送给电子现金发行银行，与发行银行协商进行相关的电子现金审核与资金清算，电子现金发行银行认证后把同额资金转账给商家开户行账户（存款协议）。

　　商家确认客户的电子现金真实性与有效性后，或兑换到货款后，确认客户的订单与支付并发货。

（3）电子现金的应用与解决方案。在电子现金应用上，目前很多国际知名公司提供了电子现金的应用解决方案，如 DigiCash、CyberCash 和 IBM 等，也有很多银行在支持电子现金的网络支付服务，如包括 Mark Twain、Eunet、Deutsche、Advance、CiTi Bank 等在内的世界著名银行。但总体来说，有关电子现金的支付结算体系还在发展完善中，在英国、美国等国仅有一些小型的电子现金系统投入实际应用，如 Mondex 电子零钱（预付卡式），而纯电子形式的电子现金则不普及。这主要是因为各个电子现金发行机构之间还没有就电子现金的应用形成统一的技术与应用标准，在使用上某些方面还没有完全成熟，如防止重复消费问题。

7.4.3　电子钱包网络支付方式

所谓电子钱包，英文大多描述为 e-wallet 或 e-purse，是一个客户可以用来进行安全网络交易，特别是安全网络支付并储存交易记录的特殊计算机软件或硬件设备，就像生活中随身携带的钱包一样，是能够存放客户的电子现金、电子信用卡、电子零钱、个人信息等，经过授权后又可以方便地、可选择地取出使用的新式网络支付工具，可以说是"虚拟钱包"。

可以看出，电子钱包本质上是个装载电子货币的"电子容器"，把有关方便网上购物的信息如信用卡信息、电子现金、钱包所有者身份证、所有者地址及其他信息等集成在一个数据结构里，以候整体调用，需要时又能方便地辅助客户取出其中电子货币进行网络支付，是在小额购物或购买小商品时常用的新式虚拟钱包。因此，在电子商务中应用电子钱包时，真正支付的不是电子钱包本身，而是它所装的电子货币，就像生活中钱包本身并不能购物付款，但可以方便地打开钱包，取出钱包里的纸质现金、信用卡等来付款，看起来就像用钱包付款一样。

从上述电子钱包的定义中可以看出，电子钱包本身可能是个特殊的计算机软件，也可能是个特殊的硬件装置。当其形式上是软件时，常常被称为电子钱包软件，如 Microsoft Wallet。当其形式上是硬件时，电子钱包常常表现为一张能储值的卡，即 IC 卡，用集成电路芯片来储存电子现金、信用卡号码等电子货币，这就是智能卡。所以有些书籍，常常干脆把智能卡就叫做电子钱包，只不过智能卡是硬式的，应用方式上与软件式的电子钱包基本一样。

电子钱包最早于 1997 年由英国西敏史银行开发成功，经过十余年的发展，电子钱包已经在世界各国得到广泛使用，特别是预付式电子钱包，即 IC 卡式或智能卡式电子钱包。对于纯软件电子钱包方案，由于只能在 Internet 平台上应用，投入较大，配置较麻烦，所以成本较高，目前应用范围上还有些局限。目前世界上最主要的三大电子钱包解决方案是 VisaCash、Mondex 和 Proton，其他电子钱包服务系统还有 HP 公司的电子支付应用软件（VWALLET）、微软公司的电子钱包 Microsoft Wallet、IBM 公司的 Commerce POINT Wallet 软件、Master Card cash、Euro Pay 的 Clip 等。不过多是基于卡式的，既可以用于传统 POS 支付，也可用于 Internet 平台上的网络支付。对于纯软件形式的电子钱包解决方案，如支持电子现金与电子支票等进行网络支付，各个银行也在发展与试运行。

7.4.4 电子汇兑系统

1. 电子汇兑系统简介

所谓电子汇兑，英文描述为 electronic agiotage 或 electronic exchange，即利用电子手段来处理资金的汇兑业务，以提高汇兑效率、降低汇兑成本。

广义的电子汇兑系统，泛指客户利用电子报文的手段传递客户的跨机构资金支付、银行同业间各种资金往来的资金调拨作业系统。它包括：①一般的资金调拨作业系统，用于行际之间的资金调拨。②清算作业系统，用于行际间的资金清算。具体来说，所谓电子汇兑系统，即银行以自身的计算机网为依托，为客户提供汇兑、托收承付、委托收款、银行承兑汇票、银行汇票等支付结算服务方式。

任何一笔电子汇兑交易，均由汇出行（issuer bank）发出，到汇入行（acquirer bank）收到为止，其间的数据通信转接过程的繁简视汇出行与汇入行（也称解汇行）二者之间的关系而定。

2. 电子汇兑系统的特点与类型

电子汇兑系统的用户主要是各个银行，终端客户主要是公司企业、政府机构等组织，社会大众用得很少。这种系统同前面介绍的个人自助银行系统（如 ATM、信用卡等）相比，具有交易额大、风险性大、对系统的安全性要求很高、跨行和跨国交易所占比重大等特点。

为适应国际与国内贸易快速发展的需要，国际上许多国家以及一些国际组织建立了许多著名的电子汇兑系统。这些系统所提供的功能不尽相同，按照其作业性质的不同，可把电子汇兑系统分成三大类，即通信系统、资金调拨系统和清算系统；按资金清算方式可分为全额结算系统和差额结算系统。

3. 电子汇兑系统的运作方式

电子汇兑系统的运作过程是比较复杂的，尽管目前电子汇兑系统的种类很多，功能也不尽相同，但是汇出行和解汇行的基本作业流程及账务处理逻辑还是很相似的。图 7-5 为电子汇兑系统的运作方式示意图。

以一笔电子汇兑的交易为例，除涉及银行到客户端的支付结算方式如电子支票、FEDI、网络银行等外，真正在银行系统间处理资金的汇兑流程由汇出行启动至解汇行收到为止，不论是点对点传送，还是通过交换中心中转传送，汇出行与解汇行都要经过以下几个基本作业处理流程：①数据输入；②电文的接收；③电文数据控制；④处理与传送；⑤数据输出。

7.4.5 国际电子支付系统 SWIFT 与 CHIPS

为了解国际电子支付机制，首先必须了解提供国际金融通信服务的 SWIFT 系统和提供国际电子资金转账服务的 CHIPS 系统，它们都应属于第 7.4.4 节所述的电子汇兑系统，

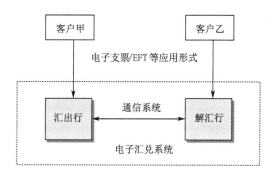

图 7-5　电子汇兑系统的运作方式示意图

也是 B2B 型网络支付模式支持平台的一个重要组成部分。包括电子商务在内的国际贸易活动日渐增多，因此这里专门介绍一下国际电子支付系统。

SWIFT 与 CHIPS 两系统中，SWIFT 完成国际间支付结算指令信息的传递，而真正进行资金调拨的是 CHIPS，二者相互协作完成跨区域的国际资金支付与结算。

1. SWIFT 简介

SWIFT 的英文全称为 Society for Worldwide Interbank Financial Telecommunication，中文一般翻译为"环球同业银行金融电信协会"或"环球银行间金融通信协会"，是国际银行同业间的国际合作组织，也被称为 SWIFT 组织。这是一个国际银行间非盈利的国际合作组织，依据全世界各成员银行金融机构相互之间的共同利益，按照工作关系将其所有成员组织起来，按比利时的法律制度登记注册，总部设在比利时的布鲁塞尔。

我们平常所说的 SWIFT 通常是指 SWIFT 网络，即 SWIFT 组织建设和管理的全球金融通信网络系统，可在全球范围内传送金融指令与信息服务。

SWIFT 系统利用高度尖端的通信系统组成了国际性的银行专用通信网，并在会员间转递信息、账单和同业间头寸划拨，即为全世界各个成员银行提供及时良好的通信服务和银行资金清算等金融服务。SWIFT 系统的使用，给银行的结算提供了安全、可靠、快捷、标准化、自动化的通信业务，从而大大提高了银行的结算速度。SWIFT 的电文格式十分标准化，因而在金融领域内被广泛应用，例如，银行信用证主要采用的就是 SWIFT 电文格式。

SWIFT 自正式投入运行以来，以其高效、可靠、完善的通信服务和金融服务，在加强全球范围内的银行资金清算与商品流通、促进世界贸易的发展、促进国际金融业务的现代化和规范化等方面发挥了重要作用。发展到现在，SWIFT 系统日处理 SWIFT 电信 300 万笔，高峰达 330 万笔。SWIFT 和 CHIPS、CHAPS、FEDWIRE 等银行金融网络系统一样，已经成为当前世界上著名的银行金融通信和银行资金清算的重要系统。

2. CHIPS 简介

CHIPS 的英文全称为 Clearing House Interbank Payment System，中文一般翻译为"纽约清算所银行同业支付系统"，它主要以世界金融中心——美国纽约市为资金结算地，具体完成资金调拨即支付结算过程。现在，世界上 90％以上的外汇交易是通过 CHIPS 完成的。可以说，CHIPS 是国际贸易资金清算的桥梁，也是美元供应者进行交易的通道。

CHIPS 的参加银行主要包括：

（1）纽约交换所的会员银行。这类银行在纽约联邦储备银行有存款准备金，具有清算能力，并且都有系统标识码作为收益银行的清算账号。

（2）纽约交换所非会员银行。这类银行被称为参加银行，参加银行需经过会员银行的协助才能清算。

（3）美国其他地区的银行及外国银行。其主要包括美国其他地区设于纽约地区的分支机构，它们具有经营外汇业务的能力；外国银行设于纽约地区的分支机构或代理行。

CHIPS 采用这种层层代理的支付清算体制，构成了庞大复杂的国际资金调拨清算网，因此，它的交易量非常巨大，而且在逐年增加。

3. CHIPS 与 SWIFT 合作的国际电子支付运作架构

应用 CHIPS 系统的资金清算处理过程并不复杂，可把整个流程分为两部分：第一部分是 CHIPS 电文的发送；第二部分是在实体银行间完成最终的资金清算。例如，美国境外的某国银行甲（汇款银行）汇一笔美元到美国境外的另一家银行乙（收款银行），则 CHIPS 的资金调拨流程如图 7-6 所示。

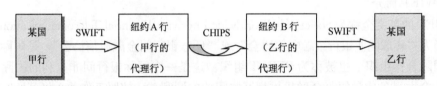

图 7-6   利用 CHIPS 的国际资金调拨流程图

图 7-6 显示的是国际资金调拨过程，描述了 CHIPS 与 SWIFT 的合作，基于网络共同完成一项国际的电子支付业务。

7.5 网络银行服务

网络银行是如今网络经济时代的一个新兴术语，是一种崭新的金融商务形式，可以说是银行电子化与信息化建设的高级阶段，能方便借助网络特别是 Internet 提供多种金融服务。发展到现在，随着 Internet 在金融业应用的深入，网络银行正越来越广泛地影响人们的生活与工作，金融业方面的一个网络银行时代已经来临。

7.5.1 网络银行概述

Internet 在全社会的迅速普及应用也给银行业带来了新的挑战与机遇，网络银行应运而生。网络银行是世界金融领域特别是银行业在信息时代出现的里程碑式的一种营运模式，它对银行业务与企业商务的发展都带来了巨大的影响。

1. 网络银行的概念

所谓网络银行，英文为 Internet bank 或 network bank，有的还称 web bank，中文也

叫做网上银行或在线银行，是指一种依托信息技术和 Internet 的发展，主要基于 Internet 平台开展和提供各种金融服务的新型银行机构与服务形式。也可以说，网络银行是指银行利用公用信息网（主要是指 Internet）将客户的电脑终端连接到银行网站，实现将银行的金融服务直接送达客户办公室、家中和手中的金融服务系统。

网络银行可以向客户提供开户、销户、对账、行内转账、跨行转账、信贷、网上证券、投资理财、账务查询、网络支付、代发工资、集团公司资金头寸管理、银行信息通知、金融信息查询等传统金融服务项目。可以说，网络银行既是一种新型银行机构，也是崭新的网上金融服务系统。它借助 Internet 遍布全球及其不间断运行、信息传递快捷并多媒体化的优势，突破实物媒介等传统银行的空间与时间局限性，拉近客户与银行的距离，为用户提供全方位、全天候、便捷、实时的金融服务。

有些地方把网络银行又叫电子银行，但实际上这种说法不完全准确，因为这把基于 Internet 平台的银行业务与传统的基于通信专线的电子银行服务 ATM、CD、Home Bank 等完全混为一谈。应该说，网络银行是电子银行发展的高级阶段，是 Internet 时代的电子银行。

2. 网络银行的特点

网络银行与传统的物理银行一样能够面向客户提供各类金融服务，而在金融信息服务的便利性方面其优势更为明显。作为信息时代的产物，网络银行具有下述的明显特点：

（1）以客户为中心，以技术为基础，体现品牌独特性。网络银行服务并不需要直接面对面地与客户接触，交易和沟通主要通过 Internet 进行。这就要求网络银行的营销理念从过去的注重金融产品的开发和管理，即产品注重型，转移到以客户为核心上来，即根据每个客户不同的金融和财务需求"量身定做"相应的金融产品并提供银行业务服务。此外，由于网络银行是以信息技术为基础的银行，因此技术力量要雄厚，业务信息系统软件的开发、应用和管理的能力要强。

（2）业务信息系统的管理控制能力要求高，集成性强，追求信息管理与知识管理。网络银行的全部业务，如贷款申请、网络支付、发行信用卡、开设存款账户等，均通过 Internet 进行并由信息系统软件处理。业务信息系统是网络银行顺利运作的核心，它的维护和管理显得十分重要。

（3）需要良好的社会基础设施与客户的网络应用意识来支持。网络银行的平稳运作要有高度发达的跨区域通信设施支持，先进的工具与服务需要有先进意识的客户来应用，而因循守旧、抵制变化是中国信息化也是网络银行服务所面临的主要问题。

（4）网络银行服务无需物理的银行分支机构，人员少，运作费用低，无纸化操作，实现有效成本控制，产品价格竞争力强，体现绿色银行的理念。

网络银行与其他商业银行相比，容易进行成本控制，因为其只需建立基于 Internet 的客户中心和数据收集、处理及储存库。因此，网络银行成本比一般的传统商业银行要低。

（5）强调信息共享与团队精神。网络银行的业务操作和处理可以形象地比喻为一条流水生产线，银行内部各岗位、各部门之间需要通力密切配合和协助，以一个界面、同一 Web 页面窗口来为客户提供一致的服务。任何个人和部门因为个人或小集体的利益而出现"扯皮"现象将大大影响网络银行服务的质量与效率。因此，员工之间、员工与上司及各部门之间要建立沟通和协调的良好渠道和机制。

（6）跨区域的 24 小时服务。网络银行所拥有的信息技术优势，使其能承诺并保证为客户提供一天 24 小时、一周 7 天、全年 365 天的全天候跨区域服务，是实现个性化服务的重要保障。

3. 网络银行的分类

网络银行的主流分类方法是按照服务对象分类，可以分成企业网络银行和个人网络银行。

企业网络银行主要适用于企业与政府部门等企、事业组织。企、事业组织可以通过企业网络银行服务实时了解企业财务运作情况，及时在组织内部调配资金，轻松处理大批量的网络支付和工资发放业务，并可处理信用证相关业务。对电子商务的支付来讲，一般涉及的是金额较大的支付结算业务，对安全性的要求很高。例如，中国工商银行企业网络银行是中国工商银行为企业客户提供的网上自助金融服务，颇受企业界的注目。

个人网络银行主要适用于个人与家庭的日常消费支付与转账。个人可以通过个人网络银行服务完成实时查询、转账、网络支付和汇款功能。个人网络银行服务的出现，标志着银行的业务触角直接伸到了个人客户的家庭 PC 桌面上，方便实用，真正体现出家庭银行的风采。例如，中国工商银行个人网络银行是中国工商银行为个人客户提供的网上自助金融服务，近年来在广大的个人客户群体中的影响日益加大，越来越多的个人已成为中国工商银行个人网络银行的注册客户。

7.5.2   网络银行的建设与结构

网络银行的结构主要通过技术架构、管理架构、业务拓展来描述，也基本从这三个方面进行系统建设。

1. 网络银行的建设

一个高水平的综合型网络银行应该是将各类金融业务处理、智能化经营管理和客户服务集成为一体的金融信息系统，以全面改善银行的经营环境，增强银行在数字经济与网络经济环境下的竞争力。从本质上说，网络银行系统是一个业务信息系统，或者说也就是一个综合的金融管理信息系统，并具有更强的数据统计分析、多维分析甚至数据挖掘功能。

因此，MIS（management information system，即管理信息系统）的开发策略、原则与步骤，如生命周期法、原型法等也是指导网络银行系统建设的总体原则。结合银行业务的特点，有些方面需要特别强调：

（1）保证系统的可扩展性。随着业务的发展特别是电子商务发展的需求，网络银行系统应具有调整和扩充系统功能的能力，同时保持应用和数据的一致性，以适应不同应用环境和不同应用水平的需要。

（2）保证系统的可管理性。网络银行系统作为金融服务体系，要能对结构复杂、分布广泛、计算机应用水平各异的所有客户和所有业务系统，进行统一、安全的管理。

（3）确保业务的正常运行和系统的安全稳定。安全是网络银行客户最关心的问题，因此保障系统的安全性是基础；还有就是集成性与兼容性原则，应确保网络银行系统与现有电子银行业务信息系统如信用卡账号、POS 应用、EFT 等实现有机的集成与兼容，以便为客户提供全天候、全方位和个性化的银行综合服务。

2. 网络银行的结构

总结目前世界上众多网络银行的组成框架，可以认为，网络银行的结构主要由网络银行技术结构、管理结构、业务平台结构三部分组成，与电子银行的架构相似，只不过大大增加了 Web 技术与相应工具的应用。随着未来网络银行业务的进一步拓展，相应的系统结构也将可能加以调整与拓展，但核心框架在可预见的将来不会有太大的变化。例如，无线网络技术的应用将支持无线或移动金融业务（如移动支付、移动办公）的开展，相应的网络银行系统框架中将加入无线应用支持模块。

（1）网络银行的技术结构。网络银行的技术结构是根据银行的业务需求和其现有 IT 系统，并基于认证中心证书安全体系的网络银行建设架构，采取"客户/网络银行中心/后台业务系统"三层体系结构，提供信息服务、客户服务、账务查询和网络支付转账服务。其中信息服务和客户服务由银行指定管理部门在全行范围内规划、运作和管理，网络银行中心具体实现账务查询和实时交易功能，并实现银行后台业务主机系统与网络银行中心的实时连接，为网络银行中心开展网络金融业务提供支持。

网络银行中心是网络银行顺利运作的核心，其架构一般由 Web 服务器、应用服务器、数据库服务器、路由器、防火墙及内部管理和业务操作工作台组成。由于网络银行系统的具体业务功能，通常是由银行端 Web 服务器和两台互为备份的应用服务器及数据库服务器完成，所以在银行系统内建立一个统一的网络银行处理中心，不仅有利于提高网络银行的管理效率和网络银行系统的安全系数，也有利于网络银行向客户提供更高质量的金融服务。

（2）网络银行的管理结构。当前网络银行的形成主要有三种基本方式：一是从银行原有的信息技术部演变而来；二是创立新的网络银行部门；三是对原有的信息技术部或科技发展部、银行卡/信用卡部和服务咨询部等若干个部门的相关业务人员进行整合而形成。

网络银行业务部门的目标是为银行的各种业务活动提供硬件和软件服务，使银行内部与外部的业务活动信息安全、快捷、准确地传递与共享，从而保证银行业务的顺利进行。

网络银行的管理结构主要体现为人员与部门的组成架构，一般按照系统结构、应用结构、数据结构和网络结构为原则设置管理部门，使软件运行与硬件维护获得良好的支持。

（3）网络银行的业务平台结构。网络银行根据主要客户的需求变化来设置网上的金融服务品种和业务流程，再根据服务品种和业务流程来构筑网络银行的具体业务内容。当然，网络银行的业务领域也会随着网络银行的发展和不断完善而更加丰富多彩。总结国内外网络银行业务的开展情况，目前的基本业务架构包含如下几个部分：①基本技术支持业务。基本技术支持业务包括网络技术、数据库技术、系统软件和应用软件技术的支持，特别是网络交易安全技术的支持是基本要求，使网络银行业务不断得到拓展和发展。②网上客户服务业务。网上客户服务业务包括客户身份认证、客户交易安全管理、客户银行卡/信用卡等电子货币管理以及客户咨询，还有结算中心、业务代理、业务调度、客户服务、统计查询、决策支持等。③网上金融品种及服务业务。这是网络银行的核心业务，具体涉及网上金融品种及服务业务如电子货币业务、网络支付与结算业务、网上股票交易、网上财经信息查询、网上理财以及综合网上金融服务等。

7.5.3 网络银行的金融业务

由于商务的性质不同，企业网络银行和个人网络银行虽然在应用模式上基本类似，但在应用条件、业务功能上也存在很多不同的地方。下面分别介绍这两类网络银行的金融业务。

1. 企业网络银行的金融业务

企业网络银行将传统银行服务和现代新型银行服务结合起来，利用成熟、先进的诸多信息网络技术，保证企、事业单位客户使用的安全性和便利性。企业网络银行的金融业务主要包括账务查询、内部转账、对外支付、代发工资、信用管理、集团支付、定活期存款互转、B2B电子商务、银行信息通知等功能，几乎涵盖并延伸了现有的对公银行业务。无论是中小型企业还是大型集团公司，企业网络银行都可以使企业随时掌握自己的财务状况，轻松处理大量的支付、工资发放、大额转账等业务。

企业网络银行的金融业务内容如图 7-7 所示。当然，随着业务发展的需要，新的业务领域将不断被拓展。不同的企业网络银行根据各自的业务倾向在金融业务开展内容上或名称上均有所不同。

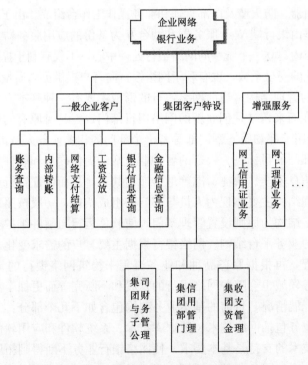

图 7-7 企业网络银行的金融业务内容

2. 个人网络银行的金融业务

个人网络银行主要面向个人及家庭，体现了网络时代的特点，可以满足顾客越来越强烈的个性化需求。

个人网络银行的金融业务主要包括账户账务查询、自助转账、网络支付结算、对外汇兑与缴费、自助贷款、证券与外汇服务、银行信息查询、金融信息查询、网上理财业务、个人信息维护等功能。借助个人网络银行可以使客户随时掌握自己的财务状况，轻松处理大量的生活费用支付、消费、转账等业务。

个人网络银行的金融业务内容如图 7-8 所示。随着业务的发展需要，新的业务领域也将不断被拓展，以更好地满足客户的个性化需要。

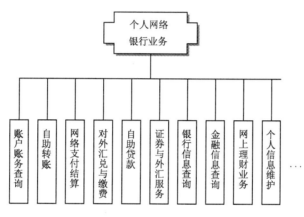

图 7-8　个人网络银行的金融业务内容

复习思考题

1. 请叙述电子支付与网络支付的关联。
2. 结合网络支付的运作体系，分析中国目前网络支付运作体系中的不足。
3. 在支撑网络支付服务中，未来 Internet 会完全取代专用金融网络平台吗？请说说理由。
4. 结合实例，请叙述类支票电子货币支付系统模式的运作流程。
5. 请分析本章中网络支付方式分类方法的科学性。网络支付发展到现在，还有没有新的分类方法？
6. 如可能，请办理一张能进行网络支付的银行卡，进行网络支付的实践，并分析其优缺点。
7. 请分析中国目前网络银行的发展状况以及存在的问题。
8. 请探讨目前网络支付方式的安全性。
9. 请调研分析中国工商银行网络银行的技术结构。
10. 请阐述中国电子汇兑系统的应用状况。
11. 请分析电子现金在中国的应用前景。

第8章

电子商务的安全

本章要点：本章首先介绍电子商务面临的安全问题，分析了电子商务实体各方安全的基本需求，提出了有针对性的电子商务安全策略；其次，在此基础上阐述了发展到现在并行之有效的保证电子商务安全的具体方法，如防火墙技术、数据加解密技术、数据完整性技术以及数字证书与认证中心等；最后介绍了应用这些技术保证电子商务安全的目前主流的电子商务安全协议机制。

8.1 电子商务的安全问题与需求

Internet 崇尚开放与互联，世界上没有统一的专业管理组织来管理控制它，Internet 从技术设计上（通信协议）就存在根本的安全保障上的缺陷，因此主要基于 Internet 平台的电子商务从出现伊始就有这样那样的安全问题。本节列出电子商务的主要安全问题，并结合目前电子商务的开展状况，阐述电子商务的安全需求。

8.1.1 电子商务面临的安全问题

Internet 是一个完全开放的网络，任何一台计算机、任何一个网络都可以与之连接，并借助 Internet 发布信息，获取与共享各种网站的信息资源，发送电子邮件与开展网络办公，进行各种网上商务活动，即电子商务，极大地方便了政府、企业与个人的现代事务处理，直接带动一个网络经济时代的到来。但同时，很多有意无意的 Internet 上的活动会给电子商务带来安全威胁，例如，有很多别有用心的组织或个人经常在 Internet 上四处活动，寻求机会，窃取别人的各种机密如信用卡密码，甚至妨碍或毁坏别人的网络系统运行等。电子商务面临的主要安全隐患包括如下几个方面：

（1）信息泄漏。信息泄漏在电子商务中主要表现为商业机密的泄露，主要包括两个方面：交易双方进行交易的内容被第三方窃取；交易一方提供给另一方使用的文件被第三方非法使用。

（2）信息被篡改。电子的交易信息在网络上传输的过程中，可能被他人非法修改、删除或被多次使用，这样就使信息失去了真实性和完整性。

（3）身份识别。在电子商务中如果不进行身份识别，第三方就有可能假冒交易一方的身份，破坏交易、败坏被假冒一方的信誉或盗取被假冒一方的交易成果。

（4）信息破坏。信息破坏主要表现为网络的硬件或软件可能会出现问题而导致交易信息传递的丢失、谬误和恶意破坏。例如，计算机网络本身遭到一些恶意程序的破坏，而使电子商务信息遭到破坏等。

8.1.2　电子商务的安全需求

针对上述在电子商务开展过程中可能发生的安全问题，为保证电子商务流程的安全、可靠，考虑到电子商务过程中涉及的客户、商家、银行、认证中心等商务各方的安全需要，电子商务的安全需求可总结描述如下：

（1）数据的机密性。数据的机密性是指防止非授权用户获得并使用该数据。商务信息在通过 Internet 这一公众网络时应不被第三方窃取、偷看而到达目的地。解决数据机密性的一般方法是采用加密手段。

（2）数据的完整性。数据完整性是指确保网络上的数据在传输过程中没有被篡改。解决数字完整性的方法通常是采用数字指纹技术和数字签名技术。

（3）交易的不可抵赖性。交易的不可抵赖性是指用户不能抵赖自己做出的行为，也不能否认接到对方的信息。在交易进行时，交易各方必须附带含有自身特征、无法由别人复制的信息，以保证交易后发生纠纷时有所对证，通常采用数字签名技术解决交易的不可抵赖性。

（4）交易双方身份的真实性。交易双方身份的真实性是指由于网络交易互不见面，特别是涉及支付问题时，要确认对方的账户是否存在、信用卡等是否真实有效，通常的做法是建立认证系统，由第三方认证机构作为交易双方的认证人，或各自出示双方都信赖的认证机构颁发的证书。

8.1.3　保证电子商务安全的解决方法

结合前面所述电子商务各方的安全需求，可以有针对性地采用如下七个方面的解决方法：

（1）电子商务业务流程中涉及各方身份的认证。例如，建立第三方公正的认证机构、使用 X509 数字签名和数字证书实现对交易各方的认证，证实其身份的合法性、真实性。

（2）电子商务相关数据流内容的保密性。使用相关的加密算法对电子商务流数据进行加密，以防止未被授权的非法第三者获取消息的真正含义。例如，采用 DEA（data encryption algorithm，即数据加密算法）私有密钥加密、RSA 公开密钥加密、数字信封等保密手段。

（3）电子商务数据流内容的完整性。例如，使用数字指纹（即数字摘要）算法以确认电子商务流信息（如电子合同）的完整性。

（4）保证对电子商务行为和内容的不可否认性。当交易双方因电子商务出现异议、纠纷时，采用某种技术手段提供足够充分的证据来迅速辨别纠纷中的是非。例如，采用数字签名、数字指纹、数字时间戳等技术并配合认证机构来实现其不可否认性。

（5）处理多方贸易业务中的多边安全认证问题。这种多边安全认证的关系可以通过双重数字签名等技术来实现，如 SET 安全支付机制。

（6）电子商务系统中应用软件、网络平台的正常运行。保证电子商务专有应用软件的可靠运行，支撑网络平台的畅通无阻和正常运行，防止网络病毒和黑客的攻击，防止商务处理的故意延缓，防止网络通道的故意堵塞等是实现安全电子商务的基础。例如，采用网络防火墙技术、用户与资源分级控制管理机制、网络通道流量监控软件、网络防病毒软件等方法。

（7）政府支持相关管理机构的建立和电子商务法律的制定。应建立第三方的公正管理和认证机构，并尽快完成相关电子商务的法律制定，利用法律来保证电子商务的安全进行。

本章后面的内容将分别叙述上述方法与解决手段的原理与应用。

8.2　电子商务网络平台的安全及防火墙技术

保证电子商务的安全首先就要保证电子商务进行的网络平台的安全，这个平台包括了客户端网络环境、商家 Intranet 网络环境、银行内部网络以及把三者联系在一起的 Internet。本节将通过对支撑电子商务的大众 Internet 网络平台系统的安全需求进行分析，从而总结出保护 Internet 网络平台系统的各种安全举措，并重点介绍网络平台最重要的安全措施之一——防火墙技术的应用。

8.2.1　网络平台系统的构成及其主要安全威胁

支持电子商务安全可靠进行的组成 Internet 网络平台系统的相关网络主要有电子商务各方应用的网络，其组成示意图如图 8-1 所示。

上述各个组成环节，均有可能给电子商务带来安全问题。支付网关与银行后台的专用网络的安全已经由银行系统或专门的第三方来提供安全保证，这里不用考虑。在这里主要考虑的是作为公共通信通道的 Internet、客户端以及商家 Intranet 存在的安全威胁。

在 Internet 网络平台系统中作为节点的 Intranet 网络所面临的安全威胁与 Internet 网络略有不同，这主要是因为 Intranet 有一个边界确定、结构严谨、控制严格的环境，并可在企业（商家等）中实现强制性的集中的安全控制。只有充分考虑到 Internet 网络平台系统中各个组成部分所面临的安全隐患，企业才能够制定出相应的安全措施，以保证网络平台的安全，进而保证电子商务的安全。

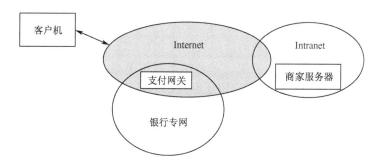

图 8-1 电子商务系统网络组成示意图

8.2.2 Internet 网络平台系统的安全措施

Internet 网络平台上的安全措施主要从保护网络安全、保护应用安全和保护系统安全三个方面来叙述。每一方面都要结合考虑安全防护的各方面，即物理安全、防火墙、信息包安全、Web 安全、媒体安全等方面，以满足电子商务安全的各种要求。当然，由于目前 Internet 本身使用的 TCP/IP 协议（IPv4）上的缺陷，因此其先天就没有很高的安全性，这种设计上的缺陷是造成 Internet 安全问题的根本原因。

最根本的解决办法只有重新设计 TCP/IP 协议，新一代 Internet 网络通信协议（IPv6）就是解决此网络平台安全问题的根本办法，但其目前仍在完善中。

1. 保护网络安全

网络安全是保护商务各方网络端系统（包括代理服务器和服务器系统）之间通信过程的安全性。保证机密性、完整性、认证性和访问控制性是网络安全的重要因素，目前网络安全采用的主要措施如下：

（1）全面规划网络平台的安全策略。电子商务涉及各方都必须制定一个安全策略以满足自身的安全需求。其主要包括：如何使用口令和访问控制；针对网络操作系统和应用程序实施相应的安全控制；制定数据文件、系统的备份方案，按方案实施和检查；制定各种灾难和故障恢复计划，做好网络备份和数据备份等。

（2）制定网络安全的管理措施。积极建立网络安全的管理机制，提高网络系统的自我防范能力，并对网络中的各级用户及有关人员进行职业道德教育以及技术培训。

（3）使用防火墙。这是最主要的措施之一，下文将重点介绍防火墙技术及其应用的相关内容。

（4）尽可能记录网络上的一切活动，根据这些记录信息来定位和分析非法入侵行为。

（5）注意对网络设备的物理保护。电缆、路由器、用户联网机、网络服务器等硬件可能会受到物理攻击，如通过"搭线"到网络电缆上进行信息窃取。

（6）检验网络平台系统的脆弱性。可从系统外部和系统内部两方面来检查其脆弱性。

（7）建立可靠的识别和鉴别机制。

2. 保护应用安全

所谓应用安全，主要是针对特定应用（如 Web 服务器、网络支付专用软件系统）所建立的安全防护措施，独立于网络的任何其他安全防护措施。虽然有些防护措施可能是网络安全业务的一种替代或重叠，例如，Web 浏览器和 Web 服务器在应用层上对信息包的加密，都通过 IP 层加密，但是许多应用还有自己的特定安全要求。由于现在电子商务中的应用层对安全的要求最严格、最复杂，因此更倾向于在应用层而不是在网络层采取各种安全措施。

3. 保护系统安全

所谓系统安全，就是指系统从整体电子商务系统的角度来进行安全防护，它与网络系统硬件平台、操作系统、各种应用软件等互相关联。保护电子商务系统安全的主要措施有：

（1）在安装的软件中，如浏览器软件、电子钱包软件、支付网关软件等，检查和确认没有已知的安全漏洞，如各种病毒等。

（2）技术与管理相结合使系统具有最小穿透风险性，通过诸多认证才允许连通，对所有接入数据必须进行审计，对系统用户进行严格安全管理。

（3）对入侵进行检测、审计、追踪，第 8.2.3 节提及的防火墙系统提供这个功能。

8.2.3 防火墙技术

1. 防火墙的定义

防火墙（firewall）是一种由计算机软件和硬件组成的隔离系统设备，用于在安全的企业内部网 Intranet 和大众的、不安全的 Internet 之间构筑一道防护屏障，能够按预先设置的条件对进出实体进行区分，实现内外有别。确切地说，防火墙就是在可信安全的 Intranet 和不可信、不安全的 Internet 之间设置的安全系统，可以提供访问控制策略，可以干预这两个网彼此之间的信息传送，可以决定一个数据组或一种连接或一个用户能否通过它。根据防火墙的定义与目标，可作应用示意图，如图 8-2 所示。

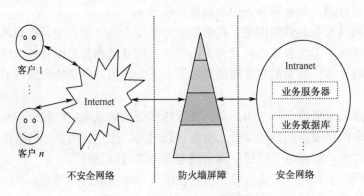

图 8-2　防火墙的应用示意图

　　防火墙总的安全保护思想不是对企业内部网内的每台计算机分别进行保护，而是让所有外部对内部网计算机的信息访问都通过某一个点，防火墙就保护这一个点，实现内部网络的整体防护。这样防火墙主机本身的安全将是这一系列安全的关键点，防火墙系统本身必须建立在"安全的"操作系统所提供的安全环境中，安全操作系统可以保护防火墙的代码和文件免遭攻击。这些防火墙的代码只允许在给定主机系统上执行，这种种限制可以减少非法穿越防火墙的可能性。

　　2. 防火墙的功能

　　防火墙通常有"门"和"闸"两部分。前者的功能是在网络之间移动数据，体现信息传输的功能；后者则将未授权的数据移动进行过滤，保证网络的安全，体现管理控制的功能，正如配置了警卫的物理围墙一样。

　　防火墙能保护站点不被任意链接，甚至能建立反向跟踪工具，帮助总结并记录有关正在进行的连接资源、服务器提供的通信量以及试图闯入者的任何企图。

　　3. 防火墙的组成

　　一般来说，一个功能较为完整的防火墙基本组成包括外部过滤器、网关和内部过滤器。图 8-3 为防火墙的基本组成框图。

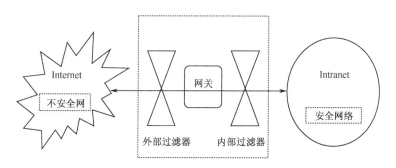

图 8-3　防火墙的基本组成框图

　　(1) 过滤器，即 filter，有内部过滤器和外部过滤器，用于阻断某些类型信息的通过。通常外部过滤器用于保护网关免受来自 Internet 的攻击，而当网关一旦遭到来自 Internet 的攻击而受到破坏时，内部过滤器则用于应付网关受破坏后的后果。外部和内部过滤器都可用于保护 Intranet，防火墙要对 Intranet 和 Internet 之间传递的每一数据组进行干涉。

　　(2) 网关，即 gateway，提供中继服务，以补偿过滤器的影响，辅助过滤器控制业务信息流。网关往往是一台或一组机器。一个暴露在外面的网关计算机通常叫"堡垒机"。

　　当然上述组成也不是固定的，实际上不同的安全需求会导致不同的防火墙配置方案，如银行内部网的防火墙配置方案肯定比一个普通的大学内部网防火墙配置方案要好一些。有的防火墙还包括域名服务和电子邮件过滤处理模块等，以辅助过滤器控制多种不同的业务信息流，如电子商务中客户访问银行网络，可能是电子邮件流也可能是 HTTP 或 HTTPS 服务。

　　4. 防火墙的优缺点

　　在电子商务中，利用防火墙技术主要用来对支撑电子商务各种业务开展的网络平台进行安全防护，也可以说是商家、银行等组织的内部网络的第一道防护措施，如用于支撑网络支付的银行内部网络、商家的电子商务网站、客户的采购网络等。

利用防火墙技术来保护内部网，主要有以下五个方面的优点：①应对来自不安全网络如 Internet 各种路线的攻击，提高集中安全性；②借助网络服务选择，保护网络中脆弱的易受攻击的服务；③可以很方便地监视整个网络的安全性，并具有报警提醒功能，及时反应；④可以作为部署 NAT（network address translation，即网络地址转换）的逻辑地址；⑤增强内部网中资源的保密性，强化私有权。

设置防火墙的目的只是加强网络安全性，其应用也只是许多安全防护手段的一种，虽然具有上述许多优点，但并不能完全、绝对保证企业内部网络比如银行网络系统的安全。因为防火墙仍然存在许多缺陷和不足，而且有些缺陷是目前根本无法解决的。总体上讲，防火墙是一种被动式的安全防护手段，它只能对现在已知的网络威胁起作用。随着网络攻击手段的不断更新和一些新的网络应用服务的出现，不可能靠一次性的防火墙设置来永远解决网络安全问题，因而必须不断研发与升级防火墙技术。

■ 8.3　数据机密性技术

电子商务流程中数据的机密性问题其实主要是数据的保密性问题。为了保证电子商务中数据，特别是与支付相关的一些隐私数据的保密性、真实性，实现应用服务与信息资源的管理控制以及对数据进行有效加密是常用的方法。对数据进行有效加密与解密被称为密码技术，这是更为有效的方法。

8.3.1　私有密钥加密法

1. 私有密钥加密法的定义与应用原理

所谓私有密钥加密（secret key cryptography），就是指在计算机网络甲、乙两用户之间进行通信时，发送方甲为了保护要传输的明文信息不被第三方窃取，采用密钥 A 对信息进行加密而形成密文 M 并发送给接收方乙，接收方乙用同样的一把密钥 A 对收到的密文 M 进行解密，得到明文信息，从而完成密文通信目的的方法。这种信息加密传输方式就被称为私有密钥加密法。由于密文 M 在网络传输过程中谁也看不懂，就算在传输中途被窃或被拷贝也因没有密钥 A 而非常难以被破译，这样就保证了在甲、乙之间信息传输的安全。

上述加密法的一个最大特点是信息发送方与信息接收方均需采用同样的密钥，具有对称性，所以私有密钥加密也称对称密钥加密。这种加密方式应用上很方便，但一旦这把密钥 A 被盗或被人知道，那么发送方甲与接收方乙之间原来交换的所有信息都有可能被破译，给双方带来巨大的风险，所以必须保证密钥 A 的绝对安全、保密，甲、乙双方谁也不能把密钥 A 给其他人知道和共享，必须小心地藏在安全的地方，所以这把密钥 A 也称私有密钥，上述加密法也就叫私有密钥加密法。

由于加密和解密所用的算法是完全公开的，关键是加密和解密所用的密钥。密钥不同，生成的密文也就不同，用哪一个密钥加密，就必须用哪一个密钥解密。信息发送方用一个密钥对要发送的数据进行加密，信息的接收方则用同样的密钥解密，而且只能用这一密钥解密。只要将密钥保护好，使密钥只有通信的双方知道，任何第三方都得不到密钥，也就无法窃取这些通信双方所传送的信息内容。

2. 私有密钥加密法的使用过程

具体到电子商务，很多环节都要用到私有密钥加密法，例如，在两个商务实体或两个银行之间进行资金的支付结算时，涉及大量资金流信息的传输与交换。

这里以发送方甲银行与接收方乙银行的一次资金信息传输为例，来描述应用私有密钥加密法的使用过程。图 8-4 为应用私有密钥加密法的甲、乙银行资金转账通知单的传输过程示意图。

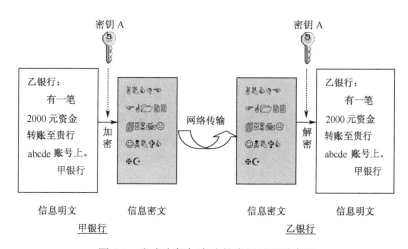

图 8-4　私有密钥加密法的应用过程示意图

其过程简述如下：

（1）银行甲借助专业私有密钥加密算法生成私有密钥 A，并复制一份密钥 A 借助一个安全可靠的通道（如采用数字信封）秘密传递给银行乙。

（2）银行甲在本地利用密钥 A 把信息明文加密成信息密文。

（3）银行甲把信息密文借助网络通道传输给银行乙。

（4）银行乙接收信息密文。

（5）银行乙在本地利用一样的密钥 A 把信息密文解密成信息明文。这样银行乙就知晓了银行甲的资金转账通知单的内容了，结束通信。

3. 私有密钥加密法的常用算法

世界上一些专业组织机构研发了许多种私有密钥加密算法，比较著名的有 DES 算法及其各种变形、国际数据加密算法（international data encryption algorithm，IDEA）等。DES 算法由美国国家标准局提出，1977 年公布实施，是目前广泛采用的私有密钥加密算法之一，主要应用于银行业中的电子资金转账、军事定点通信等领域，如电子支票的加密传送。经过 20 多年的使用，已经发现 DES 的很多不足之处，随着计算机技术的进步，对

DES 的破解方法也日趋有效，所以更安全的高级加密标准（advanced encryption standard，AES）将会替代 DES 成为新一代加密标准。

4. 私有密钥加密法的优缺点

私有密钥加密法的主要优点是运算量小，加、解密速度快，由于加、解密应用同一把密钥，因此其应用简单。在专用网络中由于通信各方相对固定，所以应用效果较好。但是，私有密钥加密技术也存在着以下一些问题：一是分发不易。由于算法公开，其安全性完全依赖于对私有密钥的保护。因此，密钥使用一段时间后就要更换，而且必须使用与传递加密文件不同的途径来传递密钥，即需要一个传递私有密钥的安全秘密渠道，这样秘密渠道的安全性是相对的，通过电话通知、邮寄软盘、专门派人传送等方式均存在一些问题。二是管理复杂、代价高昂。私有密钥密码体制用于公众通信网时，每对通信对象的密钥不同，必须用不被第三者知道的方式事先通知对方。随着通信对象的增加，公众通信网上的密码使用者必须保存所有通信对象的大量密钥。这种大量密钥的分配和保存，是私有密钥密码体制存在的最大问题。三是难以进行用户身份的认定。采用私有密钥加密法实现信息传输，只是解决了数据的机密性问题，并不能认证信息发送者的身份。若密钥被泄露，如被非法获取者猜出，则加密信息就可能被破译，攻击者还可用非法截取到的密钥，以合法身份发送伪造信息。在电子商务中，有可能存在欺骗，别有用心者可能冒用别人的名义发送资金转账指令。因此，必须经常更换密钥，以确保系统安全。四是采用私有密钥加密法的系统比较脆弱，较易遭到不同密码分析的攻击。五是它仅能用于对数据进行加、解密处理，提供数据的机密性，不能用于数字签名。这些不足和电子商务的发展需求促使了以下公开密钥加密法在网络支付服务中的广泛应用。

8.3.2 公开密钥加密法

1. 公开密钥加密法的定义与应用原理

所谓公开密钥加密（public key cryptography），就是指在计算机网络甲、乙两用户之间进行通信时，发送方甲为了保护要传输的明文信息不被第三方窃取，采用密钥 A 对信息进行加密形成密文 M 并发送给接收方乙，接收方乙用另一把密钥 B 对收到的密文 M 进行解密，得到明文信息，完成密文通信目的的方法。由于密钥 A、密钥 B 这两把密钥中，其中一把为用户私有，另一把对网络上的大众用户是公开的，所以这种信息加密传输方式就被称为公开密钥加密法。

与私有（对称）密钥加密法的加密和解密用同一把密钥的原理不同，公开密钥加密法的加密和解密所用的密钥是不同的，即不对称，所以公开密钥加密法又被称为非对称密钥加密法。

公开密钥加密法的应用原理是：借助密钥生成程序生成密钥 A 与密钥 B，这两把密钥在数学上相关，被称做密钥对。当用密钥对中任何一个密钥加密时，可以用另一个密钥解密，而且只能用此密钥对中的另一个密钥解密，而自己本身并不能解密，这就是所谓的数学相关关系。在实际应用中，某商家可以把生成的数学密钥 A 与密钥 B 作一个约定，将其中一把密钥如密钥 A 保存好，只能商家用户自己知道并使用，不与别人共享，叫做私人密钥（private key）；将另一个密钥即密钥 B 通过网络公开散发出去（借助数字证书渠道），谁都可以获取一把并能应用，属于公开的共享密钥，叫做公开密钥（public key）。

这时就存在下面两种应用情况：

（1）任何一个收到商家公开密钥 B 的客户，都可以用此公开密钥 B 加密信息，发送给这个商家，那么这些加密信息就只能被这个商家的私人密钥 A 解密，而拥有公开密钥 B 的众多用户是不能解密的。这样，由于能解密的私人密钥 A 只有商家拥有，只要商家没有将私人密钥泄漏给别人，就能保证发送的信息只能被这位商家收到，实现"定向通信"。

（2）商家利用自己的私人密钥 A 对要发送的信息进行加密形成密文信息，发送给商业合作伙伴，那么这个加密信息就只能被公开密钥 B 解密，而拥有公开密钥 B 的用户可以是很多人。这样，由于只能应用公开密钥 B 进行解密，根据数学相关关系，可以断定密文的形成一定是应用了私人密钥 A 进行加密的结果，而私人密钥 A 只有商家拥有，由此可以断定，网上收到的密文一定是拥有私人密钥 A 的商家发送的，实现"不可抵赖"。

上述两种情况均可以应用到电子商务活动中。公开密钥加密法的加、解密算法是公开的，但是算法是不可逆的，因此加密的关键是密钥，用户只要保存好自己的私人密钥，就不怕泄密。

2. 公开密钥加密法的使用过程

电子商务的很多环节要用到公开密钥加密法，例如，在网络银行客户与银行进行资金的支付结算操作时，就涉及大量的资金流信息的安全传输与交换。

这里以客户甲与网络银行乙的资金信息传输为例，来描述应用公开密钥加密法在两种情况下的使用过程。

预备工作是：网络银行乙通过公开密钥加密法的密钥生成程序生成了自己的私人密钥 A 与公开密钥 B，如上述数学相关，私人密钥 A 由网络银行自己独自保存，而公开密钥 B 已经通过网络的某种应用形式（如数字证书）分发给网络银行的众多客户，当然客户甲也拥有了一把网络银行乙的公开密钥 B。

（1）客户甲传送"支付通知"给网络银行乙，要求"支付通知"在传送中是密文，并且只能由网络银行乙解密知晓，从而实现了定点保密通信。

为实现上述应用目的，这次加密通信的过程为（图 8-5）：①客户甲利用获得的公开密钥 B 在本地对"支付通知"明文进行加密，形成"支付通知"密文，通过网络将密文传输给网络银行乙；②网络银行乙收到"支付通知"密文后，发现只能用自己的私人密钥 A 进行解密形成"支付通知"明文，断定只有自己知晓"支付通知"的内容，的确是发给自己的。

（2）网络银行乙在按照收到的"支付通知"指令完成支付转账服务后，必须回送给客户甲一个"支付确认"，要求客户甲在收到"支付确认"后，断定只能是网络银行乙发来的，也不是别人假冒的，将来可作支付凭证，从而实现对网络银行业务行为的认证，而网络银行不能随意否认、抵赖。

为实现上述应用目的，这次认证通信的过程为（图 8-6）：①网络银行乙在按照客户甲的要求完成相关资金转账后，准备一个"支付确认"明文，在本地利用自己的私人密钥

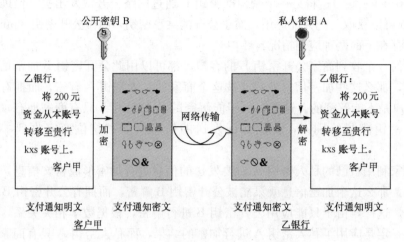

图 8-5　公开密钥加密法的应用过程示意图（一）

A 对"支付确认"明文进行加密，形成"支付确认"密文，通过网络将密文传输给客户甲；②客户甲收到"支付确认"密文后，虽然自己拥有许多密钥，却发现只能用获得的网络银行的公开密钥 B 进行解密形成"支付确认"明文，由于公开密钥 B 只能解密由私人密钥 A 加密的密文，而私人密钥 A 只有网络银行乙所有，因此客户甲断定这个"支付确认"只能是网络银行乙发来的，不是别人假冒的，可作支付完成的凭证。

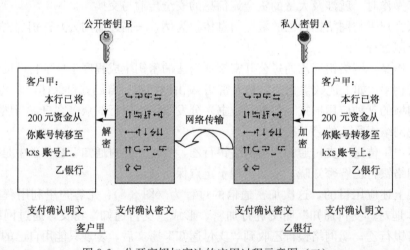

图 8-6　公开密钥加密法的应用过程示意图（二）

公开密钥加密法在图 8-5 和图 8-6 所示的两种应用基本保证了电子商务中一些网络支付方式的安全可靠性。当然，在图 8-5 所示的情况下，为方便银行确认"支付通知"只能是由客户甲发来的，不是假冒的，客户甲可以在"支付通知"密文的基础上再用自己的私人密钥加密，就可以认证自己的真实身份了，只是过程更为复杂。

由于图 8-6 所示的公开密钥加密法可以保证信息发送方不可抵赖其发送行为，类似于传统商务中个人的手工签名功能，从而解决了在电子商务的网络支付结算中"防抵赖"和"支付行为的认证"等问题，因此公开密钥加密法是后面要讲的数字签名手段的技术基础之一。

3. 公开密钥加密法的常用算法

自公开密钥加密法问世以来，学者们提出了许多种加密算法，它们的安全性都是基于复杂的数学难题。根据所基于的数学难题来分类，目前主要有以下三类系统被认为是安全和有效的，即大整数因子分解系统（如 RSA 算法）、椭圆曲线离散对数系统〔如 ECC（elliptic curve cryptography，即椭圆曲线加密算法）〕和离散对数系统〔如高级数字签名算法（digital signature algorithm，DSA）〕。

当前最著名、应用最广泛的公开密钥系统是 RSA 算法，它的安全性是基于大整数素因子分解的困难性，而大整数因子分解问题是数学上的著名难题，至今并没有有效的方法予以解决，因此可以确保 RSA 算法的安全性。目前电子商务中大多数使用公开密钥加密法进行加、解密和数字签名的产品和标准使用的都是 RSA 算法。

RSA 算法中的密钥长度从 40～2 048 位可变，加密时也把明文分成块，块的大小可变，但不能超过密钥的长度，RSA 算法把每一块明文转化为与密钥长度相同的密文块。密钥位数越长，加密效果越好，但密钥长度的增加导致了其加、解密的速度大为降低，硬件实现也变得越来越困难，这对使用 RSA 算法带来了很重的负担。

4. 公开密钥加密法的优缺点

公开密钥加密法的优点可以从以下三个方面来说明：

（1）身份认证较为方便。也许你并不认识某一商务实体，但只要你的服务器认为该实体的带公钥的证书是可靠的，就可以进行安全通信，而这正是 Web 商务这样的业务所要求的，如信用卡网络支付购物。

（2）密钥分配简单。公开密钥可以像电话号码一样告诉每一个网络成员与商业伙伴，需要好好保管的只是一个私人密钥。而且其密钥的保存量比私有密钥加密少得多，密钥管理也比较方便，可以像收集电话号码一样收集所有成员的公开密钥。

（3）公开密钥加密法能很好地支持完成对传输信息的数字签名，以解决数据的否认与抵赖问题。

单独应用公开密钥加密法的最大缺陷就在于它的加、解密速度。由于进行的都是大数计算，所以无论是用软件还是硬件实现，RSA 算法最快的情况也比 DES 慢上 100 倍。一般来说，公开密钥加密法只适用于少量数据加密，如向客户传送信用卡或网络银行的密码。此外，在公开密钥加密法应用中，生成较长密钥的技术属于尖端高科技，美国在这种技术方面对中国进行封锁，所以中国暂时还没有比较完善的生成长密钥的技术。

8.3.3　私有密钥加密法和公开密钥加密法的比较

下面将通过私有密钥加密法的代表 DES 算法和公开密钥加密法的代表 RSA 算法的比较，说明公开密钥加密法和私有密钥加密法的优劣与用途比较。

（1）在加密、解密的处理效率方面。DES 算法明显优于 RSA 算法，即 DES 算法快得多。因为 DES 密钥的长度通常只有 56 位，可以利用软件和硬件实现高速处理；而 RSA 算法密钥较长，需要进行诸如 200 位整数的乘幂和求模等多倍字长的处理，处理速度明显慢于 DES 算法。

（2）在密钥的分发与管理方面。在密钥分发与管理上，RSA 算法比 DES 算法更加优越。因为 RSA 算法可采用公开形式分配加密密钥，对加密密钥的更新也很容易，并且对不同的通信对象，只需对自己的私人密钥保密好即可；而 DES 算法要求通信前对密钥进行秘密分配传递，密钥的变更或更换困难，对不同的通信对象，DES 需产生和保管大量的不同的密钥。

（3）在安全性方面。只要密钥够长，如 112 位密钥的 DES 算法和 1 024 位密钥的 RSA 算法的安全性就很好，目前还没找到在可预见的时间内破译它们的有效方法。

（4）在签名和认证方面。DES 算法从原理上不可能实现数字签名和身份认证，但 RSA 算法能够方便、容易地进行数字签名和身份认证，这对加强电子商务的安全性特别是加强网络支付的安全性具有重大意义和实际用途。

基于以上比较的结果可以看出，私有密钥加密法（以 DES 算法为代表）与公开密钥加密法（以 RSA 算法为代表）各有短长，公开密钥加密在签名认证方面功能强大，而私有密钥加密在加、解密速度方面具有很大优势。

8.4　数据完整性技术

前面叙述了以私有密钥加密法与公开密钥加密法为代表的保护数据机密性的一些技术，可以说基本解决了数据的保密问题。但在电子商务中，常常还可能出现这些情况：相关商务数据受到未经许可的修改、伪造以及否认与抵赖。正如传统的商务中出现了纸质合同被修改、纸质支票被伪造一样，在电子商务中也会遇到类似问题。

8.4.1　数字摘要

电子商务中通信双方在互相传送如电子合同、电子支票等数据信息时，不仅要对相关数据进行保密，不让第三者知道，还要能够知道数据在传输过程中有没有被别人改变，也就是要保证数据的完整性，其中一个有效手段就是采用数字摘要技术。

1. 数字摘要的定义与应用原理

所谓数字摘要（digital digest），就是发送者对被传送的一个信息报文（如电子合同或支付通知单）根据某种数学算法计算出一个此信息报文的摘要值，并将此摘要值与原始信息报文一起通过网络传送给接收者，接收者应该用此摘要值来检验信息报文在网络传送过程中有没有发生改变，从而来判断信息报文的真实与否。

这个摘要值本质上是由原始信息报文通过某一加密算法产生的一个特殊的数字信息串，比较短，与原始信息报文之间有一一对应的关系。也就是说，每个信息报文按照某种加密算法都产生一个自己特定的数字摘要，就像每个人都有自己独特的指纹一样，所以数字摘要又被称做数字指纹或数字手印（digital thumbprint）。

数字摘要是由哈希（Hash）算法计算得到的，所以也称哈希值。哈希算法是一个单向的不可逆的数学算法，信息报文经此算法处理后，能产生一个数字摘要，但不可能由此数字摘要再用任何办法或算法来还原原来的信息报文，这样就保护了信息报文的机密性。

哈希算法是公开的，接收者收到信息报文和数字摘要后，可以用同样的哈希算法处理收到的信息报文，得到新的数字摘要，只要比较两条数字摘要是否相同，就可以确定所收到的信息报文在传送过程中是否被改变或是否是真的。不同的信息原文将产生不同的数字摘要，对原文数据哪怕改变一位数据，数字摘要将会产生很大变化，正如我们检查纸质合同上总经理签名的真实性一样。

2. 数字摘要的产生示例

这里以数字摘要在网络支付业务过程中的应用为例，来描述其产生示例。还是前面的例子，客户甲给银行乙发送"支付通知"的数字摘要产生示意图，如图 8-7 所示。

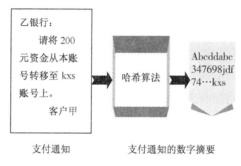

支付通知　　　　　　支付通知的数字摘要

图 8-7　数字摘要产生示意图

从图 8-7 中可以看出，只要获得较好的产生数字摘要的哈希算法，产生数字摘要就比较容易。虽然哈希算法是公开的，但算法精度上还是有区别的，即产生的数字摘要的长度有区别。太短，容易重复（即两个不同的信息报文产生的数字摘要一样），失去防伪的意义；太长，对算法要求高，产生时间长，而传播时间也长，故开销大。所以数字摘要的长度只要基本能保证不重复就可以了，当然也不能绝对保证不会重复，像指纹一样只要重复几率几乎无限小即可。

数字摘要是数字签名的另一个支持技术，主要解决信息防伪的问题，通常与公开密钥加密法一起联合应用，构成数字签名。

8.4.2　数字签名

在传统商务的纸质合同中，人们通常用笔签名或使用印章，这种手工的签名或印章通常有两个作用：一是证明合同是由签名者发送并认可的，不可抵赖，是要负法律责任的；二是保证信息的真实性，不是伪造的，非经签名者不许篡改。而在电子商务中，为了保证电子合同的真实性和不可否认性，即完整性，可以使用类似手工签名功能的数字签名技术。

1. 数字签名的定义与应用原理

所谓数字签名（digital signature），也叫电子签名，就是指利用电子信息加密技术实现在网络传送信息报文时，附加一个特殊的能唯一代表发送者个人身份的标记，完成传统上手书签名或印章的作用，以表示确认、负责、经手、真实等。或者说，数字签名就是在要发送的信息报文上附加一小段只有信息发送者才能产生而别人无法伪造的特殊个人数据标记（就是数字标签），而且这个特殊的个人数据标记是原信息报文数据加密转换生成的，用来证明信息报文是由发送者发来的。

当然也可以将整条信息采用公开密钥加密方式，用发送方的私人密钥加密的方法来确保信息报文来自于发送方，但是由于信息报文往往很长，如电子合同，系统不得不花很长时间用于对信息加、解密，因此采用上述数字签名技术更具效率。

数字签名在应用原理上利用前面所讲的公开密钥加密法和数字摘要技术，分别来解决电子文件或信息报文网络传送与交换后的不可否认性与真实性，通俗讲，就是防抵赖、防伪造与防篡改。

2. 数字签名的应用示例

在电子商务的许多网络服务中均用到了数字签名技术，如电子合同的认证、网络支付单据的认证，还有我国政府部门目前正大力开展的电子政务中政府公文的传递等。由于电子商务的非面对面特征，为防止网络上假冒、抵赖等行为的发生并有据可查，数字签名就像传统商务中的个人手工签名或企业印章一样，保障了电子商务的安全。

这里，我们以客户甲向银行乙发送"支付通知M"，在"支付通知M"上附带客户甲的数字签名以帮助银行乙认证客户甲的发送行为（即的确得到了客户甲的支付通知），并鉴别银行乙收到的"支付通知M"的真伪。其实这个"支付通知"就好像用于网络支付的电子支票，而生成的数字签名就像用于支票防伪与确认的印章一样。

图8-8描述的就是客户甲利用数字签名向银行乙发送"支付通知M"的过程，反映了数字签名的应用过程。具体的应用过程描述参考前面所述的数字签名的七个步骤。

注意发送方客户甲与接收方银行乙在利用"支付通知"生成数字摘要的时候要用同一个哈希算法，如SHA1。银行乙可以通过公开的渠道取得客户甲的公开密钥，以认证客户甲的身份，防备其将来的可能抵赖行为。"支付通知"可明文或密文发送，只需再借助一下前面所讲的数字信封技术即可。

有兴趣的读者可上网查询中国招商银行或中国工商银行的服务器数字证书，这些数字证书都描述了此银行相关业务服务器的公开密钥以及生成数字摘要的哈希算法等。

3. 数字签名的作用与常见类型

数字签名和传统手工签名最大的相同点就是它们的作用是一样的，即确保消息的真实性和完整性。数字签名与手工签名的区别在于：手工签名（包括盖章）是模拟的，因人而异，即使同一个人也有细微差别，因此比较容易伪造，要区别是否为伪造的，往往还需要特殊专家的协助；而数字签名采用0和1的数字串，极难伪造，要区别是否为伪造，不需专家，只要有公正的第三方认证中心支持，接收者自己就可以在线验证。

数字签名目前已广泛地应用于网络上的公文传递和电子商务中，具有良好的应用效果，其作用具体叙述如下：

（1）数字签名是可信的。接收方用发送方的公开密钥能解密收到的数字签名（数字标记），可以确信是由发送方签名的。

（2）数字签名是不可伪造的。数字签名必须通过私人密钥加密产生，只有发送方自身

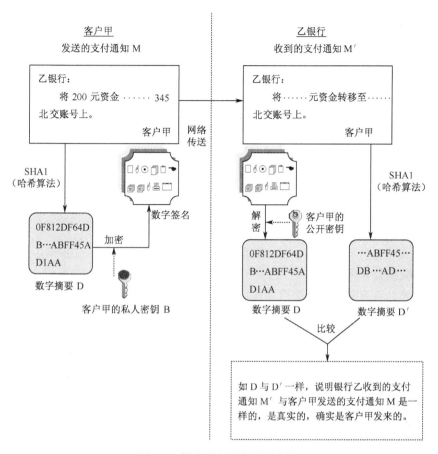

图 8-8　数字签名的应用示意图

知道他的私人密钥，别人没有，因此发送方的数字签名不可伪造。

（3）同一个数字签名是不可多用的。数字签名是信息报文经过数学函数变换——一对应产生的，信息报文改变，数字签名也会改变。

（4）被数字签名附带的信息报文是不可篡改的。如果信息报文有任何改变，都将导致数字签名验证不能通过。

（5）数字签名是不可抵赖的。接收方不用发送方的帮助就能验证发送方的数字签名。

实际应用中，为了防止把数字签名和带数字签名的信息报文多次重用，数字签名还经常包括当时的时间标记，即数字时间戳服务（digital time stamp service，DTSS），因为时间是交易文件中十分重要的信息，如网络支付的时间等。也就是说，把日期和时间的签名附在信息报文中，并和信息中的其他部分内容一起签名，使签名还带有时效性。

8.5　数字证书与认证中心

在电子商务的网络支付中，涉及大量的参与各方的身份认证。

8.5.1　数字证书

1. 数字证书的定义与工作原理

传统的个人身份证明一般是通过检验"物理物品"的有效性来确认持有者的身份。这类"物理物品"可以是身份证、护照、工作证、信用卡、驾驶执照、徽章等，上面往往含有与个人真实身份相关的易于识别的照片、指纹、视网膜等，并具有权威机构如公安机关等发证机构的盖章。对于企业的身份，在中国则有工商局颁发的营业证书及印章等，只有通过工商局认定的企业才是合法经营者。在电子商务中，网络业务是面向全球的，要求验证的对象数量以及区域范围也迅速加大，因而大大增加了商务参与者身份验证的复杂性和实现的困难性。例如，在网络通信双方使用公开密钥加密之前，必须先要确认得到的公开密钥确实是对方的，也就是有一个身份确认的问题。最好的办法是双方面对面交换公开密钥，但这在实际上是不可行的，就像在前面的例子中，这个商家不可能和几百万个消费者都面对面地交换公开密钥。

为了能确认双方的身份，必须要由网络上双方都信任的第三方机构（这个机构就是后面所述的数字证书认证中心）发行一个特殊证书来认证。在电子商务中，通常是把传统的身份证书改用数字信息形式，由双方都信任的第三方机构发行和管理，以方便在网络社会上传递与使用，进行身份认证，这就是数字证书（digital certification）。

所谓数字证书，就是指利用电子信息技术手段来确认、鉴定、认证 Internet 上信息交流参与者的身份或服务器的身份，是一个担保个人、计算机系统或者组织（企业或政府部门）的身份，并发布加密算法类别、公开密钥及其所有权的电子文档。

可以说，数字证书是模拟传统证书如个人身份证、企业营业证书等的特殊数字信息文档，图 8-9 为世界著名专业认证中心 VeriSign 的网络服务器证书。客户的数字证书证实该客户拥有一个特别的公开密钥，服务器证书证实某一特定的公开密钥属于这个服务器。

数字证书的工作原理，就是信息接收方在网上收到发送方发来的业务信息的同时，还收到发送方的数字证书，这时通过对其数字证书的验证，可以确认发送方的真实身份。在发送方与接收方交换数字证书的同时，双方都得到了对方的公开密钥，由于公开密钥是包含在数字证书中的，而且借助证书上数字摘要（缩略图）的验证，可以确信收到的公开密钥肯定是对方的。借助这个公开密钥，双方就可以完成数据传送中的加、解密工作。

数字证书由发证机构即数字证书认证中心来发行。这些机构负责在发行数字证书之前证实个人或组织身份和密钥所有权。一般情况下，证书需要由社会上公认的、公正的、第三方的可靠组织发行，如果由于它签发的证书造成不恰当的信任关系，该组织就需要承担责任。

2. 数字证书的内容

数字证书的具体内容格式遵循目前国际流行的 ITU-T rec. X. 509 标准，其内容主要由以下两部分组成：

（1）数字证书的数据组成。数字证书的数据包括：①版本信息（version），用来区分 X. 509 证书格式的版本。②证书序列号（serial number）。每一个由认证中心发行的数字

图 8-9　世界专业认证中心 VeriSign 服务器证书首页

证书必须有一个唯一的序列号用于识别该证书。③认证中心使用的签名算法（algorithm identifier），即认证中心的数字摘要与公开密钥加密体制算法。④证书颁发者信息（issuer unique identifier），即颁发此证书的认证中心信息。⑤有效使用期限（period of validity）。本证书的有效期包括起始、结束日期。⑥证书主题或使用者（subject），即证书与公钥的使用者的相关信息。⑦公钥信息（public key information），即公开密钥加密体制的算法名称、公开密钥的字符串表示（只适用于 RSA 加密体制）；其他额外的特别扩展信息，如增强型密钥用法信息、CRL（certificate revocation list，即证书废除列表）分发点信息等。

（2）发行数字证书的认证中心签名与签名算法。证书第二部分的内容包括发行证书的认证中心机构的数字签名和用来生成数字签名的签名算法。应用这个缩略图算法与缩略图数据，任何人收到这份数字证书后都能使用缩略图算法来验证数字证书是否是由该认证中心的签名密钥签署的，以保证证书的真实性与内容的真实性。

3. 数字证书的类型

数字证书颁发机构如认证中心在检验确认了申请用户的身份后，向用户（政府部门、企业、个人等）颁发数字证书。数字证书中包括了上述的用户基本信息以及用户的公开密钥等重要信息，并由认证中心进行了数字签名，以保证是真实的。数字证书主要有个人数字证书与服务器数字证书等类型。

目前网络上各种业务活动很多，数字证书几乎应用在所有的网上业务领域，应用面很广。这与网络业务越来越普及、越来越被人们接受有关，而数字证书是保证这些网络业务安全可靠进行的重要手段。例如，安全电子交易协议、电子邮件安全协议都是以数字证书为技术支持基础的。具体到电子商务中，安全是第一位的，数字证书在保证电子商务安全中是不可缺少和不可替代的，像信用卡、电子支票、网络银行等这些网络支付方式的安全应用都需要数字证书的参与。

4. 数字证书的有效性与使用

严格来讲，只有下列条件都成立时，数字证书才是有效的：

（1）证书没有过期。所有的证书都有一个期限，可以通过检查证书的期限来决定证书是否有效。

（2）密钥没有被修改。如果密钥被修改，就不应该再继续使用，密钥对应的证书就应被视为无效，这可通过证书上的缩略图及其算法检验来识别。

（3）有可信任的相应的颁发机构认证中心及时管理与回收无效证书，并发行无效证书清单。

有效的数字证书在使用前都需要经过认证的过程，即当数字证书颁发机构要颁发的数字证书传送给某人或某站点时，将上面相关内容信息用自己的私人密钥加密，接收者就能用证书里的公钥来证实颁发机构的真实身份，以判断证书的有效性。

8.5.2　认证中心

1. 认证中心的定义

所谓认证中心（certification authority，CA），是基于 Internet 平台建立的一个公正的、有权威性的、独立的（第三方的）、广受信赖的组织机构，负责数字证书的发行、管理以及认证服务，以保证网上业务安全、可靠地进行。

一个完整、安全的电子商务活动，必须要有认证中心的参与。因此，为促进电子商务的发展，在社会上必须建立具有绝对权威性的认证中心，电子商务参与各方客户、商家、银行、政府机构等实体上网注册加入到已有的认证中心中，如此，认证中心就能确保所有电子商务过程与各方的安全性，从而开展安全的电子商务。

2. 认证中心的技术基础

认证中心的角色是重要的，但并不是任何一个组织想建立就能建立起来的，除了上述的第三方要求并保持公正、具备良好信誉之外，关键是认证中心的建立与运作需要强大的技术支撑（因为涉及许多先进的密码技术）。例如，认证中心提供的公开密钥与数字摘要机制等必须是先进的，密钥的位数要达到一定长度，以保证认证中心及其发行的证书的安全可靠，并在服务质量、认证速度及管理机制上均需达到很高的水平，而且是跨时空的。

认证中心的技术基础是 PKI 体系。所谓 PKI（public key infrastructure）体系，中文翻译为"公开密钥体系"或"公开密钥基础"，是一种遵循既定标准的密钥管理平台，它能够为所有网络应用服务提供加密和数字签名等密码服务及所必需的密钥和证书管理体系。简单地说，PKI 就是利用公共密钥理论和技术建立的提供网络安全服务的基础设施。PKI 技术是信息安全技术的核心，也是电子商务交易与网络支付的关键和基础技术。

认证中心认证数字证书采用的是一种树形验证结构。在两方通信时，通过出示由某个认证中心签发的证书来证明自己的身份，如果对签发证书的认证中心本身不信任，则可验证认证中心的真实身份，依次类推，一直到公认的权威认证中心处，就可确信证书的有效性。SET 安全交易协议中商务各方的数字证书正是通过这种信任层次来逐级验证的。每一个证书均与数字化签发证书的实体的签名证书关联。沿着信任树一直到一个公认的信任组织，就可确认该证书是有效的。例如，C 的证书是由名称为 B 的认证中心签发的，而 B 的证书又是由名称为 A 的认证中心签发的，A 是权威的机构，通常被称为 Root 认证中心。验证到了 Root 认证中心处，就可确信 C 的证书是合法的。

3. 认证中心的主要功能

认证中心在整个公共密钥加密体制中以及安全的网络支付过程中的地位是至关重要的，其主要职责可以表述为如下几个方面：生成密钥对及认证中心证书；验证申请人身份；颁发数字证书；证书以及持有者身份在线认证查询；证书管理及更新；吊销证书；制定相关政策；有能力保护证书服务器的安全。

数字证书的发放过程实际上由两大部分组成：一部分是证书的申请、制作、发放；另一部分是用户身份认证。这两部分工作实际上是由认证中心中两个不同的部门来完成的。这样，就将认证中心分成证书服务中心和审核受理处两部分，由证书服务中心来完成接收证书请求及发证的工作，而由审核受理处来完成身份认定工作，两者之间一般通过专线连接。

4. 国内外主要认证中心机构

目前世界上最著名的认证中心是美国 VeriSign 公司，其早已在美国纳斯达克（NASDAQ）上市。世界 500 强的绝大多数企业的网上业务特别是网络支付业务都已经应用了 VeriSign 的认证服务。除了普遍的有限网络服务外，目前 VeriSign 还为无线网络上的付账业务等提供安全、严格的认证服务。形象地说，目前的 VeriSign，作为世界级的认证中心，就好像 Internet 世界里的"世界工商行政总局"。

中国各地政府部门也已经建立了各地的认证中心，为促进我国电子商务与网络支付业务的发展提供了良好的第三方支持。例如，北京数字证书认证中心（Beijing certification association，BJCA）就是经北京市政府批准成立的数字证书认证机构，致力于为北京乃至全国的电子商务和电子政务发展提供可靠的安全保障。BJCA 成立于 2001 年 2 月 6 日，是权威、公正的第三方信任机构，该认证中心遵循国际标准，采用国内自主知识产权的高强度密码技术和其他相关安全技术，为用户提供数字证书申请、审核、生成、颁发、存储、查询、废止等服务，并通过以数字证书为核心的信息安全解决方案为电子商务交易、网络金融业务和电子政务提供安全保障。在 2005 年 9 月 27 日信息产业部举行的首批电子认证服务许可证书颁发仪式中，共有 8 家电子认证服务企业获得认证资格。2011 年 12 月，其更名为北京数字认证股份有限公司。

8.6 安全电子商务的安全协议机制

如何将电子商务流程中的各参与方与这些先进的信息网络安全技术充分地结合起来，以保证安全、有序、快捷地完成网络支付流程，需要一个协议来规范各方的行为与各种技术的运用。这个协议就是安全的网上交易协议，目前国际上流行的且比较有代表性的是 SSL 与 SET 两种安全交易协议机制。

8.6.1 基于 SSL 协议的安全电子商务机制

1. SSL 协议简介

所谓 SSL（secure socket layer，即安全套接层协议），是提供在 Internet 上的安全通信服务，也是目前包括网络支付在内的电子商务业务中广泛应用的安全通信协议。本质上，SSL 协议是一种在持有数字证书的客户端浏览器（如 IE、Netscape Navigator、Chrome、Firefox 等）和远程的 WWW 服务器（如 Netscape Enterprise Server、IIS 等，这里具体为电子商务服务器或银行的网络支付业务服务器）之间，构造安全通信通道并传输数据的协议。SSL 协议解决了目前 TCP/IP 协议（IPv4）难以满足的网络安全通信要求，它运行在 TCP/IP 层之上而在其他高层协议（如 HTTP、FTP、SMTP、LDAP 和 IMAP 等）之下。

SSL 协议的优势在于它是与应用层协议独立无关的，上述高层的应用层协议能"透明"地建立于 SSL 协议之上，也就是说，SSL 协议在应用层协议通信之前就已经完成加密算法、通信密钥的协商以及服务器认证工作。在此之后应用层协议所传送的数据都会被加密，从而保证通信的私密性。SSL 协议最初是由 Internet 应用先驱 Netscape 公司开发的，发展到现在已有 SSL 2.0 版本和 SSL 3.0 版本。当前版本为 3.0。它已被广泛地用于 Web 浏览器与服务器之间的身份认证和加密数据传输。

总体上说，SSL 结合私有密钥加密法、公开密钥加密法以及数字摘要技术等，提供了以下三种基本的安全服务：

（1）机密性。SSL 客户机和服务器之间通过私有密钥加密算法和私有密钥产生交换，建立起一个安全通道。以后在安全通道中传输的所有信息都经过加密处理，网络中的非法窃听者所获取的信息都将是无意义的密文信息。

（2）完整性。SSL 利用密钥算法和哈希函数，通过对传输信息特征值的提取来保证信息的完整性，确保要传输的信息全部到达目的地，可以避免服务器和客户机之间的信息内容受到破坏。

（3）认证性。利用数字证书技术和可信的第三方认证中心，可以让客户机和服务器相互识别对方的身份（客户机身份识别可选）。为了验证数字证书持有者是其合法用户（而不是冒名用户），SSL 协议要求证书持有者在握手时双方通过相互交换数字证书来验证和保证对方身份的合法性。

2. SSL 协议参与方及应用系统框架

具体到网络支付应用中，如信用卡的 SSL 网络支付方式时，SSL 协议原则上涉及商务的交易各方，即客户浏览器（持卡人）、商家服务器、认证机构、银行服务器，可能的话还有专门的第三方支付平台（可以看做支付网关）。

但严格讲，SSL 其实只涉及信息报文交互的通信双方和间接的认证机构，它的作用是建立一个安全通道，并认证商家数字证书。对客户的身份（即客户的数字证书验证）可以验证也可以不验证，具有一定的灵活性。

因此，SSL 在网络支付中的业务参与方主要涉及两个：一个是支付方的客户端浏览器等；另一个就是银行的服务器端，如 Web 服务器和应用服务器，当然间接地与商家服务器、颁发数字证书的认证中心有一定关联。对客户、商家与银行都方便的是，目前一些主流浏览器如 IE、Chrome、Firefox 和 Apache 等 Web 服务器都提供了对 SSL 的支持，SSL 的加密通道建立与通信过程对客户都是透明的，并不需要用户太多的配置使用。

　　SSL 协议便宜且开发成本小，应用简洁方便，由于综合运用了私有与公开密钥加密法等措施，因此安全性也不错，另外速度上也比较快，这也是 SSL 协议在信用卡的安全网络支付、网络银行支付转账等方面应用非常普及的原因。以基于 SSL 协议的信用卡网络支付为例，其应用框架如图 8-10 所示。

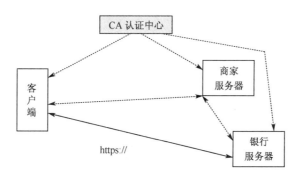

图 8-10　SSL 协议的应用框架示意图

　　认证中心的作用是间接的，主要是为银行与商家服务器等颁发证书。当使用信用卡支付时，在输入信用卡账号与密码之前，为保证账号与密码的安全，防止商家知道，客户（持卡人）与银行之间可以直接建立 SSL 保密通信通道进行保密信息传送，而不通过商家中转。但有些网站把支付单与订货单绑在一块，是通过商家中转的（图 8-10 上虚线连接），虽然信息是加密的，但仍然存在安全风险，无法保证商家看不到持卡人的信用卡账户等客户隐私信息。现在一般都是客户浏览器与银行服务器直接建立 SSL 连接，并不通过商家，因此还是很安全的。

3. SSL 协议的特点与应用

　　SSL 协议综合运用了私有密钥加密法、公开密钥加密法、数字签名和数字证书等安全保障手段，并且目前几乎所有操作平台上的 Web 浏览器（IE、Navigator 等）以及流行的 Web 服务器（IIS、Netscape Enterprise Server 等）都支持 SSL 协议。这使得使用 SSL 协议既便宜，开发成本也很小，应用简单（无需客户端专门软件），且安全性能相当不错。因此，国内外非常普及的信用卡网络支付、网络银行服务等也常常构建在 SSL 协议之上，如中国工商银行北京分行等信用卡网络支付采用 SSL 协议机制。

　　目前，许多世界知名企业的 Intranet 和 Internet 网络产品均支持 SSL 协议，其中包括 Netscape、Microsoft、IBM、Open Market 等公司提供的支持 SSL 协议的客户机和服务器产品，如 IE 浏览器、IIS、Domino Go Web Server、Netscape Enterprise Server 和 Apache 等；Google 的大多数服务包括 Gmail 都支持 SSL。SSL 协议的关键是 SSL 握手协议，它建立在 SSL 记录协议之上，用于在实际的数据传输开始前，通信双方进行身份认证、协商加密算法、交换加密密钥等。虽然不能保证其在所有的情况下逻辑上都是正确的，但总的来说 SSL 协议的安全性能是良好的，而且随着 SSL 协议的不断改进、更好的加密算法被采用、逻辑上的缺陷被弥补，SSL 协议的安全性能将会不断地被加强。

但 SSL 协议毕竟是有漏洞的，还存在一定的信息泄露问题。在电子商务交易以及网络支付中，为保护商家、客户等参与方的隐私信息以及保证各方的真实身份，一个更安全的网上交易协议被研发并应用，这就是 SET 协议。

8.6.2　基于 SET 协议的安全电子商务机制

1. SET 协议简介

SET（secure electronic transaction）协议，被称为安全电子交易协议，是由 MasterCard 和 Visa 联合 Netscape、Microsoft 等公司，于 1997 年 6 月 1 日推出的一种新的电子支付模型。SET 协议是 B2C 上基于信用卡支付模式而设计的，它保证了开放网络上使用信用卡进行在线购物的安全。SET 主要是为了解决用户、商家、银行之间通过信用卡进行交易而设计的，它具有保证交易数据的完整性、交易的不可抵赖性等种种优点，因此它成为目前公认的信用卡网上交易的国际标准。

SET 协议是指为使银行卡在 Internet 上安全地进行交易而提出的一整套安全解决方案。此方案包括通信协议在内，主要采用前面所述的数字证书方式，用数字证书来证实在网上开展商务活动的确实是持卡人本人，以及保证向持卡人销售商品或服务并收钱的参与各方，包括持卡人、商家、银行等的安全。可以说，SET 协议涉及整个网络支付流程与相关各方的安全。

SET 协议要达到的主要目标描述如下：

（1）机密性。确保有关支付等敏感信息在 Internet 上安全传输，保证网上传输的数据不被网上黑客等窃取。

（2）保护隐私。客户的订单信息和敏感的支付信息如信用卡账号、密码等将被隔离，在将包括消费者支付账号信息的订单送到商家时，商家只能看到订货信息，而看不到消费者的账户信息，反过来，银行只看到相关支付信息，而看不到订货信息。

（3）完整性。SET 协议应用目前已有的先进密钥加密算法和产生数字摘要的哈希算法，借助数字信封技术来保证传输信息的完整。

（4）多方认证性。客户与商家相互认证，以确定通信双方的身份，一般由第三方认证机构负责为在线的通信双方提供信用担保与认证，另外对参与其中银行方的支付网关也要进行认证，以防假冒。

（5）标准性。SET 协议机制的参与各方在交易流程中各方面均有严格的标准可循，主要体现在要求软件遵循相同的协议和消息格式，包括加密算法的应用协商（如 RSA 和 DES）、数字证书信息和对象格式、订货信息和对象格式、认可信息和对象格式、资金划账信息和对象格式以及对话实体之间消息的传输协议等。

由于 SET 协议是 Visa 与 MasterCard 两大国际信用卡组织发起研发的，所以其针对的主要目标是银行卡的安全网络支付问题，但是 SET 协议机制中围绕数字证书验证的解决思路甚至业务流程也可以为其他的网络支付方式所采用。

2.SET 安全商务参与方及应用系统框架

在 Internet 上基于 SET 协议的信用卡网络支付涉及多个参与方,持卡人、商家、支付网关通过 Internet 进行交易通信,支付网关通过网络专线与收单银行之间传递交易信息,收单银行与发卡银行通过银行后台专用网络传递支付结算信息,而作为安全核心的认证中心通过 Internet 向持卡人、商家、支付网关发放数字证书,并通过专用网络与收单银行、发卡银行建立联系,进行证书发放的身份认定工作。可以看出,就进行一次电子商务的网络支付而言,涉及的直接参与方比 SSL 多一些,也严格得多,因此其开销、流程也要复杂得多,这样安全性更好,但速度慢一些,成本也不小。

以基于 SET 协议的信用卡网络支付为例,其参与各方的功能与应用框架如图 8-11 所示。

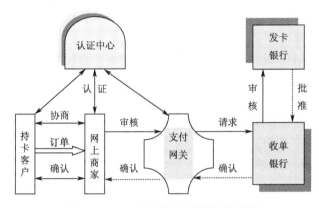

图 8-11　SET 协议的应用框架示意图

可以看出,完成一次基于 SET 协议机制的信用卡安全网络支付流程,参与的各方有如下几个实体:

(1) 持卡客户。持卡人要参加 SET 交易并用信用卡进行安全支付,必须先到发卡银行申请并取得一套 SET 交易专用的持卡人客户端软件(这套软件一般都被称为电子钱包软件),并在自己联网的计算机上安装好这个软件,然后去向数字证书认证中心申请一张持卡客户的数字证书。有了数字证书,持卡客户就可以利用安装的客户端软件安全地进行网络支付了。

(2) 网上商家。参加 SET 交易的另一方就是网上商家。商家在自己的电子商务网站上必须集成安装运行 SET 交易商家服务器软件。与持卡客户一样,商家也必须先到银行进行申请,但不是到发卡银行,而是到接收网络支付业务的收单银行申请设立账户,然后去向数字证书认证中心申请一张商家的数字证书。

(3) 支付网关。由于 SET 交易是在 Internet 这个公开的网络上进行的,而银行端的计算机主机及银行专用金融网络是不能与各种非安全的公开网络直接相连的。为了能接收从 Internet 上传来的客户支付信息,在银行与 Internet 之间必须有一个专用系统,接收处理从商家传来的支付扣款信息,并通过专线传送给银行,银行对支付信息的处理结果再通过这个专用系统反馈回商家。这个专用系统就被称为支付网关。与持卡客户和商家一样,支付网关也必须去指定的认证中心申请一张数字证书，才能参与 SET 交易与支付结算活动。

（4）收单银行。商家要参加 SET 交易，必须在参加 SET 交易的收单银行建立账户。收单银行虽然不属于 SET 交易的直接组成部分，但却是完成网络支付的必要参与方。

（5）发卡银行。支付请求最后必须通过银行间专用金融网络经收单银行传送到持卡客户的发卡银行，进行相应的授权和扣款。同收单银行一样，发卡银行也不属于 SET 交易的直接组成部分，且同样是完成网络支付的必要参与方。持卡客户要参加 SET 交易，发卡银行必须要参加 SET 交易。

（6）认证中心。同样，认证中心虽然不直接参加 SET 交易，但在 SET 交易中起着非常重要的核心作用。为了保证 SET 交易的安全，SET 协议规定参与 SET 交易的直接各方，包括支付网关、网上商家、持卡客户，在参加交易前必须到认证中心申请并安装数字证书，以向其他各方证明自己的真实身份等。

3. SET 协议的特点

在 SET 协议机制中，具体使用了 DES 对称（私有）密钥算法、RSA 非对称（公开）密钥算法、哈希函数等技术，提供数据加密、数字签名、数字信封与数字证书等功能，给包括支付信息在内的信息报文在网络中的传输提供十分可靠的安全性保证。SET 协议借助数字证书来验证商务参与各方的真实身份；通过 DES 算法、RSA 算法、哈希函数的结合使用，保证了数据的一致性和完整性，并可实现防抵赖；通过数字信封、数字签名，确保用户信息的隐私性和关联性。在完成一个 SET 协议交易的过程中，包括支付在内需验证数字证书 9 次，验证数字签名 6 次，传递各方数字证书 7 次，进行 5 次数字签名、4 次对称加密和 4 次非对称加密，不可谓不安全。

SET 协议机制制定了严密的安全策略与实施规范，在带来更强的安全性能时，使交易与支付速度变慢了，建设成本也增加了。目前网络条件下的 SET 协议有些复杂，使用较麻烦，成本高，速度较慢，且只适用于客户具有装有信用卡的电子钱包的场合。但另一方面，SET 协议保密性好，具有不可否认性，有一套严密的认证体系，可保证 B2C 等方式电子商务与相关的网络支付安全顺利地进行。因此，对安全性特别讲究的电子商务活动，可选择 SET 协议机制。

8.6.3 SET 协议和 SSL 协议的比较

在 SET 协议出现之前，网上交易及其支付就已经有了，所用安全措施主要是 SSL 协议。到目前为止，很多网上交易系统还是采用 SSL 协议。通过 SET 协议和 SSL 协议的比较，可以了解这两种协议的优缺点。

SSL 与 SET 都采用了公开（非对称）密钥加密法、私有（对称）密钥加密法、数字摘要等加密技术与数字证书等认证手段。在支持的技术基础上，可以说二者是一致的。就信息传输的机密性来说，两者的功能是相同的，都能保证信息在传输过程中的保密性，并保证完整性。但 SSL 与 SET 两种协议在网络中的层次不一样，SSL 是基于传输层的协议，而 SET 则是基于应用层的协议。SSL 在建立了双方的安全通信通道之后，所有传输的信息都会被加密，而 SET 则会有选择地加密一部分敏感信息。

　　SSL 协议中，商家也有数字证书，可以向客户证明自己是一家真实存在的商家。有些系统也向客户发放数字证书，但这些证书是发给浏览器软件的，而 SET 协议是与信用卡绑在一起的，这使 SET 协议机制更安全。但是 SET 协议主要针对信用卡应用，而 SSL 协议则支持较多的网络支付手段，如网络银行服务等。

　　SSL 有一个很大的缺点，就是当信息经过商家中转发送时，无法保证商家看不到客户的信用卡账户等信息。而 SET 协议则在这方面采取了强有力的措施，用网关的公开密钥来加密持卡人的敏感信息，并采用双重签名等方法，保证商家无法看到持卡人传送给网关的信息，也使银行看不到客户的需求商品信息，保护了客户的隐私。

　　当今市场上，已有许多 SSL 相关产品及工具，而有关 SET 的相关产品却相对较少。SSL 已被大部分 Web 浏览器和 Web 服务器所内置，比较容易被接受，各方面应用均比较简单，应用过程是透明的。而 SET 要求在银行建立支付网关，在商家的 Web 服务器上安装服务器端软件，在客户的计算机上安装客户端（电子钱包）软件等，比较麻烦。显然，SET 还要求必须向交易各方发放数字证书，成本也较高。SET 的高成本换来的是更严密的安全防范机制，可是交易步骤复杂，速度比简单的 SSL 协议机制慢一些。

　　总之，SET 协议给银行、商家、持卡客户带来了更多的安全，使他们在进行网上交易时更加放心，但实现复杂、成本高；而 SSL 协议则简单快捷，但仍然存在安全漏洞。目前总的来说，SSL 协议的应用面比 SET 协议广泛得多。

复习思考题

1. 简述目前我国常常出现的网络支付安全问题的特点。
2. 请分析一个实际开展电子商务的企业（如海尔集团、新浪商城、易趣网等）保证网上业务的安全措施。
3. 在电子商务流程中，防火墙技术与数据加、解密技术的应用侧重点有什么不同？
4. "为了安全保存，我把我的数字签名放在我的 IC 卡中了"，这种说法对不对？请说明理由。
5. 中国工商银行在网络支付服务中是如何应用数字证书的？由哪个认证中心提供服务？这样运作有没有问题？
6. 在基于 SSL 安全协议机制的信用卡网络支付中，是如何应用本章所述的一系列安全技术的？
7. SET 协议和 SSL 协议的主要不同是什么？
8. 请分析目前电子商务中主要的安全问题。
9. 请叙述认证中心的主要功能。
10. 请举例分析 SSL 协议的安全性。
11. 为什么把数字摘要也叫数字指纹？
12. 请调研中国 2005 年实施的《电子签名法》对数字签名应用的要求。
13. 请分析私有密钥加密法与公开密钥加密法在应用上的不同。

第九章

电子商务的法律保障

本章要点：本章介绍电子商务立法的必要性、全球电子商务立法概况及联合国《电子商务示范法》的作用与地位；通过对《电子签名法》的详析，讨论电子签名的概念及其法律地位、数据电文的概念及其法律效力、认证机构的法律地位等重要法律问题；并且介绍了电子合同等电子商务立法领域热点问题和网络公证等电子商务法律服务与保障体系建设问题。

9.1 电子商务呼唤新法律

以 Internet 为基础的电子商务蓬勃发展，给现行国际法律体系带来了新的挑战，电子商务立法是推动电子商务发展的前提和保障，已成为目前国际关注的重点，尽快在全球范围内营造良好的电子商务法律环境，已成为国际社会的共识。电子商务立法的目的在于消除阻碍电子商务发展的法律障碍、消除现有法律适用上的不确定性、建立一个清晰的法律框架以统一调整电子商务的发展。

9.1.1 电子商务的特征及其对法律的挑战

电子商务的自身特征决定了它不仅为全球经济的发展营造了良好的氛围，同时对社会各个领域特别是立法提出了许多新的要求和挑战。

（1）无国界性。Internet 的一个重要特征就是全球连通、跨越地域的界限。电子商务主体面对的是全球的大市场，期待着高度一体化的商业和法律规则，这就面临着各国社会制度、政治状况、经济发展程度、现行法律法规、文化传统等千差万别的实际情况，如何协调成了最大难题。

（2）信息的数字化。由于计算机处理、储存的和 Internet 上传输的都是表示一定信息的电磁信号，于是以 Internet 为载体、计算机处理为表征的电子商务双方的谈判记录、使用的资金甚至标的本身都是数字化的。因此，法律是否承认通过电子通信形式传播的数字化信息的效力也是电子商务立法必须解决的核心问题，数字化信息的法律地位主要涉及电子交易的书面形式、电子签名及认证等几个方面。

（3）技术进步速度快。电子商务领域的技术进步速度已经大大超过了一个国家适时地调整其法律框架的能力。即使试图对法律框架进行大的变革以适应电子商务的需求，也因新的意想不到的问题的不断出现和变革速度上的悬殊差距，而使得适时的法律调整总是跟不上电子商务高速发展的步伐。电子商务导致了一场在数字化市场中对法律框架的根本性反思。

9.1.2　电子商务立法的必要性

电子商务具有较强的技术性，涉及合同法、消费者权益保护法、电子签名法等多种法律法规。总体来说，目前全球电子商务立法分散、层级较低、漏洞较多，难以适应迅猛发展的形势，有必要对完善电子商务法律法规问题进行全面研究，实行综合立法方式，尽快制定电子商务法。

（1）电子商务的发展需要法律的保障。自 20 世纪 90 年代以来，以 Internet 和电子技术应用为依托的电子商务开始在全球范围内得到日益广泛的应用，但人们在感受到电子商务比传统商务具有更为便捷、高效、覆盖面广、交易费用低廉等明显优势的同时，也深深感到这种新的交易方式在广泛应用过程中遇到的来自传统法律的障碍。与电子商务的迅猛发展相比，与之相关的法律法规则显得滞后。

美国许多州政府都在报怨电子商务使它们损失数十亿美元的税收，网络贸易已经成了税收"漏斗"；网上购物的权益和安全性无法得到保障；由于网上金融的发展尚不完善，网上黑客随时可能出现，网上交易的安全性远远低于有形交易，尤其是个人隐私问题更是无法保障；电子商务欺诈更是无处不在，信誉无从保证；等等。

（2）电子商务立法有利于促进电子商务发展。1998 年 2 月 26 日，美国政府宣布了对电子商务免税政策的草案，并于同年 5 月 14 日由美国众议院商业委员会通过，三年内禁止州政府和地区政府对 Internet 交易征收税费，这一法案极大地鼓励了企业商家从事网上交易，使得美国电子商务的发展呈现美好的前景。美国一系列的有关电子商务的政策保障、立法行为为其他国家提供了经验借鉴。

欧盟也将电子商务立法作为它启动欧洲网络经济发展的重要环节，在 2000 年 12 月，欧盟委员会发起了振兴欧洲网络经济的活动，委员在对立法进行讨论时说，立法必须在年内完成，包括对版权的规定、对远程金融服务的规定、对电子银行的规定、对电子商务的规定等。这些都为电子商务的发展提供了保障。

（3）电子商务立法还存在着大量问题需要完善。目前，在世界范围内虽然有联合国国际贸易法委员会制定的《电子商务示范法》及一系列的国际统一规则，但均不构成直接有效的国际法律规范，只是起到参考的作用；且由于各国法律制度的差异性，在许多方面没有做出具体性的规定，有的只提出一个总原则，留待各国的国内法今后解决。与此同时，尽管许多国家都对国内的原有立法进行了相应的调整，但仍限于局部性与临时性的对策，专门性与基础性的立法很少。在电子商务实践中，仍多以当事人之间协议的方式来弥补法律规范的不足，具有很大的局限性。因此，电子商务的法律问题目前远未解决，而这一问题的解决最终将取决于各国立法的彻底调整以及有关国际统一规则的最终确立。

9.1.3　电子商务立法的困难因素

与日新月异的技术发展和电子商务模式的更新相比，由于法律固有的稳定性和立法者认识能力的限制，与电子商务相关的法律显得跟不上节拍。一方面是法律在电子商务带来的一些新领域里呈现空白；另一方面是传统法律与电子商务行为不协同，这方面的弊害主要是使商家无法预见自己行为的法律后果，对既得利益缺少安全保障，同时那些不协调的法律可能直接阻碍电子商务的发展。电子商务立法有其特有的困难因素：

（1）由于电子商务的无国界性越来越要求电子商务立法的国际一致性，这就面临着各国社会制度、政治状况、经济发展程度、现行法律法规、文化传统等千差万别的实际情况，因此协调难度很大。

（2）电子信息技术突飞猛进、日新月异，更新换代的速度常常以月计，而立法程序相对较慢。

（3）目前与经济生活密切相关的主要法律，如消费者权益保护法、合同法、公司法等，都是建立在传统的有形商业之上的，于无形的"网络经济"并不完全适用。

（4）从世界范围来看，电子商务从体系上、组织上、模式上、法律上、管理上、技术上也还未完全成熟，特别是技术的发展尚不足以控制网上的一切交易行为，电子商务处于不断发展变化之中，这也给立法造成了不小的困难。

9.2　电子商务立法的全球审视

电子商务的立法问题得到了有关国际性、地区性组织和许多国家政府的高度重视，尽快在全球范围内营造良好的电子商务法律环境已成为国际社会的共识。国际社会普遍认为，创造一个适应电子商务发展的法律法规环境，正是政府部门在电子商务发展中所应发挥的主导作用；及时制定并出台相应的法律法规，鼓励、引导、维护电子商务沿着健康轨道发展，成为当前世界各国立法工作的一项重要任务。

9.2.1　全球电子商务立法概览

全球电子商务立法是近十余年来世界商事立法的重点，其核心主要围绕电子签章、电子合同、电子记录的法律效力展开。

1. 美国

美国在电子商务立法方面处于领先地位，发展很快。1995年5月1日，美国的犹他州颁布了《数字签名法》，这是美国乃至全世界范围的第一部全面确立电子商务运行规范的法律文件；1997 年 7 月 1 日，美国政府发表了《全球电子商务纲要》；2000 年，美国批准通过了《电子签名法案》，允许消费者和商业企业使用电子签名填写支票、贷款抵押服务以及使用买卖合同，它几乎涵盖了所有传统签名应用的范围。

2. 联合国国际贸易法委员会

联合国国际贸易法委员会是负责国际贸易法律协调和统一的组织，在电子商务立法领域做了大量推动工作。1996 年 6 月，联合国国际贸易法委员会制定了《电子商务示范法》，该法确认在电子商务中国际合同的商业用途，确定了确证和认可通过电子手段形成的合同规则和范式，规定了约束电子合同履行的标准，定义了构成有效电子书写文件和原始文件的条件，提出了为法律和商业目的而做出的电子签名的可接受程度，同时支持在法庭上和仲裁过程中使用计算机证据，为世界范围电子商务的发展奠定了基础。《电子商务示范法》提供了一套可供各国立法参考并可被国际广泛接受的电子商务通则，从而克服了现行法律体系不适应电子商务发展的障碍，促进了全球电子商务的发展。《电子商务示范法》的颁布为逐步解决电子商务的法律问题奠定了基础，为各国制定本国电子商务法规提供了框架和示范文本。

2000 年 9 月，该委员会电子商务工作组制定了《电子签名统一规则》，并提交联合国会议正式讨论通过。2001 年，该机构又审议通过了《电子签章示范法》，成为国际上关于电子签章的最重要的立法文件。2002 年 1 月 24 日《联合国国际贸易法委员会电子签字示范法》正式通过。

3. 经济合作与发展组织

经济合作与发展组织（Organization for Economic Cooperation and Development, OECD）极其关注电子商务对经济及社会发展的影响。由于 OECD 成员国大多在电子商务领域处于比较发达或领先地位，因此 OECD 电子商务方面的政策与法律制定，对世界范围的电子商务政策、法律和法规的制定产生了重大影响。

1998 年 10 月，来自 OECD 成员国部长及非 OECD 成员国、消费者和社会利益团体的代表聚集加拿大渥太华，召开电子商务专题讨论会。会议推出了"全球电子商务行动计划"，在实现全球电子商务的共同行动方面迈出了重要的一步，推动了在全球范围内深刻认识电子商务的进程，明确了政府在电子商务推进中的作用，有助于推动国际政策进一步协调，从而使各种经济体均能充分利用新的电子平台所提供的机遇。

4. 欧盟

欧盟在 1997 年 4 月 15 日发布了《欧洲电子商务行动方案》，就电子商务的问题阐明了欧盟的观点。在有关法律环境方面，欧盟强调，为了保证欧洲企业有效进入全球市场，欧洲必须在基础设施、技术及服务方面做好充分准备；欧洲必须特别重视与电子商务有关的法律问题的研究与开发，并且应当在欧盟范围内建立一个适用于电子商务的法律和管理框架；管制应当包括电子商务活动的每一个环节，包括数据安全、隐私、知识产权保护及透明温和的税收环境；欧盟应当积极与国际组织及其他国家的政府加强对话，确保形成一个全球一致的法律环境，共同打击国际网络犯罪。

欧盟于 1999 年 12 月通过了《电子签名指令》，又于 2000 年 5 月通过了《电子商务指令》，这两部法律文件构成了欧盟国家电子商务立法的核心和基础。

9.2.2　中国电子商务立法进展

中国在电子商务的立法上起步较晚，及时研究跟踪国际电子商务立法的发展进程及特点，掌握国际电子商务立法的发展趋势，促进中国国内电子商务立法，对于中国积极参与国际电子商务立法、防止大国对电子商务立法的控制具有重要意义。

2004 年 8 月 28 日，第十届全国人民代表大会常务委员会第十一次会议通过《中华人民共和国电子签名法》（简称《电子签名法》），该法共 5 章 36 条，它是中国第一部真正意义上的电子商务法，自 2005 年 4 月 1 日起施行。与此同时，信息产业部颁布了作为《电子签名法》配套细则的《电子认证服务管理办法》，这是《电子签名法》授权制定的、与《电子签名法》配套施行的部门规章，具有重要的法律效力和作用。

国务院办公厅 2005 年 3 月 7 日发布的《关于加快电子商务发展的若干意见》，是中国第一个关于电子商务的政策性文件，该文件的发布是中国电子商务政策法律环境继出台《电子签名法》后的又一重大事件。

中国第一部网络著作权行政管理规章《互联网著作权行政保护办法》已于 2005 年 5 月 30 日起正式实施，除此以外，我国又先后出台了一系列的电子商务方面的法律：《电子认证服务管理办法》、《电子支付指引（第一号）》、《信息网络传播权保护条例》、《电子银行业务管理办法》、《互联网电子邮件服务管理办法》、《互联网安全保护技术措施规定》、《北京市信息化促进条例》、《商务部关于网上交易的指导意见（暂行）》、《上海市促进电子商务发展规定》（2009 年上海市人民代表大会常务委员会公布，自 2009 年 3 月 1 日起施行）等先后出台并实施，分别从电子认证服务、网上支付、知识产权、电子邮件服务、网络安全、信息化促进、网上交易规范等不同角度做出了明确的规定，我国电子商务及信息化法律得到了进一步的发展，电子商务行为得到规范。2011 年 10 月 29 日第十一届全国人民代表大会常务委员会第二十三次会议对现阶段的电子商务进行规划，主要目的是解决电子商务中出现的不良问题。

9.3　《电子签名法》详析

《电子签名法》立法的直接目的是为了规范电子签名行为、确立电子签名的法律效力、维护各方合法权益；立法的最终目的是为了促进电子商务和电子政务的发展、增强交易的安全性。该法很好地借鉴了国际电子商务立法的经验，充分考虑了中国电子商务及认证机构的实际情况，针对中国电子商务发展中最为重要的一些法律问题，重点解决了五个方面的问题：一是确立了电子签名的法律效力；二是规范了电子签名的行为；三是明确了认证机构的法律地位及认证程序，并给认证机构设置了市场准入条件和行政许可的程序；四是规定了电子签名的安全保障措施；五是明确了认证机构行政许可的实施主体是国务院信息产业主管部门。

9.3.1　电子签名

电子商务交易及信息传递的有效性、安全性和不可抵赖性等问题，一直是关系到电子商务得以顺利开展的核心问题之一，而目前以非对称密钥系统为主的电子签名技术的应用可以基本解决此类问题，该技术在电子认证机构的支持下得到快速应用和发展，其安全可靠性已经过大量实践的检验。所以，从法律的角度给予电子签名以传统签名、盖章同等的法律地位就成为电子签名得以广泛应用和发挥功效的前提，也是近十年国际电子商务立法的核心内容。

1. 电子签名的概念

签名，一般是指一个人亲笔在一份文件上写下名字或留下印记、印章或其他特殊符号，以确定签名人的身份，并确定签名人对文件内容予以认可。传统的签名必须依附于某种有形的介质，而在电子交易过程，文件是通过数据电文的发送、交换、传输、储存来形成的，没有有形介质，这就需要通过一种技术手段来识别交易当事人、保证交易安全，以达到与传统的手写签名相同的功能。这种能够达到与手写签名相同功能的技术手段，一般就称为电子签名。

中国《电子签名法》规定："本法所称电子签名，是指数据电文中以电子形式所含、所附用于识别签名人身份并表明签名人认可其中内容的数据。"

电子签名具有多种形式，例如，附着于电子文件的手写签名的数字化图像，包括采用生物笔迹辨别法所形成的图像；向收件人发出证实发送人身份的密码、计算机口令；采用特定生物技术识别工具，如指纹或是眼虹膜透视辨别法等。

2. 中国《电子签名法》与国外相关法律的共性特点

（1）技术问题复杂，但法律问题却相对简单。虽然作为电子签名法调整对象的电子签名所涉及的技术问题比较复杂，但这些技术问题本身并不属于法律要解决的问题。电子签名法所要解决的法律问题相对比较简单，因为商务活动的绝大多数法律问题在传统法律中已经解决，电子签名法只需解决因商务活动信息载体的变化所涉及的法律问题，而这些问题大多只需采用"功能等同"的办法做出相应规定即可。因此，联合国示范法和许多国家、地区的电子签名法的内容都很简单。例如，联合国的《电子商务示范法》只有 17 条、《电子签名示范法》只有 12 条，欧盟的《电子商务指令》只有 27 条，美国的《国际与国内商务电子签章法》只有 11 条，俄罗斯的《电子签名法》只有 21 条，中国台湾地区的《电子签章法》只有 17 条。

（2）具有很强的国际统一趋势。电子商务最显著的优势就在于可以利用不受国界限制的 Internet 方便地进行网上交易，这就必然要求电子签名法律制度应当是国际统一的。联合国有关机构为统一各国的电子签名法律制度做了大量工作，组织各国专家制定了示范法。目前，许多国家有关数据电文和电子签名法的主要规定大体上是一致的，否则无法与电子商务的国际化接轨。中国《电子签名法》的基本规定也与联合国示范法的规定大体一致。

（3）实行"技术中立"的立法原则。即法律只规定作为安全可靠的电子签名所应达到的标准，至于采用何种技术手段来实现这一标准，法律不作规定，以避免影响新技术的开发使用。联合国示范法和不少国家、地区的电子签名法都采用这一原则，中国《电子签名法》也采用了这一原则。但也有一些国家和地区的电子签名法采用了技术特定化的原则，针对安全可靠的电子签名所采用的技术做了具体规定。

3. 中国《电子签名法》较国外相关法律的个性特点

其主要体现在三个方面：

(1) 体现引导性，而不是强制性。例如，在电子商务活动或电子政务活动中，可以使用电子签名，也可以不使用电子签名；可以用第三方认证，也可以不用第三方认证。

(2) 体现开放性，而不是封闭性。例如，虽然从条文规定来看主要适用于电子商务，但又不完全局限于电子商务，电子政务也同样适用。另从技术层面上看，并不局限于使用一种技术。

(3) 条文规定体现的是原则性，而不是具体性。例如，条文中对"第三方"的界定、对认证机构的条件设置等，都是采用了"原则性"而非"具体性"的处理方式，留下了很大的法律空间。

9.3.2 数据电文

1. 数据电文的概念

联合国《电子商务示范法》规定："数据电文，是指以电子手段、光学手段或类似手段生成、发送、接受或存储的信息，这些手段包括但不限于电子数据交换、电子邮件、电报、电传或传真。"

联合国《电子商务示范法颁布指南》对数据电文做了更为详细的解释：①数据电文的概念并不仅限于通信方面，还应包括计算机产生的并非用于通信的记录。"电文"这一概念应包括"记录"这一概念。②所谓类似手段，并不仅指现有的通信技术，而且包括未来可预料的各种技术。数据电文定义的目的是要包括所有以无纸形式生成、储存或传输的各类电文。为此，所有信息的通信与储存方式，只要可用于实现与定义内所列举的方式的相同功能，都应当包括在类似手段中。③数据电文的定义还包括其废除或修改的情况。

中国《电子签名法》规定："本法所称数据电文，是指以电子、光学、磁或者类似手段生成、发送、接收或者储存的信息。"

2. 电子签名、数据电文的法律效力

电子签名、数据电文虽然以电子形式出现而与手写签名、书面文件不同，但是法律不应仅因为这一点而不承认其法律效力。只要符合法律规定的条件，电子签名、数据电文与手写签名、书面文件具有同等的法律效力。因此，有关国际组织、国家和地区的电子商务法或电子签名法一般都对电子签名、数据电文的法律效力问题做出规定，要求不得因其采用电子形式而加以歧视。例如，联合国《电子商务示范法》规定："不得仅仅以某项信息采用数据电文形式为理由而否定其法律效力、有效性或可执行性。"韩国《电子商务基本法》规定："除非法律另有特别规定，不得因为信息采用电子形式而否认其相对于其他的纸面信息形式具有的法律效力。"美国《国际与国内商务电子签章法》规定："一项交易中

的合同，不能因为其在缔结过程中使用了电子签名或电子记录而否定其法律效力或可执行性。"此外，美国《统一电子交易法》、澳大利亚《电子交易法》、新加坡《电子交易法》、中国台湾地区《电子签章法》等也做了类似规定。

中国《电子签名法》规定："当事人约定使用电子签名、数据电文的文书，不得仅因为其采用电子签名、数据电文的形式而否定其法律效力，即在当事人约定使用电子签名、数据电文的情况下，不能以该文书中某项信息或签名采用了电子形式，作为否定其法律效力的唯一理由。"

3. 关于数据电文符合法定书面形式要求的规定

在传统的民商法中，合同的签订与履行以及交易中的文件、单据等无不涉及书面形式要求。但是，电子交易中的文件是通过数据电文的发送、交换、传输、储存来形成的，没有书面载体。从传统法律的角度来看，电子文件显然不能满足书面形式的要求。这无疑限制了电子商务对某些商务领域的进入，阻碍了电子商务的发展。

为了解决法律上的这一障碍，联合国国际贸易法委员会提出了"功能等同法"的解决方案。"功能等同法"立足于分析传统书面要求的目的和作用，以确定如何通过电子技术来达到这些目的或作用。通过对传统书面规范体系进行剖析，从中抽象出功能标准，再从电子商务交易形式中找出具有相应效果的手段，以确定其效力。据此，联合国《电子商务示范法》规定："如法律要求信息须采用书面形式，则假若一项数据电文所含信息可以调取以备日后查用，则满足了该项要求。"一些国家也采用了联合国示范法的做法，在国内法中对数据电文的书面形式要求做出类似规定，如美国《统一电子交易法》规定："如果当事人同意以电子手段进行交易，并且某一法律要求一方应以书面形式向另一方提供、发送或者送达信息，那么若此信息依其情形是由在接收器接收信息时有接收保持信息能力的电子记录来提供、发送或者送达的，则上述该法律的要求即被满足。"此外，澳大利亚《电子交易法》、新加坡《电子交易法》、中国香港地区《电子交易条例》等也对数据电文的书面形式要求做了类似的规定。

借鉴联合国《电子商务示范法》，中国《电子签名法》规定："能够有形地表现所载内容，并可以随时调取查用的数据电文，视为符合法律、法规要求的书面形式。"

4. 关于数据电文符合法定原件形式要求的规定

原件，即原始文件、原始资料，一般是指信息内容首次以书写、印刷等形式固定于其上的纸质或其他有形的媒介物。原件是与传统法律环境下的书面形式相联系的，只有传统的书面形式的文书才会有原件和副本的区别。数据电文是通过电子形式输入、生成、传输和储存的，以有形形式表现出来的总是"副本"，不可能有什么原件。因此，在法律要求某一文书采用原件形式时，在传统的法律环境下，数据电文是不能满足要求的。

在这一问题上，联合国《电子商务示范法》同样采用了"功能等同法"。从文书原件所要达到的功能出发，找到实现"原件功能"的基本要求，然后再规定符合这一要求的数据电文就视为符合原件的形式要求。

借鉴联合国《电子商务示范法》，中国《电子签名法》规定："符合下列条件的数据电文，视为符合法律、法规规定的原件形式要求的数据电文：（一）能够有效地表现所载内容并可供随时调取查用；（二）能够可靠地保证自最终形成时起，内容保持完整、未被更改。但是，在数据电文上增加背书以及数据交换、储存和显示过程中发生的形式变化不影响数据电文的完整性。"

9.3.3. 认证机构的法律地位

中国《电子签名法》明确规定了认证机构的法律地位、电子认证服务的市场准入制度等问题。

（1）认证机构的法律地位。电子签名需要第三方认证的，由依法设立的电子认证服务提供者提供认证服务。

（2）提供电子认证服务应当具备的条件。具有与提供电子认证服务相适应的专业技术人员和管理人员；具有与提供电子认证服务相适应的资金和经营场所；具有符合国家安全标准的技术和设备；具有国家密码管理机构同意使用密码的证明文件；法律、行政法规规定的其他条件。

（3）电子认证服务提供者签发的电子签名认证证书应当载明的内容。其包括电子认证服务提供者名称；证书持有人名称；证书序列号、证书有效期；证书持有人的电子签名验证数据；电子认证服务提供者的电子签名；国务院信息产业主管部门规定的其他内容。

（4）相关法律责任。电子签名人知悉电子签名制作数据已经失密或者可能已经失密未及时告知有关各方并终止使用电子签名制作数据，未向电子认证服务提供者提供真实、完整和准确的信息，或者有其他过错，给电子签名依赖方、电子认证服务提供者造成损失的，承担赔偿责任。

电子签名人或者电子签名依赖方因依据电子认证服务提供者提供的电子签名认证服务从事民事活动而遭受损失，电子认证服务提供者不能证明自己无过错的，承担赔偿责任。

■ 9.4　构筑中国电子商务法律法规体系

《电子签名法》的出台已经大大推进了中国电子商务立法的进程，《关于加快电子商务发展的若干意见》这样一个专门指导电子商务发展的政策性文件的出台、实施，又发出了一个十分明确的信号，电子合同、网络服务提供者的责任认定、税收、消费者权益保护、隐私权保护等方面法律法规的订立将被提到议事日程，从而有利于加快中国电子商务立法的进程并增强立法之间的协调性。

9.4.1　电子合同

电子合同在电子商务中有极其重要的地位。虽然《中华人民共和国合同法》（简称《合同法》）早已承认了电子合同的法律效力，但缺失相应的规则。中国《电子签名法》确立了电子记录归属于特定人、等同于原件等基本规则，为电子合同的可执行性提供了依据；但是否就意味着电子合同可以畅通地应用，这仍然是值得怀疑的。一方面，中国《电子签名法》确立的规则仍然是原则性的，其应用仍然需要解释或先例；另一方面，大量的电子合同并不使用电子签名，这些电子合同如何被认定为有效的证据更是需要司法实践的探索。

(1) 电子商务合同与传统合同的区别。传统的合同形式主要有两种，即口头形式和书面形式。口头形式是指当事人采用口头或电话等直接表达的方式达成的协议，而书面形式是指当事人采用非直接表达方式即文字方式来表达协议的内容。

在电子商务中，合同的意义和作用没有发生改变，但其形式却发生了极大的变化：①订立合同的双方或多方大多是互不见面的。所有的买方和卖方都在虚拟市场上运作，其信用依靠密码的辨认或认证机构的认证。②传统合同的口头形式在贸易上常常表现为店堂交易，并将商家所开具的发票作为合同的依据。而在电子商务中，标的额较小、关系简单的交易没有具体的合同形式，表现为直接通过网络订购、付款，如利用网络直接购买软件。但这种形式没有发票，电子发票目前还只是理论上的设想。③表示合同生效的传统签字盖章方式被数字签名所代替。④传统合同的生效地点一般为合同成立的地点，而采用数据电文形式订立的合同，收件人的主营业地为合同成立的地点，没有主营业地的，其经常居住地为合同成立的地点。

(2) 电子商务立法中有关电子合同的法律规定。为解决因电子合同在各国合同法中的差异及电子合同的法律效力问题所引起的争议，联合国《电子商务示范法》在第 6~9 条对电子合同的书面、签字、原件及数据的证据效力等问题都做出了详细的规定。欧盟《电子商务指令》、英国《电子商务法》、新加坡《电子交易法》及中国香港地区《电子交易条例》都专章规定了电子合同。欧盟、英国关于电子合同的规定主要包括以下内容：除几个例外领域外，都可以电子形式订立合同；经营者在合同成立前应当向交易对方提供有关合同订立方式、步骤以及交易条件的信息；经营者对收到的订单（要约）应当及时确认收讫，并采取措施使对方在下订单前有机会更正输入错误。新加坡《电子交易法》在"电子合同"一章中规定了电子合同的订立和有效性、在当事人之间的效力、数据电文的归属、数据电文的确认收讫以及收发数据电文的时间和地点。中国香港地区《电子交易条例》在"电子合约"一章中规定了电子合约的成立及有效性。新加坡和中国香港地区的上述规定均源自联合国《电子商务示范法》。

9.4.2　网络服务提供者的责任认定

网络服务提供者是随着 Internet 的发展才产生的，是为各类开放性的网络提供信息传播中介服务的，网络服务提供者能否为用户提供可信赖的服务对发展电子商务意义重大。

根据网络服务者提供的服务，网络服务提供者主要包括接入服务提供者、主机服务提供者、电子公告板经营者、信息搜索服务提供者等。当网络服务提供者提供越来越多的增值服务之后，其责任风险就增加了。网络服务提供者的责任风险主要包括侵犯知识产权的责任、传播诽谤他人信息的责任、传播非法和有害信息（如色情信息）的责任、提供咨询服务产生的责任以及提供中介服务产生的责任。

(1) 责任标准。网络服务提供者的责任是关系到发展电子商务的一个核心问题。这一问题不解决，将阻碍市场的顺利运行，损害跨国服务的发展和正常的市场竞争。要界定网络服务提供者的侵权责任，首先要明确网络服务提供者的责任标准，使网络服务提供者可以预见到自己的行为是否属于侵权。

各国在进行电子商务立法时都注意适当限制网络服务提供者的责任，不过采取的形式有所不同。从目前世界主要国家和地区的立法、判例及学说的发展趋势来看，判断网络服务提供者为他人的侵权行为承担的责任主要有两种：一种是严格责任；另一种是过错责任。

严格责任只存在于网络版权保护发展的初期，以美国为代表。一些国家的法律之所以规定网络服务提供者承担严格责任，是因为认定网络服务提供者对在其系统或网络中存储和传播的材料具有监控义务。随着网络技术的发展，监控义务及严格责任逐渐暴露出它对网络服务业的阻碍作用，主要是因为这种监控义务已经超出了网络服务提供者的实际能力，越来越多的国家意识到严格责任对网络服务提供者的束缚，开始寻求比较适合网络服务提供者的责任标准。

与严格责任相比，过错责任考虑到广大中小网络服务提供者的实际能力，使其免于承受沉重的责任风险。最终，网络服务提供者的责任标准由严格责任转换到过错责任。

中国对网络服务提供者的责任认定主要体现在《关于审理涉及计算机网络著作权纠纷案件适用法律若干解释》方面的规定，由于中国的一般归责原则为过错原则，所以网络服务提供者所承担的也是过错责任。此外，根据中国的立法，网络服务提供者负有协助调查的义务。例如，该解释第 6 条规定："提供内容服务的网络服务提供者，对著作权人要求其提供侵权行为人在其网络的注册资料以追究行为人的侵权责任，无正当理由拒绝提供的，人民法院应当根据民法通则第 106 条第二款的规定，追究其相应的侵权责任。"《互联网电子公告服务管理规定》第 15 条也规定，互联网接入服务提供者应当记录上网用户的上网时间、用户账号、互联网地址或者域名、主叫电话号码等信息，记录备份应保存 60 日，并在国家有关机关依法查询时，予以提供。

（2）责任限制。限制网络服务提供者责任的起点在于不给服务提供者施加一种一般性的监控义务，因为服务提供者没有能力保证通过其计算机系统的无数信息的合法性。服务提供者在作为纯粹的信息传输管道时或者进行信息缓存时，应当享受责任豁免权，即不因其传输或者存储的信息中含有违法内容而承担法律责任。这是因为在上述情况下，服务提供者对信息的传输和存储是技术性的、自动的和暂时的，服务提供者并不知道被传输或存储信息的内容，也不对被传输或存储的信息内容作任何修改。但是，服务提供者故意与其服务接受者合谋从事违法活动，则不属于责任限制之列。

（3）立法建议。为了减少网络服务提供者的责任风险，中国立法还应当做到：①鼓励网络服务提供者采取自愿的规则和措施以减少纠纷、避免责任。例如，网络服务提供者事先向用户说明其服务的性质和责任的范围，以合同形式限制网络服务提供者可能承担的责任。②制定任何有关网络服务提供者责任的法律规则必须充分参考和研究世界主要国家和地区的有关法律、法规，将网络产业作为一个全球性的整体来考虑。③鼓励网络服务提供者采用技术措施（如信息过滤），防止知识产权侵权责任（尤其是版权侵权责任）的发生。

9.4.3　税收

在网络这个独特的环境下，交易的方式采用无纸化，所有买卖双方的合同，作为销售凭证的各种票据都以电子形式存在，交易实体是无形的，交易与匿名支付系统连接，其过程和结果不会留下痕迹作为审计线索。如果不制定相关的税收制度与税收手段，以明确纳税对象或交易数字，将很难保证网上征税的正常进行。

1. 电子商务对税收工作的影响

（1）直接冲击税收公平原则。其主要表现为传统商贸企业与电子商务企业在税负方面出现明显差异，现有的税收征管方式难以对电子商务课税，使电子商务成为"优良"的国际"免税区"，形成巨大的"税收漏斗"。

（2）影响增值税的征收。

（3）影响税收征管。传统意义上的税收征管是以纳税人的真实合同、账簿、发票、往来票据和单证为基础的，而电子商务的账簿和计账凭证是以网上数字信息形式存在的，而且网上凭证又有随时被修改而不留痕迹的可能，使税收征管失去可信的审计基础。电子货币、电子支票、网上银行的出现和发展，更加大了税收征管难度，法律甚至不能对网上交易的偷逃税行为产生威慑作用。

（4）国际避税问题进一步复杂化。

（5）国际间的税收协调面临严峻挑战。由于电子商务交易方式的特点，各国对税收管辖权的确定一直以来都有争议。跨境交易的税收和关税问题主要是指是否缴税、税收管辖、防止双重收税以及税收流失等问题。

2. 加强电子商务税费管理

在电子商务领域，交易瞬间完成，税收主体身份难以确认，谁该纳税、谁交所得税、谁交流转税都没有约定，这就给税收征管带来很大不便。另外，由于中国征收税款是认发票的，而电子商务则很少有索要发票的行为，传统的税法很难应对电子商务提出的挑战。

中国的税法对电子商务如何征税还没有相应的规定，是按货物流动来征税，还是按资金流动来征税，还是通过全盘考虑来征税，都在探讨中，由于法律的不衔接，在税收上很容易产生空隙。另外，由于税收涉及管辖地的问题，还需要国际法的规范。发达国家希望将税款截留在总部，而发展中国家自然希望在本国收取税收，如印度的税法规定倾向不管资金是否在本国内流动都需要征收税款。

3. 制定鼓励中国电子商务发展的税费优惠政策

电子商务企业属于服务行业，根据《中华人民共和国营业税暂行条例》（简称《营业税暂行条例》），各企业需要缴纳的税费包括营业税（地税）、城建附加税和教育附加税。其中营业税为主要部分，收取额度为当年度该公司营业额（即公司收入，并非网上交易总额）的 5%。目前中国尚未有针对电子商务企业的税收优惠政策出台，但在部分地区，如果该电子商务企业申报了高新技术企业，则可享受"三免三减（国税）"的优惠。

为鼓励电子商务的发展，或者更长远地说是为扶植、保护我国的民族工业，有必要对从事电子商务的企业实行某些优惠政策，国家在税收上应给予适度的倾斜保护，对网上税收的税种、税率以及管辖权做出适当的法律规定。

《关于加快电子商务发展的若干意见》第 8 条就加快"研究制定鼓励电子商务发展的财税政策"指出：有关部门应本着积极稳妥推进的原则，加快研究制定电子商务税费优惠政策，加强电子商务税费管理。在这份国务院文件中，明确提出请国家财政部、国家工商总局进一步探讨落实问题，就电子商务企业税收的减免问题提出措施。

9.4.4　消费者权益保护

消费者作为电子商务的重要组成部分，其权益的保护显得极为重要。保护电子商务活动中的消费者权利，是增强消费者信心、促进电子商务发展的重要手段。

1. 国际电子商务立法中关于消费者权益保护的规定

欧盟的《远程销售指令》试图通过为消费者提供保障来促进电子商务，保障消费者在远程销售合同中得到本国消费者保护制度的保护。远程销售合同是指供需双方通过远距离通信技术进行商品和服务交易所缔结的合同。在远程销售合同中，消费者需要得到特别的保护，因为消费者的个人隐私会受到带进攻性的市场技术的侵犯，也会受到供方给消费者的不足和不适当的信息的侵犯，要面对用信用卡支付时可能带来的欺诈和错误风险。

OECD、美国、韩国等在电子商务立法中对消费者权益保护做了相应规定，专门制定了消费者权益保护指导原则，其主要内容包括：①有效保护，即为电子商务中的消费者提供不低于对传统商务中消费者的保护程度；②公平经营，即经营者的广告和营销等经营行为应当公平，禁止欺诈、欺骗、误导消费者；③信息披露，即经营者有义务披露关于其自身、所提供的商品或者服务以及其他有关交易的信息，使消费者能够基于充分信息做出决定；④提供确认程序，使消费者有充分机会更正错误，表示真实意思，并能够在做出最终决定前撤销交易；⑤安全支付，即经营者应当提供安全、便于使用的支付机制以及有关的安全信息；⑥鼓励采用快捷、低成本的替代性争端解决机制；⑦保护交易中获悉的消费者隐私。

2. 中国电子商务中消费者权益保护的立法现状

综观中国现有法律规定，对电子商务消费者权益的法律保护散见于《中华人民共和国民法通则》（简称《民法通则》）、《合同法》、《中华人民共和国消费者权益保护法》（简称《消费者权益保护法》）、《中华人民共和国电信条例》（简称《电信条例》）、《中华人民共和国计算机信息网络国际联网管理暂行规定》（简称《计算机信息网络国际联网管理暂行规定》）、《计算机信息网络国际联网安全保护管理办法》等规定，内容简单、散乱，缺陷不少，可操作性不强，远远不能适应电子商务迅速发展所要求的对消费者权益保护的迫切需要。

3. 立法建议

在立法体系上，中国应针对现有规定散乱的现状，统一规范。为适应电子商务迅速发展的迫切需要，可先行修改现有的《消费者权益保护法》，在《消费者权益保护法》上增设"电子商务中的消费者权益保护"专章。时机成熟时，可直接制定专门的《网络消费者权益保护法》。在立法技术上，应制定具体而有操作性的法律条文，而不能太笼统，无法操作。在保护手段上，采取行政监管和司法救济双管齐下的手段，运用民事、行政和刑事的共同保护，国内规范和国际合作相互配合等，切实加强对电子商务消费者权益的法律保护。

9.4.5 隐私权保护

1. 网络隐私权的含义

网络隐私权是指网络环境中在最少的干涉下顺应自己的意愿而生活的权利，其核心是网络环境中对隐私权利的控制。网络隐私权保护的重心是网络环境中对个人信息资料（包括个人数据、私人信息、个人领域等）的控制与利用。

2. 网络隐私权的基本内容

（1）知情权。用户有权知道网站收集了关于自己的哪些信息，这些信息将用于什么目的，以及该信息会与何人分享。

（2）选择权。消费者对个人资料的使用用途拥有选择权。

（3）合理的访问权限。消费者能够通过合理的途径访问个人资料并修改错误的信息或删改数据，以保证个人信息资料的准确与完整。

（4）足够的安全性。网络公司应该保证用户信息的安全性，阻止未被授权的非法访问。用户有权请求网站采取必要而合理的措施，保护用户的个人信息资料的安全。

（5）除上述之外，还应该包括用户的信息控制权（用户有权决定是否允许他人收集或使用自己的信息的权利）和请求司法救济权（用户针对任何机构或个人侵犯自己信息隐私权的行为，有权提起民事诉讼）。

3. 网络隐私权的相关法律保护

为了保护个人隐私，增进消费者对电子交易的信心，一些国家和组织的电子商务立法都规定了对个人数据的保护。以欧盟为例，其关于个人数据保护的主要规定包括：有限收集，即认证服务提供者所收集的消费者数据必须是为签发或者维护证书所必需的；直接收集，即除非已经征得数据主体的明确同意，认证服务提供者不得向数据主体以外的其他任何单位或者个人收集该数据主体的个人数据；目的特定，即除非已经征得数据主体的明确同意，认证服务提供者不得为任何其他目的收集个人数据，或者对所收集的个人数据进行处理，或者提供给其他人。

中国《计算机信息网络国际联网安全保护管理办法》第 7 条规定："用户的通信自由和通信秘密受法律保护。任何单位和个人不得违反法律规定，利用国际联网侵犯用户的通信自由和通信秘密。"《中华人民共和国计算机信息网络国际联网管理暂行规定实施办法》第 18 条规定："不得擅自未经许可，篡改他人信息，冒用他人名义发出信息，侵犯他人隐私。"若要系统地对网络隐私权加以保护，则这些规定是不能胜任的，而且在审判实践中可操作性也不强。

9.5　电子商务立法领域其他热点问题

9.5.1　信用体系建设

1. 电子商务的规范与发展需要信用体系

在电子商务全球化的发展趋势中，电子商务交易的信用危机也悄然袭来，虚假交易、假冒行为、合同诈骗、网上拍卖哄抬标的、侵犯消费者合法权益等各种违法违规行为屡屡发生。合理规范的信用体系不仅有利于电子商务的健康、规范发展，而且对树立全社会信用意识、完善中国的市场经济体制、建立公平公正的市场经济秩序起着巨大的推动作用。

《关于加快电子商务发展的若干意见》第10条就加快信用体系建设指出："加强政府监管、行业自律及部门间的协调与联合，鼓励企业积极参与，按照完善法规、特许经营、商业运作、专业服务的方向，建立科学、合理、权威、公正的信用服务机构；建立健全相关部门间信用信息资源的共享机制，建设在线信用信息服务平台，实现信用数据的动态采集、处理、交换；严格信用监督和失信惩戒机制，逐步形成既符合中国国情又与国际接轨的信用服务体系。"

2. 中国电子商务目前主要采取的信用模式

目前，中国电子商务采取的信用模式主要包括中介人模式、担保人模式、网站经营模式和委托授权模式。

（1）中介人模式。该模式将电子商务网站作为交易中介人，达成交易协议后，购货的一方要将货款、销售的一方要将货物分别交给网站设在各地的办事机构，当网站的办事机构核对无误后再将货款及货物交给对方。这种信用模式试图通过网站的管理机构控制交易的全过程，虽然能在一定程度上减少商业欺诈等商业信用风险，但却需要网站有较大的投资来设立众多的办事机构，而且还有交易速度和交易成本问题。

（2）担保人模式。该模式是以网站或网站的经营企业为交易各方提供担保为特征，试图通过这种担保来解决信用风险问题。这种将网站或网站的主办单位作为一个担保机构的信用模式，也有一个核实谈判的过程，无形中增加了交易成本。因此在实践中，这一信用模式一般只适合用于具有特定组织性的行业。

（3）网站经营模式。该模式是通过建立网上商店的方式进行交易活动，在取得商品的交易权后，让购买方将购买商品的货款支付到网站指定的账户上，网站收到购物款后才给购买者发送货物。这种信用模式是单边的，是以网站的信誉为基础的，这种信用模式一般主要适用从事零售业的网站。

（4）委托授权模式。该模式是网站通过建立交易规则，要求参与交易的当事人按预设条件在协议银行建立交易公共账户，网络计算机按预设的程序对交易资金进行管理，以确保交易在安全的状况下进行。这种信用模式中电子商务网站并不直接进入交易的过程，交易双方的信用保证是以银行的公平监督为基础的。

这四种信用模式是从事电子商务企业为解决商业信用问题所进行的积极探索，但各自存在的缺陷也是显而易见的。

3. 信用体系建设的相关法律保护现状与立法建议

2001 年，国家经济贸易委员会（简称国家经贸委）同国家工商总局等十部委联合下发了《关于加强中小企业信用管理若干意见的通知》；2003 年 7 月 17 日，国家税务总局出台了《纳税信用等级评定管理试行办法》；2003 年 10 月 16 日，中国证券业协会发布了《中国证券业协会会员诚信信息管理暂行办法》；2003 年 10 月 31 日，国家工商行政管理总局发布了《关于对企业实行信用分类监管的意见》；2004 年 3 月 3 日，国家质检总局发布了《关于开展质量信用等级评价工作有关问题的通知》；2007 年 3 月 23 日，国务院发布了《国务院办公厅关于社会信用体系建设的若干意见》。这些法规的先后出台，在政府立法规范信用体系建设方面做了一些探索，国务院已明确由全国整顿和规范市场经济秩序领导小组办公室（简称整规办）作为信用体系建设的带头单位。整规办为此正在进行一系列的工作，包括制订《社会信用体系建设规划和实施方案》等。但这与电子商务发展的整体需求相比是远远不够的，制定旨在加强信用体系建设的单行法律法规应该尽快提到中国电子商务法制建设的议事日程上。

9.5.2　网络游戏领域的财产权问题

1. 网络游戏领域的财产权问题立法的必要性

目前将网络游戏财物（包括游戏账号等级、游戏货币、游戏装备等）进行货币交易已成为"热门生意"，国内有超过千家虚拟物品网站从事中介，这一新兴交易市场规模至少超过 10 亿元。但虚拟财产在法律上的真实性认定还没有得到认可，处于国家法律法规的空白地带。网络虚拟财产的获得，往往经过持有者的个人劳动（上网练习）、真实财物付出（购买游戏卡）、市场交易（买卖装备）。从法律上讲，财产具备占有、使用、处分、收益四个特征，而这四个特征虚拟财产都具备。因此，网络虚拟财产已具备了真实财产的基本特性，应与真实财产一样得到法律的保护。

在网络游戏这个庞大的产业中，游戏中的装备、虚拟人等虚拟物品成了核心内容，追求升级和高级装备本身就已成为了游戏消费者参与游戏的一个主要目的。围绕着虚拟物品交易，产生了以在游戏中获取虚拟物品为工作的职业玩家和炒作游戏点卡和虚拟物品的炒家等，这实际上已经形成了月交易量近亿元的产、供、销一条龙的网上交易黑市。目前涉及网络虚拟财产的纠纷越来越多，如果不尽快对此进行法律规范的话，那么不仅是损失大量的税金，甚至可能引发刑事案件等不利后果，网络虚拟财产迫切需要立法进行保护。

2. 国外有关网络虚拟财产保护立法借鉴

在立法和司法上承认网络虚拟财产已经成为一种趋势。韩国及中国台湾、中国香港等地区均已出台了相关法律，并且已经出现了侵犯网络虚拟财产刑事判决的先例。

9.6　电子商务法律服务与保障体系建设

《关于加快电子商务发展的若干意见》明确提出要推动中国网络仲裁、网络公证等法律服务与保障体系建设。加强网络仲裁、网络公证对于中国电子商务的发展具有重要意义。

9.6.1 网络仲裁

1. 网络仲裁概述

仲裁是指由争议双方自愿将争端提交独立的第三方审理并做出裁决的一种非司法程序。伴随着 Internet 的飞速发展，一种高效、低廉的新的仲裁方式被提上议程，这就是网络仲裁。网络仲裁是指通过 Internet 联络进行仲裁审理的程序，不需要仲裁员亲自到某地会合，也不需要争议各方到某个地点进行协商。网络仲裁包括仲裁程序的各个主要环节，诸如仲裁协议提交、开庭审理、提供证据、做出裁决等，所使用的技术包括电子邮件、聊谈组、电子或可视会议等。

网络仲裁虽然是解决网上纠纷的比较理想的方式，但网络仲裁能否被各国国内法以及国际条约（其中最主要的是《关于承认和执行外国仲裁裁决公约》）所确定的法律体系确认为有效，换言之，能否使网络仲裁的新规则与旧有仲裁机制保持一致，依然存在广泛争议。

2. 网络仲裁争取中国国内法承认的方式

一是由法律判例方式来承认网络仲裁业务的合法性。具体操作是，由合法仲裁机构实际裁决一个案件，并由法院强制执行。这是以"判例法"的形式争取合法性承认。

二是以最高人民法院批复或司法解释的方式承认网络仲裁的合法性。在有关仲裁机构实际裁决案件后，一方当事人申请法院强制执行，执行法院上报最高人民法院，最高人民法院以批复或司法解释的方式承认网络仲裁的合法性。

三是由全国人民代表大会常务委员会（简称全国人大常委会）对网络仲裁合法性做出承认立法解释。由司法部或有关仲裁机构向全国人大常委会提请咨询《中华人民共和国仲裁法》（简称《仲裁法》）的解释，咨询内容主要包括是否对网络仲裁做出规定等。

3. 网络仲裁纳入在线争议解决机制的法律调整

在线争议解决机制（online dispute resolution，ODR）是利用网络解决各种争议的总称，它主要包括在线仲裁（online arbitration）、在线调解（online mediation）和在线和解（online negotiation）三种方式。它将网络资源充分引入争议解决中，利用全球各地的人力资源、电脑程序及便捷的信息传输，可在任何国家、聘用任何国籍的仲裁员或者调解员、通过任何语言解决争议，具有快速、费用低廉、便利等网络空间争议解决所需要的各类重要价值因素。

9.6.2 网络公证

1. 开展网络公证的必要性

电子商务的蓬勃发展给公证行业提供了拓展业务的机遇，为公证事业的发展提供了更为广阔的空间，如网络中身份确认、行为确认、身份与行为相关联的确认以及数据传输的保密、完整等。面对虚拟世界的这些问题，公证机构凭借原有的工作流程和传统公证手段是无法解决的。

网络公证的特点之一是运用先进的网络技术手段实现对网络世界中证明的需求；特点之二是运用的软件流程局部和全部实现某些网络世界中的证明。计算机及网络技术的发展，增强了公证机构实现其工作目标的手段和方法，可以极大地提高工作效率，有助于中介、沟通作用的发挥。

尽管网络公证将改变传统公证的手段、方法和程序，但是它在法律事实、法律行为上的证明权的性质没有改变，是公证证明权在网络领域的延伸运用，是公证机构主动适应变化了的公证对象，调整自身以满足完整的国家证明权的需要。

2. 开展网络公证的现实基础

目前中国调整电子商务合同的专项法律、法规尚未出台。虽然《合同法》规定了数据电文条款，但涉及书面交易形式要件的票据法、证据法等相关法律并未修正，因而对于电子商务的推广，仍有许多法律障碍。如果公证机构开展网络公证业务，则可以在一定程度上克服这些困难。

中国的公证业务与英美等国的公证有所不同，中国实行的是实质性公证审查，不但要对事实的真实性做出证明，还负有对行为合法性的审核，要求比较高，这表现在公证程序的完备和对从业人员的素质要求等方面。通常，由中国公证机构做出的公证证明，法院都直接作为有效证据采信，除非有相反的证据予以推翻。尽管目前证据法尚未赋予在线公证证明与纸面公证同等效力，但法院在审查这些经过实质审查的证明时，其证据采信程度可能会更大一些。所以网络公证有可能从实践上为电子商务交易各方提供较为妥当的证据保障形式，从而弥补中国电子商务立法不足的状况，公证机构介入电子商务认证，有利于缓解中国现行法规与电子商务发展相冲突的状况。

9.7　我国电子商务法律机制体系的构建

我国的电子商务法律机制体系的构建主要分为三部分，即对信息流的规范、对资金流的规范和对物流的规范。

9.7.1　对信息流的规范

目前国际社会广泛认可的有关电子商务立法的文献是联合国国际贸易法委员会草拟的《电子商务示范法》，所以我国在电子合同立法方面应以此为蓝本，并结合我国合同法中有关数据电文的相关规定来构建我国的电子合同法律体系。同时，各界对电子代理人的有关界定和规范也有广泛的讨论，电子代理人是指由编制人设定，在无人操作的情况下，按照预先设定的程序进行各种电子商务活动，以实现编制人的意愿。电子代理人是由人编制的，代表着编制人的意思，虽然电子代理人不具有法律人格，但是通过电子代理人进行的行为同样反映编制人的意思，具有同自然人与法人作为代理产生同样的法律效力。但也不能否认电子代理人的特殊性。

由于电子商务本身的特殊性，所以电子商务的安全应是电子商务立法应关注的主要问题，可以说世界上每个国家的电子商务立法都把这一问题放在极其关注的位置上。首先要明确的是对电子签名是否具有效力的认定，新加坡、欧盟和美国等国家或国际组织都有立法对电子签名效力的认定持肯定的态度，由此可见，确定电子签名具有法律效力是国际社会的共同要求。所以，中国的电子商务立法不能与国际社会的共同要求背道而驰，我国应承认电子签名的法律效力，这是毋庸置疑的。但是，电子签名不仅是一个法律问题，同样也是一个技术问题，这就要求我们借鉴一些国家先进的、可行的立法经验和立法方法，在解决法律问题的基础上也要兼顾技术问题，应保持技术的中立性，并对安全电子签名问题作相应的规定。

知识产权保护是电子商务中的另一重大的课题。就目前的研究成果来看，电子商务中商标权问题主要涉及域名的保护。有学者认为，对于域名的保护没有必要专门制定新的法律来调整和规范与其相关的法律关系，直接使用反不正当竞争法进行调解即可。我国最高人民法院公布的《关于审理涉及计算机网络著作权纠纷案件适用法律若干问题的解释》对网络侵权问题进行了规定，再加上传统的商标法和反不正当竞争法，这些都对电子商务中著作权保护有积极的作用。但目前对电子商务中出现的新的著作权法律关系没有相应的司法解释。一般认为，电子商务知识产权保护中有三方面已经成为在世界范围内得到公认的、在网络环境下著作权保护中最重要的权利，即网络传播权、技术措施的法律保护以及数据库的特殊权利保护。在我国，虽然在网络传播权方面有比较全面的规定，但在其他两方面的有关法律规定还有欠缺。这种情况也应成为我国著作权保护立法关注的重点。有效的技术措施问题是技术措施的法律保护涉及的重要问题。对有效的技术措施的界定可以借鉴欧盟的标准，并且结合我国电子商务市场具体情况和有关著作权保护的立法现状，首先制定切实可行的法律以解决技术措施的法律保护空白。其次，对于数据库的法律保护，我们要承认制定有关数据库保护的专门法律是必需的，核心问题是什么样的数据库才有资格受到法律的保护，有学者认为，只要是独创性的数据库就应受到法律的保护，也有学者认为，应制定一个统一的认定标准来进行参考，但都是各说一家，目前没有统一的标准和明确的说法。

9.7.2　对资金流的规范

电子货币和电子支付等问题是该部分所涉及的主要的法律问题，电子货币是由网络银行发行的，并且具有与传统货币等同功能的一种数据货币，其本质是一系列的数据信息。随着电子商务的飞速发展，支付方式也必然会发生变革，网络商务具有快捷便利的特点，就要求方便快捷的网络支付方式与之相适应。电子商务的进一步发展以及引起的新的支付方式的出现，必然要求制定与之相适应的法律规范。在我国，首先应该由中国人民银行作为全国统一的电子货币管理机构，负责对电子货币技术标准进行制定，再由中国人民银行授权各银行发行自己的电子货币。

9.7.3　对物流的规范

新型的物流随着电子商务的发展而出现，电子物流是一种新型的物流方式，在运行过程中出现的问题是传统的物流法律规范所无法解决的，这就必然要求与之适应的法律规范的出现，对该法律规范的制定可以借鉴传统的产品质量法和消费者权益保护法。电子物流是一种通过在线以数据形式传送的商品或服务，因此应针对电子物流的特殊性制定相应的法律规范以适应电子商务的发展规律，保证电子商务市场的健康有序。

我国的电子商务立法还不成熟，这是我国实务界和立法界普遍持有的观点，他们呼吁制定一部完备可行的电子商务法。这是因为：其一，电子商务在我国才刚刚起步，发展程度还比较低，许多技术问题和法律问题有待研究；其二，电子商务一直是一个发展比较快速的部门，更新速度可谓日新月异，在这一领域可能永远看不到成熟的状态，即使这样，我们也要仔细考察研究，制定相关法律以规范这一领域的法律关系；其三，法律本身具有滞后性、不确定性等缺陷，这就无法避免制定法的不完备性，为了尽可能地使制定法完善，使之适应不断变化的形势，就需要法律工作者在实践中不断地丰富和改进。所以，在电子商务飞速发展的今天，要想在经济和科技发展中处于掌握主动权的有利地位，制定一部中国自己的电子商务法是极其紧迫的。

复习思考题

1. 为什么必须加强电子商务立法？
2. 全球电子商务立法具有哪些特点？
3. 简述《电子商务示范法》的作用与地位。
4. 什么是电子签名？有关国际组织和国家电子签名立法具有哪些特点？
5. 什么是数据电文？中国的《电子签名法》如何确定数据电文的法律效力？
6. 中国的《电子签名法》对电子认证服务的市场准入制度做了哪些明确规定？
7. 电子商务中合同的形式发生了哪些变化？
8. 网络服务提供者为他人的侵权行为承担责任有哪两种形式？各有什么特点？
9. 国际电子商务立法中关于消费者权益保护有哪些规定？
10. 什么是网络隐私权？网络隐私权包括哪些基本内容？
11. 试述加强电子商务法律服务与保障体系建设的必要性。

第 10 章

电子商务知识产权保护与标准化

本章要点：通过本章的学习，应该了解知识产权（intellectual property）的概念、范围和特征；理解加强对电子商务中知识产权保护的重要性；了解电子商务中著作权客体保护的重点；理解电子商务中的技术措施纳入著作权保护范围的原因；了解国际组织及发达国家对权利管理信息法律保护立法的共同点和不同点；了解域名与商标冲突的原因、表现类型；理解欧美发达国家对计算机软件、商业方法专利保护的战略意图；理解加强电子商务标准化工作的重要性。

10.1 电子商务知识产权保护概述

Internet 的发展对人类社会的法律制度提出了严峻挑战，而与技术紧密相连的知识产权则应该受到极大的重视。Internet 给知识产权的获取、传播和使用打开了方便之门，也给侵犯知识产权的行为提供了一条便捷之路。与电子商务有关的知识产权法律问题很多，世界各国都已经发生大量有关电子商务的知识产权纠纷，系统研究电子商务中的知识产权保护问题的范围及其特点并提出相应的应对措施已成为当务之急。随着我国电子商务的迅速发展，我国政府正积极地寻找和探讨适合中国的电子商务法律，已将其纳入了立法的轨道。

电子商务知识产权保护是电子商务法律法规体系中的研究重点，鉴于其重要性，本书专门辟出一章对其展开全面深入的论述。

10.1.1 知识产权概述

1. 知识产权的概念

知识产权是指人们对于自己的智力活动创造的成果和经营管理活动中的标记、信誉依法享有的权利，是与财产所有权、债权、人身权相并列的一类民事权利。知识产权和其他三类民事权利相比，最大的区别就在于它的保护对象（即客体）是特殊的，知识产权的客体是人的创造性智力成果以及用于工商业的识别性标记，我们可以将它们统称为知识产品。知识产品与一般物质产品的不同之处就在于，它是无形的，是人类智力活动、思想、情感的外在表现形式，它创造难而传播容易。

2. 知识产权的范围

根据 1967 年签订的《成立世界知识产权组织公约》，国际上一般对知识产权的范围划定如下：关于文学、艺术和科学作品的权利（著作权）；关于表演艺术家的演出、录音制品和广播节目的权利（著作邻接权）；关于人类一切领域的发明的权利（发明专利权及发明奖励权）；关于科学发现的权利（发现权）；关于工业品外观设计的权利（外观设计专利权或者外观设计权）；关于商标、服务标记、厂商名称和标记的权利（商标权、商号权）；关于制止不正当竞争的权利以及一切在工业、科学、文学或艺术领域内其他一切由于智力活动产生的权利。

作为世界贸易组织三大支柱之一的《与贸易有关的知识产权协定》（即 Trips 协议），从七个方面规定了对其成员保护各类知识产权的最低要求：版权及其邻接权、商标权、地理标志权、工业品外观设计、专利权、集成电路的布图设计、未经披露的信息（商业秘密）。

3. 知识产权的特征

（1）专有性，也称垄断性（独占性或排他性）。专有性是指知识产权专属权利人所有，知识产权所有人对其权利的客体享有占有、使用、收益和处分的权利。

（2）地域性。按照一国法律获得承认和保护的知识产权，只能在该国发生法律效力，而不具有域外效力。要使对知识产权的保护延伸到本国以外，对著作权而言，依赖于国际公约或者双边协定即可；专利权、商标权则必须经他国行政主管机关的确认方可产生法律效力。

（3）时间性。知识产权有一定的有效期限，它不能永远存续。在法律规定的有效期限内，知识产权受到保护，超过法定期间，知识产权权利自行消失，相关的智力成果就不再是受保护客体了，而成为社会的共同财富，为人们自由使用。例如，依据《中华人民共和国专利法》（简称《专利法》）第 42 条，发明专利的有效保护期为 20 年，实用新型专利为 10 年，外观设计专利为 10 年。

10.1.2　电子商务知识产权保护的意义

（1）保护权利人在网络上的合法权利。知识产权制度诞生几百年来，催生了一个又一个具有划时代意义的重大发明，成为各国推动技术创新的基本法律制度和重要政策手段，在振兴经济、增强国际竞争力方面发挥了重要作用。随着科学技术和经济全球化的迅猛发展，知识和智力资源的创造、占有和运用，拥有知识产权的数量和质量已成为各国参与国际竞争的重要基础。

保护权利人在网络上的合法权利，才能使知识产权制度作为规范知识的占有、配置、应用、传播的体制和机制，在促进科学技术进步、文化繁荣和经济发展中发挥积极作用。

（2）实现与国际的接轨。欧美发达国家对电子商务知识产权的法律保护一直走在我国前面，每次做出新的调整，发达国家总会尽力将其推进国际保护。所以我国对电子商务知识产权的保护，不能仅仅根据我国的国情来制定，应尽量减少电子商务国际贸易争端。

（3）促进信息资源的开发利用。狭义上的信息资源包括各种数据库；从广义讲，信息资源还包括可以上网的音像节目、图书和各种数据库等。信息资源已被列为我国信息化体系的七大要素之一。如果我们把信息产业链比作一条长龙的话，信息资源就像是"龙珠"。没有"龙珠"，作为"龙头"的运营商就成了无源之水、无本之木，处于"龙身"、"龙尾"的电脑制造业、通信设备制造业、集成电路制造业也都无法继续发展。我国并不缺乏信息资源，但现实中我国信息资源开发利用进展缓慢，在 Internet 硬件建设日臻完善的同时，用户普遍抱怨网上"有路无车"，其重要原因之一在于缺乏相应的知识产权保护的政策法律保障。

10.2　电子商务中的著作权保护

相对于商标权与专利权而言，Internet 上的著作权问题最为复杂。这一方面是因为著作权采取作品完成自动取得的制度，并不像商标权与专利权需要相关机构的认可；另一方面则是 Internet 的迅速发展强烈影响了作品的创作、复制和传播，给著作权法律制度带来了前所未有的震撼。

Internet "无中心"、"数字化"的基本特征使得传统著作权保护的地域性限制荡然无存，便捷、快速、个性化的数字化复制和传递，让传统高昂的侵权成本几乎为零。Internet 对作品的无限复制性、快捷的全球传播性以及网络的虚拟性使得著作权人在网络上很难实现对作品的专有控制，作品一旦上网，任何人就可以对其随意使用、修改，而著作权人却不可能对这些侵权行为进行查证。侵权行为给著作权人造成的损害仅仅是表面的，其更深层次的危害是影响了我国的投资环境，并造成国家税收大量流失。

10.2.1　著作权客体的法律保护

1. 著作权客体法律保护概述

我国著作权法所称的作品，是指文学、艺术和科学领域内，具有独创性并能以某种有形形式复制的智力创造成果。依据最高人民法院《关于审理涉及计算机网络著作权纠纷案件适用法律若干解释》（简称《解释》）的规定，网络作品主要是指受著作权保护的作品的数字化形式，包括《中华人民共和国著作权法》（简称《著作权法》）第 3 条规定的各类作品：文字作品；口述作品；音乐、戏剧、曲艺、舞蹈作品；美术、摄影作品；电影、电视、录像作品；工程技术、产品设计图纸及其说明；地图、示意图等图形作品；计算机软件；法律、行政未能规定的其他作品的数字化形式。但有些作品也会在网络环境下无法归于《著作权法》第 3 条列举的作品范围，只要其是在文学、艺术和科学领域内，具有独创性并能以某种有形形式复制的其他智力成果也应视为网络作品，从而受到法律的保护。这样，网络中特有的表现形式，如网页页面设计和网站的标志性设计等以前无法归纳进著作权法的保护范围的作品，因其同样具有创造性和可复制性，现已被《解释》纳入著作权保护范围，对它的侵权行为也将受到制裁。

网页及电子数据库应作为哪种作品进行保护，应如何保护，是我国在电子商务中著作权客体保护方面的两大问题。

2. 网页的法律保护

从我国的司法实践和学者讨论来看，网页的法律保护主要分为著作权保护与反不正当竞争保护。

（1）著作权保护。《伯尔尼公约》第 2 条第 5 款规定："文学或艺术作品的汇集本，诸如百科全书和选集，由于对其内容的选择和整理而成为智力创作品，应得到与此类作品同等的保护。"美国 1976 年《版权法》第 101 条规定："汇编是由收集和组织经过选择、调整、安排的原有材料或数据构成的整体上有原创性的作品。"我国 2001 年 10 月 27 日修订实施的《著作权法》第 14 条也做了相似的规定。可以看出，网页集合文、图、声等多种表现形式信息的特点，与汇编作品对信息的集合有相同之处，我国完全可以将网页纳入汇编作品的保护范围中。我国还相继出台了一些与著作权相关的法律法规，如《中华人民共和国著作权法实施条例》（简称《著作权法实施条例》）、《计算机软件保护条例》、《信息网络传播权保护条例》。2005 年 4 月 30 日国家版权局与信息产业部联合发布了《互联网著作权行政保护办法》，旨在加强互联网信息服务活动中信息网络传播权的行政保护，规范行政执法行为。

但是将网页作为汇编作品获得的保护极为有限。汇编作品保护的只是选择或编排的形式，并不延及其内容，所以在判断一个网站是否构成了对另一个网页的抄袭时，不能仅仅是因为原、被告两个网页看起来相似就认定被告抄袭。导致"相似"的原因有很多种：如果因为两者都使用了公有领域的某些材料、元素或设计，那么并不存在谁抄袭谁的问题；如果仅仅因为两者汇编的内容相同或相似，那么也不构成抄袭，只有在被告抄袭了原告内容的选择或编排，导致原、被告网页相似时，被告的行为才可能构成对原告汇编作品的著作权的侵犯。

（2）反不正当竞争保护。我国法院在司法审判中已经意识到著作权法对网页保护的局限性。在网页无法获得著作权保护的情况下，法院采取了另一种途径实现对网页的保护，即采用反不正当竞争保护，反不正当竞争法在一定程度上起到了补充作用。即使是采用了网页所有者的部分内容，但只要与其网页构成相似，并造成了混淆效果，网页所有者就可以依据《中华人民共和国反不正当竞争法》（简称《反不正当竞争法》）要求保护自身权益。而在实践中，网页所有者之所以会因他人抄袭网页提起诉讼，也正是因为这种抄袭可能会造成混淆、误导公众，最终损害其经济利益。所以网页所有者通过《著作权法》及《反不正当竞争法》，就可以充分保护对网页的合法权利。

3. 数据库的法律保护

（1）国际组织和欧美发达国家对数据库的特殊权利保护。早在 20 世纪 80 年代，国际组织和欧美发达国家就已经明确将数据库作为汇编作品进行保护。将数据库作为汇编作品保护在一定程度上保护了数据库制造者的权利，促进了数据库产业的发展，但是汇编保护却存在着不可避免的局限性，只保护结构而不保护内容加剧了著作权法的弱保护性。

面对著作权法对数据库的弱保护性，国际组织和欧美发达国家的解决办法是赋予数据库制造者一种特殊权利，它是一种独立于版权保护的法律制度，其根本目的就是保护数据库制作者在数据库上的投资。

目前，对数据库立法进行保护的国家已不止一个，欧盟《数据库法律保护指令》的出台，大大加速了国际上对数据库保护的进程，国际上对数据库进行法律保护已呈现出全新的局面。

欧盟建立了数据库特殊权利保护之后，联合国世界知识产权组织（World Intellectual Property Organization，WIPO）及美国很快做出了反应。WIPO 意识到现有的《伯尔尼公约》与 Trips 协议无法适应对电子数据库的保护。1996 年，WIPO 综合了欧美的建议，公布了数据库条约草案，但在 1996 年 12 月 WIPO 的外交会议上，该草案遭到许多发展中国家和一些发达国家的强烈反对，没有就"数据库条约草案"的实质内容进行讨论。1997 年 3 月，WIPO 再次召集政府讨论该问题，1997 年 9 月 WIPO 又一次召开了关于数据库知识产权保护的信息会议，继续讨论数据库特殊权利国际保护的可能性。因此，到目前为止，在数据库国际保护的层次上只有一个草案，对于特殊权利保护的可能性的讨论还在进行。

除此之外，其他很多国家也相继出台了很多数据库保护方面的法律。例如，美国早在 1975 年就设置了专门的著作权作品新技术应用国家委员会，根据委员会建议，美国国会 1980 年通过了《著作权法修正案》，将数据库作为编辑作品纳入其保护范围；英国《1997 版权和资料库权利》条例规定了两层保护方式。条例中规定：对独创性数据库，采用版权保护，对非独创性数据库，则采用特别权利保护。

（2）我国数据库法律保护现状分析及立法建议。为了消除版权贸易的障碍，加入世界贸易组织前夕我国对《著作权法》进行了一系列的修改。其中一项内容就是将非作品汇编而成的作品纳入《著作权法》保护的范围，这在一定程度上促进了我国数据库产业的发展，同时也意味着我国也存在着数据库版权弱保护的问题。

为解决这一问题，我国法院在司法实践中主要依靠反不正当竞争法进行保护。反不正当竞争法在一定程度上弥补了版权弱保护的不足，保护了数据库制作者在材料的收集、整理、证明、编排等方面付出的投资，制止了窃取数据库制作者劳动成果的"搭便车"行为。

我国数据库产业仍然处于形成阶段，数据库产品的类型、数量及市场规模还无法与发达国家的产品相比。为了满足信息资源建设的需要，缩小与国际同类产品的差距，不仅要加大投资进行发展，同时适当的产业政策和完善的法律保护机制也是必不可少的环节。因此，我国也应该积极制定与国际接轨的、与数据库发展相适应的法律制度，以促进我国数据库产业的快速发展。

10.2.2　技术措施的法律保护

1. 技术措施的分类

电子商务中的技术措施是指著作权人主动采取的，能有效控制进入受著作权法保护的数字化作品，并对著作权人的权利进行有效保护，防止侵犯其合法权利的设备、产品或方法。

目前版权人在网络环境下采取的技术措施有很多种，如反复制设备、电子水印、数字签名或数字指纹技术、电子版权管理系统、追踪系统等。虽然技术措施多种多样，但按照用途主要可以分为控制访问的措施和控制使用的措施。控制访问的措施一般在 Internet 的服务器上实施。这种技术措施可以让用户无法访问某个网站或网站中的某个作品，例如，用户键入某个文件的网址，浏览器提示该文件所在的服务器不允许用户访问该文件，或者用户必须输入口令才能访问。目前大多数网站都对用户访问进行或多或少的限制，而另一些网站则还允许匿名用户自由访问它的信息。控制使用的措施则是被用来控制用户复制及传播作品的措施。例如，现在许多网站采取的电子水印技术就是一种控制使用的措施。通过将电子水印隐藏在数字化作品中，无论怎样编辑、修改，水印都不能消除，盗版作品一旦出现，版权人就能凭借水印技术将其识破。一些网站上还在销售一种"网络著作权保护系统"，它能够将多个文本文件按照用户自己定义的模板批量转换为网页，未经用户授权，其他人便无法私自复制、修改网页。其他控制使用的措施还包括电子文档指示软件、电子签名等。

2. 技术措施法律保护的必要性

技术措施作为一种"防患于未然"的事前预防措施，在保护版权人利益方面的确起了很大的作用。它从根本上切断了非法复制、传播作品的途径，比"事后救济"的法律手段更能有效地保护数字作品。

尽管如此，技术措施仍然需要纳入著作权保护的范围，这是技术措施自身的局限性所决定的。技术措施在实质上只是版权人所采取的一种私力救济手段。个人的力量毕竟很薄弱，如果没有法律作后盾，对规避技术措施的人实施惩治，技术措施根本不能有效地保护版权人的权利。同样，版权人的私力救济是不会考虑到社会的公共利益的。如果不对技术措施采取法律限制，这种私力救济就可能会呈现一种单向度的扩张，最终侵害使用者和公众的合法权益，所以技术措施的局限性只能用法律来弥补。因此，对技术措施采取法律保护已经是摆在各国面前的一个亟须解决的问题。

3. 国际组织及发达国家对技术措施的法律保护

建立广泛的技术措施法律保护已经成为一种国际性潮流，美国、欧盟国家无不顺应这一潮流，建立了本国的保护制度。美国、欧盟保护技术措施的立法都是以实施 WIPO 两条约（即《WIPO 版权条约》和《WIPO 表演和录音制品条约》）的名义进行的，尽管立法的内容有很大差异，但在结构上则基本相同，主要都规定了技术措施的保护依据、保护程度和限制措施。

美国、欧盟保护技术措施的立法存在一些共性的问题，主要体现在：①没有明确技术措施的保护范围。技术措施保护范围的确定决定了哪些技术措施可以受到保护，而哪些不能受到保护。这是因为不是所有的技术措施都能够起到保护作品的作用，法律不应该也不可能对技术措施采取无限制的保护，而应是有选择性的。②技术措施的保护偏向于著作权人。欧盟与美国都赋予了著作权人控制他人获得作品的权利，但这种权利却不受"合理使用"的限制，其结果是极大地扩张了著作权人的权利。

4. 我国技术措施法律保护的现状与立法建议

我国对技术措施的版权保护主要体现在《著作权法》第 47 条第 6 款："未经著作权人或者与著作权有关的权利人许可，故意避开或者破坏权利人为其作品、录音录像制品等采取的保护著作权或者与著作权有关的权利的技术措施的，法律、行政法规另有规定的除外。"此外，《计算机软件保护条例》第 24 条第 3 款也规定了类似的内容，着重保护软件行业中的技术措施。

从我国的立法现状来看，尽管我国开始对技术措施采取版权保护，但还存在很多问题。其原因在于我国在修订《著作权法》时，只是简单按照 WIPO 两条约的要求加入了保护技术措施的条款，而没有对技术措施立法保护中的一系列理论问题，如技术措施的保护依据、保护程度和限制措施等，进行深入研究。

与欧美国家立法相比，我国在技术措施的保护方面还存在一个问题。欧盟、美国均将制造、出售、进口、传播专门用于规避技术措施的软、硬件设备作为禁止对象，并规定了相应的法律责任，而我国《著作权法》却没有这样的禁止性规定。《著作权法》第 47 条虽然也提到"著作权行政管理部门可以没收主要用于制作侵权复制品的材料、工具、设备等"，但这是针对第 47 条所列举的侵权行为及同一侵权行为人的，也就是说，侵权行为（规避技术措施的行为）被发现后，著作权行政管理部门可以依法没收行为人用以制作侵权复制品的工具设备（即用于规避技术措施的软、硬件设备），但也仅限于没收侵权人本人的工具设备。对那些专门制造、进口、出售和传播这些工具设备，但本人并没有使用它们实施侵权行为的人，我国《著作权法》并没有明确的法律规定。

我国应着重借鉴欧美国家立法和司法实践的经验与不足，立足于我国的国情，修订《著作权法》，明确技术措施的保护依据、保护程度和限制措施，明确技术措施的保护范围，对"合理使用"进行相应界定。

10.2.3 权利管理信息的法律保护

1. 权利管理信息法律保护的必要性

权利管理信息是指有关版权作品的名称、保护期、版权人、版权人的单位及联系方式、作品使用条件和要求等有关版权作品使用的信息。

权利管理信息的法律保护也是电子商务中的产物。网络的虚拟性使作者的身份扑朔迷离，很难确定。如果没有一种有效的机制来识别网上作品的权利人，那么无论是版权人主张权利，还是他人希望获得授权都会遇到很大的困难。如果版权人在网上传播的作品上附加了明确的权利管理信息，就不必依靠各种间接证据来推断作品版权的归属，减少了使用者获得授权的困难，版权人在请求法律保护的时候就会处于更有利的地位。

但是由于目前 Internet 上的权利管理信息都是电子形式的，它们被嵌在电子文档里，附加于作品复制件上或当作品向公众传播时显示出来，很容易被删除或修改。一旦被删除或修改，其负面影响不仅会给著作权人带来损失，也会影响版权贸易的正常进行，所以在电子商务中有必要将权利管理信息纳入著作权法保护的范围。

2. 国际组织及发达国家对权利管理信息的法律保护

WIPO、美国和欧盟均对权利管理信息制定了法律保护的规定。三者立法的共同点主要体现在以下方面：

（1）保护的均是电子形式的权利管理信息。WIPO 两条约和欧盟的有关建议都特别提到这一点，美国的 DMCA（Digital Millenium Copyright Act，即《数字千年著作权法》）法案保护的版权管理信息也限于数字形式的信息。这是因为电子形式的权利管理信息与印刷在书刊上的管理信息不同，如果有人要删改书刊"版权页"上印制的作者姓名、出版者名称等信息，就只得逐本在书刊上修改，但若有人想删改某个网页上的电子形式的管理信息就易如反掌，所以需要法律的特殊保护。

（2）保护的内容基本相同。从 WCT（WIPO Copyright Treaty，即《世界知识产权组织版权公约》）和 DMCA 来看，受法律保护的权利管理信息主要包括四个部分：①关于作品的信息；②关于作品各种权利人的信息；③关于使用作品的期限和条件；④伴随上述信息或与上述信息相连的识别数字或图标。

（3）明确确定法律制裁的破坏权利管理信息的行为。对比三种立法，可以看出被法律禁止和制裁的破坏管理信息的行为有一个共同的主观要件，即行为人需要有过错。行为人只有在明知或应知其行为会引发版权侵权的情况下才承担破坏权利管理信息的责任。

3. 中国权利管理信息法律保护的现状与立法建议

我国对权利管理信息的法律保护主要体现在《著作权法》第 47 条第 7 款："未经著作权人或者与著作权有关的权利人许可，故意删除或者改变作品、录音录像制品等的权利管理电子信息的，构成侵权，法律、行政法规另有规定的除外。"此外，《计算机软件保护条例》第 24 条第 3 款也规定了类似的内容，对计算机软件中的权利管理信息进行保护。

从我国目前的立法来看，我国对电子权利管理信息的保护只是制定了原则性的规定，还需要进一步地完善。与 WIPO 及欧美国家的立法相比，我国立法应在以下方面进行详细的规定：权利管理信息的具体内容；权利管理信息的保护范围；权利管理信息的限制范围。

10.3 电子商务中的域名和商标

从技术角度看，域名是 Internet 上用于解决 IP 地址对应的一种方法；从商业角度看，域名是企业在 Internet 上的一个标志，企业通过域名标志着自己的存在。在电子商务领域，域名常与一定的商品或服务相联系，标识商品及服务的来源，在某种程度上起着类似商标的作用。二者功能上的相似性，使得域名与商标间的冲突极为显著。与传统的民事侵权纠纷相比，它们主要有以下特点：①在纠纷主体上，除传统的民事权利主体外，域名侵权纠纷还牵扯到域名的持有人；②域名侵权纠纷的发生往往与域名的注册和使用有关；③由于域名是新生事物，在保护商标、商号、姓名等的法律制度中并没有涉及域名的情形，而域名刚出现时又仅仅只是一种技术上的安排，它也没有顾及商标等法律制度的存在，因此当二者发生冲突时，在法律调整上就出现较多的空白和争议。

10.3.1 域名与商标冲突的原因分析

（1）注册管理制度不协调。现行域名注册采用"先申请不审查"原则，即域名注册机构仅对域名注册申请人的申请材料进行真实性审查，而不负责对域名是否侵犯他人在先商标专用权等在先权益进行实质审查。由此，域名注册组织仅提供技术服务，其基本职责是接受域名注册，做域名注册目录并提供解析服务。《中国互联网络域名注册暂行管理办法》第23条就明确规定："各级域名管理单位不负责向国家工商行政管理部门及商标管理部门查询用户域名是否与注册商标或企业名称相冲突，是否侵害了第三者的利益。任何因这类冲突引起的纠纷，由申请人自己负责并承担法律责任。当某个三级域名与在我国境内注册的商标或者企业名称相同，并且注册域名不为注册商标或企业名称持有方拥有时，注册商标或者企业名称持有方若未提出异议，则域名持有方可继续使用其域名；若注册商标或企业名称持有方提出异议，在确认其拥有注册商标权或者企业名称权之日起，各级域名管理单位为域名持有方保留30日域名服务，30日后域名服务自动停止，其间一切法律责任和经济纠纷均与各级域名管理单位无关。"修改后的《中国互联网络域名管理办法》虽然未作明确的规定，但仍然采用的是这样的原则。

而进行商标注册时则要进行实质审查，商标只能注册在一种或几种类别的商品或服务上。此外，各国商标法均要求商标注册人持续使用注册商标以维持其有效性，而域名注册一般并不要求注册者使用域名，域名注册者可以预先注册域名，以备将来之用。由此可见，域名与商标的冲突首先是由于域名与商标的运作机制上的差异决定的，这种差异是客观存在的，就为域名与商标的冲突埋下了隐患。

（2）经济利益驱动的结果。随着电子商务的迅速发展，域名的价值也日益显示出其重要性。越是有知名度的商标，以其命名的域名的知名度也就越高，被访问的机会也就越多，其拥有的商机也就越多。因此，少数不法分子觅到搭便车的新途径。这使得域名与商标的纠纷频繁出现，在现实社会中，时时发生知名商标被其他不知名的、不相干的企业抢注。除此之外，还有许多恶意进行抢注的"倒爷"，将自己注册的域名高价卖给拥有与该域名相同或相似商标权的企业，从中谋取巨大利益。加上域名作为一个新事物，相关法律、法规、司法实践调整滞后，就使得域名注册成了一个"高利润、低风险"的"行业"。在这样一个"行业"里，投机行为大量发生，域名侵权纠纷当然就无法避免，这更助长了域名与商标间的纠纷。

（3）域名本身的技术特征的限制。域名一经注册，在全球范围内都是唯一的，完全一样的域名不可能存在，这必然导致不同类别的商品上的相同商标、不同国家的同一类别商品上的相同商标或不同地区的相同企业名称等的权利人就同一域名进行争夺，引发纠纷；同时，域名系统又允许相似的多个域名同时注册，这又必然给那些想注册与他人知名商标、知名域名等极为近似的域名的人以可乘之机。而且，域名又有国际域名和国内域名、顶级域名和二级域名等区别，因此同一个商标、商号等很容易被注册到不同类别或等级的域名中，这又进一步增加了发生域名侵权纠纷的可能。

10.3.2　域名和商标的表现

域名与商标的纠纷可归纳为两方面：一是将他人注册商标用于域名注册而产生的域名利益与在先商标权的冲突，即域名侵犯在先商标权，按照薛虹博士的分类法，将其归纳为三类法律问题：①抢注类；②盗用类；③权利冲突类。二是将他人域名用于商标注册而发生的商标权与在先域名利益的冲突，即商标权侵犯在先域名权，被称为反向域名侵夺。

（1）域名抢注。什么是域名抢注？国际商标协会的定义是："出于从他人商标中牟利的恶意注册并出卖域名的行为。"它与盗用类侵权的区别在于："注"而未"用"。这里就需要界定商业使用的范围。本书的商业使用是指在与自己的企业、经营范围相关事物上的标识、宣传、推销或展示。

域名抢注类的案例可谓举不胜举，它们大都具备如下特征：①将他人知名的商标抢先注册为域名；②抢注数量众多的域名；③公开出租或出售被抢注的域名以牟利。从各国的司法实践看，域名抢注已被确认为商标侵权的一种。

（2）域名盗用。除了"抢注"的情形外，很多域名纠纷是在域名使用中产生的，这和"注"而不"用"的抢注类纠纷有所不同。注册并使用的域名与他人在先使用的商标、商号等商业标志相同或近似的情况是经常出现的。这并不是说一旦某人注册使用的域名与他人在先的商业标志相同或近似，域名注册人的行为就构成了"盗用"。

"盗用"是指利用权利人的商标，注册成相同或相似的域名，企图利用他人知名商标的知名度或其他优势，来宣传自己的网站，取得不当利益。域名注册人的行为是否构成侵权需要在一定法律体系中依据法律规定来判断。如果某人注册使用的域名与他人在先的商业标志相同或近似，商业标志的权利人最担心出现两种情况：一是域名与商标、商号等商业标志相混淆，造成假冒；二是域名"淡化"了商标、商号等商业标志的知名度，减弱了商业标志的标识作用和与权利人之间的联系，或是贬损了商业标志及其权利人的声誉，这也正是引起纠纷的实质原因。

（3）权利冲突类域名纠纷。该类纠纷主要是指不同的民事主体针对相同的标识在不同的商品或服务范围内各自享有商标权，因注册域名发生冲突而引起的纠纷。由于保护商业标志的法律体系非常复杂，因此就同一个商标而言，很可能在不同地域或领域存在多个权利人。这种权利的多重性与域名的唯一性之间不可避免地发生了冲突。如在我国，"中华"、"熊猫"、"长城"、"梅花"等常见商标被许多企业注册、使用在不同类别的商品上，这些使用同一商标的企业，如果都要在我国顶级域"cn"之下将其商标原封不动地注册为域名，就难免发生纠纷。

（4）反向域名侵夺。在网络世界中，域名与商标权的冲突是常见的，起初是域名注册的申请在先原则没有保护好商标权，导致大批域名被抢注。但现在出台的域名争议解决政策过于倾向保护商标权人，由此引发了新问题：某些商标持有人滥用权利，肆意侵夺域名注册人的知识成果，产生了反向域名侵夺问题。所谓反向域名侵夺，就是指域名注册人的域名与商标所有人的商标相同或近似，但并没有侵害商标所有人权益，商标所有人对域名注册人进行诉讼威胁或其他骚扰活动。

目前 Internet 上的网站多为个人和小型网络公司设立，反向域名侵夺不利于个人和小企业在 Internet 上的发展，因而 WIPO 在其报告中建议采取一些措施以减少反向域名侵夺的发生。中国企业应加强这方面的法律意识。

10.4 电子商务中的专利权保护

专利权是指就一项发明创造由申请人向有关专利当局提出专利申请，经审查合格后由专利当局向申请人授予的一定期限内对该项发明创造享有的独占权。

10.4.1 计算机软件的专利保护

1. 计算机软件的专利保护概况

目前多数国家对软件给予著作权保护，美国刚开始使其适用专利保护，在 1976 年、1980 年两次修改著作权法后，确认计算机软件适用著作权法进行保护。1972 年，菲律宾率先将软件列入著作权保护对象。有的国家综合著作权法和专利法的内容制定独特的软件保护制度，但用著作权法保护计算机软件基本成为通例。

国际公约也支持这一做法。1993 年，世界贸易组织乌拉圭回合谈判达成《与贸易有关的知识产权协议》，第 2 部分第 1 节涉及了计算机软件保护问题，"著作权及相关权利"中的第 10 条以两款内容规定了计算机程序及数据汇编的保护问题。第 1 款规定："计算机程序，无论是原始资料还是实物代码，应根据《伯尔尼公约（1971）》作为文学作品来保护。"

尽管对计算机软件采取著作权法保护是目前通行的做法，但是著作权保护并不是软件保护的最佳保护方式，以著作权法保护软件在实践中引起了一系列问题。

2. 对计算机软件采取著作权保护的缺陷

（1）著作权与专利权保护的客体不同。专利保护的是发明的技术构思及其应用，而著作权保护的只是作品的表达形式及其复制问题。对于计算机软件来说，专利保护的是软件的核心内容——技术方案的创新，著作权保护的是软件的源代码。构思是决定软件价值及成败的关键，根据同一构思极易开发出表现形式不同的软件，权利人当然希望享有对其构思技巧和技术方案较长时间的专有权，而不是特别在乎著作权法对计算机软件表现形式的保护。

软件编写是智力的创作过程，知识产权制度保护的正是这一非物质性的精神财富，理应将其全部智力成果纳入保护范围之中，而不应该只保护其中的一部分。由于著作权保护范围的限定，那么其他人很容易模仿这个构思与创意，创意的模仿虽然会为同行业所不齿，但是这并不构成著作权上的侵权，著作权法对软件的保护力度还需进一步加强。

软件的编写过程分为两个步骤：一是系统分析员针对客户的要求进行分析的过程；二是程序员编写源代码的过程。相应的，其智力成果至少有两个：技术方案和源代码。源代码其实可以看成是一篇文章，只不过文字是专门的计算机语言，编写程序是比较初级的工作，不需要太多的技术水准，而更体现智力成果的是技术方案。然而著作权对软件的保护主要是计算机程序和文档，技术方案被排除在保护之外，这是著作权保护软件的缺陷所在。

（2）取得著作权或专利权保护的条件不同。著作权是自动取得的，取得的时间以开发完成的时间为依据，一完成即自动取得著作权，受到《著作权法》的保护，对软件的内容不进行任何的审查，无论软件源代码写得如何。专利则必须符合专利申请的条件，需要向专利局申请，是否授予专利权需要专利局进行审批。

（3）著作权或专利权保护的时间不同。发明专利的保护时间为 20 年，从申请日开始计算，但是受保护是在申请审批取得专利权之后，专利的审查手续比较烦琐，从申请到取得专利权证书一般要 3 年左右的时间。软件著作权的保护时间为 50 年，从开发完成之日起就受著作权保护。软件在获得专利权之前已经受到著作权保护，申请专利并不影响其受到《著作权法》的保护。

《著作权法》对作品的保护期是 50 年或 70 年，如此长的保护期对经济寿命只有 10 年左右的软件而言，不会给权利人带来更丰厚的经济收入，却会减损软件的社会应用价值，妨碍公共利益。

（4）著作权不保护使用权。软件的价值在于使用，如果不能保护软件的使用权，那么就软件保护所做的任何努力将失去意义，《著作权法》恰恰不禁止对作品的使用。

3. 中国对计算机软件专利保护的现状与对策

计算机软件在我国是通过《著作权法》来保护的。《著作权法》第 3 条直接将计算机软件作为作品的一个类型加以保护。1991 年 6 月我国颁布的《计算机软件保护条例》也是根据《著作权法》第 53 条制定的。自 2002 年 1 月 1 日起施行新的《计算机软件保护条例》，旧的《计算机软件保护条例》被废除。

国家知识产权局专利局 2001 年修订的《审查指南》第 2 部分第 9 章"涉及计算机程序的发明专利申请审查的若干问题"，首次明确认可了计算机软件的可专利性。

2007 年 12 月 29 日，我国颁布了《中华人民共和国科学技术进步法》（简称《科学技术进步法》），其中对软件著作权的相关内容做了规定，但是没有明确地表明软件的可专利性。

2009 年，为了规范软件登记档案查询管理，保护软件著作权人的权益，更好地为社会公众、著作权人、司法机关提供服务，根据《计算机软件保护条例》《计算机软件著作权登记办法》、《著作权质押合同登记办法》等有关法规及行政规章，发布了《计算机软件著作权登记档案查询办法》。

2011 年，第十一届全国人大常委会第二十三次会议通过关于制定互联网法、互联网产业发展促进法、信息网络安全保障法、网络信息安全保护法、信息安全法的议案 5 件。建议抓紧制定电信法、信息安全条例等法律法规，有针对性地解决议案所提问题，同时开展立法调研，为制定相关专门法律创造条件。

10.4.2　商业方法的专利保护

1. 商业方法专利保护概述

电子商务中安全、便捷、先进的网络技术往往是一个网站成败的关键，很多网络公司都依赖于这些技术并结合自己的资源，开发出适合自己的商业经营模式，随之产生了有创意的商业方法可否专利性的新问题。

传统的各国专利法及相关的国际公约认为，传统的商业模式不可授予专利保护，因为它们属于一种智力的规则，不具有创造性和工业实用性。但是，Internet 上的商业方法发明显然与传统的有很大的区别，它是借助计算机系统和网络媒介实施的用于经营活动或处理财经信息的系统性技术方法。说到底，其核心是计算机软件的可专利性问题。

商业方法专利一经出现，在各国就引起了广泛争论。支持者认为，在普遍应用信息技术的知识经济时代，新发明将越来越多地和处理、运用信息和知识的过程联系在一起，也就必然更多地表现为商业新方法的形式，认为商业方法不能授予专利，是传统制造业时代的思路，和知识经济的趋势不符。许多公司在创造新的商业方法中投入了大量精力和资源，并不比发明新技术的投入少。如果发明新技术可获专利而创造新商业方法不能获得，则无法显示公平。

反对者则认为，商业方法软件大部分是营销模式的网络化或软件化。现实中大部分商业方法软件使用的计算机技术并没有什么特别之处，它们之所以能够成为专利，首先是搭了软件专利的便车，其次是由于具有实用价值而获得可专利性。商业方法本身的创造性很难从技术角度来评价，大多是对实用价值的考量。但是用实用价值来代替技术价值后，很容易造成商业垄断。这是商业方法软件给予专利保护的致命问题。

商业方法专利在国际上引起强烈反响和争议的原因，正是基于商业方法专利的技术基础及其显著的软件技术特征，而这同时又是电子商务的直接实现手段，国外企业在商业方法专利申请上的竞争十分激烈。对电子商务基础性技术的专利获权，将预示着专利权人在世界范围内抢得先机，确立竞争优势，这在专利战略的意义上被称为在技术创新上的"跑马圈地"。基于这样的考虑，大的跨国公司依靠其在商业方法技术上的竞争实力，借助于强大的经济实力，可以承担在专利申请被驳回与权利搁置不用时的风险，大量申请专利，以期形成在电子商务技术领域靠着知识产权形成"赢家通吃"的局面。

2. 美国、欧洲、日本三方专利局对商业方法专利保护的不同实践

随着 State Street Band 一案的终审判决，美国、欧洲、日本三方专利局重新修改了各自的专利审查指南，增补了许多有关商业方法软件发明的审查指导意见。出于国际竞争与合作的需要，美国、欧洲、日本三方专利局在有关商业方法软件的专利保护上目前的主要分歧点在于创造性标准的严格程度。可以说，创造性的标准已成为掌握专利保护之门放开程度的尺度，这也是其他国家在决定这类发明是否采取跟进保护或保护程度弹性选择的关键点所在。

(1) 美国。State Street Band 一案的判决宣告了美国专利审查的重点从技术性转向了实用性。2000 年 2 月，美国再次对《专利审查程序手册》进行了修改，明确规定网络商业方法可以授予专利。此后，大量有关电子商务的商业方法专利申请案涌向美国专利商标局，相关诉讼也在法院呈上升趋势。

(2) 欧洲专利局。欧洲专利局于 2001 年 11 月 2 日发布了新的审查指南，确认了欧洲专利局近年在计算机软件和商业方法上的扩大保护政策。按照新的审查指南，计算机软件和商业方法的可专利性已不存在能否属于专利保护对象的问题，而更多的是对创造性的判断。欧

洲专利局创造性的标准比美国严格，它在商业方法软件专利的申请中，更看重在方法中对技术问题解决贡献的大小，美国专利局很少考虑技术因素，而更多考虑的是效果。

（3）日本。日本修改后的《与计算机软件有关的发明（含与商业方法有关的发明）的审查指南》认为，商业方法专利可以作为与软件有关的专利而获得批准，近年来日本特许厅一直在利用各种机会推广这一政策。为了能向各行业及申请人提供更加准确实用的标准，日本特许厅针对商业方法专利制定了更加细致、更加全面的政策。此外，日本特许厅在审查四部增设电子商务审查室，这一审查室专门审查在商业方法软件比较集中的 IPC分类 G06F17/60 的专利申请。

日本创造性的标准比美国严格。日本特许厅 2001 年 4 月 1 日还发布了一份《商业方法发明不具有专利性的范例》，其中非常详尽地给出了不构成专利法下"发明"的情况以及说明书和权利要求书不符合要求的情况等。这份文件是判断创造性的指导性文件。

3. 中国对商业方法专利保护的现状与对策

我国各界对有关商业方法专利的普遍关注，是由 2002 年 9 月一家大众型报纸对美国花旗银行在我国的 19 项涉及商业方法的专利申请的报导引起的，国内代理人也有了涉及商业方法专利申请的操作上的经验，但作为知识产权权利主体的相关企业对商业方法专利和它可能带来的影响的认识还不够充分。

我国的专利法未提及商业方法专利保护问题，基于提交申请的商业方法专利的技术特征，国家知识产权局受理的涉及商业方法专利的申请都是作为"涉及计算机程序的发明"来进行审查的，其审查的具体依据是 2001 年修订的《审查指南》第 2 部分第 9 章"涉及计算机程序的发明专利申请审查的若干问题"；在国家知识产权局于 2004 年 10 月 1 日新出台的《商业方法相关发明专利申请的审查规则（试行）》中，也没有关于商业方法的明确的定义。所以，我国要在授予商业方法的范围、专利权限方面进行探讨，制定出相应的法规政策，加快我国商业方法专利保护的进程。

在商业方法专利保护问题上，对涉及电子商务的技术创新成果知识产权给了较大的政策支持，给我国电子商务发展也带来了机遇，我国应积极研究应对措施，使我国企业在电子商务平台建设中争得知识产权的一席之地。

10.5　电子商务标准化

标准是一个国家的主权在经济领域中的延伸，标准又是一个国家实施非关税贸易壁垒的重要手段，对保护民族工业发展至关重要。在全球化阶段，发达国家纷纷制定电子商务标准战略，标准正如知识产权一样，日益成为发达国家控制产业链、遏制竞争对手的工具，以英国、法国、德国为主的西欧国家和美国，一直将很多精力和时间放在国际和区域标准化活动上，企图长期控制国际标准化的技术大权，并且不遗余力地把本国标准制定成国际标准，或者是将行业标准或学、协会标准推向世界并为各国所公认，以期在国际贸易中取得优势，先声夺人。

10.5.1　标准、技术标准及标准化的相关概念

依据国际化标准组织的定义，标准是指："一种或一系列具有强制性要求或指导性功能，内容含有细节性技术要求和有关技术方案的文件，其目的是让相关的产品或者服务达到一定的安全标准或者进入市场的要求。"

国际知名的标准化专家桑德斯在 1972 年发表的《标准化目的与原理》一书中把"标准化"定义为："标准化是为了所有有关方面的利益，特别是为了促进最佳的经济，并适当考虑产品的使用条件与安全要求，在所有有关方面的协作下，进行有秩序的特定活动所制定并实施各项规定的过程。标准化以科学技术与实践的综合成果为依据，它不仅奠定了当前的基础，而且还决定了将来的发展，它始终与发展保持一致。"

伴随高新技术的快速发展，标准也发生着变化，标准的内容越来越丰富，也趋向于将一些技术解决方案纳入到标准之中，由此"技术标准"的称谓开始出现。事实上，技术标准是标准的通俗化称谓，但是技术标准的范围比标准要小，因为技术标准多指的是涉及信息技术等高新技术领域且标准的内容包含有一定量技术解决方案的这一类标准。技术标准的实质就是对一个或几个生产技术设立的必须要符合要求的条件以及能达到此标准的实施技术。它包含有两层含义：①对技术要达到的水平划了一道线，未达到此线的就是不合格的生产技术；②技术标准中的技术是完备的，如果达不到生产的技术标准，可以向标准体系寻求技术的许可，支付许可费用从而获得相应的达标的生产技术，这就是技术标准为什么越来越看重许可的最重要原因。

10.5.2　进行技术标准和知识产权战略关系研究的紧迫性

1. 技术标准与知识产权的战略关系演变

标准与专利本来是互相排斥的。标准追求公开性、普遍适用性，标准技术的使用更强调行业推广应用；专利技术实施的前提是获得许可，不允许未经授权的推广使用。因此，早期的标准化组织尽可能地避免将专利技术带入标准中。但是，到了 20 世纪 90 年代，一方面由于新兴技术领域的专利数量巨大，专利对标准的影响越来越大；另一方面，专利技术的产业化速度加快，产品在国际间竞争加剧。这些都使得技术标准的内容由原来的只是普通技术规范向包容一定的专有技术、专利技术方向发展，通过技术标准达到技术与产品垄断的趋势日益明显，技术标准迫切需要专利技术的加入来实现标准垄断的目的，因此专利开始影响标准化组织的管理理念。W3C（world wide web consortium，即万维网联盟）和 IETF（Internet engineering task force，即互联网工程任务组）就是明显的例子。Internet 技术发展的前十年并不像电信技术领域那样，没有什么专利技术对这个领域有影响，相关的 Internet 技术标准（包括前期的模糊标准）是开放和合作的。但到了 Internet 技术发展的第二个十年，软件技术、电信技术和 Internet 技术的紧密结合，使得 Internet 相关标准在建立时无法避免地遇到一些专利技术，这一情况迫使 W3C、IETF 等 Internet 标准化组织都不得不考虑调整政策，借鉴其他标准化组织的经验，重新建立自己的知识产

权政策。以 IETF 为例，IETF 原来在标准化工作中对专利技术的观点是："尽量采用那些非专利技术的优秀技术，因为 IETF 的目的是使其制定的标准广为适用，如果涉及专利权的问题，标准的适用将涉及专利权的授权问题，从而影响人们采用该标准的兴趣。"但现在 IETF 已经完全改变观念了，专利技术是标准技术方案中必不可少的，如果没有这些专利，标准方案就是很不完备的。

2. 技术标准中的知识产权战略

在新的信息技术和数字技术条件下，一方面，一项产品或技术成果的技术含量越来越高，其带来的经济效益也会更加可观，单纯的专利权等知识产权还不足以满足知识产权人捍卫技术的要求；另一方面，对于一项大的技术范畴，如移动通信、数字电视、网络传输协议等，由于技术的庞大性和本身竞争的压力，任何一个知识产权权利人都是不可能一下控制这一领域的所有技术成果的，他们需要一种能综合知识产权专有性、地域性等的知识产权策略，一种更加集权和集中的方法来实现自己的目的，技术标准正好就是适应这种需要而得以完善的。

对于一些技术上不发达的国家来说，没有能力来进行技术研发，就只能通过从标准体系获得许可从而形成生产能力，除了付费之外，关键是要服从标准的管理。技术标准管理的实质和核心是知识产权政策的制定和利用，技术标准许可的实质是知识产权的许可。由于知识产权具有地域性和排他性，一旦这些知识产权进入标准行列并得到一定的普及，就会形成垄断，尤其在市场准入方面，它会排斥不符合此标准的产品，从而达到排斥异己的目的，这是标准能够得以实施全球技术许可战略的法律基础，也是技术标准同知识产权关系的关键所在。

3. 技术标准直接关系到国家的经济安全

技术标准的出现和不断发展壮大，使得一个国家或一个地区实现技术垄断，尤其是高新技术垄断的可能性加大，也使得对手通过技术标准压迫本国自主技术产业化生存空间的操作性更强，更进一步讲，这些高新技术领域又将关系到国家安全战略，信息技术产业更是受到了极大的关注。所以说，技术标准是国家实力的重要体现。所有这一切，都应该引起政府部门的高度重视。因此，对技术标准的知识产权战略进行研究已经刻不容缓。

在经济全球化、国际竞争日益激烈的今天，无论是国家还是企业，都应该清醒地认识到：知识产权比知识本身重要，技术标准比技术本身重要。知识产权是知识价值的权力化、资本化；技术标准是技术成果的规范化、标准化。如果我们不能在知识产权和技术标准上有所作为，就不可能形成真正的竞争优势，就可能永远受制于人。

10.5.3　国际电子商务标准化组织

（1）ISO/IEC JTC 1。国际标准化组织（International Organization for Standardization，ISO）是一个非官方的组织，始建于 1947 年，是世界上最大的国际标准化组织，工作内容涉及除电工和电子工程领域以外的所有技术领域。ISO 现有 200 个技术委员会、630 个分委员会和 1 620 个工作小组，进行各种标准的研究、制定工作。

国际电工委员会（International Electrotechnical Commission，IEC）成立于 1906 年，

目的是促进电工和电子工程领域内的国际合作和解决标准化问题，成员包括国际上主要的贸易大国和工业化国家，是国际上重要的标准化组织，下设 80 多个标准化技术委员会。

信息技术联合技术委员会（Joint Technical Committee for Information Technology，JTC 1）是 ISO 和 IEC 于 1987 年 5 月协商共同建立的第一个国际性标准化联合组织，旨在加强信息技术领域的国际标准化工作。JTC 1 由 17 个分委员会组成，分别研究 11 个技术方向，即文化与语言可适应性及用户接口、数据捕获与识别系统、数据管理服务、文档描述语言、信息交换媒体、多媒体与表示、网络与互联、办公室设备、编程语言与软件接口、信息技术安全技术和软件工程。JTC 1 工作的最终产品是出版国际标准，这些标准多作为电子商务的基础标准。

1997 年 6 月，ISO/IEC JTC 1 成立了电子商务业务工作组。电子商务业务工作组确定了电子商务急需建立标准的三个领域，其目的是通过解决关键问题，从而就解决方法加以推广，以扫清实现全球电子商务道路的障碍。

（2）国际电信联盟——电讯标准部门。国际电信联盟（International Telecommunication Union，ITU）隶属联合国总部，其前身是国际电报电话咨询委员会（Consultant Committee of International Telegraph and Telephone，CCITT），成员是各个国家的政府。ITU 负责协调全球电信网络和电信服务，其最重要的工作就是制定电信业的全球标准。

ITU 与 ISO/IEC JTC 1 有着密切的合作关系，两者在数据通信与公用数字网络标准方面互相支持，共同为电子商务的发展提供重要的技术标准支撑。

（3）EDI 国际标准化组织。联合国欧洲经济委员会（United Nation/European Committee Economic，UN/ECE）是联合国国际经济社会理事会建议的五个地区性委员会之一，所覆盖的区域为北美、西欧和东欧。UN/ECE 国际贸易程序工作简化小组 WP4 负责 UN/EDIFACT 标准的制定认可，其下分两个专家工作组：GE1 负责 UN/EDIFACT 报文标准的发展；而 GE2 则处理有关工作流程、规章、文件的管理。

ISO、IEC 和 UN/ECE 共同致力于电子商务的标准化工作，曾签署了"理解备忘录"，就 EDI、开放式 EDI 及有关贸易单证标准领域进行合作。1998 年 11 月，三者又签署了一个电子商务领域有关标准化的"理解备忘录"。该"理解备忘录"提供了 21 世纪电子商务发展的有效基础，是国际合作的极好范例。

国际标准化组织第 154 技术委员会（ISO/TC 154），是负责工业、商业和运输的文件格式及数据元标准化技术委员会，该委员会与 UN/ECE 有着长期密切的合作关系，EDI 的两项重要基础标准 ISO 9735《EDIFACT 应用级语法规则》和 ISO 7372《贸易数据交换、贸易数据元目录》便是由 ISO/TC 154 以国际标准形式发布的。

（4）Internet 协会。Internet 协会（Internet Society，ISOC）是一个大型的、开放的、国际性非营利的专业协会，由负责 Internet 基础设施标准的几个机构有机结合而成，如 IETF、Internet 工程领导组（Internet Engineering Steering Group，IESG）和 Internet 结构委员会（Internet Architecture Board，IAB）等。

（5）全球电子商务标准化机构。由于企业在发展 Internet 商务的过程中出现了经营方式上各自为政的问题，因此计算机硬件、软件、分销和电子支付等方面的主要运营商于 1999 年筹建了全球电子商务标准化机构（RosettaNet），希望把全球信息技术领域的关键角色纳入该标准化组织，以求得在电子商务方面目标一致，彼此具有共同语言。该机构的重要工作之一就是致力于全球电子商务的标准化，通过标准化工作，为供应链管理创立"开放式电子内容和交易标准"，从而以电子方式连接制造商和其供应商以提高工作效率。

10.5.4　国际电子商务标准发展特点

（1）标准面向市场化。随着全球电子商务的迅速发展，社会各方对电子商务标准的需求剧增，形成了以市场驱动为主要动力的发展模式，标准逐步从技术驱动向市场驱动方向发展。

（2）标准制定集中化。电子商务标准的有关机构由分散走向合作。如 ISO、IEC、ITU 等，一方面积极听取工业、政府、用户等各方面对电子商务标准的需求；另一方面在建立全球信息化过程中，积极加强彼此之间相应的联系，避免工作交叉与无序竞争。

（3）标准内容广泛化。电子商务涉及面相当广泛，包括信息技术、金融、法律、市场等多种领域，相关标准跨行业、跨学科，电子商务标准体系十分庞杂，几乎涵盖了现代信息技术的全部标准范围，以及尚待进一步规范的网络环境下的交易规则。安全、认证、支付和接口等标准是亟待制定和完善的内容。

（4）标准合作国际化。国际社会普遍认识到，要实现全球性的电子商务，必须使各国通过开展国际性的电子商务标准化活动达成广泛的一致；而且电子商务标准的内容复杂、数量巨大，无论从技术上、经济上还是使用上讲，制定工作都不是一两个国家所能单独承担的，必须依靠国际合作。

（5）标准适用灵活化。根据电子商务发展的特点，其标准工作的灵活性体现为：一是转变标准工作的滞后性为超前性，至少应与相关技术的发展同步；二是强化标准对电子商务发展的规范作用，满足市场竞争的需要；三是开放制定标准工作体系，让更多的企业、用户加入到电子商务标准的制定工作中来，使电子商务标准更具实用性。

10.5.5　中国电子商务标准化进展

1. 中国电子商务标准化工作的特点

（1）政府积极参与主导。由于我国的体制因素，标准工作始终是政府有关职能部门的一项重要工作，无论是国家标准还是行业标准，都是由政府职能部门主持研究制定、推广实施以及监督执行的。政府主导型工作模式一方面确保了标准在内容及适用范围方面的权威性，另一方面也为标准在各相关行业的实施提供了强有力的保证，即充分满足了标准的内容权威性、实施统一性两大基本特性要求。电子商务相关标准的研制工作同样如此。2006 年国家标准化管理委员会组建成立了"国家电子商务标准化总体组"，之后的"十一五"期间，国家科技支撑计划"现代服务业共性技术支撑体系与应用示范工程"重大项目子课题"现代服务业接口技术及其符合性测试平台的研发"中研制了 40 余项标准，其中与电子商务相关的有 20 余项，涉及电子商务信息描述、平台评级、企业信用等方面，但数量远远不能覆盖电子商务诸多环节。

　　为此，"十二五"开局，国家科技支撑计划"全程电子商务关键技术标准与应用示范"课题便将围绕全程电子商务交易的各个环节（交易前、交易中和交易后以及贯穿全程的交易安全）对标准化的需求进行梳理，依托行业领先的电子商务服务平台，开展全程电子商务标准化研究，研制电子商务国家标准或联盟标准并开展应用示范，为推进电子商务技术进步、规范市场秩序、加强政府监管提供标准化支撑。

　　（2）制标工作相对薄弱。电子商务是基于计算机网络技术发展起来的，因此电子商务发展的程度直接取决于相应的信息技术发展水平，特别是标准的制定直接与技术发展水平相联系。由于我国信息技术发展，特别是相关基础研究及产品开发相对信息技术发达国家尚有一定差距，因此电子商务相关标准的制定工作相对薄弱。目前已制定或制定中的电子商务标准与电子商务快速发展对标准的需求相比还有较大差距，对于电子商务标准体系的完善、电子商务交易主客体信息描述、业务流程、在线支付、平台接口、风险防控等关键技术方面还有待进行更深入细致的标准化研究工作。

　　（3）企业参与性不强。与信息技术发达国家相比，我国企业参与电子商务标准的制定工作存在显著差距。目前国际上广为采用的电子商务标准（包括已正式成为标准和尚处于试行中的草案等）中，有许多都是由一些信息技术公司首先制定，并通过市场的开拓而由企业的标准一跃成为事实上的通用标准。而我国的信息技术及信息产品制造企业基本上没有这方面的尝试。这种现象的形成，一方面在于我国长期形成的标准的制定工作属于政府职能行为，企业仅处于接受地位；另一方面反映出我国信息技术水平相对落后的现状。

　　2. 加强中国电子商务标准化工作的对策建议

　　我国标准制定主要是政府导向，导致许多标准制定以后被束之高阁，没有得到产业的采用。另外，国外标准制定往往在标准文本、知识产权、平台与技术方面花费巨大，但是我国这方面经费有限，工作难以彻底落实。

　　在我国标准化工作中存在重采标参标轻自主制定、重政府主导轻市场需求、重标准制定轻产业推广和重标准文本轻知识产权等一系列的问题。

　　我国必须对国际规则的利益问题作深刻透视，采取相应措施，建立并完善电子商务国家标准体系。近几年，我国在电子商务标准化进程中也有了一定的进步，《国家电子商务标准体系》进一步明确了我国电子商务标准化的工作机制、工作方法和建设重点，进一步提高了企业的标准化意识和参与标准化工作的积极性和主动性，从而为完善我国电子商务标准体系，形成长效的电子商务标准化工作机制，为我国电子商务快速、健康、有序发展奠定了坚实的基础。

复习思考题

1. 什么是知识产权？简述知识产权的范围和特征。
2. 为什么必须加强对电子商务中知识产权保护问题的研究？
3. 什么是网络作品？电子商务中著作权客体保护主要包括哪些方面的问题？
4. 国际组织和欧美发达国家为什么对数据库实行特殊权利保护？
5. 为什么电子商务中的技术措施需要纳入著作权保护的范围？
6. 国际组织及发达国家对权利管理信息法律保护立法有哪些共同点？
7. 试结合实际分析域名与商标冲突的原因。

8. 试列举并说明电子商务中商标和域名冲突的表现类型。

9. 对计算机软件采取著作权法保护有哪些缺陷?

10. 试分析美国、欧洲、日本三方专利局加强对商业方法专利保护的战略意图。

11. 为什么要加强技术标准和知识产权战略关系研究?

12. 试述你对加强我国电子商务标准化工作的建议。

第 11 章

企业电子商务的创建与管理

本章要点：本章主要介绍电子商务对企业经营过程主要环节的影响；电子商务对客户及企业核心竞争力的影响；企业创建电子商务应从市场、用户分析、成本-效益分析、软硬件及人员做哪些方面的准备；创建电子商务的几个阶段；企业电子商务系统创建后如何进行日常管理、运营管理以及企业如何进行网络营销。

11.1 明确创建企业电子商务的目的

企业的经营目标主要包括生存、发展和获利三个方面。经营目标的实现主要来自经营成本的降低、市场份额的扩大、企业竞争力的提高等方面。企业是否适合开展电子商务，开展电子商务能否使企业在上述几个方面得到改善？开展电子商务的目的究竟是什么？在进入电子商务之前，企业必须认真审视自身的情况、产品的特点、内外部环境和企业资源的情况，深入认识电子商务如何改变和促进企业业务，进而根据企业自身的实际情况做出是否开展电子商务及如何开展的决策。这是每一个打算开展电子商务的企业必须首先明确的问题。

公开资料显示，目前全球范围内开展移动支付的国家和地区接近 100 个，2009 年全球移动支付业务交易金额已接近 400 亿美元，用户数量突破 4 000 万人；中国手机网民年增 1.2 亿人，移动支付用户规模达 8 250 万人，移动支付已呈快速发展之势。目前移动电子商务的发展速度较快，未来的电子商务将会是在移动终端上进行，所以不仅要构建企业的 PC 端的电子商务网站，还要很好地构建移动终端的电子商务。例如，开发以企业网站为名的电子商务应用，可以考虑在移动终端上做好电子商务的推送等。

11.1.1 企业类型分析

不同的企业，由于其所处的市场地位不同、企业规模不同、面对的客户群和供应链关系不同，因而需要制定不同的电子商务发展战略。以下将针对三种不同类型企业分别探讨其开展电子商务的目的及电子商务战略的方向重点。

1. 大型集团型企业

对于大型集团型企业而言，充分利用网络技术手段实现采购和销售的电子化，对外整合供应链关系和客户关系，对内整合分支机构和子公司，是当前开展电子商务的重点所在。大型集团型企业在制定电子商务战略和选择电子商务解决方案时需要考虑的是：该战略和方案是否整合了企业现有或即将建立的企业资源规划系统、供应链管理系统和客户关系管理系统？是否能够理顺和整合集团企业下属的众多分支机构和子公司的流程，并提高工作效率、降低营运成本？

电子采购的出现为大型集团型企业提供了很好的答案。电子采购网络在保存业主现有的流程、关系、价格和合同的同时整合采购能力；在企业考虑独立采购过程和关系时，电子采购网络能够合理地理顺集团或子公司通过一个购买者对多个销售者者的采购流程。电子采购是通过 Internet 将企业和供应商联系在一起，使企业的各部门、各单位能够理顺采购流程、减少中间环节，以达到降低采购成本和提高采购效率的目的。采购的开支节约将来源于：处理采购订单时的流程优化；规模采购使供应商集中在一起，最大可能地从折扣中获益；降低库存使资源能够更好地运作。

除电子采购外，大型集团型企业同样可以利用网络技术开展电子销售。电子采购和电子销售的核心是大型集团型企业利用自身的规模优势和行业优势，通过网络开展一对多的采购和销售活动，以获取最大的利益。调查数据表明，在开展电子商务的信息化 500 强大型企业中，通过电子商务进行销售、采购业务的比率逐年上升。

2. 行业领导型企业

行业领导型企业是指那些在自身所处的行业中具有举足轻重作用或相当影响力的企业，如苹果和谷歌。对行业领导型企业而言，利用其在自身行业的优势地位，通过树立行业标准或与行业中的其他成员结成联盟来形成电子市场共同进行行业采购，是其发展电子商务的首选战略。此类企业的电子商务目标和战略就是建立所谓的"协同交易平台"。协同交易平台就是由行业的领导企业进行联合形成协会，来创建电子市场以便为采购需求提供服务，并由该平台的主要发起方构建平台所需的技术、人员、资金等要素。

企业建立协同交易平台必须高度重视以下的关键因素：①行业的规模。行业的规模越大带来的交易量必然越大，所以就会导致更大的潜在的成本节约，则最终通过交易获得更多的利润。②提高使用者采用的能力。越是供不应求的行业，越是需要加快采用速度。③制定商业产品的标准。标准包括产品组合、计划、安排和预测等，作为行业领导的企业，应该在标准的制定过程中发挥主导作用。④集中信息流的管理。这是保护购买者利益和吸引更多成员加入的必不可少的措施。

3. 中小型企业

中小型企业往往生产规模小、人数少、资金缺、信息技术方面实力较弱，然而中小型企业在实施电子商务的过程中更具有灵活性。中小型企业在实施电子商务的过程中首先体现一个"快"字，中小型企业人员少，内部信息沟通比较畅通，企业管理者容易把握市场变化的信息，快速地做出决策；中小型企业在实施电子商务过程中还体现一个"活"字，中小型企业人员少，生产规模小，可及时掉转船头顺应市场变化，使企业立于不败之地。因此，在这个信息时代里，着眼于企业长远发展的电子商务平台建设是非常必要的。

中小型企业开展电子商务有其自身的优势：

（1）决策管理优势。中小型企业组织机构相对简单，管理层次及人员少，内部信息的损耗、失真较少，传递敏捷，更易于强化内、外协调能力，并能在短期内迅速做出决策，灵活地处理问题。通过应用电子商务与大企业一同分享市场资源，获得至关重要的经营决策信息，且以其快速灵活的决策优势能够比大企业更快地根据市场需求变化调整经营方针、产品结构，开拓新的市场。

（2）营销优势。中小型企业规模小，其产品种类较多，且以消耗品为主，这符合网络营销的特点。中小型企业以其及时互动的特点，通过电子商务平台能够与消费者直接沟通信息，详细了解所需商品，并能够按照消费者的要求进行小批量试制，生产出与众不同的商品，满足消费者的消费需求，实行个性化营销。

（3）政策优势。随着经济的发展，国家也越来越关注企业电子商务的发展，并在宏观层面给予了积极支持，并为其创造了积极的发展环境。目前，国家已经制定、颁布了多项法律及政策措施，以鼓励、保障企业尤其是中小型企业开展电子商务。

11.1.2 企业产品（服务）类型及市场情况分析

企业要想大力开展电子商务业务，通过网络销售产品或提供服务，必须分析其产品与服务是否适合于电子商务。一个成功的电子商务包括如下要素：

（1）目标市场的情况。企业的顾客群体如果是喜欢新技术、受教育程度较高或经常使用 Internet 的，则电子商务成功的可能性更大；Internet 用户一定是计算机用户，因此针对计算机用户的产品容易获得成功；早期的 Internet 统计表明，Internet 用户多为中等以上收入，因此电子商务较适合于稍高档次商品市场；Internet 用户大部分受过高等教育，以大学生或有大学以上学历的用户为主，因此针对这一消费群体的产品也易于成功；用户群所处的地理位置、年龄段等也均有影响。

（2）产品、服务与品牌。如果顾客熟悉企业的名字或品牌，会给电子商务的成功带来动力；如果商品与计算机有关，则较易成功，如网上销售软件；如产品比较简单，用户较熟悉或易于理解、易于使用，则易成功；知识含量高的产品，如书、音像制品等较易成功；具有国际性的产品或服务符合网上商店无国界的特性容易成功，地方特色浓厚的商品不容易被其他国家网络用户接受；服务咨询教育类易成功，可以通过网上直接传递；具有新特性、新功能的产品进行网上交易较易成功；两个公司同时在网上销售，知名度高、品牌响的公司无疑会吸引更多的顾客；如果产品适用于所有的地区和各类顾客，则易于网上成功；但需看见摸着感受一下的产品若完全进行网上销售则不易成功。

（3）竞争对手的情况分析。企业的竞争对手如果没有使用电子商务开展业务，那么首先进入电子商务的企业无疑更可能成功；如果企业的竞争对手也在网上展开电子商务，应根据各种指标评估一下自己与对手的优势与劣势，如果企业产品或服务的综合指标高于对手，则可以确信自己的产品或服务可比对手更有竞争力。电子商务的成功与否取决于企业

Internet 站点的知名度,因此要不断地通过各种媒介宣传企业的网址,并增加网页的吸引力。

(4) 市场环境。良好的国际和地区经济环境、政府部门的支持及市场所在地 Internet 设施的完备程度都对电子商务的成功有影响。Internet 提供了一个匿名的购物环境,网络购物的安全程度及一个区域的信用状况对企业电子商务的影响不可忽视;经济环境影响网上销售,经济环境差时一定很少有人光顾网上昂贵的奢侈品;目标用户群的技术环境也会影响网上商品的销售,如 Internet 设施与使用率。

(5) 价格优势。对价格经常变动的产品与服务,电子商务无疑是报价的理想方式,价格经常变动的商品易于及时在网上公布;太便宜或太昂贵的产品都不易在网上成功(太贵的适合面谈,太便宜的商品送货成本相对较高);电子商务所节省的成本越多则越易成功。

(6) 配送及物流运输能力。企业是否有发达的送货网络将影响电子商务的成功性,而如果有国际送货渠道,则市场潜力将更强。如果企业的竞争对手已有完善的传统销售渠道,则网上购物不容易与之竞争成功,但分析对手的销售渠道也可能找出其不足为自己所利用。如果公司有全球的销售与服务渠道,则利于网上销售成功。

(7) 其他推动力。通过在传统报刊、电视等广告媒介上宣传公司的网址和电子商务活动,可大大增强电子商务的成功性,不同时期对电子商务的宣传有不同的方式,随着近年来社交网络和平台的发展,社群营销和微博营销成为了新兴的营销方式,并且起到了良好的效果。

对于以上要素,可以对每一个要素进行评估,可借助专用分析软件(如 IBM 的 EC 助理工具)进行辅助分析计算出分值,并得出综合指标。选择综合指标最高的产品先上网,开展电子商务。

11.1.3　目标用户的分析和定位

在开展电子商务之前,应对企业的用户有所了解。企业的用户是否经常上网?网络用户有哪些特点?企业开展电子商务能够吸引哪些用户?如何抓住他们的消费特点,满足他们的要求,为企业创造更大的价值?了解这些是电子商务成功的非常重要的一个因素。

1. 网络用户的特点

目前,我国网民存在群体偏年轻化的特点,并且有从较高学历和收入群体向较低学历和收入人群扩散的趋势。网购用户特征的变化也呈现类似的特点,但网购市场用户也具有一定的独特性。在性别上,女性网民成为网购的活跃人群,占网购用户的比例在逐步加大,且超过男性占比。网购用户年龄大多集中在 18～30 岁,月收入集中在 1 000～4 000 元,并且以企业白领和学生为主。

2. 网络用户的类型

网络用户可分为个人消费者和组织机构用户。个人消费者通过网络查看企业的商品信息,他们会经常搜索网上的个人用品及娱乐信息,这些个人消费者一次的购买量不会太多,但总体数量却非常可观,他们是企业开展 B2C 电子商务不可忽略的客户资源。组织机构用户主要是为组织机构的运营需要而进行网上购物的群体,他们一次购物的数量较多，成交金额较大，是企业开展电子商务中应该重点挖掘和保持良好关系的对象。企业最好能为组织机构用户在客户关系管理系统建立档案，并跟踪分析他们的需求，为他们提供满意的商品和服务，保持长期稳定的供求关系。

除了以上两类客户以外，企业还应关注那些浏览过企业电子商务网站的潜在客户，分析他们的需求，提供令他们感兴趣的产品和服务，进一步扩大企业的用户群。

■11.2　创建企业电子商务的准备

企业在明确了创建电子商务的目的，并决定开展电子商务以后，就可以着手准备创建电子商务，准备工作主要包括两个方面。

11.2.1　企业开展电子商务可行性分析

企业电子商务可行性分析是企业创建电子商务的前期工作，经过调查分析是否进行正式的电子商务系统开发工作。电子商务的可行性分析包括企业目标和战略分析、内部环境分析、外部环境分析和成本效益分析四个方面。

（1）企业目标和战略分析。电子商务的开展是为企业的目标和战略服务的，企业电子商务的目标和战略必然是企业战略规划的一部分，因此在创建电子商务之前，必须首先了解企业的战略和目标。应着重分析以下问题：企业当前的战略目标是什么；企业当前销售或提供什么产品/服务；企业当前目标市场的特征；企业当前采用什么方式实现其目标、成本；企业当前采用什么方式保证其产品/服务的质量；企业当前采用什么方法树立企业形象。

（2）内部环境分析。通过分析企业的内部环境确定企业开展电子商务的优势和劣势。内部环境因素包括：企业高层领导对开展电子商务的态度；企业利用信息技术的深度和广度；过去利用新技术的经验；企业内部网的建设情况；电子商务应用的内部用户（企业雇员）的特征。

（3）外部环境分析。通过外部环境分析，可以确定企业开展电子商务面临的机遇和挑战。外部环境因素包括：同行业中电子商务的应用情况及企业可以借鉴的经验；竞争对手对于电子商务的应用情况；电子商务应用的外部用户（当前和潜在的客户、供应商）的特征。

（4）成本效益分析。电子商务系统的建设所需成本可从电子商务系统的硬件、软件、服务、数据库、应用程序和用户培训几个方面来考虑，企业可以根据自己的实际情况绘制出安装服务器、数据库、应用程序、用户接口及最终用户培训的整个时间表，并可给出估计成本。电子商务的成本还包括系统的运行与维护费用及风险防范成本，风险防范成本主要包括两个方面：计算机病毒和网络犯罪。

电子商务的效益主要来自成本和时间的节省、销售额的增加、客户满意度的增加和市场份额的增加。开展电子商务能够树立良好的企业形象，提高企业知名度；降低交易成本；降低管理成本；减少库存；降低客户服务成本，提高客户忠诚度；提高经营管理效率；提高企业竞争力。企业可以从以上几个方面分析电子商务给企业带来的好处。但需要注意的是：电子商务具有一次性投入高，固定投资的收回需要一定的时间，且收益很难用货币准确量化的特点。企业应根据现金流量法对每年因电子商务流入流出企业资金的现金流量进行估计，并测算出电子商务项目的投资回收期；或按照盈亏平衡分析法对自己开展电子商务的成本效益进行分析，计算出盈亏临界点，并根据市场情况预测企业通过开展电子商务的销量能否达到盈亏平衡点，若能达到，且企业战略目标及开展电子商务的目标明确、内部环境良好、外部条件允许、成本效益比小于 1，那么企业开展电子商务的条件成熟，可以进行进一步开发，否则，需要等待时机成熟后再开展电子商务。

11.2.2　制定创建电子商务的规划

企业经过可行性分析，如果得到的结论是企业开展电子商务的条件已经成熟，企业便可以着手制定创建电子商务的规划。规划包括：确定实施电子商务的具体目标；确定企业开展电子商务的策略；设备与环境的规划；管理及人员的规划。

1. 确定实施电子商务的具体目标

在进入电子商务之前，企业应明确：企业电子商务系统开展的业务类型，即是零售型、直销型、拍卖型、商业街型等中的哪种类型；企业开展电子商务的规模，即能同时支持多少顾客网上购物，能同时管理多少种商品的销售；时间目标，即在某个时间建成电子商务系统；支付手段的目标，即开通电子商务系统后，系统支持何种付款方式，如是否支持网上支付、货到付款、邮局/银行汇款、储蓄卡汇款方式中的一种或几种；配送实现的目标，是企业自己负责配送，还是通过邮局邮寄，或通过与第三方物流建立合作伙伴关系，进行配送。

2. 确定企业开展电子商务的策略

电子商务系统的开发与建设一般有外购与开发两种途径，而开发又分为自行开发、委托开发和协作开发。

（1）外购电子商务系统。采用这种方式不仅见效快、费用低，而且系统质量高、安全保密性较好，维护有保障。但它只能满足企业的一般常规性需要，不能满足企业的个性化需要。规模小且业务较规范、特殊要求不多的中小企业比较适合购买这种通用的电子商务系统。

（2）自行开发。这种方式针对性强，能最好地满足企业电子商务的实际需要和特殊要求，而且便于维护，易于使用。但这种开发途径对企业的技术开发能力要求较高，它适用于有稳定的开发与维护队伍和较强技术开发能力的企业。

（3）委托开发。即委托具有相当专业水平的科研机构进行系统开发。它可以弥补本企业技术力量的不足，但其开发费用较高、日常维护不便。这种方式比较适合本企业开发能力不足但又希望使用专用系统的企业。

（4）协作开发。这种开发途径综合了上述几种方式的优点，但也存在费用高、软件应变能力较弱的缺陷。

3. 设备与环境的规划

设备与环境的规划主要是指企业电子商务平台的选择。良好的电子商务平台是建立一个好的电子商务系统的基础。一般来说，电子商务平台的选择包括对网络系统、硬件、操作系统、应用服务器（软件）、数据库及网络安全措施的选择。

（1）对于网络系统，应根据对网络带宽的要求、企业的投资力度选择交换机、路由器等网络设备。最好选择同一品牌的产品，以便于统一管理。

对于与 Internet 连接部分，应分析企业内部对外部访问情况和外部对企业电子商务网站的访问情况，选择独立主机、主机托管或虚拟主机方式。如果采用主机托管方式，应考虑 ISP 提供的网络带宽、安全防护、机房设施、维护服务、价格等因素。如果采用虚拟主机方式，需要考虑 ISP 提供的网络带宽、空间大小、价格、操作系统、数据库、开发接口等因素。

（2）硬件的选择应根据外部对企业电子商务网站访问量的估计和投资力度选择微机服务器（应根据需要确定是否对微机服务器进行双机备份）、小型机或集群系统。

（3）操作系统的选择应从性能、安全性、稳定性、易用性及系统管理员对某种操作系统的熟悉程度来考虑，主要有 Unix、Linux、Windows XP 等。

（4）应用服务器又称应用服务器软件平台（application server software platform，ASSP），是最重要的一类中间件软件。最近几年，除了微软独家提供与 Windows 操作系统绑定在一起的、基于 DIAA（distributed Internet application architecture，即分布式网络结构）/DCOM（distributed component object model，即分布式组件对象模型）技术的应用服务器软件功能外，主流应用服务器产品全部基于 Java 语言开发，并遵从 J2EE/EJB 规范。基于 J2EE/EJB 技术，提供 Web 或独立程序访问方式，支持企业 Java 组件的开发、部署、运行和管理功能，提供对后台数据库系统和企业信息系统的访问能力，提供标准的消息传送机制等功能的应用服务器软件已经成为当前应用服务器软件的共同之处。

（5）数据库的选择应从数据量、外部对企业电子商务网站的访问量、投资力度等方面来考虑。若数据量大、外部对企业电子商务网站的访问量也大且有足够的投资，可以考虑用大型数据库，如 ORACLE、SYBASE、INFORMIX、DB2。如果投资不是很多，且数据量不是很大、外部对企业电子商务网站的访问量也不是很大，则可考虑选用 MS SQL SEVER。在投资较少时，也可以考虑免费数据库，如 MY SQL。目前主流的电子商务网站都在采用 LAMP 架构体系，其为开源项目，资金投入少，并且优化后的网站访问速度非常好。

（6）网络安全措施的选择主要是指防黑、防病毒方案，包括加密机制、签名机制、分布式安全管理、存取控制、防火墙、安全万维网服务器、防病毒保护等。为帮助企业创建和实现这些方案，国际上多家公司联合研究并发布了 SET 和 SSL 等协议标准，使企业能建立一个安全的电子商务环境。针对网络完全措施，重要的是要加强对人员的管理，避免因人为的因素对电子商务网络造成危害。

若企业采用应用服务提供商（application service provider，ASP）模式，则不需要考虑以上的细节内容，只需选择一个合适的 ASP 即可。ASP 是向企业用户提供 Internet 应用服务的服务机构。用户可以把自己所需要的 Internet 应用服务交给 ASP 组织，称为

"托管"，用户只需要具有网络终端和与网络连接的线路，就可以从 ASP 那里得到自己所需的 Internet 应用的服务。ASP 拥有自己的网络资源、资金和网络技术专业人才，用户只要提出自己需要的业务模式和数据源，ASP 就能为该企业用户开发适合其需要的应用系统。ASP 提供的这种业务叫做"应用托管"。ASP 是针对中小企业产生发展起来的，主要是为了解决中小企业普遍存在的资金困难和渴望信息化管理这一矛盾，通过直接租用 ASP 的计算机及软件系统实施信息管理，既可以节省一笔用于 IT 产品、技术购买和维护运行的资金，又能使中小企业利用信息化壮大自身实力。ASP 模式无疑为这类企业提供了较好的解决方案，企业无需配备专门的人员和大规模资金投入亦可获得专业的服务和技术支持。

4. 管理及人员的规划

在电子商务环境下，传统的管理模式不能适应电子商务发展的需要，企业应做好向现代管理模式转变的准备，从物流、资金流、信息流集成的角度出发，建立一个反应快速、流通顺畅、灵活多变的供应链系统，只有这样才能保证协调企业内部、供应商、合作伙伴之间的关系，满足客户的个性化需求，快速回笼资金；同时在采购、制造、管理、销售等环节上加强预算和资金控制，节省成本，才能把节省的利润空间留给客户，给客户提供更为便宜的产品。因此，企业要为开展电子商务准备所需的管理人员、技术人员、市场人员和服务人员。

11.3　创建企业电子商务

在企业做好开展电子商务的规划后，企业就可以着手创建电子商务的具体工作。这里主要介绍自行开发及外购电子商务解决方案的方式，对委托开发方式和协作开发方式不作详述。

11.3.1　自行开发商务系统的步骤

自行开发方式针对性强，能最好地满足企业电子商务的实际需要和特殊要求，而且便于维护，易于使用。但这种开发途径对企业的技术开发能力要求较高，它适用于有稳定的开发与维护队伍和较强技术开发能力的企业。若企业根据自己的实际情况做出自行开发的决定，便可以采用以下步骤创建电子商务系统。

1. 信息接入

企业应根据电子商务规划中选用的独立主机、主机托管或虚拟主机的方式，选择合适的 ISP 进行信息接入，这是企业实施电子商务的第一步。ISP 即向广大用户综合提供互联网接入业务、信息业务和增值业务的电信运营商。ISP 是经国家主管部门批准的正式运营企业，享受国家法律保护。选择 ISP 时主要考虑企业的需要，除此以外，还应注意以下几个优先原则：①技术实力强、接入带宽高的优先；②有自己的网络平台、Internet 服务功能强的优先；③有长期技术支持、综合服务信誉好的优先；④信息产品有综合优势和特色的优先；⑤商业风险小、有一定规模的国际性 ISP 优先。企业根据自己的业务需要选择 ISP 提供的不同类型的接入服务。目前，由于网费逐年下降的趋势影响，不少国内的大型 ISP 开始改变自己的发展方向，而向用户提供一切服务的 ASP 成为趋势。

2. 域名注册

域名也被视为企业的"网上商标"，是企业在网络世界中进行商业活动的基础，企业可以根据开展电子商务业务的实际给企业起一个合适的域名。一个好的域名往往具有下列特点：与企业名称一致；与企业的产品注册商标一致；与企业广告语一致；简短易记、有创意。这样不但节省宣传域名的广告费，更重要的是能使用户推测出企业的域名从而方便地找到企业的网站，如波音公司的 http：//www.boeing.com、海尔集团的 http：//www.haier.com 等。企业注册域名时，可以登录域名代理机构的网站通过网络直接按照服务提供商的要求进行注册。

3. 软、硬件的选择

如企业采用虚拟主机方式，则不需要企业选择相关的软、硬件，直接采用 ISP 提供的软、硬件即可；若采用主机托管方式，则应根据自己的规划采购相应的硬件服务器、操作系统、数据库、应用服务器；若采用独立主机方式，也应根据规划采购相关的软、硬件。

4. 开发电子商务应用系统

在开发电子商务应用系统时，应首先进行需求分析，准确地把握商业目的，明确项目范围，列出需求清单。在需求分析阶段成果的基础上，就功能性、系统构架技术性和视觉创意等方面进行更详细的分析设计，然后进入实现阶段。

电子商务系统的实现过程如图 11-1 所示。下面从商务系统模型的层次出发来阐述。

（1）应用表达层的实现。该层最终由多种客户端构成，其硬件设备主要是各种客户端应用程序运行的终端设备，如计算机、移动通信设备等。客户端的应用程序分为两大类，最常见的是通用的浏览器也可以是一些专用的应用程序，以支持专门的应用。

构造电子商务系统的客户端的关键是要确定客户端的类型并选择合适的设备，使客户端和电子商务系统的服务器之间具有良好的接口。

（2）商务逻辑层的实现。商务逻辑层是电子商务系统的核心，也是系统建造过程中的难点和重点。商务逻辑层包括商务应用（程序）和支持平台（包括商务服务层、商务支持层和基础支持层三部分）。

支持平台向上层（商务应用）提供的服务主要包括表达、商务支持、运行支持、开发和集成服务。构成支持平台的技术产品至少应当包括：Web 服务器；商务支持软件、集成与开发工具；计算机主机；网络；其他软件系统软件（如操作系统、管理工具软件等）。

构造商务逻辑层的任务基本上可以归纳为两部分：选择合适的应用服务器及其他支持软件；开发实现商务逻辑的应用软件系统。

（3）数据层的实现。构造数据层的关键是开发电子商务系统与外部系统、内部信息资源的接口，完成系统集成。数据层的数据源主要包括以下几部分：系统既有信息系统（如 ERP 系统等）的数据和企业的数据库；企业与协作伙伴（如供应商等）之间交换的数据；企业与银行之间交换的数据；企业与认证中心之间的认证数据；企业与其他商务中介交换的电子数据。

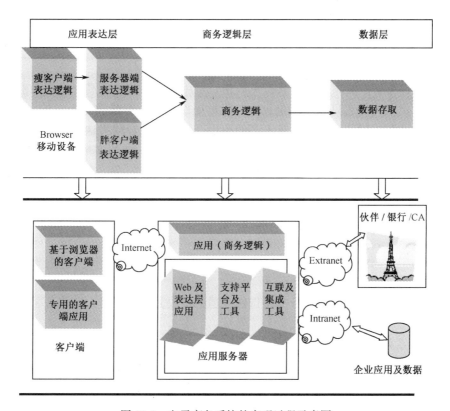

图 11-1　电子商务系统的实现过程示意图

　　由于企业商务逻辑的处理过程是一个从市场、销售、采购到客户服务的整体，所以必须将商务逻辑处理过程所涉及的数据集成在一起，因此构造数据层的任务是：实现电子商务系统与企业内部和外部信息系统之间的网络互联，并确保安全的网络环境，以及基于应用服务器平台的商务应用系统与企业内部数据的共享。

　　（4）网上支付的实现。网上支付是电子商务的重要组成部分，是金融服务的发展和创新。企业应根据业务需要选择相应的支付网关，编写应用程序调用支付网关提供的接口，实现网上支付。

　　通过以上分析，可以将电子商务系统的实现过程的关键分为：技术支持平台的选择与构造；应用系统的开发；网络系统集成；数据共享及应用的互操作；网上支付的实现；实施过程的合理组织。

　　（5）系统测试。开发完成后，对系统进行功能测试和性能测试，企业的电子商务系统在经过检查测试结果是否与设计方案吻合、不同浏览器和不同分辨率显示器显示结果测试、验证链接和下载速度等方面的测试并作相应的修改后，便可进入系统的发布阶段。

　　（6）系统发布。将制作好的网页和应用程序通过 FTP 上传到服务器的相应目录中，或用其他方式复制到服务器的相应目录中。把系统从开发环境发布到运营环境后，开始试运行。试运行成功后，系统投入正式运行。

　　在开发电子商务系统的整个过程中，都要进行项目管理以对该项目的范围、时间、成本、质量和风险等各个方面进行控制，保证开发的进度和质量。

11.3.2　外购解决方案的电子商务系统实现步骤

外购电子商务解决方案的方式具有见效快、费用低、系统质量高、安全保密性较好和维护有保障的优点，但它只能满足企业的一般常规性需要，不能满足企业的个性化需要。企业规模小、业务较规范且特殊要求不多的中小企业比较适合购买这种通用的电子商务解决方案。选择外购电子商务解决方案的企业其电子商务系统的实现步骤包括如下几个方面。

1. 信息接入

其内容同第 11.3.1 节。

2. 域名注册

其内容同第 11.3.1 节。

3. 电子商务解决方案的选择

企业应根据自己的规划及业务类型选择合适的解决方案。目前，比较著名的电子商务解决方案有：

（1）IBM 系列电子商务解决方案。不同行业、不同规模的企业，需要不同的电子商务解决方案来满足自身的独特需要。IBM 始终遵循着为各类企业提供最适合其发展的电子商务解决方案的原则。它的电子商务解决方案覆盖企业经营的各个过程，令企业从内到外加速信息流、物流、资金流的循环，全面降低经营成本，开拓全新的市场机会。其提供的解决方案针对各行各业，如电信业、制造业、流通业、工商企业、政府与公众事业、金融行业、娱乐业等，它们覆盖了 Windows NT、OS/2、AI X、HP-UX、Solaris、OS/400 和 OS/390 等多种平台，其中支付解决方案和电子商城解决方案是 IBM 公司的特色产品。

（2）SUN 公司电子商务解决方案。SUN 公司是电子商务解决方案的主要提供商，倡导开放的系统和 Internet/Intranet 解决方案，在电子商务涉及的所有领域都有先进的产品和合作伙伴，积累了丰富的经验，并在此基础上提出了 SUN ONE 电子商务构架产品系列、SUN Connect 电子商务架构、Informix i.sell 等电子商务解决方案，包括电子商场解决方案、电子银行方案、认证中心方案。

（3）微软公司电子商务解决方案。从企业自身的技术特征出发，微软公司提出了 Windows DIAA，其目标是在 Windows 平台上实现微软公司所倡导的多层次分布式计算解决方案，并在此基础上开发了四种方案：直销、销售和服务解决方案；供应链集成解决方案；企业采购解决方案；金融与信息服务解决方案。

此外，还有 HP、Intel、BEA、GE 等公司的电子商务解决方案，企业可以根据自己业务的需要选择合适的解决方案。

（4）IBM 的电子商务解决方案。WebSphere 是 IBM 的软件平台。它包含了编写、运行和监视全天候的工业强度的随需应变 Web 应用程序和跨平台、跨产品解决方案所需要的整个中间件基础设施，如服务器、服务和工具。WebSphere 提供了可靠、灵活和健壮的软件。

　　WebSphere 是随需应变的电子商务时代的最主要的软件平台。它使您的公司可以开发、部署和整合新一代的电子商务应用，如 B2B 电子商务，并支持从简单的网页内容发布到企业级事务处理的商业应用。WebSphere 改变了业务管理者、合作伙伴和雇员之间的关系，例如，您可以用它做如下工作：创建高效的电子商务站点提高了网上交易的质量和数量；把应用扩展到联合的移动设备上使销售人员可以为客户提供更方便、更快捷的服务；整合已有的应用并提供自动简捷的业务流程。

　　4．系统测试

　　其内容同第 11.3.1 节。

　　5．系统发布

　　其内容同第 11.3.1 节。

■ 11.4　企业电子商务的管理

　　企业电子商务的管理可以分为网上商店的运营管理、电子商务与客户关系管理、电子商务与物流配送管理等几个主要方面。

11.4.1　网上商店的运营管理

　　网上商店是企业电子商务系统中直接与客户面对面的部分，它是一种新型的商业模式。在这一模式下，企业要以远程方式实现对网上商店的控制与管理，需要新的经营规则和有效手段，才能保证提供 24 小时不间断服务，使消费者能方便、安全、及时地从网上购买到满意的商品。

　　1．确定网上商店运营机制

　　要保证网上商店运营成功，首先要建立一套切实有效的工作流程和运营机制，以明确分工和确定岗位职责。网上商店一般工作流程如图 11-2 所示。

　　2．网上商店经营商品的决策

　　网上商店经营商品决策的主要内容就是确定网上的营业项目，即确定网上商店所经营的商品结构、属性和目标服务。从网上销售特征出发来界定网上商店营业项目内容，可以分为有形商品销售和无形商品销售两种。前者需要传统的商业配送服务予以支持才能完成交易；后者是指如酒店客房预订、机票订购、证券交易等无形服务，也指可数字化的商品，如电脑软件、音乐 CD 等，无形商品可以在网上直接完成交易活动。

　　经营者在确定网上商店营业项目时应考虑如下主要因素：

　　（1）企业应根据自己的资源条件和销售特长选择上网商品种类。一些主题性的网上商店是专门销售某一类商品和推销某一种服务的，美国女性网站（iVillage）是其中最典型的成功范例。该网站从头到尾、从里到外都在透露着一个信息——女人。只要是与女人有关的资讯及服务，iVillage 绝不会错过。在美国，问问那些常上网的女性网友，十有八九知道该网站的"芳名"，iVillage 俨然已成为网上的女性代名词。这就形成了企业网上商

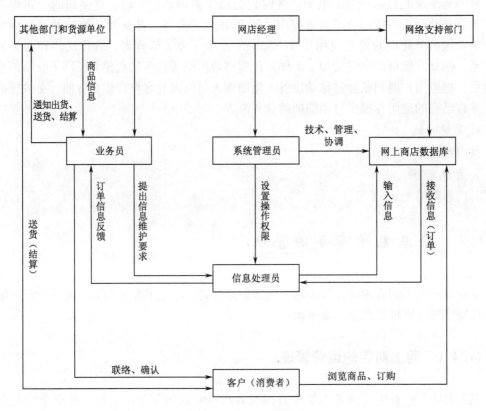

图 11-2 网上商店工作流程

店的经营特色，有利于在激烈的竞争中把握住一个特定的网络消费群体。

（2）要考虑商品组合及其深度、广度，尤其应注重所选商品线的深度，即尽可能扩大每类商品的花色、品种、规格，满足消费者对某类商品挑选的需求。切忌无条件地拓展企业上网商品线的广度，无限制地增加商品种类，而每个种类的品种都非常少的做法。

3. 网上商店的品牌决策

树立良好的网上形象是创造企业网上商店的品牌效应并成功经营的关键。网上商店的品牌形象取决于以下几个方面：①经营主体（开展电子商务的企业）的品牌效应；②网上商店本身的质量，如内容、表现形式、浏览速度等；③网上商店经营商品或服务的品牌；④网上商店服务的特色，如商品种类多少、信息量是否丰富、查询是否方便、可否支持多种支付方式、配送是否及时且收费合理、是否有售后服务等；⑤网上商店的宣传推广，如与相关网站的链接、加注搜索引擎、在其他著名站点上作网络广告等。

为防止网上假冒，知名品牌除应在知名网站上营销外，更应采用安全认证技术让消费者消除怕买到假货的心理顾虑。

4. 网上商店的定价策略

在零售业中，不同的销售方式有不同的销售价格。据对某些发达国家的商品零售价格的比较研究发现，若假设百货商场的价格指数为 1，则超市的价格指数一般为 0.82～0.85，采用会员制的商场是 0.76～0.78，而工厂直销为 0.6～0.7。可以看出，商品销售方式越简单，流通环节越少，商品价格就越便宜。

从理论上讲，网络交易成本低的特点决定了网上商品的价格应低于零售商业商品的价格。一是因为投资网上商店的成本大大低于建立实体商店的成本；二是因为网络商店无店铺、"零库存"的经营方式使其流通成本低于传统零售的流通成本；三是因为网络增加了企业商品销售的挑战性和透明度。价高、质次的商品在网上将失去市场，"一次性买卖"更不适合网上经营。因此，网上经营的商品竞争将使价格更趋合理，既保护了名牌商品的权利和价格优势，在一定程度上规范了市场，同时也保护了网络消费者的权益。

11.4.2　电子商务与客户关系管理

企业创建的电子商务系统能否真正给企业带来预期的收益，很大程度上取决于企业客户关系管理的水平。企业的产品或服务能否获得客户的认可，企业能否有效地根据客户的日常访问信息，统计、分析和开发新的商机，创造出新的满足客户需要的产品和服务，是开展电子商务的企业在客户关系管理方面应着重关注的问题。

客户关系管理的重心在于对客户提供迅速、简洁、可靠并有价值的服务。一个企业要做好客户关系管理，并长期保持着这种竞争优势，从根本上就是要建立起企业与客户之间的"学习"关系，其核心就是要通过客户与企业之间的不断接触，搜集客户意见、要求和建议，并通过挖掘分析，给客户提供完善的个性化服务。开展电子商务的企业在进行客户关系管理时应做到以下几点：

（1）建立网上客户数据库。对提供网上商品资源的商家来说，比较典型的网络客户关系管理的方法是：供货商将光顾企业网站的客户名单列入商店管理信息库，并以电子邮件和网络提示的方式，为经常浏览且购物达到一定量的顾客提供优惠和新产品信息。此举是商家挖掘商业网站信息资源，建立企业商品销售客户网络的有效途径。保密性对网上数据库有了较高的要求，面临大数据时代，有效保护和挖掘用户的行为和数据成为了企业的新的竞争力之一，互联网的公开性使得很多信息都能被别人查询到，所以必须要建立保密、完善的客户数据库。

（2）保护网上客户的权益。网上商店的客户作为商品或服务的最终用户，有权享受商业网站提供的各项服务。"客户是上帝"，保护消费者权益是商业网站经营的基本原则。在电子商务发展的初期，由于整个网络环境的不配套，商家和消费者的权益会在一些方面发生矛盾，比较典型的有隐私权问题和自由问题。客户购物信息应属商家和消费者共同拥有的信息资源，一般仅为提供本次购物所需。作为资料入册，成为商家的资源应征得消费者的同意，除本网上商店促销以外不得以其他用途向第三方透露，更不得以此作为向第三方牟利的手段。凡上网登记注册的项目，除与购物直接相关的必要栏目外，消费者应有权选择登记和不登记，企业不能强求。

企业还应该尽可能杜绝信息传递延时情况的发生，以免造成客户和商店的损失。例如，有客户从网上商店订购了商品，甚至有的已进行了网上支付，而时隔数天得到的不是商品却是一封致歉的电子邮件。这不仅耽误了消费者享有商品的时间和权益，损害了消费者的利益，更重要的是对企业及其电子商务网站的信誉造成了无法挽回的损失。

（3）建立客户关系管理系统，提高客户满意度。在企业追求客户满意度的过程中，可以借助 CRM 信息技术。CRM 信息技术在帮助企业管理和分析大量的客户数据方面非常有效，并且它提供的相应机制可以帮助企业实施基于数据分析的市场策略。同时，利用 CRM 软件可以细分客户群，实现一对一营销。Travcoa 是一家提供豪华旅游的公司，通过向客户提供令人愉悦而难忘的旅游经历来建立知名度。在这个行业，新增客户成本非常高，而且客户普遍是风险规避型的。如果客户愿意为一次度假支付 4 万美金，他们希望这次旅行留下的记忆是终生难忘的。Travcoa 通过 CRM 系统，在已超过三年都没有出游的老客户名单中发现了商机。针对这些客户，Travcoa 使用 CRM 技术手段和一对一营销策略，尽管这个行业发展相对平稳，Travcoa 的旅游预订量却增加了 30%，创造了三倍于以往传统邮件促销方式所创造的收益。市场竞争推动企业为更好地了解客户而不断努力，利用客户数据库分析客户需求、开发新的满足客户需求的产品、尊重客户的权益、选择适合客户策略和业务流程的信息技术——CRM 软件。这几个方面对于一个开展电子商务的企业成功实施客户关系管理是非常重要的。

（4）建立完善有效的推荐系统。目前电子商务得到了较快的发展，电子商务网站有更多的商品供消费者选择，然而这些琳琅满目的商品并不都是消费者所需要的，所以如何能够有效捕捉消费者的需求成为了新的话题，随着移动互联网的发展，移动电子商务也得到了迅速地发展，由于移动电子商务的时间的碎片性，所以必须有更准确的推荐系统满足消费者的需求，所以电子商务企业要从这个方面做出更多的事情。

11.4.3　电子商务与物流配送管理

可以说，一个企业要想生存离不开物流，若没有现代化的物流，生产难以正常进行，电子商务只能成为"无米之炊"。不仅如此，物流还保证了电子商务中商流的畅通，也使"以客户为中心"的理念得到了根本保证。若不能及时送货到手，客户不可能再通过网络购物；若缺少了现代化的物流发展技术，电子商务给客户带来的便捷等于零，电子商务便没有存在的必要。由此可见，企业在开展电子商务的过程中，只有很好地解决物流配送问题，才能使电子商务向更广的领域、更大的空间发展。

企业应根据自己业务的实际情况选择合适的物流模式，在选择时应考虑的因素包括：消费者的地理分布；销售品种；服务提供商；减少库存风险；降低物流成本。从现阶段看，可供选择的物流配送模式主要有：

（1）企业内自营模式。这是目前电子商务企业所广泛采用的一种模式。企业通过独立组建配送中心，实现对内部各部门、厂、店物品供应配送。这种模式因"大而全"、"小而全"而造成了新的资源浪费，但是就目前来看，在满足企业内部材料供应、产品外销、零售店供货和区域外市场拓展等企业自身需求方面发挥了重要作用。大大小小的连锁公司或集团基本上都是通过组建自己的配送中心，来完成对内部各厂、店的统一采购、统一配送和统一结算的。目前企业自营模式各大电子商务企业在订单量较大的城市开设了自己的物流公司，并且每天进行 2~3 次的送货，提高物流的配送速度，是电子商务竞争力的表现之一。

（2）单项服务外包模式。该模式主要是由具有一定规模的物流设施设备（库房、站台、车辆等）及专业经验、技能的批发、储运或其他物流业务经营企业，利用自身业务优势，承担电子商务企业在该区域内市场开拓、产品营销而开展的纯服务性的物流。在这种模式下，电子商务企业租用批发、储运等企业的库房，作为存储商品的场所，并将其中的一部分改造为办公场所，设置自己的业务代表机构，并配置内部的信息处理系统。通过这种现场办公式的决策组织，电子商务企业在该区域内的业务代表控制着信息处理和决策权，独立组织营销、配送业务活动。提供场所的物流业务经营企业，只是在电子商务企业这种派驻机构的指示下，提供相应的仓储、运输、中转和配送服务，收取相对于全部物流利润的极小的业务服务费。

（3）共同模式。这是一种电子商务企业间为实现整体的配送合理化，以互惠互利为原则，互相提供便利的配送服务的协作型模式。随着物流业范围的扩大，经营和处理的商品品种、规格和数量增加，单纯用生产者和消费者之间的分散配送是远远不够的，配送中心的出现（共同配送）帮助人们解决了这个问题，给物流配送的共同化创造了条件。物流共同化包括物流的资源利用共同化、物流设施与设备利用共同化和物流管理共同化。

总之，企业应做好网上商店的运营管理与维护，利用现代信息技术处理企业与供应商的关系，提高客户满意率，选择合适的物流配送方式来满足开展电子商务业务的需要。

11.5　电子商务营销

企业电子商务系统建成后，如果没有有效的营销手段，企业的电子商务系统（主要是电子商务网站）很难为企业带来价值。因此，电子商务营销是企业在建成电子商务系统后的一个非常重要的工作。电子商务营销实际上是电子商务管理工作的一部分，但因其是其他工作的前期和基础，所以对企业来说非常重要。

11.5.1　企业电子商务营销的目标

有些企业在投入大量资金建成电子商务系统后，便以为万事大吉，不对企业的电子商务网站作任何宣传和推广工作，对电子商务营销没有给予足够的重视，这是导致不少企业开展电子商务失败的根源所在。

实际上，在企业的电子商务系统建成初期，人们对其网上商店的了解是非常少的，甚至不会有人知道。因此，这段时期的营销工作非常重要，其目标是对其电子商务系统（这里主要是企业的网上商店）进行大力宣传和推广，使其网上商店的网址和内容最广泛地为人所知，从而吸引人们访问企业的网上商店，进而进行购买活动，使企业的销售额增加、市场份额扩大、竞争力提高。

11.5.2　企业电子商务营销方式

企业电子商务的营销方式包括传统营销方式和网络营销方式两种。

（1）传统营销方式。在企业开展电子商务的初期，对其网上商店的宣传离不开传统的营销方式，主要有：利用报纸、电视、广播、本行业杂志对其网上商店的网址及服务内容做广告；在人群集中的火车站、汽车站、公共汽车、出租车上印刷其网上商店的网址及主要内容。在宣传时，广告的设计应注意使其网上商店的网址及主要内容简单易记，吸引人的注意力。

（2）网络营销方式。随着网络信息快速传输使市场营销的效率和效能进一步提高，营销本身及其环境发生了根本的变革，以 Internet 为核心支撑的市场营销正在发展成为现代市场营销的主流。

企业的电子商务营销自然也离不开这种新的营销手段。随着新事物的出现，如社交平台网络、微博、微信等新传播媒介的出现，网络营销的方式也出现了不同的变化，所以电子商务企业也应该依据不同时期，对网络营销做出相应的调整。网络营销是企业电子商务营销的重要组成部分。它的营销目标同样是对企业网上商店的网址及服务内容做宣传，使其广为人知，以引起进一步的购买活动。网络营销以其成本低、见效快的优点受到广大企业的青睐。越是在经济发展速度放缓的时候，越是一个企业能够胜出的时候，这个"冬天"里的一缕阳光就在互联网，而网络营销将是中国企业走出困局的有力武器。下面将对此种营销方式作专门的介绍。

11.5.3　网络营销

1. 网络营销的 4Cs 策略

网络和电子商务系统的出现彻底改变了原有市场营销理论和实务存在的基础。首先，网络环境下地域和范围的概念没有了；其次，宣传和销售渠道统一放到了网上；最后，剔除商业成本后产品的价格将大幅度降低。因而营销管理模式也发生了根本变化，逐步出现了与传统营销理论中的 4Ps（product，price，place，promotion）策略完全不同的 4Cs 策略。

（1）顾客需求与愿望（consumer wants and needs）。网络营销要求企业不再从自身盈利的角度来进行市场细分和产品策划，而真正做到充分了解并及时满足每个消费者的需求和愿望。在电子商务中，人们通过建立数据库和复杂的统计模型以及开发市场分析程序，可以将每个消费者作为一个独立的个体精确地确定其对企业现有及潜在的价值，消费者实际的购买行为因素取代了别的细分标准而成为决定性因素。企业借助信息网络可以和消费者时刻保持最有效的营销沟通，做出最有效的营销努力。"定制营销"可以为每一个消费者提供专门服务，将成为电子商务时代市场营销的主要模式。顾客的主导作用在电子商务时代将真正得到实现。

（2）顾客获取满足的成本（cost and value to satisfy consumer's needs and wants）。网络营销要求企业不再从满足自身定价目标的愿望出发，在研究消费者能够接受的价格基础上进行定价，而是在研究消费者为满足其需求所愿付出的成本的基础上定价。电子商务环境下的定价通过建立与市场数据库、用户数据库相关联的智能化的定价系统，可以对消费者实际购买行为进行分析，以获得其独特的需求及对价格的敏感性等定价信息，同时，企业利益、可替代产品、竞争对手等方面有助于确定最优定价的因素也可加以考虑；关于价格策略的一些设想还可以利用"虚拟销售"的调研方式进行预先测试以决定是否可行，因而更多更加弹性的、多样化的价格策略将会被采用；Internet 还能使在线议价、竞价成为可能。

（3）购买的方便性（convenience to buy）。由于通过网络可以与消费者直接接触，网络营销中渠道策略可以暂时忽略，而着重考虑运用网络技术给消费者创建一个方便的网上购物场所。电子商务时代是一个消费者至上的时代，以往企业向消费者单向的由上而下（top-down）的营销方式已行不通，取而代之的是自下而上（bottom-up）的方式，它是生产者与消费者之间联系的一座电子桥梁，使消费者有机会参与营销活动，更加方便及时地提供自己的意见，有利于企业更好地取得良好的信誉。而商品从供应厂家到消费者或需求厂商中的工作则是由社会上的物流配送公司完成的。

（4）沟通（communication with consumer）。网络营销要求企业重视加强与消费者的联系与沟通，改变传统单向信息传递的沟通方式，建立互动式交流。企业营销策略中与消费者的沟通分为两部分：一是如何在网络上实现介绍自己的产品并营造出一个良好的购物环境；二是通过访问站点人数的统计了解消费者的购买意向，并发现产品和经营中出现的一些问题，以及时改进。在电子商务环境下，企业可以利用用户数据库，对用户过去的购买行为进行分析并对未来趋势进行预测，甚至可以做到用短期赔本的促销来保持长期的获利关系。企业促销以更易于为消费者接受的双向式、互动性、实时沟通的方式进行，避免强力促销攻势引起消费者厌烦；同时，各种赠券、折价券、优待券可以通过 Internet 的电子邮件来递送，既降低了费用又提高了促销效果。在这里，企业与消费者之间要沟通的已不再是单一的物质产品信息，而是一种综合服务的理念，这是一种更广泛意义上的产品。

需要说明的是，网络营销建立在传统营销理论基础之上。网络营销是企业整体营销战略的一个组成部分，因此网络营销活动不可能脱离一般营销环境而独立存在，网络营销理论是传统营销理论在 Internet 环境中的应用和发展。

2. 网络营销方法

网络营销的目标是通过各种网络营销方法来实现的，常用的网络营销方法有搜索引擎注册与排名、交换链接、病毒性营销、许可电子邮件营销、个性化营销、会员制营销、虚拟社区营销等。下面简要介绍几种常用的网络营销方法。

（1）搜索引擎注册与排名。这是最经典也是最常用的网络营销方法之一，现在虽然搜索引擎的效果已经不像几年前那样有效，但调查表明，搜索引擎仍然是人们发现新网站的基本方法。因此，在主要的搜索引擎上注册并获得最理想的排名，是在网站设计过程中就要考虑的问题之一。网站正式发布后尽快提交到主要的搜索引擎，是网络营销的基本任务。

（2）交换链接。交换链接，或称互惠链接，是具有一定互补优势的网站之间的简单合作形式，即分别在自己的网站上放置对方网站名称并设置对方网站的超级链接，使得企业用户可以从合作网站中发现自己的网站，达到互相推广的目的。

（3）病毒性营销。病毒性营销并非真的以传播病毒的方式开展营销，而是通过用户的口碑宣传网络，信息像病毒一样传播和扩散，利用快速复制的方式传向广大的消费者。病毒性营销的经典范例是 Hotmail.com，现在几乎所有的免费电子邮件提供商都采取类似的推广方法。

（4）许可电子邮件营销。基于用户许可的电子邮件营销比传统的推广方式或未经许可的电子邮件营销具有明显的优势，比如可以减少广告对用户的滋扰、增加潜在客户定位的准确度、增强与客户的关系、提高品牌忠诚度等。开展电子邮件营销的前提是拥有潜在用户的电子邮件地址，这些地址可以是企业从用户、潜在用户资料中自行收集整理，也可以利用第三方的潜在用户资源。

（5）个性化营销。个性化营销的主要内容包括：用户定制自己感兴趣的信息内容；选择自己喜欢的网页设计形式；根据自己的需要设置信息的接收方式和接受时间等。据研究，为了获得某些个性化服务，在个人信息可以得到保护的情况下，用户才愿意提供有限的个人信息，这正是开展个性化营销的前提保证。

（6）会员制营销。会员制营销已经被证实为电子商务网站的有效营销手段，国外许多网上零售型网站都实施了会员制计划，几乎已经覆盖了所有行业。国内的会员制营销还处在发展初期，不过已经看出电子商务企业对此表现出的浓厚兴趣和旺盛的发展势头。

（7）虚拟社群营销、社交网络营销、微博营销、微信营销等基于用户之间联系的营销方式是目前网络营销的重要手段。微博营销是指通过微博平台为商家、个人等创造价值而执行的一种营销方式。该营销方式注重价值的传递、内容的互动、系统的布局、准确的定位，微博的火热发展也使得其营销效果尤为显著。

企业在进行电子商务营销时，可以采用传统方式与网络营销方式的一种或几种相结合的方式，以求达到营销效果的最佳，达到企业创建电子商务的目的。

11.6　移动电子商务的发展

随着越来越多的消费者使用手机购物，移动领域中的移动电子商务业务正在起飞，据了解，对移动支付平台的建设和用户安全保障的质疑声音一直存在，部分用户还是不愿尝试移动支付。除此之外，支付终端投放数量、支持商户的数量和适配机型、结算平台等都还需要时间逐步进行试点的推进，所以我国移动支付的推广将有一定的预热时间。

移动支付在一定意义上属于无形的交易，出于对安全的考虑，用户对无形的东西存在忧虑在所难免。值得注意的是，移动支付可以追溯。手机作为身份的标识是个人身份的验证，比如招行网银就是利用手机作为验证工具。对移动支付产生忧虑的用户大多数担心手机丢失任何人都可以刷卡支付，进而造成损失，但将手机设置密码即可解除用户的后顾之忧。此外，用户还可根据自身消费习惯设置交易限额等，从某种意义来讲，移动支付比网络支付、现金支付更安全。

所以电子商务中所存在的安全问题，是移动电子商务发展的主要障碍，移动电子商务具有极强的发展前景。

复习思考题

1. 企业为什么要开展电子商务？

2. 不同类型的企业开展电子商务的侧重点有何不同？

3. 开展电子商务的成本和效益各包含哪些方面？

4. 如何选择开展电子商务的软、硬件及网络设施？

5. 选择 ISP 时应考虑的因素有哪些？

6. 如何管理企业的电子商务？

7. 如何进行网络营销？

8. 请举例说明企业电子商务系统的构成。

9. 试对某一个网上商城的营销策略进行分析，并说明其优缺点。

10. 请依据现实情况，谈谈最新的网络营销手段？

第12章

电子商务与现代企业管理

本章要点： 电子商务在全球范围内的迅速发展，对世界各国的企业来说，既提供了前所未有的机遇，也带来了极为严峻的挑战。电子商务技术对现代企业管理的影响是极为深远的，也是不可逆转的。本章详细阐述了网络经济背景下电子商务与现代企业管理新思想之间的关系，论述了电子商务以及移动电子商务对企业管理的影响，分析了 BPR、SCM、ERP、CRM 等现代企业管理方法之间的关系。

12.1 网络经济与虚拟管理

21 世纪是以高速发达的信息技术为核心的网络经济时代，伴随着信息网络的飞速发展，整个经济格局充满无限活力，但同时也带来许多新的不确定因素，这给网络经济时代的企业管理带来了新的变革。这种新变革要求企业必须按照新经济发展的需要及时调整管理方略，根据新的企业生存原则创新企业的运行机制。如何应对网络经济的挑战，如何应对经济全球化过程中电子商务的风起云涌，如何应对市场化、国际化、现代化和信息化的要求，这是当今社会面临的严峻问题。

虚拟管理是为了适应网络经济的特点及其发展趋势，是对传统管理思想进行的相应变革，而不是网络经济下的企业管理在原体制下所进行的计算机化。虚拟管理是在原有的传统管理方法中引进信息流，以发达的信息网络为基础的一种新的管理理念。

12.1.1 虚拟管理的几种形式

(1) 虚拟企业（virtual enterprise）。虚拟企业是当市场出现新的机遇时，企业为了能够及时响应市场机会，满足市场的需求，以最快的速度推出高质量、低成本、高科技含量的产品，获得更多的市场份额时，将具有开发、生产、经营这种项目所需的不同知识和技术的不同组织（或企业）联合起来，共同开辟市场、承担风险、应对其他竞争者的一种企业行为。它是寻求资源最佳配置的一种整合方式，其最终目标是对顾客的需要做出及时的反应，并为其提供高质量的虚拟产品。虚拟企业具有虚拟生产、企业共生、人员虚拟、功能虚拟、品牌虚拟和策略联盟几种模式。

（2）学习型组织（learning organization）。学习型组织是将系统动力学的方法应用到了人类系统和商业系统。彼得·圣吉认为学习型组织是这么一种组织，"在其中，大家得以不断突破自己的能力上限，创造真心向往的结果，培育全新、前瞻而开阔的思考方式，全力实现共同的抱负，以及不断地一起学习如何共同学习"。学习型组织学习的基本工具包括：①系统思考能力；②自我超越能力；③心智模式改善能力；④建立共同远景；⑤团队学习能力。

（3）精益生产（lean production）。精益生产，就是及时制造，消灭故障，消除一切浪费，向零缺陷、零库存进军，它是美国麻省理工学院在一项名为"国际汽车计划"的研究项目中提出来的，认为是最适用于现代制造企业的一种生产组织管理方式。精益生产综合了大量生产与单件生产方式的优点，力求在大量生产中实现多品种高质量产品的低成本生产。精益生产是通过系统结构、人员组织、运行方式和市场供求等方面的变革，使生产系统能很快适应用户需求不断变化，并能使生产过程中一切无用、多余的东西被精简，最终达到包括市场供销在内的生产的各方面最好结果的一种生产管理方式。与传统的大生产方式不同，其特色是"多品种"、"小批量"。电子商务使精益生产的优点得到了极致的发挥。

精益生产集准时生产制和柔性制造的优点于一体。在质量管理上，贯彻六个西格玛的质量管理原则，确保每一个产品只能严格地按照唯一正确的方式生产和安装；在库存管理上，在满足顾客的需求和保持生产线流动的同时，做到了产成品库存和在制品库存最低；在员工激励上，精益企业里员工被赋予了极大的权利，并且人事组织结构趋于扁平化，做到全厂上下一条心。所有这一切都体现了降低成本、提高产品竞争力的要求。对那些早已实现了精益生产的企业来说，它们早享受了精益化所带来的种种好处，如劳动利用率大幅度上升、产品市场竞争力的提高、库存降低、生产周期缩短、成本下降等。因此，向精益化转变的基本思想是通过持续改进生产流程消灭一切浪费现象，其重点是消除生产流程中一切不能增加价值的活动。

12.1.2　网络经济环境下电子商务对企业管理的影响

电子商务是划时代的科技革命应用，为企业改变传统生产经营模式、节约成本、寻求无限市场空间提供了可能。本书从电子商务对现代企业在采购、制造、营销、研发和客户关系维护等方面所产生积极作用的分析，让更多企业认识到电子商务对市场经营的重要作用，并利用好这一工具，主动适应信息化革命，提升企业的综合竞争力。

（1）经营战略的变革。随着电子商务的迅速发展，企业单靠传统手段经营已经远远不够了，人们已可以通过电子商务实现从原材料的查询、采购到商品的展示、定购以及电子支付等一系列贸易活动，为世界各地的制造商和贸易商提供全方位、多层次、多角度的互动商贸服务，突破了传统贸易活动中物质、时间、空间对交易双方的限制。这些优势必然使客户自然转向采用这种全新经营方式的企业，原有市场结构和经营环境将发生重大变化。因此，对于企业来讲，电子商务不仅是一种技术，更是一种新的经营方式与经营理念。毫无疑问，如果企业不能及时转换观念并采取行动，那将在未来的竞争中处于不利地位。

（2）企业管理组织的创新。纵横交错的信息网络改变了信息传递的方式，同时也改变了企业的管理组织结构，传统的等级管理模式及运行方式比较僵化，而电子商务需要一种更少约束、更为灵活的网络组织形式。为适应电子商务的需要，把相互关联的管理组织加以整合已成为大势所趋，企业的一些部门可能被重组或撤销，企业的管理组织结构也将由原来的金字塔式结构向新型的网络组织扁平化结构转变。

（3）企业信息传递方式的变革。在电子商务的架构下，企业组织信息传递方式由单向的"一对多"向双向的"多对多"转换，信息无需经过中间环节就可快速、机动、灵活地达到双方沟通，工作效率明显提高。

首先，改变了企业内部信息传递方式。企业通过企业内部网，可将各部门、各分公司每天的经营情况，包括财务报表、生产计划、库存情况等，通过网络准确自动地汇总到总公司的数据库中，实现企业内部数据汇总的自动化；同时，各部门、各分公司也可通过内部网随时查询总公司的相应数据库存。这种信息传递方式便于企业领导层迅速把有关指示和工作安排下发到下属各部门、各分公司，从而提高整个企业的经济效率。

其次，延伸了企业信息传递的距离。企业与行业、企业与客户之间通过 Internet 可以了解以往要花费许多人力、物力才能得到的信息。电子商务给消费者和企业提供了更加密切的信息交流场所，使企业可以迅速了解到消费者的偏好和购买习惯，同时可以将消费者的需求及时反映到决策层，从而提高企业把握市场和消费者了解市场的能力。

（4）企业营销战略的变革。首先，网络营销具有许多传统营销方式无法媲美的优点，如节省开支、减少市场壁垒、提供平等机会、信息量大且具有交互功能等。其中，网络交互特性使客户在企业营销中的地位得到提高，参与和选择的主动性得到加强。在这种网络营销中，卖方和买方可以随时随地进行互动式、双向式交流，而非传统企业营销中的单向交流。在网络营销的手段上，随着新事物、新技术的发展，电子商务网络营销的手段也有不同的方式，与时俱进地更新自己的网络营销手段应该得到企业营销战略上的重视。

其次，网络营销是一种"软营销"，而传统营销中的广告和人员推销则属于"强势营销"，即不考虑客户需要与否而采取的一种强势手段。两者的根本区别在于：软营销的主动方是客户而强势营销的主动方是企业。

最后，由于电子商务加强了企业和客户的关系，随着企业和客户相互了解的增多，网络营销将由传统的大量销售转向定制销售。所以配合电子商务运营的客户管理系统成为了电子商务网络营销的手段之一。有效的客户关系管理系统为网络营销提供了很好的保障。

（5）企业贸易方式的变革。以计算机网络信息技术为核心的电子商务系统，改变了企业传统的贸易方式，为国际贸易提供了一种信息较为完全的市场环境，这种现代化的贸易服务方式突破了传统贸易以单向物流为主的运作格局，实现了以物流为依据、信息流为核心、商流为主体的全新战略。这种经营战略，把代理、展销等多种传统贸易方式融为一体，把全部进出口货物所需要的主要流程如市场调研、国际营销、仓储、报关、商检等引入计算机网络中，为世界各地的制造商和贸易商提供全方位、多层次、多角度的互动式商贸服务，解除了传统贸易活动中的物质、时间、空间对交易双方的限制，促进了国际贸易的深化发展。

（6）企业生产作业方式的变革。电子商务的发展，使需求由大批量、标准化转变为小批量、个性化、快速化。厂商可以与消费者方便地进行交流，消费者可以通过网络访问厂商的网站，浏览厂商的各种产品，在线描述自己的要求，订购个性化的产品，由厂商根据网上客户的要求组织生产。传统的大规模生产方式显然难以适应这一变化，新的生产作业方式呼之欲出。例如，DELL 公司在 PC 机的制造商中以快捷化、个性化的制造而闻名。个性化是其根据客户的要求来设计、组装 PC 机，因而能最大限度地满足消费者的需求。快捷化是 DELL 公司制造的另一特征，从接到客户订单到组装并邮寄至客户手中，平均周期仅为 7 天。快捷化、个性化的生产是 DELL 公司能够在 PC 机制造行业中确立竞争优势的原因之一，这是传统生产方式所无法比拟的。

12.2　电子商务与业务流程重组

业务流程重组（business process reengineering，BPR）的产生与当前的世界环境有直接关系。业务流程重组强调以业务流程为改造对象和中心、以关心客户的需求和满意度为目标、对现有的业务流程进行根本的再思考和彻底的再设计，利用先进的制造技术、信息技术以及现代的管理手段、最大限度地实现技术上的功能集成和管理上的职能集成，以打破传统的职能型组织结构，建立全新的过程型组织结构，从而实现企业经营在成本、质量、服务和速度等方面的巨大改善。近年来，伴随着 Internet/Intranet 技术和电子商务的广泛应用，企业所处的商业环境发生了根本性变化。顾客需求瞬息万变、技术创新不断加速、产品生命周期不断缩短、市场竞争日趋激烈，这些构成了当前世界环境影响现代企业生存与发展的三股力量，即顾客（customer）、竞争（competition）和变化（change）。为了适应以"顾客、竞争和变化"为特征的外部世界环境，企业必须要进行管理思想上的革命和管理手段上的更新。管理学界更是率先提出要在企业管理的制度、流程、组织、文化等方面面进行创新。

12.2.1　BPR 的定义

BPR 理论于 1990 年首先由美国著名企业管理大师、原麻省理工学院教授迈克尔·哈默先生提出，随即成为席卷欧美等国家的管理革命浪潮。1993 年，迈克尔·哈默和吉姆斯·萨姆合著并出版了《企业重构——经营管理革命的宣言书》，阐述了 BPR 的基本概念，"BPR 就是对企业的业务流程进行根本性地再思考和彻底性地再设计，从而获得在成本、质量、服务和速度等方面业绩的戏剧性的改善"。

在这个定义中，"根本性"、"彻底性"、"戏剧性"和"流程"是应关注的四个核心内容。"根本性"表明业务流程重组所关注的是企业核心问题，通过对这些根本性问题的仔细思考，企业可能发现自己赖以存在或运转的商业假设是过时的、甚至错误的；"彻底性"再设计意味着对事物追根溯源，对既定的现存事物不是进行肤浅的改变或调整修补，而是抛弃所有的陈规陋习及忽视一切规定的结构与过程，创造发明全新的完成工作的方法，它是对企业进行重新构造，而不是对企业进行改良、增强或调整；"戏剧性"意味着业务流程重组追求的不是一般意义上的业绩提升或略有改善、稍有好转等，进行重组就要使企业业绩有显著的增长、极大的飞跃，业绩的显著增长是 BPR 的标志与特点；业务流程重组关注的是企业的业务流程，一切"重组"工作全部是围绕业务流程展开的，业务流程是指一组共同为顾客创造价值而又相互关联的活动。

12.2.2　BPR 的实质

BPR 是一项复杂的系统工程。它的实施要依靠工业工程技术、运筹学方法、管理科学、社会人文科学和现代高科技，并且涉及企业的人、技术、组织结构、企业文化和业务流程等各个方面，其基本内容包括以下几部分：

（1）人的重构。德国企业家罗伯特·纽曼认为："企业推行 BPR 项目的最大阻力是项目启动时人们的惰性。"由此可见，实施 BPR 成败的关键取决于企业内部人员的整体素质与水平，高层领导者要有富于革新、勇于向风险挑战的精神。

（2）技术的重构。先进的信息技术改造企业的信息基础结构，利用先进的信息技术建立覆盖整个企业的信息网络，使每位员工通过网络就可得到与自己业务有关的各种信息。国外许多大企业在实施 BPR 时，都非常重视信息技术的作用，福特汽车公司财务会计部采用公共数据库和网络技术重构付款过程，使该部员工由原来的 500 人精减为 125 人。

（3）组织结构的重构。按具体项目组成面向经营过程的工作小组，设立小组负责人，对内指导、协调与监督小组中各成员的工作情况，对外负责及时将顾客的意见和建议反馈回小组，并尽快改进工作。明确小组内部各成员的作用和职责，做到责权统一，使小组形成一个享有充分自主权和决策权的团体。美国许多大公司，如 IBM 公司、美国航空公司、苹果计算机公司、Intel 公司和 3M 公司等被美国《幸福》杂志评为全美最富有革新精神的企业，它们均采用这种小组制的组织结构。

（4）企业文化的重构。在当今时代，如果企业仅满足于以往的成就、安于现状、不思进取、固守老一套的思想作风和经营理念，就往往会在激烈的市场竞争中败下阵来。营造适宜的企业文化氛围，是企业实施上述重构的保障。国外一些企业提出，企业如何对待自己的员工，员工就如何对待顾客，因此要正确引导和教育员工，使他们能够处理好与顾客的关系，企业才能有竞争力。此外，办企业要像办学校一样，不断强化员工的培训和教育，尽快提高他们的素质。众所周知，日本企业之所以能在第二次世界大战后迅速崛起，一个重要原因是日本人善于把中国文化（儒家思想）、西方文化与本国文化结合起来，形成独特的日本企业文化。

（5）业务流程的重构。企业流程重组如果成功，可为企业带来相当高的竞争优势，如AT&T 公司通过重组客户订单处理流程，在缩减了 35％人员的同时，将交货时间从"月"单位减少到"天"单位。

12.2.3　BPR 与准时化生产

准时化生产（just in time，JIT）的实质是保持物流和信息流在生产中的同步，实现以恰当数量的物料，在恰当的时候进入恰当的地方，生产出恰当质量的产品。这种方法可以减少库存、缩短工时、降低成本、提高生产效率。为实现这一目标，JIT 主要强调两点：其一，消除所有浪费。其途径是，排除不能给企业带来附加价值的各种因素，如生产过剩、在制品积压、废品率高、人员利用率低、生产周期长等。JIT 认为，只有在必要的时候，按必要的数量生产必要的产品才能消除上述生产中形成的各种浪费。其二，强调在现有基础上持续地强化与深化，不断地进行质量保持和质量改进工作，逐步实现不良品为零、库存为零、浪费为零的目标。尽管绝对为零是不可能达到的，但是 JIT 就是要在这种持续改进中逐步趋近这一目标。

其实，BPR 和 JIT 的目的都是为使企业获得全面质量提高。一方面，企业不能单纯地实施 JIT，因为在给定的时点上，当量变达到一定的数量级时，再进一步持续性改进所花费的成本将是巨大的。这时，企业就必须实施彻底的流程重组。另一方面，企业在实施 BPR 的同时也必须注意持续性改进。

12.2.4　BPR 的实施方法

根据 BPR 的思想精髓，我们可以将 BPR 的实施结构设想成一种多层次的立体形式，整个 BPR 实施体系由观念重建、流程重建和组织重建三个层次构成，其中以流程重建为主导，而每个层次内部又有各自相应的步骤过程，各层次也交织着彼此作用的关联关系。

1. BPR 的观念重建

这一层次所要解决的是有关 BPR 的观念问题，即要在整个企业内部树立实施 BPR 的正确观念，使企业的员工理解 BPR 对于企业管理的重要性。它主要涉及三个方面的工作：

（1）组建 BPR 小组。由于 BPR 要求大幅度地变革基本信念、转变经营机制、重建组织文化、重塑行为方式和重构组织形式，这就需要有很好的领导和组织的保证。

（2）前期的宣传准备工作。它可以帮助企业的员工从客观的和整个企业发展的角度，来看待并理解业务流程重组及其对本企业带来的重要意义，以避免由于员工的不理解造成企业内部的人心恐慌和对 BPR 的抵触情绪。

（3）设置合理目标。这是为了给业务流程重组活动设置一个明确的要达到的目标，以便做到"心中有数"。常见的目标有降低成本、缩短时间、增加产量、提高质量、提高顾客满意度等。

2. BPR 的流程重建

流程重建是指对企业的现有流程进行调研分析、诊断、再设计，然后重新构建流程的过程。它主要包括三个环节：

（1）业务流程分析与诊断。它是对企业现有的业务流程进行描述，分析其中存在的问题，并进而给予诊断。

（2）业务流程的再设计。针对前面分析诊断的结果，重新设计现有流程，使其趋于合理化。流程再设计可以表现为：①经多道工序合并，归于一人完成；②将完成多道工序的人员组合成小组或团队共同工作；③将串行式流程改为同步工程等。

（3）业务流程重组的实施。这一阶段是将重新设计的流程真正落实到企业的经营管理中去。

3. BPR 的组织重建

组织重建的目的是要给业务流程重组提供制度上的维护和保证，并追求不断改进。

（1）评估 BPR 实施的效果。与事先确定的绩效目标进行对照，评价是否达到既定的目标，如在时间、成本、品质等方面的改进有多少，流程信息管理的效率如何等。

（2）建立长期有效的组织保障。这样才能保证流程持续改善的长期进行。其具体可以包括：建立流程管理机构，明确其权责范围；制定各流程内部的运转规则与各流程之间的关系规则，逐步用流程管理图取代传统企业中的组织机构图。

（3）文化与人才建设。企业必须建立其与流程管理相适应的企业文化，加强团队精神建设，培养员工的主人翁意识。同时新的业务流程也对员工提出了更高的要求，这也要求企业注重其内部的人才建设，以培养出适应于流程管理的复合型人才。

12.2.5　我国企业业务流程中应用电子商务的几种形式

（1）业务流程的映像。这部分企业的业务流程还是基于原先的传统模式，没有发生变化，采用委托 IT 公司建立网站或加入虚拟市场会员的方式，其网页上有部分产品介绍说明和企业的联系信息，企业内部没有专门的部门和人员对网上信息进行更新和控制。如果客户或消费者要与之进行交易，还是需要采用一般的传统方式（如电话、传真、会谈等）。网站对于企业的业务流程而言只是一个映像，起到的是一个宣传作用，没有改变原有的业务流程。

（2）部分业务流程的变革。这部分企业由于管理层具有较强的外部危机意识，管理理念上对电子商务建设有较为明确的目标，从而引入了电子商务技术而将原先的业务流程进行延伸或改造，变革前信息化程度较高，大多拥有局域网，使用办公自动化系统，采取自建网站或加入虚拟市场会员的方式，企业经营人员具有一定的计算机和网络应用水平，设立了一定的部门或者相关人员专门负责电子商务的构架与维护。这类企业大多针对其前台业务，譬如对市场需求信息的收集、对潜在消费者的识别、对客户关系的处理，运用电子商务技术加以改造，使得部分业务的单位业务流程通过网络进行了强化和延伸，提高了企业对市场信息的甄别和对市场变化的应对能力。具体实现方式有：建立客户服务中心、定期为客户发布产品信息和邮件、设立客户信息反馈系统等。

（3）整个业务流程的重构。以上两类都是基于分解的系统方法，即在原有传统业务流程的基础上，以电子商务手段进行局部改造。而重构方法则是指按照电子商务的模式重新构造新的业务流程，即使用完全符合 Internet 发展规律的商业模式来重新构造企业的内部价值链和形成一定范围内的行业价值链。其主要手段是运用 ERP 系统作为支撑，将各种内部资源集成，提高内部业务单位效率，减少冗余环节；同时可以通过公共接口和企业

Web 网站相结合，将内部资源对外开放，以便能够与以 B2B 方式交易的上游供应商和下游销售商进行 EDI 访问查询。此时，企业的内、外部资源就集成在一起，并通过企业的电子商务系统进行整体管理。

12.3　电子商务与供应链管理

供应链管理（supply chain management，SCM）一词在 20 世纪 80 年代中期的一些物流文献中开始使用时，着眼的是面向削减在库的产品流程改善，以及供给者与需求者之间的供需调整，特别是对于像零售业、食品行业等需要较多在库的产业，通过上游企业和下游企业的整合，集中管理整个流通渠道的物流，可以取得强大的竞争优势。此后，SCM 的观念逐渐向计算机、复印机等各种产业延伸。SCM 兴起的原因，主要在于企业所面临的市场及竞争环境发生的巨大变化及其相应的战略调整要求。近年来，随着我国经济结构调整的深入，对企业节能减排的要求更加严格，企业只有通过强化环境保护的自我约束机制，来降低产品和生产过程相关的环境污染所带来的生产经营风险。绿色供应链管理能使整个供应链的资源消耗和环境负作用最小，并能有效满足日益增长的绿色消费需求，从而提高供应链的竞争力。

12.3.1　SCM 的内涵

SCM 是指对整个供应链系统进行计划、协调、操作、控制和优化的各种活动和过程。其目标是将满足客户需要的产品在正确的时间，按照正确的数量、正确的质量和正确的状态送到正确的地点，并使总成本最小或总收益最大。它是一种集成的管理思想和方法，它执行供应链中从供应商到最终消费者的物流的计划与控制等职能。它也是一种管理策略，主张把不同企业集成起来以增加供应链的效率，注重企业之间的合作，它把供应链上的各个企业作为一个不可分割的整体，使供应链上各个企业分担的采购、分销和销售的职能成为一个协调发展的有机体。SCM 的范围包括从最初的原材料直到最终产品到达最终消费者手中的全过程，管理对象是在此过程中所有与物资流动及信息流动有关的活动和相互之间的关系。

要成功地构筑并实施 SCM，使 SCM 真正成为有竞争力的武器，就要抛弃传统的管理思想，要把企业内部以及节点企业的采购、生产、财务、市场营销、分销看做一个整体功能过程，来开发集成化的 SCM。通过信息、制造和现代管理技术，将企业生产经营过程中有关的人、技术、经营管理三要素有机地集成并优化运行，通过对生产经营过程的物料流、管理过程的信息流和决策过程的决策流进行有效的控制和协调，将企业内部的供应链与企业外部的供应链有机地集成起来进行管理，达到全局动态最优目标，以适应新的竞争环境下市场对生产和管理过程提出的高质量、高柔性、低成本的要求。

12.3.2　虚拟企业与柔性供应链

当今，市场的需求日益多样化，导致生产系统日趋复杂。原材料经过了运输、生产、运输、再生产等一系列过程，最后才成为产品，送至客户手中。在这个复杂的过程中，不确定性和易变性成了主要特征。为了减小由不确定性和易变性所带来的风险，需要建立柔性供应链。

柔性供应链要求核心企业根据自己的核心业务和市场需求，在预先设定的系统整体目标的指导下，综合参照相关指标（如企业业绩、业务结构与生产能力、质量系统和企业环境等）选择自身经营发展的任何节点企业，它是链体的中心，是整个系统的组织者和协调者。另外，由于环境的不确定性，供应链可能因为某个合作伙伴的经营失败而受重挫，甚至招致整个链体的整体崩溃，为此柔性供应链联盟在选择合作伙伴的过程中应建立相应企业的信息资料档案库，保证核心企业在风险发生时具有较大的选择余地。这样的供应链系统既能保持一定的稳定性，又能以市场的变化、顾客的需求为导向，做到及时调整、及时响应不可预测事件和顾客日益多样化的需求，实现动态、柔性的管理。同时，为了更好地在共赢思想的指导下实现各节点企业的资源共享和优势互补，以核心企业为首建立有效的绩效评价和激励机制也是非常有必要的。这样可以保证各节点企业的比较优势和最大价值得以充分发挥和实现，以更快的速度、更好的质量、更低的成本为最终用户提供产品和服务。

1. 柔性供应链的特点

柔性供应链最重要的特点是它对市场反应很灵敏，能够实时地了解市场需求并对其做出反应。它是一条基于信息的虚拟供应链，能够让整个供应链根据最新市场需求数据而不是以前的计划做出反应；它实现了供应链流程的整合，能够使买卖双方共同合作、联合开发、共享信息。它是由各个合作伙伴组成的联盟，能够让每个成员都以整条供应链的力量参与竞争。

2. 实现柔性供应链的方法

（1）建立柔性化虚拟企业。该企业是以市场需求为驱动的，企业通过利用先进的信息技术（如销售点终端等），捕获实时的市场需求信息，并根据市场的需求，组织整个供应链，使之与市场相适应。当原有的供应链与市场不相适应时，也可以根据市场来进行改进和调整，如图 12-1 所示。这种方法是传统供应链模式无法实现的，传统供应链模式如图 12-2 所示。

（2）实现信息共享。供应链是以信息为依据，而不是以库存为依据的，企业通过利用 EDI 或 Internet，使得同一供应链中的成员，可以利用同一实时需求信息，共同采取行动，以最快的速度来满足客户的需求。

（3）缩短通道。合理地设计供应链长度，特别是运输时间和中间库存方面，以达到在降低供应链上库存成本的同时，加快服务反应速度的目的。

（4）改善与合作伙伴的关系。当前，支持虚拟企业的信息技术已经成熟，然而供应链中的各个环节间的关系还不够紧密，这是管理观念的问题，更主要的是企业之间的相互信

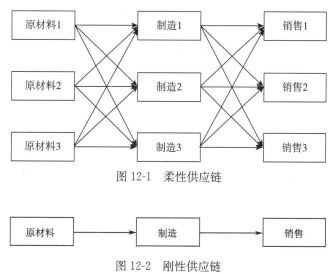

图 12-1　柔性供应链

图 12-2　刚性供应链

任度还很低。这样，网络的最大优势——实现信息共享就发挥不出最大的作用。因此，管理者要重视协调好供应链中各成员之间的关系，以实现供应链各环节之间的无缝连接。

12.3.3　电子商务对 SCM 的影响

从基础设施的角度看，传统的 SCM 一般是建立在私有专用网络上的，这需要投入大量的资金，只有一些大型的企业才有能力进行自己的供应链建设。而电子商务使供应链可以共享全球化网络，使中小型企业以较低的成本加入到全球化供应链中。从通信的角度看，通过先进的电子商务技术（如 XML、OBI 等）和网络平台，可以灵活地建立起多种组织间的电子连接，如组织间的系统（inter-organization systems）、企业网站、企业外部网、电子化市场等，从而改善商务伙伴间的通信方式，将供应链上企业各个业务环节孤岛连接在一起，使业务和信息实施集成和共享，使一些先进的 SCM 方法变得切实可行。

1. 对供应链结构的影响

传统的供应链是一种串行的多节层级系统结构。这一结构的多层级决策机制对传递到上游供应商的市场需求信息必然产生扭曲放大，增加供应链的多级库存成本，并且市场响应迟缓，缺乏必要的敏捷性。在电子商务兴起以后，供应链系统发展成为一个由产品制造商、原料供应商、商品零售商等在内的多家商家构成的"供应链网络"（供应链网状结构）。

2. 对供应链运作模式的影响

随着网络技术和电子商务技术的发展，连接买卖双方的在线行业交易市场的出现，也使传统供应链的运作模式发生了根本的改变。与过去关键产品或服务需要依赖于少数甚至单一供应商的传统运作模式不同，借助电子商务市场，一家公司可以通过竞标，从数百家供应商中选择最合适的产品或服务，合理配置生产能力，广泛利用网络虚拟资源，快速、动态地进行供应链的重组和业务流程的协同。从而在整体供应链协同运作模式的基础上进一步构建同步的电子供应链运作模式。

　　随着电子商务的推广，集成 SCM（integrated supply chain management）已成为 SCM 发展的新方向。所谓集成 SCM，是指跨越供应链多个环节或功能来协调计划的内在机制，具有这种内在机制的 SCM 系统称为集成 SCM 系统。它能够及时传递信息、准确协调决策者与系统的行为，比原来的 SCM 更具敏捷性和灵活性。优化 SCM 系统的功能，使供应链的各环节、各功能实现最佳配合与协调，共同保证供应链目标的实现，这是集成 SCM 的目标。集成 SCM 系统研究的内容主要包括供应链的需求和资源预测、供应链的服务水平、供应链运作的多层次计划、供应链控制机制、供应链的分析诊断咨询、供应链的设计开发和改进、供应链计划的执行、供应链活动的指挥协调、供应链效益评价、供应链的竞争力分析等。基于电子商务的 SCM 信息组织与集成模式如图 12-3 所示。

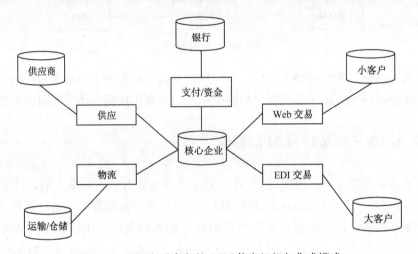

图 12-3　基于电子商务的 SCM 信息组织与集成模式

12.3.4　基于电子商务环境下的 SCM

　　利用电子商务技术优化 SCM，要先完成企业内部业务流程的一体化，然后再向企业外的合作伙伴延伸，实现信息共享，最终达到生产、采购、库存、销售以及财务和人力资源管理的全面集成，使物流、信息流、资金流发挥最大效能，把理想的供应链运作变为现实。因此，我们可以把在电子商务环境下的 SCM 的核心功能归纳为以下四个方面：

　　（1）动态联盟的系统化管理。企业动态联盟，是指企业与企业之间的加强合作，是一种协作性的竞争组织。随着经济全球化和科学技术的发展，越来越多的企业开始认识到单凭企业自身的力量很难在竞争激烈的市场环境中求得生存和发展。于是，各个企业纷纷从对立竞争走向大规模的合作竞争，建立企业动态联盟。尽管动态联盟能增强企业的竞争优势并为企业创造更多的价值，但企业动态联盟的系统管理是很复杂的。一般而言，需要通过选择合作伙伴、建立联盟组织结构和信任关系、营造合作文化氛围来加强动态联盟的系统化管理。

（2）生产资源的优化管理。电子商务和商品趋同性的发展，使得不同生产领域、不同生产环节的企业在各自的微战略环节上努力保持个体与企业群体的一致。因此，企业在采购环节进行了优化管理；同时在生产制造环节上更注重引进各种科学管理方法，如 TQC、JIT、MRPⅡ等，使得企业内部变得更加精益。

（3）不确定性需求的信息共享管理。在电子商务时代，生产者和消费者的关系发生了彻底改变，现在的市场关系已经由传统的生产者把产品"推"给消费者转变为消费者需求"拉动"生产。SCM 的焦点也转到了如何通过对不确定需求的获取和分析，以保证信息在整个供应链上的共享。为减少供应链系统中的不确定因素及其对上下游企业的影响，我们可以建立包括不确定因素的供应链模型、控制不确定的需求、进行战略决策和改变供应链的运作规则和目标。

（4）生产的敏捷化管理。面对激烈的竞争，供应链中任何一个企业的产品战略都应该是"自灭自新"，通过主动创造新产品、淘汰旧产品来创造优势。而在电子商务时代，SCM 可以依靠持续获取短暂的竞争优势来创造持续的竞争优势。因此，缩短产品的上市周期便成为在日趋激烈的市场竞争中获胜的关键。而上市周期的缩短则要求 SCM 必须着眼于从产品研发周期、加工制造周期直至流通配送周期全过程的缩短。

12.3.5　电子商务环境下 SCM 的策略

（1）加强电子商务的推广力度，注重电子商务方面人才的培养。我国的电子商务尚处于发展阶段，电子商务框架还未完善。对于企业来说，从事电子商务有一定的风险，企业难免存在种种顾虑，这就需要政府在电子商务的发展中起到主导作用，扶持、制定各种优惠政策，在税收、贷款、融资等方面给予支持，降低企业的风险，促进电子商务的发展。

大力发展电子商务，离不开这方面的专有人才。政府应充分利用各种途径和手段培养、引进并合理使用好一批素质较高、层次合理、专业配套的网络、计算机经营管理等方面的专业人才，以加快我国电子商务建设的步伐。国家应鼓励教育部门向学生普及网络知识，在公众中开展电子商务教育。各高校应高瞻远瞩，加强电子商务的理论研究，积极开设电子商务专业，为国家培养和输送合格的电子商务专业人才，以缓解人才供不应求的矛盾。

（2）建立信息共享的约束-激励-协调机制，规范企业之间的信息传递。在企业之间进行信息共享时，经常遇到这样的问题：企业与合作商之间进行一定程度的信息共享，而合作商还与企业的竞争对手之间进行一定的信息共享，这就存在信息泄漏的风险。这时企业就要与合作商签订契约，以明确规定信息共享的层次和范围，包括对泄漏信息的处罚等其他一些约束机制。为了吸引供应链合作企业参与信息共享的协作，必须建立多阶段、长期的共享制度，并设计出合理的激励政策。在企业进行信息共享时，经常会产生道德风险、信任危机、利益分配问题等，供应链企业之间应在一定的协商机制指导下，来解决上述遇到的各种问题，因此必须建立起信息共享的约束-激励-协调机制。

（3）构建电子供应链管理系统（electronic-supply chain management，E-SCM），提高企业的经济效益和市场竞争力。基于电子商务模式的出现改变了企业传统买卖的模式，改变了企业与客户、合作伙伴、雇员之间的关系。越来越多的企业希望通过电子商务的投资在竞争中保持优势，Internet 为供应链企业之间的同步协作提供了集成的途径，也为供应链企业提供了更广阔的市场空间。这时，E-SCM 应运而生。E-SCM 的优势包括：①有利于保持现有的客户关系，开拓新的客户和新的业务。②保持现有的业务增长，拓展新的业务增长。③有利于信息共享，促进供应链中信息流的改善。

12.4　电子商务与企业资源规划

企业资源规划（enterprise resource planning，ERP）最初是由美国著名的计算机技术咨询和评估集团 Garter Group 在 20 世纪 90 年代提出的一整套企业管理系统体系标准，其实质是在制造资源计划（manufacturing resources planning，MRPⅡ）的基础上进一步发展而成的面向供应链的管理思想。电子商务 ERP 把传统 ERP 中的采购、生产、销售、库存管理等物流及资金流模块与电子商务中的网上采购、网上销售、资金支付等模块整合在一起，以电子及电子技术为手段，以商务为核心，打破国家与地区有形无形的壁垒，让企业从传统的注重内部资源管理利用转向注重外部资源管理利用，从企业内的业务集成转向企业间的业务协同。

12.4.1　ERP 的核心思想

（1）以 SCM 为核心。ERP 基于 MRPⅡ，又超越了 MRPⅡ。ERP 系统在 MRPⅡ 的基础上扩展了管理范围，它把客户需求和企业内部的制造活动以及供应商的制造资源整合在一起，形成一个完整的供应链，并对供应链上的所有环节进行有效管理，这样就形成了以供应链为核心的 ERP 管理系统。供应链跨越了部门与企业，形成了以产品或服务为核心的业务流程。并且供应链从整个市场竞争与社会需求出发，实现了社会资源的重组与业务的重组，大大改善了社会经济活动中物流与信息流运转的效率和有效性，消除了中间冗余的环节，减少了浪费，避免了延误。

（2）帮助企业实现体制创新。ERP 能够帮助企业建立一种新的管理体制，这种体制的特点在于能实现企业内部的相互监督和相互促进，并保证每个员工都自觉发挥最大的潜能去工作，使每个员工的报酬与他的劳动成果紧密相连，管理层也不会出现独裁现象。ERP 作为一种先进的管理思想和手段，它所改变的不仅仅是某个人的个人行为或表层上的一个组织动作，而是从思想上去剔除管理者的旧观念，注入新观念。

（3）支持对混合型生产方式的管理。这表现在两个方面：其一是"精益生产"的思想，即企业按大批量生产方式组织生产时，把客户、销售代理商、供应商、协作单位纳入生产体系，企业同其销售代理、客户和供应商的关系已不再是简单的业务往来关系，而是利益共享的合作伙伴关系，这种合作伙伴关系组成了一个企业的供应链，这就是"精益生产"的核心思想；其二是"敏捷制造"的思想。当市场发生变化，企业遇到特定的市场和产品需求时，企业的基本合作伙伴不一定能满足新产品开发生产的要求，这时企业会组织一个由特定的供应商和销售渠道组成的短期或一次性供应链，形成"虚拟工厂"，把供应和协作单位看成是企业的一个组成部分，运用"同步工程"（synchronous engineering）组织生产，用最短的时间将新产品打入市场，时刻保持产品的高质量、多样化和灵活性，这即是"敏捷制造"的核心思想。

（4）以客户关系管理为前台重要支撑。在以客户为中心的市场经济时代，企业关注的焦点逐渐由过去关注产品转移到关注客户上来。由于需要将更多的注意力集中到客户身上，关系营销、服务营销等理念层出不穷。与此同时，信息科技的长足发展从技术上为企业加强客户关系管理提供了强有力的支持。ERP 系统在以供应链为核心的管理基础上，增加了客户关系管理后，将着重解决企业业务活动的自动化和流程改进，尤其是在销售、市场营销、客户服务和支持等与客户直接打交道的前台领域。客户关系管理能帮助企业最大限度地利用以客户为中心的资源（包括人力资源、有形和无形资产），并将这些资源集中应用于现有客户和潜在客户身上。其目标是通过缩短销售周期和降低销售成本，通过寻求扩展业务所需的新市场和新渠道，并通过改进客户价值、客户满意度、盈利能力以及客户的忠诚度等方面，来改善企业的管理。

12.4.2　ERP 的特点

随着实践发展，ERP 如今已有了更深刻的内涵，概括起来主要包括三方面特点，这也是 ERP 同 MRP Ⅱ 的主要区别。

（1）ERP 是一个面向 SCM 的管理信息集成。ERP 除了传统 MRP Ⅱ 系统的制造、供销、财务功能外，在功能上还包括：①支持物料流通体系的运输管理、仓库管理（供需链上供、产、需各个环节之间都有运输和仓储的管理问题）；②支持在线分析处理、售后服务及质量反馈，实时准确地掌握市场需求的脉搏；③支持生产保障体系的质量管理、实验室管理、设备维修和备品备件管理；④支持跨国经营的多国家地区、多工厂、多语种、多币制需求；⑤支持多种生产类型或混合型制造企业，汇合了离散型生产、流水作业生产和流程型生产的特点；⑥支持远程通信、Web/Internet/Intranet/Extranet、电子商务、EDI；⑦支持工作流（业务流程）动态模型变化与信息处理程序命令的集成。此外，还支持企业资本运行和投资管理、各种法规及标准管理等。当前一些 ERP 软件的功能已经远远超出了制造业的应用范围，成为一种适应性强、具有广泛应用意义的企业管理信息系统。但是，制造业仍然是 ERP 系统的基本应用对象。

（2）采用计算机和网络通信技术的最新成就。网络通信技术的应用是 ERP 同 MRP Ⅱ 的又一个主要区别。ERP 系统除了已经普遍采用的诸如图形用户界面技术（graphical user interface，GUI）、SQL 结构化查询语言、关系数据库管理系统（relational database management system，RDBMS）、面向对象技术（object-oriented test，OOT）、第四代语言/计算机辅助软件工程、客户机/服务器和分布式数据处理系统等技术之外，还要实现更为开放的不同平台互操作，采用适用于网络技术的编程软件，加强了用户自定义的灵活性和可配置性功能，以适应不同行业用户的需要。网络通信技术的应用，使 ERP 系统得以实现 SCM 的信息集成。

（3）ERP 系统同企业 BPR 是密切相关的。信息技术的发展加快了信息传递速度和实时性，扩大了业务的覆盖面和信息的交换量，为企业进行信息的实时处理、做出相应的决策提供了极为有利的条件。为了使企业的业务流程能够预见并响应环境的变化，企业的内外业务流程必须保持信息的敏捷通畅。正如局限于企业内部的信息系统是不可能实时掌握瞬息万变的全球市场动态一样，多层次、臃肿的组织机构也必然无法迅速实时地对市场动态变化做出有效的反应。因此，为了提高企业 SCM 的竞争优势，必然要求企业业务流程、信息流程和组织机构的改革。这个改革已不限于企业内部，而是把供应链上的供需双方合作伙伴包罗进来，系统考虑整个供应链的业务流程。ERP 系统应用程序使用的技术和操作必须能够随着企业业务流程的变化而相应地调整。BPR 的概念和应用已经从企业内部扩展到企业与需求市场和供应市场整个供应链的业务流程和组织机构的重组。

12.4.3　电子商务与 ERP 的关系

电子商务的核心是如何加速企业和企业之间的沟通，又可以减少交易环节。ERP 的核心是实现企业内部资源的优化配置，提高企业的生产效率和市场响应能力，实现企业内部供应链管理。通常 ERP 与电子商务两者是相辅相成、相得益彰的。从供应链管理理念的角度来看，二者对所有的企业来说都是非常重要、不可或缺的。

电子商务利用 Internet、Intranet、Extranet 来解决商业交易问题，降低产、供、销成本，开拓新的市场，创造新的商机，通过采用最新网络技术手段，从而增加企业利润。其实质是企业经营管理各个环节的信息化过程，但却不是简单地将过去的工作流程和规范信息化，而是依靠新的手段和条件面对旧有的流程进行变革的过程。

随着网络技术的飞速发展和电子化企业管理思想的出现，ERP 也进行着不断地调整，以适应电子商务时代的来临。网络时代的 ERP 将使企业适应全球化竞争所引起的管理模式的变革，它采用最新的信息技术，呈现出数字化、网络化、集成化、智能化、柔性化、行业化和本地化的特点。

ERP 主要针对于企业内部的管理，而电子商务则是以与外部交互为主。因此，由于电子商务与 ERP 之间存在着种种密切的联系，我们不能再把它们简单地看做是独立的两个对象，而是应该用联系的观点去认识和研究它们。换言之，企业应该是先做 ERP，理顺关系，然后再开展电子商务。一方面，电子商务拓宽了 ERP 的外延，使之从后台走向前端，从内部走向外部，从注重生产走向注重销售、市场和服务。并且电子商务的出现更使 ERP 功能如虎添翼，为企业生产经营管理信息的传递共享和充分利用提供了更加便捷的手段，把 ERP 带入到一个新的领域。另一方面，完全离开 ERP 的电子商务必将流于失败，如果仅仅实现前端网上交易，而内部业务和管理不能网络化并与之配套、整合，那么电子商务只能成为空谈。

12.4.4　电子商务时代对 ERP 的新要求

电子商务时代的 ERP 将围绕如何帮助企业实现管理模式的调整以及如何为企业提供

电子商务解决方案，来迎接数字化知识经济时代的到来。它支持敏捷化企业的组织形式（动态联盟）、企业管理方式（以团队为核心的扁平化组织结构方式）和工作方式（并行工程和协同工作），通过计算机网络将企业、用户、供应商及其他商贸活动涉及的职能机构集成起来，完成信息流、物流和价值流的有效转移与优化，包括企业内部运营的网络化、供应链管理、渠道管理和客户关系管理的网络化。电子商务时代的 ERP 系统还将充分利用 Internet 技术及信息集成技术，将供应链管理、客户关系管理、企业办公自动化等功能全面集成优化，以支持产品协同商务等企业经营管理模式。

Internet 为全球企业供应链提高运作效率、扩大商业机会和加强企业间协作提供了更加强大的手段——电子商务平台。进销存电子商务 ERP 在当今电子商务环境下，基于 ERP 思想，整合电子商务、进销存供应链、客户关系管理、国际贸易、生产制造、财务于一体，使 ERP 的功能如虎添翼，拓宽了 ERP 的外延，使之从后台走向前台，从内部走向外部，从注重生产走向注重销售、市场和服务，进销存电子商务 ERP 把企业带入到一个新的发展天地。

随着网络计算技术的飞速发展以及电子化企业管理思想的出现，为适应电子商务时代新的需求，ERP 系统需要考虑以下几方面因素：①系统的集成性。其包括对企业内部业务（产、供、销、财务、人事等）的整合能力以及对供应链外部资源（物流网络规划、运输管理、客户及营销管理等）的整合能力。②技术的先进性。应具有开放的与电子商务平台集成的能力，这对于帮助企业实现真正意义上的供应链管理至关重要。③理念的先进性和前瞻性。如应用的个性化、全方位协同商务等。④系统的可延伸性。以便企业可以在未来随市场环境的变化及时调整相应的业务流程，而不需重复大量的 IT 投入。

12.5　电子商务与客户关系管理

客户关系管理（customer relationship management，CRM）最初由 Gartner Group 提出，被定义为"是企业的一项商业策略，它按照客户的分割情况有效地组织企业资源，培养以客户为中心的经营行为以及实施以客户为中心的业务流程，并以此为手段来提高企业的获利能力、收入以及客户满意度"和"是企业与客户之间建立的管理双方接触活动的信息系统"。随着电子商务这种新的商务活动模式迅速发展，CRM 所提供的信息核心知识可以直接成为电子商务活动的控制信息流。因此，CRM 对以电子商务为基本模式的现代商务活动来说，更具有相当重要的意义。CRM 使企业全面观察客户，全面利用所有客户信息，从而成为推动企业腾飞的基本动力。

12.5.1　CRM 的特点

（1）CRM 始终强调以客户为中心，是一种顾客驱动的模式，是通过先进的计算机应用技术同优化的管理方法相结合，建立、收集、使用和分析客户信息的系统。这个系统的信息由企业各部门共享，以便统一对客户进行系统的研究，研究的中心不是建立模型，而是建立关系，使他们能够协同建立和维护一系列与客户之间卓有成效的"一对一"关系，建立有关老客户、新客户、潜在客户的档案，从中找出有价值的客户，并且不断挖掘客户的潜力，开拓企业的市场，以取得最大的利润。

（2）CRM 是一个充满着与客户交往、利用客户信息作决策的动态的过程。这个过程包括三个阶段：①客户获取。即识别企业最有价值的客户是谁，并考虑以适当的途径去吸引他们，而不是采用无差别策略对待每一个客户。②客户开发。即了解客户的需求，如他们喜欢什么，愿意用什么方式在什么时间得到，并根据企业的能力考虑怎么满足他们的需求。③客户保持。即实际执行方案，为客户提供满意服务，从而与客户建立起牢固的关系，维持和提升客户的忠诚度。在 CRM 中，客户信息的管理是实施 CRM 的基础内容。

（3）CRM 也是一种信息技术。CRM 将数据挖掘、数据仓库、"一对一"营销、销售自动化以及其他信息技术与最佳的商业实践紧密结合在一起，为企业的销售、客户服务和决策支持等领域提供了一个业务自动化的解决方案，使企业有了一个基于电子商务的面对客户的前沿，从而顺利实现由传统企业模式到以电子商务为基础的现代企业模式的转化。

（4）CRM 更是一种现代企业活动的管理机制。CRM 用于企业的市场营销、销售、服务与支持各个与客户有关的方面。这种管理机制能使企业在营销、销售、服务与支持各个方面形成一种协调的关系，通过信息共享和优化商业流程来有效地降低企业经营成本。

（5）CRM 本身是一种管理方法。CRM 软件体现、糅合了 CRM 的思想、观念、技术，并以软件形式加以体现。CRM 所带来的效益的诱惑力和增强市场竞争力的良好前景，使得 CRM 软件一出现就受到各行业的青睐，CRM 软件的应用遍及制造、金融、保险、软件、科技等各个行业。

12.5.2　电子商务与 CRM 的关系

电子商务平台是企业与客户（包括最终客户、分销商、供销商和合作伙伴）通过 Internet 和 EDI 进行商业交易的平台。电子商务与 CRM 的关系可以从以下两个方面进行分析：

（1）客户作为企业最重要的资源，无论是传统商业模式的企业还是电子商务模式的企业，都面临着如何发展新客户、保持老客户、提高客户满意度、增加客户价值等问题。在企业、品牌、产品的生命周期越来越短、目标消费群体越来越小、产品及品牌的感觉价值迅速降低并导致价格低落的今天，良好的客户关系是提高企业核心竞争力的关键因素。CRM 作为一种旨在改善企业与客户之间关系的新型管理理念，必将成为企业经营管理的核心理念。所以，无论将电子商务理解为一种平台还是一种商业模式，只要企业实施电子商务的过程中以 CRM 为指导理念，都能够保证企业在电子商务模式下，充分发挥电子商务的优势，满足客户个性化的需求，提高客户忠诚度和保有率，最大化客户价值。

（2）CRM 软件作为一个旨在通过先进的信息技术实现统一客户资源管理，帮助企业建立良好客户关系的先进管理软件，是电子商务系统中 CRM 薄弱环节的有机补充。CRM 软件与电子商务系统之间的有机整合，能够促进 CRM 系统和电子商务系统充分发挥各自优势，帮助企业建立良好的客户关系。

鉴于以上两点，对于正在实施和将要实施电子商务的企业，以 CRM 理念指导企业电子商务的实施是电子商务企业实施 CRM 战略的基本条件，也是企业成功实施电子商务和长期生存下去的重要保证。

12.5.3　电子商务对 CRM 产生的影响

在电子商务时代，经济活动从过去的以企业为中心转变为以客户为中心，客户的需求结构变得日益复杂，企业产品的质量已不再是决定企业能否在市场竞争中生存下去的唯一因素。因此，企业应该构建电子商务平台，在生产时应该时刻以客户为中心，抓住客户满意度和客户价值这两个重要的因素，与此同时，企业要注重管理好内部资源和外部资源，打造更好的品牌，提供更优质的服务，从而可以拥有比较多的客户资源。在企业的战略管理中，企业都希望能有自己的核心竞争力，CRM 就是其中一个要素。

（1）电子商务为 CRM 提供技术支持。网络技术和信息技术的发展使电子商务的功能更加强大，在电子商务技术的支持下，CRM 可以在网络中实现同步操作，利用大型数据库来管理客户的一些信息。企业的营销、销售和技术等一些部门和模块之间可以共享数据，利用数据挖掘和数据仓库技术对海量的客户数据和一些商业数据进行智能化分析，企业和客户之间的交互基于分布式系统，安全性也有了提高，部分实现了营销和销售的自动化，企业真正能面向客户来提供产品和服务。原先简单的客户信息的收集转变为数据挖掘和智能分析，CRM 各个流程结合得更加紧密，可以和 MIS 或 ERP 系统集成，按照客户需求及时提供个性化产品或服务。

（2）电子商务环境可以帮助提高客户价值和客户满意度。当今，许多企业都在自己的电子商务网站中增加了一系列的功能和服务，建立客户资源管理系统，方便客户使用，目的是为了能获得尽量多的客户价值，让客户愿意购买产品或服务。这些功能主要包括：①在线提供产品质量保证书、换/退货证明等，让客户感觉购买放心，愿意进行交易；②提供一些电子目录和电子文档，通过搜索引擎来协助客户进行有关在线产品的搜索，使客户能在短时间内确定是否购买产品，节省客户的时间；③通过在线交易系统、在线付款系统等，避免了客户在现实生活中进行交易时排队等待的时间；④通过在线商品中介功能，提供客户有关产品中介、协商、沟通、比价、议价的服务，使客户不必花很多时间和精力进行产品的选择。由此可见，电子商务环境可以实现自助式服务，降低了客户所付出的成本，使企业能够吸引更多的客户。

在企业实施电子商务的过程中，企业可以很容易做到为客户主动服务，改变原先的被动服务的状态。企业还可以提供很好的售前、售中和售后服务。售前服务代表企业可以利用网络进行宣传；售中服务主要是帮助企业完成与客户之间的咨询洽谈、网上订购、网上支付等商务过程，甚至直接提供产品或服务的试用机会；而售后服务是指企业花很少的人力和费用就可以很快响应客户的问题，帮助客户解决技术难题，提供升级服务，接收客户反馈信息。在电子商务平台中，企业可以提供及时的、多样化的客户关怀服务。企业将客户浏览网页的记录提供给服务人员，服务人员可以通过不同的方式（如电话交流、视频聊天、网络聊天和与客户共享应用软件等方式）来服务客户，多媒体功能使企业可以与客户进行网上交流和互动。因此，电子商务环境可以大大提高客户满意度，使企业拥有更多忠诚的客户。

12.6　电子商务环境下 BPR、SCM、ERP、CRM 的集成

12.6.1　BPR、SCM、ERP、CRM 的集成

如上所述，BPR、SCM 和 CRM 的成功实施离不开 ERP 的支撑，因此企业需要在 BPR 与 ERP 集成的基础上向外部资源延伸，实现 ERP、SCM 与 CRM 的协同集成。

1. BPR 与 ERP 有效集成

BPR 侧重于企业业务流程的整体优化和设计，而 ERP 侧重于管理技术，侧重于应用科学管理手段和技术工具进行管理，两者结合在一起，融合了最新的企业管理理念及 Internet 技术，可以提高企业资源的利用效率，实现企业资源的优化组合，提高企业对市场和顾客的反应速度和灵敏度。BPR 与 ERP 集成的目标是在优化的流程上实施 ERP 进行科学管理。对于集成的方式，ERP 与 BPR 的集成既不是先进行 BPR 而后导入 ERP（按现有流程去开发、设计 ERP 产品），也不是在 ERP 的实施过程中按照 BRP 的要求改造、重组企业的业务流程（按 ERP 模块要求去改造现有流程），而是两者同时进行有效集成（相互取长补短、考虑整体流程、存优去劣），达到无缝接合。ERP 的核心是对供应链的有效管理，BRP 本质上是对流程的管理，因此集成的内容是流程的优化和设计，同时以观念重建为先导，以组织重建为保证，以流程重建为核心，真正实现企业从职能管理到面向业务流程管理转变。

2. ERP 与 SCM 的集成

ERP 是基于 SCM，应用现代信息技术，把客户需求和企业内外部资源整合在一起，实现企业降低成本、提高效率和利润最大化的一种先进管理体系。ERP 的核心思想是 SCM，强调对供应链上的所有环节进行有效的管理。ERP 系统在 MRP Ⅱ的制造、分销及财务功能的基础上增加了产、供、需各个环节之间的运输管理、仓库管理、质量管理、实验室管理、设备维修和备品备件管理等功能，使物流、资金流、信息流、增值流和工作流协调一致，保证生产和服务的各个环节紧密衔接，从而提高企业的核心竞争力。

虽然 ERP 增强了与客户和供应商业务的交互和网络化能力，但在技术和功能方面都不具备协调多个企业间资源的观念和能力，仍旧是面向企业内部的事务处理系统。ERP 具有将管理功能集成的特点，起到了采集数据和读取数据的作用。这种集成是限于企业内部的，一切着眼于本企业，它是企业内部资源的全面管理，而这种仅靠一个企业的资源的做法远远不能满足市场快速响应的要求。

同时，ERP 也缺少决策人员所需要的辅助决策的功能，因为在系统中无法实现优化器的作用。运输计划、工厂的厂址、仓库位置、配送过程等一系列问题均属于分析数据，它们是将采集的数据经过数据挖掘才能得到的。而 SCM 的高级计划排程（advanced planning and scheduling，APS）正是解决以上问题的好工具。

SCM 的基础是企业内部管理，SCM 必须得到内部管理的支持。例如，若企业库存管理的信息化工作没有做好，库存数据既不准确也不及时，那么要供应商来管理企业库存是绝对做不到的。只有应用 ERP 中的库存模块管理好库存，通过 BOM（bill of material，即物料清单）的分析推算出物料需求，了解需要采购的零部件及原材料的时间及数量，供应商才能通过可视化库存及时预测需要的供应量，以便在准确的时间将货物送达。

SCM 的功能实现了事务处理、业务应用和决策支持系统的再集成，SCM 的能力覆盖了供应链计划过程的全部关键工作，包括生产计划和排程、供应链的需求计划和运输计划，成为整个供应链（包括供应商、多生产工厂和复杂的分销网络）的计划工具。APS 在用于作业进度排序或短期计划时，模型可以做得足够详细，而用于长期规划时，APS 模型可以根据总体资源和产品族进行长达数年的预测。但是，尽管理论上 APS、SCM、ERP 都能独立运行并发挥作用，但真正产生 APS 的效用，必须有 ERP 的支持。SCM 需要 ERP 的集成数据来进行供应链的分析，以便提供决策，而 ERP 也需要 APS 的优化功能来进一步提升管理水平。SCM 与 ERP 的发展，使企业之间的信息和资源的集成成为可能，资源的概念从单个企业扩展到外部企业。不仅仅是一个企业将自身的资源数据库向客户或供应商延伸，而是供应链上许多企业的数据库相互连接，不同企业的数据库一起展示在同一个交易平台上。ERP 与 SCM 的集成可以通过 ERP 的销售、采购、生产模块与 SCM 的销售、采购、APS 等模块完成。

3. ERP 与 CRM 的集成

ERP 系统着眼于通过整合企业内部各方面的资源改善企业经营的效率，如采购、库存、制造、销售业务内部流程的优化和自动化，完成了后台的企业内部管理。然而，随着企业由以产品为中心而向以客户为中心的转变，CRM 出现了。CRM 着眼于通过整合企业外部的客户资源改善企业运行的有效性，依靠多渠道的互动沟通和商业智能（business intelligence，BI）确定正确的目标市场和客户，最终使企业运行建立在有效的基础之上。CRM 的应用基础在于企业的 ERP，它是 ERP 的延伸。

CRM 提供了从识别客户、生成有需求的客户到销售结束、订单产生以及售后服务的完整信息，使企业营销、销售、服务与支持的非自动化的业务流程实现了自动化，使各环节中离散的流程变为汇总和协调的流程。但是，如果没有 ERP 系统各项功能的后台支持，CRM 将无法发挥作用。因为如果生产速度太慢，原材料采购不到，没有库存，即使有了大批订单也无法准时交货，CRM 也就无能为力了。所以，只有将 CRM 与 ERP 的财务、库存、生产、采购等模块无缝地集成，才能真正发挥 CRM 的作用。

ERP 与 CRM 的集成包括两方面：一是业务流程的集成。ERP 和 CRM 可以分享共同的技术组件、工具和商业规划，简化系统存储和协作。ERP 和 CRM 之间有不少的集成点，它们涉及了财务、销售订单、采购、库存各个方面，使企业能够在不同系统之间进行数据分析工作，从而达到商务智能的功能。在 ERP 基础上集成 CRM，需要根据企业的客户群特点、企业和客户接触的渠道、CRM 下的部门职责，来设计各个功能对应的工作流程，以及销售体系和物流体系的分离、营销组织架构的重新设计等。二是技术上的集成。在 ERP 与 CRM 的集成的接口设计上统一标准，实现数据同步更新及客户资源的积累和共享，将 ERP 和 CRM 销售功能中完全重合的部分，如客户信息、产品信息等实现共享。

在实施 ERP 与 CRM 的集成时，要注重与其他管理技术的结合，促使其转向客户中心经营模式。ERP 与 CRM 集成的电子商务平台，适合企业网络化、虚拟化的要求。

4. ERP、SCM 与 CRM 有效集成

无论是 ERP、SCM 还是 CRM，其根本宗旨都是在满足客户需求的前提下，降低库存、加快资金周转、提高企业的管理水平，以提高企业对市场的响应速度，提高企业竞争力。但是，ERP 仍旧是面向企业内部的事务处理系统，无论在计划技术基础或功能方面都不具备协调多个企业间资源的观念和能力，且计划功能非常弱，可以说 MRP 就是它的核心计划内容，很多内容如运输计划、库存优化、预测等基本是空白。SCM 则覆盖了供应链上的所有环节，将整个供应链的需求计划、生产计划、供应网络计划整合在一起，加强了对供应链上企业的协调和企业外部物流、资金流、信息流的集成，弥补了 ERP 的不足，提高了整个供应链对客户的响应能力和竞争能力。而 CRM 则以客户为中心，包含销售、营销和客户服务支持等基本功能，它弥补了 ERP 在前台营销方面的不足，通过分析销售活动中产生的数据，挖掘出对企业有价值的信息，将其反馈到营销活动和企业的生产制造系统中，调动企业一切资源，为客户服务，以提升客户满意度和忠诚度，增加企业效益。因此必须将他们三者进行有效集成。

ERP 与 SCM 之间存在功能重叠，如生产计划、采购管理、库存管理和物料管理；ERP 与 CRM 在销售/分销、客户管理和商业智能管理等方面也存在功能重叠。因此，如何解决重叠是集成的关键。基本的原则仍是存优去劣，谁的功能强且有效，就集成该部分，但需要提供各独立模块开放的程序接口，利用开放的程序接口将三者集成。对软件集成供应商来说，三者集成接口是他们必须考虑的重要问题。对用户来说，关键是解决流程、信息数据共享和实施问题。我国企业的传统是重生产、轻营销，在采购、销售环节相对薄弱，在生产管理上多是典型的"橄榄型"企业。ERP 起源于制造业，对生产制造资源的合理利用是 ERP 擅长的内容，企业信息系统的首选是 ERP，相应的企业两端（SCM、CRM）较弱，只有将中间部分向两端伸展，进行有效集成，将 ERP 产品向客户端（CRM）和供应端（跨企业的 SCM）延伸，解决两端的"瓶颈"问题，才能提高企业的管理水平，提高企业对市场的响应速度，也才能提高企业竞争力。

12.6.2 电子商务环境下 SCM、CRM 与 ERP 的集成

目前，在企业加强信息化和电子商务建设的背景下，ERP、SCM 和 CRM 作为企业应用的三大法宝，其关系是：ERP 系统是企业电子商务建设的应用基础，是企业内部运行管理的基础；SCM 和 CRM 是加强企业间合作及加强与客户间关系的接口。电子商务环境下 ERP、SCM 和 CRM 三者的集成如图 12-4 所示。

在这里，从客户到供应商完全连通，企业内部流程与外部交易完全一体化。通过 CRM 实现与客户的互动营销，准确把握客户需求，快速响应个性化需求，提供便捷的购买渠道、良好的售后服务与经常性的客户关怀，实现服务快速响应。通过 SCM 可以实现节约交易成本、降低存货水平、降低采购成本的功能，在供应链内的合作伙伴能够像一个整体一样，频繁地交流信息，满足客户的需求，及时对市场变化做出反应；ERP 将企业

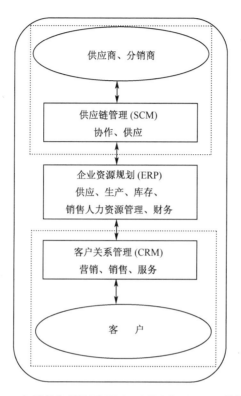

图 12-4　电子商务环境下 ERP、SCM 和 CRM 三者的整合

的传统业务和管理网络化，连接前后端，成为整个交易链的中枢。通过网络，客户的要求或订单，理论上可以零等待传递到整个供应链，交易和供给几乎同时发生；通过网络，企业内外之间的界限将逐渐模糊直至消失。

复习思考题

1. 什么是网络经济？什么是虚拟管理？
2. 请阐述网络经济环境下电子商务管理模式的主要特征。
3. 请详细论述电子商务对企业管理产生怎样的变革。
4. 请阐述 BPR 的定义与实质。
5. 请说明我国企业业务流程中应用电子商务有哪几种形式。
6. 请阐述 SCM 的内涵以及物流与 SCM 的联系和区别。
7. 请说明电子商务对 SCM 的影响。
8. 请论述电子商务环境下 SCM 的核心功能。
9. 请详细论述 ERP 的核心思想与特点。
10. 请详细论述电子商务与 ERP 的关系以及电子商务时代对 ERP 的新要求是什么。
11. 请论述 CRM 的特点。
12. 请说明电子商务与 CRM 的关系以及对其产生的影响？
13. 请详细分析 BPR、SCM、ERP、CRM 之间的关系。
14. 请分别论述电子商务环境下 BPR、SCM、CRM 与 ERP 的集成。

第 13 章

电子商务的典型应用

本章要点： 本章主要论述电子商务应用问题，选取电子商务应用领域几个有代表性的行业和应用领域，其中包括电子政务、旅游业、制造业、个人电子商务，也介绍了目前电子商务应用的热点，如招聘类电子商务和网络视频类电子商务的应用。

■ 13.1　电子商务在政府部门的应用：电子政务

电子政务即政府通过信息通信技术手段的密集性和战略性应用组织公共管理的方式，旨在提高效率、增强政府的透明度、改善财政约束、改进公共政策的质量和决策的科学性，建立良好的政府之间、政府与社会、社区以及政府与公民之间的关系，提高公共服务的质量，赢得广泛的社会参与度。

13.1.1　电子政务的含义

电子政务是一个系统工程，有以下几个层次的含义：

（1）电子政务是必须借助于电子信息化硬件系统、数字网络技术和相关软件技术的综合服务系统。其硬件部分包括内部局域网、外部 Internet、通信系统和专用线路等，软件部分包括大型数据库管理系统、信息传输平台、权限管理平台、文件形成和审批上传系统、新闻发布系统、服务管理系统、政策法规发布系统、用户服务和管理系统、人事及档案管理系统、福利及住房公积金管理系统等数十个系统。

（2）电子政务是处理与政府有关的公开事务、内部事务的综合系统。除政府机关内部的行政事务以外，还包括立法、司法部门以及其他一些公共组织的管理事务，如检务、审务、社区事务等。

（3）电子政务是新型的、先进的、革命性的政务管理系统。电子政务并不是简单地将传统的政府管理事务原封不动地搬到 Internet 上，而是要对其进行组织结构的重组和业务流程的再造。

电子政务对社会的意义体现在：政府管理国家的过程是信息搜集、加工处理，并进行决策的过程，政府职能的正确履行依赖于适时准确的信息。政府是其民众的代表，它必须了解民众的需求；政府是社会发展的导航者，需要把握社会变迁的趋势，从而做出准确的战略选择；政府是社会问题的治理者，这要依赖于对社会问题信息的分析、判断和把握；政府是市场失灵的矫正者，而政府对市场失灵矫正的前提是最大限度地掌握信息。因此，信息及信息网络是现代政府的神经系统，而政府信息化无疑为政府搜集处理信息提供了极大的便利。

13.1.2　电子政务的内容

电子政务的内容非常广泛，国内外也有不同的内容规范，根据国家政府所规划的项目来看，电子政务主要包括以下几个方面：

（1）政府间的电子政务（G2G）。政府间的电子政务是上下级政府、不同地方政府、不同政府部门之间的电子政务，主要包括电子法规政策系统、电子公文系统、电子司法档案系统、电子财政管理系统、电子办公系统、电子培训系统和业绩评价系统。

（2）政府对企业的电子政务（G2B）。政府对企业的电子政务是指政府通过电子网络系统进行电子采购与招标，精简管理业务流程，快捷迅速地为企业提供各种信息服务，主要包括电子采购与招标、电子税务、电子证照办理、信息咨询服务和中小企业电子服务。

（3）政府对公民的电子政务（G2C）。政府对公民的电子政务是指政府通过电子网络系统为公民提供的各种服务，主要包括教育培训服务、就业服务、电子医疗服务、社会保险网络服务、公民信息服务、交通管理服务、公民电子税务和电子证件服务。

13.1.3　中国发展电子政务的策略分析

在国家的大力支持和推动下，我国电子政务取得了较大进展，市场规模持续扩大，据《2013～2017 年中国电子政务行业发展前景与投资战略规划分析报告》数据显示，2006 年我国的电子政务市场规模为 550 亿元，同比增长 16.4%；2010 年其市场规模突破 1 000 亿元；2012 年其市场规模达到 1 390 亿元，同比增长 17.3%。

1. 提高认识，确立"渐进式"发展策略

电子政务的内容是在简单（建立政府网页）到复杂（电子社区或数字城市）的发展过程中逐步建立和完善起来的。可以从三个维度来说明这个发展过程，即以实施技术为特点的"电子政务功能度"、以信息交互程度为特点的"电子政务复杂度"和以满足公众需求为特点的"电子政务成熟度"。如果将政府内部各种办公信息系统作为比较基准的话，政府提供的服务可监督程度越高（包括内外监督），涉及的外部接口越多，则交互程度就越高，同时也表明电子政务越来越能为公众提供贴心的满意服务。中国电子政务发展无论是技术、信息交互程度，还是满足公众需求方面都处于低级阶段，并且缺乏短期内达到高级阶段的社会环境，因此中国在发展电子政务时应选择"渐进式"的发展战略，逐步推进中国电子政务由低级阶段向高级阶段演化。

2. 制定相应的法律、法规，保护网络安全，促进电子政务发展

发展电子政务，立法先行。立法要从有利于信息技术发展、有利于电子政务开展的角度，解决电子政务发展中亟待解决的问题，如电子签名、电子支付的合法性，制定电子政务信息技术规范，并及时修改以往法律中与信息技术发展不相适应的部分。

13.1.4 电子政务应用实例

1. 新加坡的电子政府

作为亚洲的一个城市小国，新加坡的面积只有 646 平方公里，人口数量 500 多万。十几年来，在政府的推动下，新加坡以发展信息产业为重点，积极建设信息基础设施，使这个国土面积狭小的国度成为亚太地区的电子商务中心和信息化强国，创造了信息化的奇迹。在新加坡，人们可在网络上充分享受到政府的服务，如快速的便民服务，人们上网可连接到政府各部门，通过网络交税、退税、抽奖、上车牌、办理电子护照、寻医问药、找工作、查询学校资料、买卖房屋、寻找育儿中心等。政府上网不仅方便了民众，更促进了国内经济的发展。

新加坡的电子政府起步于 20 世纪 80 年代初。经过 20 多年的发展，新加坡的电子政府取得了很大的成就。总的来说，新加坡电子政府的建设历程可分为三个阶段：

第一阶段是起步阶段（1992～1999 年），以"IT2000 计划"为标志，明确提出将新加坡建设成为"智慧岛"的目标，并建设了新加坡的首个宽带网络，政府部门开始提供基于互联网的服务。民众通过 Internet 能够在各级政府网站上提取政府机构的信息。

第二阶段是融合阶段（2000～2006 年），通过实施"信息通信 21 世纪蓝图"（2000～2003 年）和"联系新加坡"（2004～2006 年）等计划，全面开放了通信市场，把信息通信的发展作为推动经济发展、提升国民素质的主要动力，政府所有部门全部完成业务系统的建设。政府机构在网上开展纳税、办理执照等业务。

第三阶段是定制阶段，目前正在实施"智慧国 2015 蓝图"（2007～2015 年），提出"3I 策略"（创新、整合与国际化），推出"多个部门、一个政府"口号，努力提高政府办事事项的信息化服务水平。

在"整合政府 2010 计划"中，新加坡适时地将电子政府改名为整合政府，实现从"eGov"到"iGov"的转变，是为了强调其工作的重点将转向建立一个整合政府。这超出了技术的运用，而且继续强调以客户为中心，着眼服务民众，意在增加电子服务的范围并丰富其应用程度，增加国民智慧与意见在电子政府中的参与比例，提高国家综合竞争优势。

2. 美国政府的电子政务

美国政府是世界上获取数据和信息最多的机构之一，也是信息技术系统的最大用户之一。美国政府门户网站始建于 2000 年 9 月，是美国最大的电子政务网站，是了解美国政府、通往所有政府信息库的大门。从该网站既可以链接到美国联邦政府各部门、各机构的网站，又可以链接到美国各州、市县的网站，还可以链接到外国政府的网站，是一个名副

其实的"超级大网"。这个网站既是一个完整、开放的政府网站体系，一个简洁、实用、方便的门户网站，又是一个丰富的资源库，面向公众、面向企业，同时也面向政府开展服务。

美国电子政务的应用重点主要体现在以下几个方面：建立全国性的、整合性的电子福利支付系统；发展整合性的电子化取用信息服务；发展全国性的执法及公共安全信息网络；提供跨越各级政府的纳税申报及交税处理系统；建立国际贸易资料系统；推动政府部门电子邮递系统；等等。

美国电子政务的实际应用主要有以下几个特点：

（1）政务公开。美国各级政府都广泛利用功能强大的政府网站向社会公开大量政务信息。例如，政府领导人的重要活动及演讲、政府工作最新动态的信息；民众到政府办理注册、登记等事项的有关信息；与政府工作相关的研究、支持机构的有关信息；等等。

（2）网上服务。美国的政府网站，大都在首页头版位置设有网上服务栏目，用于为民众提供各种查询、申请、交费、注册、申请许可等服务。这些栏目由于充分发挥了网络的优势，将分属政府各部门的业务集中在一起，并与相应的网上支付系统配套使用，因而具有了"单一窗口"、"一站式"、"24 小时"、"自助式"等特点，体现了网上虚拟政府的发展方向，极大地方便了民众办事。

（3）资源共享。各级政府通过政府网站，向大众提供政府所拥有的公用资料库信息资源，从而实现公共信息资源的增值利用。

（4）政府内部办公电子化。由于美国的各级政府处理各种事务都是严格按照相应的法律法规办事，所以其政府部门没有层层下发的带有强制力的政府文件，机关内部的办公事务主要依靠电子邮件来传递信息；同时，传统的纸质文件、书面签名方式仍然在处理一些重要事务时使用。其政府机关内部办公软件主要包括文档处理软件和在网络安全认证基础上的电子邮件系统，以及各种专门业务处理软件。会议通知、信息传达、政策宣传、法规颁布、意见调查等，都以电子邮件方式处理，以加快信息的流通。

（5）安全保障。政府部门的内部办公一般都建有专门的内网，内网与互联网之间有严密的隔离措施，有的还是物理隔离。政府机关工作人员的保密安全意识很强，其内部办公网一般不许外人参观。

13.2　电子商务在旅游业的应用：旅游电子商务

旅游电子商务是电子商务在旅游业这一具体产业领域的应用。电子商务运用于旅游业仅有十几年的时间，但其发展势头十分强劲，已经成为信息时代旅游交易的新模式。

13.2.1　旅游电子商务的发展

随着现代科技和信息产业的发展，Internet 的兴起给旅游业带来了新的契机，网络的关互性、实时性、丰富性和便捷性等优势促使传统旅游业迅速融入网络旅游的浪潮。通过网络查询信息，进行酒店、机票预订和购买支付旅游产品在国外早已成为一种时尚。

早在 Internet 风暴席卷全球之前，旅游业就已经非常成功地运用电子通信技术为自身服务了，其中最典型的就是全球分销系统（global distribution system，GDS）。GDS 起源于 20 世纪 60 年代美国为航空公司航班预订建立的中央预订系统（central reservation system，CRS）。为了强化 CRS 的功能，航空公司致力这一系统的横向发展使得该系统业务范围扩大到了饭店、汽车、豪华游轮、剧场甚至观光旅游团队等的预订。正是整个系统在世界各地的应用与扩展，导致了现在的 GDS 的诞生。目前，国际上著名的四大 GDS（Sable、Amadeus、Galileo、Worldspan）可向全球分销 500 多家航空公司、600 多家酒店、数百家租车公司和旅行社的产品。GDS 的预订完全是计算机网络化的，只是在封闭的专线网上，而不是在开放的 Internet 上运行，因此要加入 GDS 访问的信息必须申请专线。但其与 Internet 上的各种分销系统（全球分销系统、地区分销系统、个人分销系统）一样，同是一种电子商务活动，只是网络平台不同而已。因此，基于 Internet 的旅游电子商务借鉴了 GDS 几十年来成功的经验，站在了一个较高的起点，使其得以迅速发展与壮大。

国内最大的旅游电子商务网站——携程旅行网将业务对象定位为商务散客与休闲客人，提供酒店、机票、休闲度假产品预订、旅游信息和特约商户信息服务，凭借 Internet 和电话呼叫中心互补的优势，2010 年实现收入 29 亿元，盈利 10 亿元。去哪儿网（Qunar.com）总部位于北京，于 2005 年 5 月，由庄辰超与戴福瑞（Fritz Demopoulos）、道格拉斯（Douglas Khoo）共同创立。其作为中国第一个旅游搜索引擎，使中国旅行者首次能够在线比较国内航班和酒店的价格及服务。去哪儿网的公司使命即聪明地安排消费者的旅行，竭力为消费者提供最全面、性价比最高的产品、可靠的服务和便捷的技术工具。通过网站及移动客户端的全平台覆盖，去哪儿网可以随时随地为旅行者提供国内外机票、酒店、度假、旅游团购及旅行信息的深度搜索。根据 2013 年 1 月艾瑞监测数据，去哪儿网以 7 474 万人次/月访问人次高居旅行类网站榜首，移动客户端"去哪儿旅行"更拥有超过 3 400 万的激活用户量。

13.2.2　旅游电子商务发展的方向

1. 理念：从"以交易为中心"到"以服务为中心"

世界旅游理事会（World Travel & Tourism Council，WTTC）在其"未来旅游业发展：营造客户中心体系"报告中指出："未来的旅游应向增强与客户的双向交流、改善信息服务、通过个性化服务增加附加值的方向发展。旅游电子商务技术将在这个过程中发挥作用。"

目前，国内旅游电子商务取得了较大的进步，不仅提供订票、订房等服务，也为旅游者提供了不同的线路设计，满足消费者的个性需求。已经有不同的电子商务旅游企业在国内市场上运作得很成功。

2. 体系的演进：增进互联与整合

未来几年中，旅游业信息技术不仅在单项上能得到改进，而且旅游信息技术的应用模块将被更好地整合为一体。行业内将形成覆盖范围广、成本低廉的旅游业通信交流平台，使旅游企业之间增进交流与合作，为游客创造一体化的旅游服务感受；来自众多旅游企业的动态旅游产品信息将更多地通过大型旅游电子商务平台、GDS、CRS 等系统汇聚、共享、传播，企业建网形成"信息孤岛"的不成熟模式将得到改观；旅游分销渠道将更加多样，并提供多种购买方式选择。

3. 建立标准与规范

旅游电子商务是一个新兴领域，我国在旅游电子商务标准与规范的制定和推行方面还非常薄弱，这应是下一阶段的发展重点。首先是规范化。应建立健全旅游电子商务规范体系，为旅游电子商务的实施和监管、企业和消费者的市场行为、信息内容和流程、技术产品和服务等提供指导与约束，预先防范那些对旅游电子商务活动可能产生不利影响的潜在因素，是推动旅游电子商务持续、稳定、健康、高效发展的关键。其次是标准化。旅游电子商务的本质在于互联，食、住、行、游、购、娱等各类旅游企业之间，旅游企业内部信息系统与旅游电子商务平台之间，旅游业与银行、海关、公安的信息系统之间，应能实现互联互通，以自动处理频繁的信息数据交换。在国外，由专门的组织〔如 OTA（over-the-air technology，即空中下载技术）〕制定出一套统一的数据格式和接口标准，旅游电子商务网站、管理信息系统在开发时都遵照这套标准，这样在一开始就保证了与其他单位的信息系统间做无缝链接的可能性。我国旅游电子商务的数据交换也应尽快实现标准化，并与国际接轨。

4. 新技术应用：移动电子商务将成为主流

移动电子商务将成为一个新的切入点，结合智能网络技术真正实现"以人为中心"的旅游电子商务应用。未来对旅游业最重要的移动电子商务技术包括：移动支付——顾客无论在何时何地，通过移动电话等终端就能完成对企业或对个人的安全的资金支付；短信息服务——以低成本、高效率的信息交流方式，随时随地把顾客、旅游中间商和旅游服务企业联系在一起，预订的结果、航班的延迟等信息皆可随时通知旅游者。这些完全是由移动性带来的，这些技术的应用将使旅游电子商务服务功能更加完善，应用更加普及。

13.3 制造业电子商务应用

电子商务对传统的制造业已形成了巨大冲击。随着企业间竞争的日趋激烈以及全球经济的一体化，市场向企业提出了更高的要求。传统的制造业必须及时提供高性价比并具有个性化的产品和服务，同时提高市场的反馈速度，以迎接信息时代的挑战。

由于相关政策、经济、社会、技术等环境的不断利好，中国制造企业日益认识到电子商务给企业带来的低成本、高效率等优势，相关投入和关注程度不断加大。在中国制造行业不断前进的条件下，电子商务在制造行业的普及应用使制造企业信息化水平不断提高，从而带动工业化的整体提升。

13.3.1　电子商务对传统的制造业的冲击和挑战

国内制造业对电子商务的认识大部分是从美国的亚马逊书店、Cisco 公司、Dell 公司的网上运作开始的。企业对电子商务比较模糊的认识是电子商务能帮助企业进行网上购物、网上交易，是一种新兴的企业运作模式。它们普遍认为电子商务比较适用于商业型企业、贸易公司、批发配送公司，但不知电子商务已对传统的制造业形成了巨大的冲击，这些冲击主要体现在以下几方面：

（1）传统运作模式效率低、成本过高。随着企业间竞争的日趋激烈以及全球经济一体化，市场向企业提出了更高的要求，要求企业能及时提供高品质、低价格、具有个性化的产品。而企业在商业运作过程中比较重视控制生产成本，对采购成本（主要是非生产性采购、服务采购）、销售成本的控制无论是从意识上、管理上以及执行的手段上都比较薄弱。如何减少采购和销售过程中的环节，直接控制供应商的价格、品质、交货期以及批发商和经营商的进货、出货、仓储情况是企业在电子商务时代所面临的第一个问题，这种情况尤其是在集团公司的运作中更为明显。据有关资料统计，在采购服务体系中的资金节省，最直接的体现是非生产性产品及服务的购买成本的大幅度下降，如纸张、交通费、电话费以及看管服务开支等，这些日常性开支通常占总成本的 40%，而对服务性行业，这些开支就是总成本。通过实施电子商务，可以实现企业对产品、原材料、非生产性产品、服务类等的电子化、网络化的采购，总公司与下属子公司及各职能部门有组织、有计划地统一管理，减少流通环节、降低成本、提高效率，使企业在管理上通过电子商务的实施达到更高的水平。通过大量的自我服务（包括网上销售订单的管理、供应商自助采购、内部员工的自助服务），最终达到降低企业总运营成本的目标。

（2）对市场的反应速度慢。在电子商务时代，传统企业在对市场的反馈速度上明显过慢，在市场需求骤增时，会出现原材料、设计、生产能力、质量、运输后勤及市场问题等。究其主要原因是企业没有将供应商和客户纳入到企业自身的供应链中，没能及时知晓下游客户（主要是经销商和批发商）的库存情况、市场情况，没有让上游的供应商及时了解企业原材料的库存状况、成套情况。在供应商、商家、客户三者之间没有形成一个有效的环路，由此造成了商家对市场的反应迟缓，导致商机的错失。有了网络的协助，企业从原材料的采购、产品设计，到订单处理和产品的发送，均可以用小时为单位来追踪。同时利用 Internet 技术不仅可以全面监控下游客户每日的进、销、存情况，及时进行补货，而且可以让上游的供应商及时知道企业原料的库存情况，及时补充，将存货量保持在最低水平。

（3）客户服务水平无法提高。Aberdeen Group 调查表明，西方 93% 的公司首席执行官认为客户管理是企业成功和更具有竞争力的最重要的因素，因此有人把客户资源作为21 世纪最宝贵的资源，但传统的客户管理从市场宣传、销售管理、售后服务整条线仅仅停留在商业广告、面对面宣传和现场服务等，没有将市场、销售、售后的 Web 应用、电话呼叫中心、自我服务、网上交易（含网上商店、个性化促销网上支付）、商业智能分析等纳入企业，因此企业的客户服务水平难以提高。随着电子商务的不断发展，B2B 商务活动给企业带来新的竞争优势。为吸引、保留现有客户，要求提供更快捷、成本更低的商务运作模式，以保持和发展与客户达成的密切关系。采用电子商务解决方案，可以为企业提供新的业务增值，提升客户的满意度与忠诚度，保留现有客户。

（4）市场覆盖面有局限性。无法实现跨地区、"7×24×365"式的经营不能在电子商务时代依靠传统的手段扩展市场的覆盖面是企业面临的又一问题。因为企业实施电子商务，不仅有利于信息发布，增加企业知名度，保留现有客户，而且随着企业电子商务的深入展开，还可以提供更多的功能、业务，必然吸引客户加入企业建立的电子集市，带来新的客户。从本质上讲，通过实施电子商务解决方案，无论新、老客户都会从企业建立的电子商务服务活动中得到利益，产生新的业务增值，降低成本，企业与客户间形成买方、卖方及服务提供商的电子商务社区。所以可以想象，未来社会的企业如果没有电子商务，就将面临"无商可务"的境地。

电子商务对传统的制造业已形成了巨大冲击。随着企业间竞争的日趋激烈，以及全球经济一体化，市场向企业提出了更高要求。传统的制造业必须及时提供高性价比并具有个性化的产品和服务，同时提高市场的反馈速度，以迎接信息时代的挑战。

13.3.2　国内制造业企业开展电子商务应用的步骤和内容

面对电子商务带来的冲击，国内制造业也充分认识到电子商务能为企业带来经济效益，使企业在 Internet 时代更具竞争优势。但对于它们来说，更棘手的问题是如何在企业内开展电子商务的应用。就国内实施电子商务的大环境来看，制造业实施电子商务将首先以 B2B 业务为主。要实施电子商务，包括以下几个步骤。

1. 全面规划企业

企业实施电子商务必须按照"全面规划，分步实施，效益驱动，逐步推广"十六字方针。全面规划包括制定整个电子商务项目所需达到的目标、购置的硬件系统规划（或新添置的硬件系统规划）、软件的规划（含软件的选型、实施步骤、实施周期、实施范围、人员配备）、整体费用的规划以及整个项目的投入产出分析、风险评估等工作。通过全面规划的过程使企业的高层领导充分认识到电子商务应用的特点，最大限度地规避风险。

2. 构造基础电子商务平台

无论是已经实施还是尚未实施应用系统的企业，都需要构造基础电子商务平台，即企业信息门户。基础电子商务平台主要由基于 Internet 的数据库、应用服务器、Web 服务器、Internet 应用开发工具包、客户名录管理和目录管理构成。企业通过建立电子商务平台，可以集成信息、采购、内容管理、合同、库存、客户关系、支持服务等各种业务与应用。电子商务平台可以帮助企业完成以下业务：

（1）建立动态 Web 站点（企业门户）。

（2）建立新闻中心（可以分为内部信息发布和外部信息发布），进行动态信息发布、企业信息宣传，使企业的电子商务系统成为未来行业电子商务信息中心。

（3）广告服务，通过广告活动为企业的电子商务系统增加效益。

（4）搜索引擎，基于整个企业电子商务系统的内容查询、全文检索方式以及对多媒体数据的查询。

（5）目录管理，为使自我服务方案有效地投入使用，确保内部客户或外部授权客户随时能拥有产品和服务的信息而建立的目录系统。

3. 构造后台应用系统

很多企业虽然开展了电子商务的业务，但由于没有后台系统的库存信息、运输信息、生产信息、采购信息，所以从前台电子商务平台上获得的销售订单、市场信息不能及时传递到后台系统中；同样，如果前台系统不能及时读取后台系统中关于产品的价格、客户等信息，就会造成前后台信息的脱节，最终导致客户满意度的下降，甚至客户群的流失。因此，在电子商务的解决方案中，后台系统是非常关键的。

4. 构造前台电子商务

企业建立了基础电子商务平台和后台应用系统后，就将进行电子商务的真正实施，建立 B2B 应用，如 Web 客户管理、Web 供应商管理、基于 Internet 的采购管理、会员名录管理和网上交易等。

（1）客户网上自我服务。客户可以在 Internet 上通过浏览器进行自我服务，这样可以减少时间，减少错误，提高服务质量。通过给每个访问者一个客户化的界面，让其随时了解订单信息，例如查询可用资源、合同执行情况、监督装运、网上自学产品性能或使用方法等。

（2）供应商网上自我服务。同客户管理一样，供应商也可以通过 Internet 浏览器查询和自己有关的业务，如网上接收采购订单、网上查询需求、网上了解自己产品的补货情况、查看购货协议、监督存货、检验收据等。

（3）建立基于 Internet 的采购。支持企业对生产性产品、非生产性产品、MRO（maintenance，repair & operations，即维护、维修、运行）、服务、管理的购买。它支持寻求物品或服务的自我服务入口，可以提供辨别、评估并获取节省采购资金时机的必备因素。应用基于 Internet 的采购可使组织的运行比当前最优的业务实践还要好，实现大量的资金节约并有效缩短供需服务循环周期。

（4）电子商店。为 B2B 模式提供应用程序，建立基于 Web 的电子商店，商家或客户可以访问并购买其中的商品。

（5）电子账单与支付。为 B2B、B2C 模式提供应用程序，建立基于 Web 的电子账单查询、填写及电子支付的手段，可应用于广泛的网上交易的支付请求。

（6）电子支付网关。为网上交易提供安全的支付网关接口，保证交易的安全性和完整性。

13.3.3　制造业实施电子商务应用中存在的问题和对策

目前，多数制造业企业的电子商务应用尚处于初级阶段，究其原因，主要包括以下几点：

（1）认为电子商务就是设计网页，售卖产品。很多企业领导在接受了电子商务后，将电子商务简单地理解成是设计网页、网上开店，而忽略了企业在接到定单后如何满足定单需求，如何控制整个销售网络的运作，而这一切是需要后台应用软件系统支持的。只有在后台的应用系统建立完成后，方可使电子商务发挥更大的功效。否则前台设计的网页、售卖产品的信息只能依赖于手工的输入、维护，这样主页信息不仅更新速度慢，而且准确率、效率都很低。因此，企业在完成主页设计、售卖产品应用的同时，应尽快构造后台应用系统来支持前台系统，使其发挥应有的功效。制造业还能通过电子商务"过滤"内部管理的"垃圾"。例如，设在美国加州的开关制造商 Xylan 公司，其经理人员从前每个星期都要花上一个小时阅读许多报表，才能确认过去一周里在设计上发生的变化。现在他们利用软件，通过 Internet 与零件供应商联系，可在 15 分钟内解决问题。这使他们的成本降低了 5%～10%。成本决定价格，而在目前国内网站网络购物的价格上，看不出有任何优势。

正确的观念应是：电子商务改变的是一个企业以及其内部人员的工作方式，它不等同于网络购物。

（2）缺乏全面的规划。在后台物流系统尚不完善的条件下，急于建立电子商务是国内企业普遍存在的问题。在企业实施电子商务前，必须有一个长远的规划，整体上应按照前面介绍的步骤实施。在实施之前，最好能够先找专业的咨询公司根据企业的实际情况构造适合本企业情况的电子商务策略，因为在销售公司实施电子商务，与在整个集团内或在制造生产厂、批发配送公司实施电子商务的步骤和应用的重点、内容是不一样的。

正确的观念应是：企业应根据自身的资源情况、现实情况来规划电子商务，制定本企业实施电子商务的近期、远期的目标。

（3）企业领导认为时机尚不成熟。虽然大部分制造企业认识到电子商务势在必行，但与上述观念相反的是，有些企业的领导认为电子商务是个新的理念，电子商务好是好，但在国内的应用环境尚不成熟，尤其是在制造业。因为制造业与贸易企业或传统单一卖产品的企业不一样，制造业在注重市场、产品销售的同时还需要注重企业内部的管理、企业与供应商之间的管理等，由此认为电子商务在制造业的应用还不过是个市场宣传。

这种认识不能说没有道理，因为西方发达国家的市场经济已经成熟，信用基础、金融服务、运输服务早已不是社会经济发展中要解决的问题，其问题主要集中在安全、征税等技术和管理的层次上；而在中国电子商务的发展历程中，人们关心的问题集中在网上交易的安全性（信用、支付）以及社会化配送上。但企业是否要等整个社会环境、法律环境、社会化配送均健全后，再建立电子商务呢？答案是否定的。电子商务时代讲的就是时间、效率，企业如不尽快开展电子商务系统的规划，必将被行业所淘汰。上述两个问题由于和社会的大环境有关，因此在短时间内无法彻底解决，但在实施电子商务的过程中，企业的运作可以 B2B 业务为主，货款的支付可以沿用传统的方式进行，等整个社会的安全认证体系完善后，再进行 B2C 业务。此外，在社会化大配送系统尚不健全的情况下，可以进行内部挖掘，通过内部应用系统的运作，提高配送运输的效率，完善企业本身的运输后勤系统。并且，电子商务系统的建立是有一个周期的，一个中等规模的制造业，要完成电子商务的实施，需用一年的时间。

13.3.4　制造业电子商务的典型案例：海尔公司

海尔是世界第四大白色家电制造商、中国最具价值品牌。海尔在全球 30 多个国家建立本土化的设计中心、制造基地和贸易公司，全球员工总数超过 5 万人，已发展成为大规模的跨国企业集团，2012 年海尔集团实现全球营业额 1 631 亿元。

海尔电子商务从两个重要的方面促进了新经济的模式运作的变化：一是 B2B 的电子商务，促使外部供应链取代自己的部分制造业务；通过 B2B 业务，仅给供应方的成本的降低就收益 8％～12％。二是从 B2C 电子商务的角度，它促进了企业与消费者的继续深化的交流，这种交流全方位提升了企业的品牌价值。

1. 对消费电子者的商务——B2C

海尔网上商城开展对消费者电子商务的主要目的是，利用网络技术缩短海尔与顾客之间的距离，为顾客提供个性化的产品与服务，提高顾客对海尔的满意度与忠诚度，提高海尔的竞争力。海尔认为：新经济时代，企业面对的是千千万万的个体，或者说是一对一的消费者，他们会提出无数个性化的需求。能够满足这种需求，才会在新经济中掌握主动。谁占领了制高点，谁将成为家电行业的胜者。

而电子商务就意味着企业与消费者的"零距离"，意味着产品的完全"个性化"。目前，通过"海尔"的网站，"海尔"可以与消费者直接充分沟通，消费者可以查询"海尔"产品资料，订制产品与服务，在线付款，获取产品使用维护常识等（图 13-1）。"海尔"网站现有中、英文两种版本，网站每日访问人数从建网初期的 1 000 人次，到目前已达到了 5 万余人次。

图 13-1　海尔的 B2C 网站主页

2. 对消费者的电子商务——B2B

由于消费习惯的影响，直接面向消费者的目前还比较有限，为此海尔创新性地零售推出了"商家定做"服务，即有商家来向海尔订购产品，方式与消费者定做相同，但定做的主体变成了商业企业。虽然商家不是消费者，但它们毕竟直接与消费者接触，更了解消费者需求，而且商家定做批量大、易推广，因此不失为目前条件下的一种很好的变通方式。现在，海尔冰箱生产线上的冰箱，有一半以上是按照各大商场的要求专门定制的。

海尔集团充分利用电子商务开展在线采购招标，把规格、类型及相关资料置于互联网上，提高了效率，节约了成本。海尔采用的是自建采购平台的方式，海尔要求为其供货的供应商在网上注册，当海尔需要采购时，就把采购产品的规格、数量等信息公布在网上，或用电子邮件方式通知供货商，再由供货商报价竞标，海尔从中选择最适合的供应商（图13-2）。

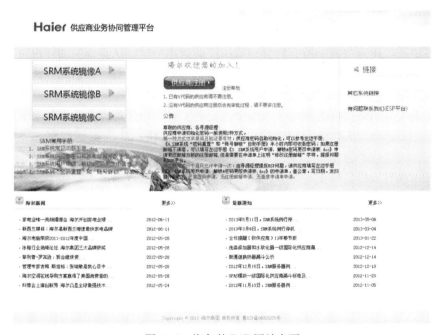

图 13-2　海尔的 B2B 网站主页

13.4　中国个人电子商务应用

目前在中国，每天大约有几十万、甚至上百万人在 Internet 上进行着交易。这些不见面的卖家和买家，在网上看货、砍价、成交。有关数据显示，淘宝网的个人电子商务平台2012 年年交易额为 8 000 亿元，与 2011 年的 5 000 多亿元比较，同比增长了 160%，约占全国社会消费品零售总额的 3.9%。

13.4.1　国内个人间电子商务的应用状况

国内个人间电子商务模式最初脱胎于国外的电子商务模式，以 eBay 和亚马逊为榜样的个人间电子商务最大的特点就是利用专业网站提供的大型电子商务平台，以免费或比较少的费用在网络平台上销售自己的商品，主要特点就是可以给用户带来便宜的商品，无论是白领、大学生还是下岗工人都可以在家"营业"，网上开店不需要店铺租金，不受地域、时间的限制，却可以面对来自全国甚至全世界的客户。要在网上开店的卖家，只需要登录个人电子商务站点或频道，先注册成为用户，登陆后填写建店信息，建店就可以完成。以三大门户网站中的搜狐网站为例，如果要在其商城频道"买卖街"中建立个人店，每上传一件商品交纳 2 元，可保留 1 个月，个人只需要拥有一台电脑，每天上网来管理商品、决定定价和促销手段。而易趣用户必须要实名注册，通过实名认证后，不但有"奖状"作为标记，还能得到一颗"星"；交易后双方互作信用评价，信用评价由评价类型（好/中/差）和评论内容组成，用户得到的所有评价构成用户的信用记录。认真如实的评价可以为其他用户提供参照，当然，评价方同样可以从他人提供的评价里获益。目前此方法被广泛使用在电子商务领域。

易趣、淘宝等网站目前都推出了大型个人交易平台，每天都有几十万甚至上百万人在 Internet 上进行交易，从电话卡到电脑，从运动鞋到手机，从围裙到汽车——买卖非常兴隆。

随着汽车拥有人数的增多，车载用品和汽车装饰用品也逐渐成为很多买家喜欢购买的商品之一，其次是首饰、挂件、内衣、化妆品等。为保证进口化妆品的质量，一些网上商城要求卖家必须出示进口化妆品的相关手续才可销售，以杜绝假货、水货。

13.4.2　个人间电子商务应用的问题和发展优势

1. 问题分析

（1）安全、诚信依然是亟须解决的问题。只要是涉及金钱的交易就必然会存在风险，网络这一新兴的交易平台在创造许多财富神话的同时，也正在暴露出一些存在的问题。首先是诚信的问题，它对电子商务的健康发展起着决定性的作用。因为网上交易的主要瓶颈是信用，很多人比较担心的问题是产品质量、售后服务及厂商信用、安全性得不到保障，所以网上平台必须建立一套信用体系，保证商品质量、交易安全和市场秩序。

（2）中国的 C2C 电子商务刚刚开始起步，还没有一套非常完善的法规可供参照，这也是制约着 C2C 电子商务的一个原因。政策、法规不健全，个人的可信度比较差，除了身份证之外，没有其他证明可以考证。电子银行、信用卡体系仍不完整，尤其在个人用户方面，还没有办法实现电子支付手段。

（3）网上购物人群仍占很小份额。由中国社会科学院组织中国上网状况调查显示：中国网民中的 56% 为男性，从年龄特征来看，58.2% 的网民在 17～24 岁；近 40% 的网民为学生或失业人员，他们没有稳定的收入，因此对电子商务的发展产生不利的影响；网民进行网上购物的比例偏低，而且大多都是书籍和电影票之类的小额商品，其中近 12% 的网上订单用于购买计算机。在网民上网目的中，直接进行网上购物的比例仍然是少得可怜，很多人还停留在有兴趣的阶段。

（4）缺乏触摸感，要追上传统零售，道路仍很漫长。这是网络零售最大的劣势所在。由于只可眼观而不能手动，消费者往往无法得到商品更多的内在讯息，如一件衣服的质感、一台音响的效果等，这使得消费者很难对商品质量产生信赖感，传统商店在这方面却占尽优势。

（5）Internet 还没有很好的付费文化，很多人不愿意支付网上成功交易的佣金。在国外，比较成熟的网站 eBay，它的卖家首先要建立卖方账户，将自己的信用卡信息存在 eBay 档案（这是必要的一环），以后卖商品的时候，相关的费用便会自动从卖家的信用卡中扣除；而中国短期内很难做到。

（6）个人之间网上商品交易税收问题、网上的审计问题和知识产权保护问题仍悬而未决，目前中国亦没有相应的政策或管理办法出台。

2. 发展优势

个人间电子商务低成本优势显著。做网上零售的个人站点，随着交易量增加和个人信誉度的增强就会向 B2C 转换。在积累了一些网上销售经验之后，他们会到工商局注册自己的公司，建立自己的网站并和其他的网站建立链接，销售业绩良好的个人用户很大部分成为了典型的"小"企业，有利于形成比较好的品牌。

网上交易的大型电子商务平台也更主张多吸引这样的中小企业用户，这样产品品质和安全性就可以大大加强。中小企业用户在新浪商城、搜狐商城、易趣网等网站开店要有三证，即营业执照、工商、税务的登记。

对中小企业商家来说，网上商城成本低、目标消费群体明确。非常成功的 B2C 网站——当当网负责人谈到"当当模式"时表示，费用在传统企业是个可变函数，但是到了 Internet 公司就是常数。网上书店节省人工费用。一个以接受邮购和电话订购为主的传统远程书店，如果它每天接到的订单量与当当一样多，至少需要 60 个人将这些订单信息输入电脑，而当当没有这一工序，因为当当是网上订购，消费者在网上已经完成了预订表格，只需一个人审核订单。当当不仅省掉了这 60 个人工，接咨询电话也不过 12 个人，而传统远程书店至少需要 40 人接电话。很明显，当当的客服结构节省了许多费用。

13.4.3　个人间电子商务应用的典型案例：淘宝网

淘宝网（www.taobao.com）成立于 2003 年 5 月 10 日，是国内领先的个人交易网上平台，由全球最佳 B2B 公司——阿里巴巴公司投资 4.5 亿元创办。图 13-3 为淘宝网主页。

淘宝网互联网用户提供了个人交易场所，提供免费注册、免费认证、免费开店服务。凭借其迅速发展以及其在个人交易领域的独特文化，荣获了财经时报与搜狐公司 2003 年度评选的国内 10 大最佳投资的荣誉。上淘宝出售东西非常简单，只需在淘宝注册一个账号就可以开始拍卖东西，如果你同时拍卖 10 样以上的东西，就可以申请开设店铺。图 13-4 为淘宝开店出售商品的具体流程。

图 13-3　淘宝网主页

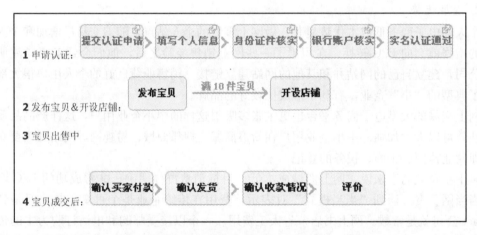

图 13-4　淘宝开店出售商品的流程

淘宝开店出售商品的流程如下：

（1）注册账号申请实名认证，通过实名认证，开始出售宝贝。

（2）了解买家需求，查看买家求购信息。宝贝购物排名榜可帮助拓展货源。

（3）选择宝贝发布方式，可选择一口价、单件竞拍或荷兰拍。

（4）填写宝贝信息，按要求设置宝贝标题、宝贝描述、上载宝贝图片。

（5）追踪宝贝出售情况，可登录"我的淘宝"管理交易。

（6）收款发货，使用支付宝可保障交易安全。

（7）开设店铺。发布 10 件宝贝，即可免费拥有自己的淘宝店铺。

淘宝网倡导诚信、活泼、高效的网络交易文化。在为淘宝会员打造更安全高效的商品交易平台的同时，也全心营造和倡导了互帮互助、轻松活泼的家庭式文化氛围，让每位在淘宝网进行交易的人更迅速高效地进行交易，并在交易的同时交到更多朋友。淘宝网成为越来越多网民网上创业和以商会友的最先选择。

淘宝网业务跨越 C2C、B2C 两大部分。截至 2010 年 12 月 31 日,淘宝网注册会员超 3.7 亿人,覆盖了中国绝大部分网购人群;2011 年交易额为 6 100.8 亿元,占中国网购市场 80％的份额,比 2010 年增长 66％。2012 年 11 月 11 日,淘宝单日交易额 191 亿元。

13.5　招聘类电子商务

随着网络的普及,网络招聘以其低成本、见效快、无地域限制的特点正在吸引着大批中高级人才和企业,甚至有很多人认为网络招聘取代传统招聘只是迟早的事情。传统的集市型人才市场通常受时间、地域等因素限制,不利于统一开放的人才大市场的形成。而网上人才市场则突破了这些局限,通过四通八达的网络将各地人才市场联结在一起,打破了市场信息分割、封闭的局面,实现了市场信息的共享,已经有越来越多的企业和求职者选择人才网站作为招聘和求职的中介。

13.5.1　招聘类电子商务网站的优势

传统集市形态的招聘会,借助网络技术在网络的平台上得到延伸,为找工作的人们提供了一个全新的模式。相对于传统招聘会,网上求职以免费浏览申请、大量的职位信息、随时随地进入的方便性吸引了大量的求职者和招聘企业。调查显示,上海、苏州、北京、广州、深圳、武汉、成都、西安、杭州、南京的网上求职者最多。而信息技术、电子技术和制造业类职位的关注者最为集中。越来越多的人选择以在线招聘的方式寻找工作,拿前程无忧来说,大专及以上学历者占到网上求职人群的 85％,三年以上工作资历者占 42％,半数求职者年龄在 25～29 岁。

网络招聘相对于传统的招聘方式,有如下优势:

(1) 时效性强。网络招聘双方通过交互式的网上登录和查询完成信息交流,这种方式与传统招聘方式不同,不强求时间和空间上的绝对一致,方便了双方时间选择,省去了大量的时间。

在媒体上发布的招聘信息时效性差,只能当日的信息当日看,过期的报纸即使信息有效也无人关注,而使用网络招聘,招聘信息可以从发布日开始一直延续到企业招聘到真正人才为止。同时网络招聘能够给个人创造更多的就业机会。对于异地求职者,这省却了奔波于不同城市的烦恼;对于一般院校学生,因为不能亲临知名企业的校园招聘会,但通过网络就可以获取与其他求职者同等的竞争机会。

(2) 成本低。网络招聘在节约费用上有很大优势。对于毕业生来说,通过轻点鼠标即可就能发送一份份电子简历,对用人单位来说,网络招聘的成本几乎为零。而且,网络查询方便、信息量大,并且少了传统人才招聘会的拥挤和喧嚣,节约了大量的人力、物力和财力,大大降低了就业成本。对于企业来说,首先网络招聘的费用低廉,可节约成本,而传统媒体招聘方式如报纸、电视,费用动辄几千上万。

(3) 针对性强。无论是用人单位还是个人都根据自己的具体条件有针对性地在网上进行选择，这种积极的互动减少了在招聘过程中的盲目行为、强化了网络招聘的针对性。对于求职者来说，只要在人才网站上登记了个人简历，即可等候企业的招聘信息，如果上网方便还可以主动出击。网络求职的招聘信息量大，在海量的职位库中，求职者可以针对自己的需求，更多可能地选择适合自己的职位。

（4）效率高。对于用人单位来说，通过网络发布信息，可以扩大宣传的力度，招揽更多贤才。同时由于采用了网络技术，使简历的投递、分类、审查等工作变得简单得多，从而大大提高了工作效率。

随着网络招聘平台不断升级更新、快捷而富有效率，求职者通过招聘网站可以不出家门就对工作的类别、地区和需求进行全方位智能查询，快速准确地查询到所需要的包括行业、职能、工作地点、工资等方面的信息。工作职位分类清晰、针对性强。一些大的招聘网站如易才网，可以随时查询到数万条信息，而且每天更新职位，只要关注招聘网站就能第一时间掌握用人单位的需求。

（5）信息全面。在较大的招聘网站里，可以随时查询数万条信息。所有的工作类别和需求都可以在网络上搜寻，同时还可以直接把履历表用电子邮件寄给对方。招聘网站都有完备的搜索功能，求职者可快速、准确地查找到所需要的包括行业、职能、工作地点、工资等方面的信息。中国的各大招聘网站如易才网、前程无忧等都不断提高自身服务，通过与国外招聘网站合作、网站系统升级、广告形式丰富、强化网站分类搜索功能等多种形式，为企业招聘提供更多周到服务。

（6）动态性强。人才网站的经营者则表示，网络求职的优越性还表现在内容的动态性上。一些网站已能做到每天增加1 000多个新职位，且能不断更新。

相比报纸、招聘会等传统招聘方式，网络招聘以信息量大、效率高、费用低廉等突出优势获得了越来越多的企业和个人的青睐。短短几年内，中国市场上使用网络招聘作为招聘方式的企业数量逐年增长。而一些知名学府如南开大学，在向应届毕业生提供就业渠道时，也开始取消大型招聘会这种传统招聘模式。

13.5.2　招聘类电子商务的发展前景

随着网络求职人群的不断膨胀，以及求职招聘成功率的不断提高，未来网络招聘的市场发展空间将更广阔。据最新统计，在个人与企业的招聘求职活动中，已有70%左右的企业选择网络招聘作为招聘的第一渠道，而超过90%的求职者都听说或使用过网络招聘。随着网络求职的优势越发明显，越来越多的企业和个人选择使用网络招聘。虽然中国网络招聘市场距美国78%的市场份额还有很大差距，但网络招聘将是大势所趋。图13-5为求职者选择网络招聘的主要原因分析。

13.5.3　招聘类电子商务应用的典型案例：前程无忧网

前程无忧网（www.51job.com）是国内集多种媒介资源优势的人力资源服务机构（图13-6）。它集合了传统媒体、网络媒体及先进的信息技术和专业顾问队伍，提供包括

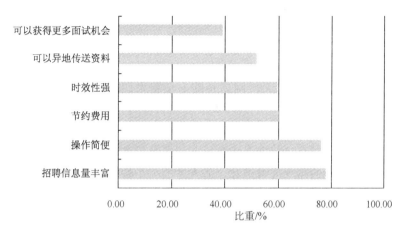

图 13-5　求职者选择网络招聘的主要原因

招聘猎头、培训测评和人事外包在内的全方位专业人力资源服务，现在全国包括香港在内的 26 个城市设有服务机构。前程无忧于 2004 年 9 月成为首个在美国纳斯达克上市的中国人力资源服务企业。

图 13-6　前程无忧网首页

前程无忧网拥有全国最大的职位信息库，依托广泛的服务网络和先进的技术保证，所提供的职位涉及信息技术、电子、金融、化工、物流、广告等各种行业。为配合不同行业及求职者不同程度的求职需求，前程无忧网提供不同的频道，如 Executive、IT 人才、学子前程等，以满足不同的求职人员。前程无忧网还为求职者提供各类与个人职业发展有关的信息，包括最新职位、培训、职业指导信息以及其他个性化增值服务。

在前程无忧网，求职者可以根据需要建立多组职位搜索器，在寻找合适的职位招聘信息的同时，可以节省许多找工作的时间。

前程无忧网提供给求职者一套完整的简历模块，求职者可在模块的指导下完成标准的简历。简历储存在 51job.com 的简历库中，求职者可以随时上网修改更新。求职者也可以选择将其在 51job 上填写的简历通过 e-mail 投递到任意想应聘的公司。求职者可以根据需要设定每次邮件发送的时间间隔、数量。所需要的招聘信息就会投递到指定 e-mail 信箱中。求职者还可以根据各自的需求来选定网上的各种职场信息，届时这些文章就会按时投递到指定的 e-mail 信箱中。前程无忧网还是网上免费求职管理中心。求职者可以修改简历、搜寻招聘职位、查阅投递简历纪录、获取其求职意向分析。

许多著名的跨国公司和大型国企正在使用 51job 的"网才"招聘管理软件，根据求职者简历的公开程度，企业可以直接搜索无忧简历库，提供更多的职业机会；51job 的"人才速配"服务是根据招聘企业的需求搜索推荐合适人才的一个桥梁，只要求职者符合搜索条件，就有机会被推荐；同时 51job 的猎头人员会密切留意网站简历库中的优秀人才，当有诱人的工作空缺出现并与某个求职者的专业技能匹配时，前程无忧网可以直接与该求职者联络。

13.6 网络视频电子商务

2006 年被称为视频网站元年。视频网站在国外发展得较为顺利，尤其以美国 YouTube 为典型。2006 年 11 月，Google 以价值 16.5 亿美元的股票收购了视频共享网站 YouTube，引起全球轰动。受此交易影响，其他视频共享网站的价值也水涨船高。因此分析人士预计，不管是新闻集团还是百度，要在中国网络视频领域开展收购都将付出不小的代价。近两年来，我们国家的视频产业也日渐升温，尤其是互联网视频由于业务花样多、成长速度快更是受到投资商青睐。有消息称，Google 也可能会在中国收购一家视频共享网站，或者寻找一家合作伙伴，共同打造"中国版 YouTube"。

13.6.1 视频网站的概念解释及分类

视频是基于流媒体技术上文、图、声、像四者的结合，在当前技术条件下，这种视听结合的连续影音传播方式是迄今我们所知最高级的。另外，它的 P2P（person to person）模式，使其传播优势更加明显。网络视频传播状态基于流媒体技术，在播放前只将部分内容缓存，并不下载整个文件，在数据流传送的同时，用户可在计算机上利用相应的播放器或其他的硬件、软件对压缩的动画、视音频等流式多媒体文件解压后进行播放，这样就节省了下载等待时间和存储空间，使时延大大减少，而多媒体文件的剩余部分将在后台的服务器内继续下载。与平面媒体不同，视频媒介边下载边播放，最大特点在于互动性，这也是互联网最具吸引力的地方。

目前有关视频网络行业的报告中对视频网站的分类多种多样，有根据播放方式进行划分的，有根据内容制作商进行划分的，也有根据网络视频的平台运营商进行划分的。

艾瑞根据网络视频平台运营商的类型特征将视频网站分为了门户类、电视机构类、在线影视类、P2P 流媒体类、视频分享类和视频搜索类。另外，还可以从用户角度出发，将视频网站的类型分为视频分享/播客类、在线点播/直播类和视频搜索类。视频分享/播客类网站又可以区分为以优酷土豆、我乐为代表的专业视频网站和以新浪播客、QQ 播客等为代表的门户类视频分享网站。除此之外，还有一些 P2P 流媒体类的网站，如迅雷、PPLIVE 等，也可归为视频网站的范畴。

13.6.2 视频的功能形态特征

在视频网络上，人们可以通过注册来以一个创建者的身份上线，凭此身份共享或者发布视频，浏览其他用户视频节目，发表对节目的意见，添加好友，订阅感兴趣的频道和节目；同样，用户也能把自己制作的视频传到网络平台上共享。以 YouTube 为例，用户加入群（group）后，还能一起讨论某些影片的各种话题。YouTube 有强大的分类搜索功能，可以通过 most recent（最近）、top rated（评价最高）、most discussed（议论最多）、top favorites（最喜爱）、recently featured（新近特色）浏览，也可以按照时间顺序浏览 this week（本周）、this month（本月）、all time（全部时间），还可以根据 categories（分类）观看，同时视频网络还可以提供活跃的频道和活跃的群供用户参考。人们可以用文字或视频新建回复，在网络视频网站上，用户之间的多向交流以及用户的双向选择使之形成一个可操纵的良性互动圈。

以 YouTube 为代表的这一类网络视频的功能形态特征如下：

（1）用户互动，多项交流。传统的媒介在编、读之间实现单项交流，而视频媒介可以单向、双向甚至多向互动交流。网络视频编者和读者之间的回复便很好地证明了这一点：用户利用文字视频可新建对发布者的回复，也可以就回复进行回复，另外，观看者的回复也为该节目造势，有较高争议率的节目的点击率也往往高调飙升。

（2）自媒体化。自媒体一词来自英文的组合（we-media），即我们的媒体。自媒体的概念是数字时代对传媒的重新定义，大众从单纯受众变为媒介主体。这种网络平台不只是传统观看模式在网络上的延伸，更是公众广泛参与的"自媒体"，它不但做到了读者订阅网页个性化，而且邀请公众共同构建媒体平台。原创的高度自我表达和高的自由度（只要注册便可上传以及无限下载共享），拥有网络视频账户的用户相当于拥有了一个自办媒体库，受众成员主动选择自己所偏好的媒介内容信息，强调了受众主体的地位和受众对媒介内容选择的内在动力。网络视频上的原创作品格外受追捧。

（3）群组织化结构。群是在网络上有着相同视频兴趣倾向的网民的集合。YouTube 通过目标锁定（targeting）识别特定受众群，并通过有效的可行途径影响他们，发掘、培养他们的兴趣点。令人感兴趣的内容能吸引受众，而受众的不断支持、回复、上传又能产生良好的内容。一传一受的交互方式，促进了群组织的形成；同样也是人们获得认同感、归属感和组织感的需要，使群组织最大限度地发挥力量。

（4）娱乐化。现实社会巨大的压力往往使人寻找娱乐节目以宣泄，以娱乐为主的网络视频便是得益于此。有些可以提供轻松有趣的艺术、喜剧、音乐、旅游、动物、汽车等分类视频，受众面极广泛，社会心理学家分析认为，大众喜欢娱乐，网民结构的大众化也是娱乐成为活跃力量的重要原因。

（5）非权威性、低门槛。电视的娱乐节目制作有一整套接受过专业培训、有良好素质的节目制作班子，在基于分工协调的管理体系上运作，而且其节目往往代表了本台的形象和立场，并能通过较高的收视率吸引广告商。而网络视频节目制作者分散、水平参差不齐，节目的上传仅仅代表个人行为，并不与发布网站的舆论形象挂钩，因而不具有权威性。大多数网络视频制作与上传并不需要太多专业知识，只要有一台接入 Internet 的电脑和一台摄像机或一个摄像头，及一些简单的操作，人们便可上传节目。有些视频网络会将视频转化为统一格式，可以使用较为普及的播放器播放，如 flash 播放器。此举消除了浏览者因没有最新版微软（Microsoft）、Real Networks 或苹果（Apple）的播放器而遭遇的窘境。这使博客（blogger）和其他人很容易从视频网络上抓取一个视频片断，并放置在自己的网页上，从而扩大了其视频内容的观众圈。

13.6.3　网络视频的前景以及可能遇到的问题

由于宽带网络的普及、CDN（content delivery network，即内容分发网络）与 P2P 等技术革新以及相对宽松的版权环境，我国网络视频行业先后经历了探索发展期和快速普及期后，在 2007 年进入产业盘整、洗牌期，并向多样化、融合化方向发展。调查显示，当前国内的网络视频行业主流分为视频分享、门户视频、网络电视和网络视频下载四个大类，内容则分别来自专业内容制作机构（电视媒体、影视制作、音乐制作、体育组织等）和草根网民原创、转载、二次加工两大来源。

2013 年 1 月，CNNIC 发布了《第 31 次中国互联网络发展状况统计报告》。该报告显示，截至 2012 年年底中国网络视频用户达到 3.72 亿人，较 2011 年年底增加 4 653 万人，增长率为 14.3%。网民中上网收看视频的用户比例较 2011 年年底提升 2.5 个百分点，达到 65.9%。中国网络视频企业继续为用户提供优质网络视频服务，同时针对行业发展中存在的问题采取了积极的应对策略。在提升服务质量方面：继续强化网站内容建设，影视剧等长视频内容进一步丰富；台网联动更加密切，合作形式更加多样，从同步播出和联合宣传等初级形式深入到内容策划和制作阶段，通过联合出品、周边节目开发等形式，让节目内容的传播范围和影响力实现最大化；继续加大对自制内容的投入，部分优质内容已经能够输出到电视频道，并逐步形成网站特色。

在此基础上，企业通过各种策略来改变近年来由于行业非理性竞争所造成的诸多问题，控制成本，提升营收能力，维护行业健康发展。首先，在内容购买上操作更加精细化，并且通过版权联合购买等形式，有效地遏制了电视剧网络版权价格的非理性上涨。

其次，统一步调，积极尝试影响用户行为习惯。例如，在用户容忍范围内谨慎延长贴片广告时间，提高广告营收空间，同时探索付费视频模式。总体上，无论是用户发展还是行业环境，2012 年视频行业发展整体向好。

相对于文字资讯的成熟，多数视频网站都存在视频内容重复、资源缺乏的问题。原因是视频制作成本要远远高于文字资讯成本，这也是为什么视频网站的大部分内容是依靠网友上传来获取片源的原因。为了提高自己在网站内的人气排行，会员们会通过一些软件，直接将其他网站中的一些精彩的视频短片"复制"到自己所在的视频网站之中；一些视频网站也会直接到其他视频网站去大批量地"复制"视频短片。

　　另外，由于用户分布较广，上传节目也是出自个人行为，因此配合实施保护版权的政策和程序以及加强对色情、暴力等不良视频的监督，促进健康网络环境形成，是发展中视频媒体的责任。相应地，政府相关视听节目管理办法的出台也是促进视频网站的可持续发展的重要推动力。

　　时代在发展，人们的习惯也在悄悄发生变化，现在人们每天可用来支配的时间越来越少了，平均工作时间在延长，注意力被高度分散化，许多人没有整块固定的时间守候在电视机旁，这样的时代特征就促使视频网站必定要形成巨大的影响力，这一点，已经被嗅觉敏锐的传统媒体人注意到了，他们早已意识到未来电视受众群体的变化。其实传统媒体中的电视和广播这几年也一直很积极地投入到数字电视领域、网络电视领域及 IPTV（Internet protocol television，即交互式网络电视）领域，传统媒体在进入这个行业的同时也给中国目前的视频网站带来了机会。

13.6.4　中国网络视频市场的成功案例：优酷网

　　优酷网（www.youku.com）是中国领先的视频分享网站，由古永锵在 2006 年 6 月 21 日创立，优酷网以"快者为王"为产品理念，注重用户体验，不断完善服务策略，其卓尔不群的"快速播放，快速发布，快速搜索"的产品特性，充分满足了用户日益增长的多元化互动需求，使之成为中国视频网站中的领军势力。优酷网现已成为互联网拍客聚集的阵营。美国东部时间 2010 年 12 月 8 日，优酷网成功在纽约证券交易所正式挂牌上市。2012 年 3 月 12 日，优酷股份有限公司和土豆股份有限公司共同宣布双方于 3 月 11 日签订最终协议，优酷和土豆将以 100％换股的方式合并。新公司命名为"优酷土豆股份有限公司"。图 13-7 为优酷网的主页。

　　2008 年起，优酷带动行业开启视频行业营销元年，并充分发挥视频特性，通过特有的创意呈现形式，巩固了营销传播影响力，强化了产品销售力，优酷作为中国互联网营销领域最具传播价值的代表，成为视频营销第一选择。2009 年 6 月，优酷网成为 2010 年上海世博会网络视频合作媒体。2010 年 12 月 8 日，优酷正式在美国纽约证券交易所挂牌上市。2011 年 1 月 21 日，优酷获"中国互联网品牌竞争力排行榜"冠军，与腾讯、百度、阿里巴巴、新浪被并称为"中国互联网的五赢家（5 winners）"。2011 年 2 月 22 日，优酷获三项新业务许可，在视频搜索、原创影视综艺及视频直播方面进一步扩大竞争优势。2011 年 6 月 2 日，优酷、迪士尼合作升级，迪士尼电影推广频道落户优酷网。2011 年 7 月 15 日，优酷举行"顶级平台顶级大剧 优酷黄金资源推介会"，2011 年购入卫视黄金档 150 部热剧、50 部独家剧，成为影视版权最大网络买家。2011 年 12 月 9 日，优酷在华尔街上市的第一天股票价格上涨了 161％，是纽约证券交易所五年多以来首日交易表现最强劲的股票。2012 年 8 月 20 日，在香港召开年度股东大会，就优酷并购土豆案进行最后的投票表决，设优酷土豆集团。2012 年 8 月 20 日获得批准，土豆网已经成为优酷旗下全资子公司，优酷公司名称将从优酷改为"优酷土豆"。2012 年，由工业和信息化部运行监测协调局和电信管理局为指导单位，电信研究院与部信息中心日前在北京联合发布了 2012 年互联网信息服务收入前百家企业及增值电信业务发展白皮书中显示。合一信息技术（北

图 13-7　优酷网主页

京）有限公司（优酷）排名第 12 位。

❓复习思考题

1. 电子商务的应用主要包括哪几个层次？

2. 电子政务的含义是什么？

3. 根据作用的不同，电子政务主要分为几类，每类各有什么特点？

4. 新加坡政府开展电子政务的经验对中国有什么启示？

5. 结合本章谈谈中国的电子政务目前还存在哪些问题，可以采取什么对策？

6. 结合本章谈谈中国制造业电子商务应用经历了哪些发展阶段？

7. 比较几个开展个人电子商务业务网站各自的特点并给出评价。

8. 个人电子商务交易的特征是什么？

9. 中国制造业电子商务应用目前还存在哪些问题？

10. 制造业电子商务应用的作用主要体现在哪几个方面？

11. 试分析中国旅游电子商务网站的运营特点。

12. 你认为视频类电子商务网站潜在的盈利模式有哪些？

第十四章

移动电子商务及其应用

本章要点： 本章介绍了移动电子商务的定义、特点和应用模式等基本概况，在此基础上分析了移动电子商务的电子支付和交易安全的问题。发展移动电子商务，必须建立一个完善、健全的基础平台，移动 Internet 在这方面起到了重要的作用。移动电子商务在一些典型行业的应用则是广泛开展移动电子商务的前提。

14.1 移动电子商务概论

无线技术的发展带动了移动电子商务的发展，传统的 B2B、B2C 电子商务也开始由固定的 IP 网络拓展到移动通信网络。无线网上购物方便及时、随处可用，为电子商务公司提供了新的商机。移动电子商务因其移动性的特点，方便与客户进行随时随地的交流，必将成为未来商务发展的主流。

14.1.1 移动电子商务的定义

电子商务是指使用计算机网络以电子信息交换的方式进行金融交易的一种商务方式。它涵盖了一个交易过程的所有阶段，即营销、销售、采购、支付、供货和客户服务。移动电子商务是指由手机、传呼机、掌上电脑、笔记本电脑等移动通信设备与无线上网技术结合所构成的一个电子商务体系。移动电子商务不仅能提供 Internet 的直接购物，还是一种全新的销售与促销渠道。

从定义中看，移动电子商务应该满足以下几个方面的要求：

（1）安全性。缘于移动通信的本质，安全性对于移动电子商务是非常重要的。任何人通过无线网络传送信息时，理论上其他人都可以截获资料。虽然移动通信运营商已经为信息传送加密，但是移动商业和银行系统需要更高级的安全保障。例如，运营商必须提供端对端信息传送的加密，这些是移动网络运营商在其现行的数字移动系统上无法提供的。

（2）冗余。移动电子商务和银行系统要有很高的冗余度，能够应付数百万个用户和成千上万笔的同步交易。

（3）服务推出的及时性。商家迫切需要移动商务系统可以在较短的时间内投入使用，开发周期一般为 60～120 天甚至更短。

（4）灵活性。移动电子商务系统需要有很高的兼容性和开放性。消费者时常寻求新服务和应用，移动商务系统应该能迅速和方便地提供这些需求。用户也应当能够自由地使用各种各样的移动设备。

（5）公认标准。由于银行、商业和通信世界已经有了自身公认的业务标准，一个移动商务系统应当符合标准来减少成本和执行的时间。

（6）处理特殊事件的能力。移动电子商务要求有特殊处理的功能，与固定网络比较，无线交易由于 GSM 网络在跨服务区传输信号时存在硬切换，经常在处理事务时出现掉线，或者在交易进行时移动终端关闭。一个移动电子商务系统应该能可靠地处理这样的情况。

14.1.2　移动电子商务的特点

Internet 与无线技术的结合为服务提供商创造了新的机会，使之能够根据客户的位置和个性提供多样、快捷的服务，并能频繁地与客户进行交互，从而建立和加强与客户的关系，降低服务成本。表 14-1 列出了采用无线通信技术的几个特点。

表 14-1　无线通信技术的特点

无线通信技术的特点	说明
移动/无处不在	提供任何时间、任何地点的接入
个性化	移动设备的界面是最个性化的
安全	使用者不会隔绝，使用者可以在安全的距离上实现远程控制
速度	不用插入通电，较高的数据传输速度
与基础设施连接容易	不需要物理的连接
定位/跟踪	无论何时何地都能即时知道准确方位

同传统电子商务相比，移动电子商务具有自己的特点：

（1）广泛的用户基础。移动电子商务与通过电脑平台开展的传统电子商务相比，拥有更为广泛的用户基础。以中国为例，根据中国工业和信息化部发布的数据，截至 2012 年 11 月底，中国移动电话用户数达到 11.04 亿户，其中 3G 用户数 2.2 亿户。3G 用户在移动用户中的渗透率由 2011 年年末的 13％提高到 2012 年 11 月末的 20％。2012 年 1～11 月，互联网宽带接入用户净增 2 402.7 万户，达到 1.74 亿户；移动互联网用户净增 1.11 亿户，达到 7.5 亿户。

（2）多样化和人性化。移动电子商务不仅能提供 Internet 的直接购物，还是一种全新的销售与促销渠道。它全面支持移动 Internet 业务，可实现电信、信息、媒体和娱乐服务的电子支付。不仅如此，移动电子商务也不同于目前的销售方式，它能完全根据消费者的个性化需求和喜好来提供更加人性化的服务，用户随时随地都可使用这些服务。

（3）灵活的付费方式。服务付费可通过多种方式进行，以满足不同需求，可直接转入银行、用户电话账单或者实时地在预付账户上借记。通过个人移动设备来进行可靠的电子交易的能力被视为移动电子商务业务的一个重要方面。设备的选择以及提供服务与信息的方式完全由用户自己控制。

（4）随身随地性。移动 Internet 的终端设备可以是蜂窝移动电话或 PDA，它们都具有包分组数据连接功能。与传统的 Internet 访问设备不同，这些移动终端设备更加灵活方便、更加个性化，用户可随时随地随身携带。通过移动电子商务，用户可随时随地获取所需的服务、应用、信息和娱乐。用户可以在自己方便的时候，使用智能电话或 PDA 查找、选择及购买商品和服务。采购可以即时完成，商业决策也可即时实施。

（5）个性化。利用移动通信网的信息服务，其服务对象是手机用户，每个用户将获得该服务提供的完全个性化的服务内容。

（6）更加安全可靠。移动电子商务使用了移动通信与 Internet 结合的技术，因此在移动用户的信息交互中能准确定位用户的信息，这并不需要用户输入用户名与口令。通过移动通信的数据传输，流动信息更难被截取和破译。通过移动通信网进行数据传输时不会像传统 Internet 一样经过许多不可靠节点，因此现有的黑客技术不再有效。数据传输过程中的安全性得到很好的保证，这使移动电子商务具有更大的可行性。

（7）丰富的信息资源。由于无线互联网的信息来源是 Internet，相对于当前市场上的个人消费类电子产品（PDA、商务通等）来说，其优势在于 Internet 所具有的信息存储能力与丰富的信息资源。该信息平台可以将现有 Internet 上的信息资源通过采集、整理按照不同的特定要求提供给不同的用户。

（8）收入来源。目前移动电子商务的收入来源主要分成网上交易、付费内容、广告三部分。付费内容通常可以包括电子阅读、手机游戏、手机电视、手机搜索等；网上交易以移动支付为主；广告作为互联网繁荣的根本盈利模式，其目前的增长速度较慢，但可能成为下一代移动互联网繁荣发展的动力因素。传统 Internet 网站的主要收入是网络广告，比较大的门户网站的广告额占其销售额的比例甚至达到 90％以上，而付费的内容相对就少得多。

14.1.3　移动电子商务服务

移动电子商务提供了"随时、随地、随意"的商务，这决定着它在商务应用领域有着先天的优势。现代企业普遍面临着来自成本、生产率、产品销售以及客户服务等方面的竞争压力，拓展产品销售渠道、提高员工生产率、降低运营成本以及提升客户服务质量，是现代企业提升市场综合竞争能力的关键。移动电子商务在上述几个环节都能发挥明显作用：通过加快产品信息的传递可以提升企业产品竞争优势；通过随时提供的客户关系可以提高客户满意度；通过随时处理数据能力的增强，可以提高员工的工作效率和生产率；通过直通式处理［如 STP（spanning tree protocol，即生成树协议）］可以降低销售渠道成本等。

Internet、移动通信技术和其他技术的完善组合缔造了移动电子商务，但真正推动市场发展的却是多样的服务。目前，移动电子商务主要提供以下服务：

（1）交易。移动电子商务具有即时性，因此非常适用于股票等交易应用。移动设备可用于接收实时财务新闻和信息，也可确认订单并安全地在线管理股票交易。

（2）娱乐。移动电子商务将带来一系列娱乐服务。用户不仅可以从他们的移动设备上收听音乐，还可以订购、下载或支付特定的曲目，并且可以在网上与朋友们玩交互式游戏，还可以游戏付费，并进行快速、安全的博彩和游戏。

（3）购物。借助移动电子商务，用户能够通过其移动通信设备进行网上购物。即兴购物会是一大增长点，如订购鲜花、礼物、食品或快餐等。传统购物也可通过移动电子商务得到改进。例如，用户可以使用"无线电子钱包"等具有安全支付功能的移动设备，在商店里或自动售货机上进行购物。

（4）订票。通过 Internet 预订机票、车票或入场券已经发展成为一项主要业务，其规模还在继续扩大。Internet 有助于方便核查票证的有无，并进行购票和确认。移动电子商务使用户能在票价优惠或航班取消时立即得到通知，也可支付票费或在旅行途中临时更改航班或车次。借助移动设备，用户可以浏览电影剪辑、阅读评论，然后定购邻近电影院的电影票。

（5）银行业务。移动电子商务使用户能随时随地在网上安全地进行个人财务管理，进一步完善 Internet 银行体系。用户可以使用其移动终端核查其账户、支付账单、进行转账以及接收付款通知等。

（6）手机搜索。手机搜索引擎整合搜索概念、智能搜索、语义互联网等概念，综合了多种搜索方法，可以提供范围更宽广的垂直和水平搜索体验，更加注重提升用户的使用体验。手机搜索给用户提供方便快捷的移动内容搜索，搜索结果更具相关性，用户可以定制自己的搜索引擎和确定的互联网内容，这给予了用户相当程度的自由和灵活性，让用户对条理清晰的手机搜索服务沉迷不已。对运营商来说，要加大对搜索领域的投入与积极参与，加速手机搜索引擎和移动增值业务的融合，帮助搜索引擎向信息化产品集成平台转变。

（7）无线医疗（wireless medical）。医疗产业的显著特点是每一秒钟对病人都非常关键，所以医疗行业十分适合于移动电子商务的开展。在紧急情况下，救护车可以作为进行治疗的场所，而借助无线技术，救护车可以在移动的情况下同医疗中心和病人家属建立快速、动态、实时的数据交换，这对每一秒钟都很宝贵的紧急情况来说至关重要。这种服务是在时间紧迫的情形下，向专业医疗人员提供关键的医疗信息。由于医疗市场的空间非常巨大，并且提供这种服务的公司为社会创造了价值，同时这项服务又非常容易扩展到全国乃至全世界，因此我们相信在这整个流程中存在着巨大的商机。

（8）定位服务。随着随身电子产品日益普及，人们的移动性在日益增强，对位置信息的需求也日益高涨，市场对移动定位服务的需求将快速增加。随着社会网络渗入到现实世界，未来移动定位功能将更加注重个性化信息服务。手机可提醒用户附近有哪些朋友，来自亲朋好友甚至陌生人的消息会与物理位置联系起来。父母能够利用相同的技术追踪他们的孩子。随着移动定位市场认知、内容开发、终端支持、产业合作、隐私保护等方面的加强，移动定位业务彰显出巨大的商机，只要把握住市场的方向，便将获得很高的回报。

总之，随着技术的不断进步，移动电子商务所提供的服务也越来越丰富，如电子阅读、社交网络、即时数据通信、流媒体业务、微博、微信等已经成为智能手机最基本的应用。

14.1.4　移动商务模式

移动电子商务引起了从客户有需要便到有计算机的地方阶段向有客户的地方就有计算机阶段的变迁，即从以个人计算机为中心向以客户为中心的移动模式的转变。对商务来说，所有这些变化意味着在未来的十年中，移动计算机设备将变得像宽带接入一样普通，新型无线网络的应用将日益广泛。计算机技术和无线技术的最终融合，对从汽车到玩具等的一切事物都将产生深远的影响。因此，现有的商业模式必须改变，这样才会使企业取得竞争优势。

这种演进所带来的最有意义的经济效果就是将增强企业与客户、企业与员工以及企业与供应商之间的实时交互。管理层必须充分估计到以客户为中心的大趋势将如何改变其现存的商业模式，并将如何推动企业发展，以获得技术性变革所带来的最大利润。在移动电子商务中建立能够产生收入的商业模式的研究正在进行，它清楚地表明那些网页中的广告标语不会是最终答案。消费者还会愿意为无线上网付费吗？消费者还会愿意为 AOL、亚马逊、雅虎这样的门户网站提供的各类网站地址付费吗？或者消费者能够使用类似有线电视一样的付费方式来访问基础的或者额外的服务吗？一些公司已经在设计高质量的服务计划，并将为那些愿意为此付钱给他们的用户提供高质量的数据连接。

14.1.5　推动移动电子商务发展的因素

移动商务近年来之所以发展迅猛，总结起来有以下四大支撑因素：

（1）无线协议的逐步推出。随着 Internet 的迅速发展、移动互联能力的逐步提高，新的无线协议标准正在走向统一。正如 TCP/IP 协议和通用浏览器推动了 Internet 的发展一样，无线标准的逐步统一将促进异构无线装置的互联和通信，如最初的 WAP 标准。但是，由于 WAP 也有其局限性，如服务费居高不下、现有的 WAP 网站内容贫乏，且多数服务内容大同小异，毫无个性可言；另外，WAP 可持续服务跟不上，缺少更进一步的投资去对 WAP 服务进行开发和维护。在这种情况下，一种新型的 W3C 协议出现了，该标准使得无线装置能够完全接入 Web 及其信息库。这些规范中包括语义更加丰富的信息应用扩展式标记语言（XML）、应用改进型层叠样式表和扩展式样式表语言，它们克服了WAP 的缺点，并带来了崭新的应用。

（2）移动设备增长迅猛。根据艾瑞咨询统计数据，截至 2012 年年初，全球手机用户数量达到 60 亿，全球有超过 1.2 亿的互联网用户，手机接入互联网占全球网站点击的8.49%，日本以 78% 的比例牢牢占据手机接入互联网用户比例的第一名，法国位居第二，第三名到第五名分别为美国、英国和德国。此外，其他移动装置的数量也有巨大的增长。与 PC 不同的是，这些移动装置不需要引导程序，人们只要会开机就能够使用，在快速点击方面也颇具优势。如此庞大的用户群或潜在用户群，在规模上具有明显的优势，市场启动将会非常迅速。面对这一发展趋势，IT业界应清楚地看到移动商务的巨大能量，不失时机地制定对策，使自己在市场竞争中领先一步。

（3）接入技术日趋成熟。随着第三代（3G）乃至第四代（4G）、第五代（5G）无线技术的兴起和应用，不仅传输速率方面的弱点可以克服，而且可支持多媒体传输。那时，话音、数据、单向/双向视频的综合传输有可能使移动商务在任何移动装置上运行。

（4）接入费用逐渐走低。与其他通信技术相比，移动互联技术相对来说对投入的要求比较低，因此服务费用必然大幅下降，从而降低门槛，吸引更多的用户，进而推动移动商务的发展。在以上诸多因素的推动下，移动电子商务的市场基础已经颇具规模。

14.2 移动电子商务现状与发展

移动电子商务在全球范围内得到了发展。除了手机、笔记本电脑，随时随地无线上网已成为现实。

14.2.1 国外移动电子商务的发展现状

1. 美国移动电子商务的发展

艾瑞咨询根据整理 eMarketer 的研究数据发现，2011 年美国移动电子商务零售市场规模达到 67 亿美元，相比 2010 年增长率高达 91.4%，强劲的增长势头预计将一直持续到 2015 年，移动电子商务市场销售额将达到 310 亿美元。

艾瑞分析认为，美国移动电子商务市场规模的快速增长得益于智能手机的发展，越来越多的智能手机用户逐渐习惯网络零售商提供的移动站点和 APP（application，即应用程序）带来的移动购物体验。其主要原因在于：首先，随着智能手机的广泛应用，用户开始更多借助智能手机上网，增强了对移动购物的兴趣和实践；其次，由于智能手机的便携性特点更方便用户在某些领域购物，如限时抢购、票务等服务；最后，网络零售商为了更好地提高用户购物体验，不断增强移动渠道，如推出移动页面和 APP，这些因素进一步刺激了美国移动电子商务的发展。

美国花旗银行、法国 Gemplus 公司和美国 M1 公司早在 1999 年 1 月就携手推出了手机银行，客户可以用 GSM 手机银行了解账户余额和支付信息，并利用短信息服务向银行发送文本信息执行交易，客户还可以从花旗银行下载个人化菜单，阅读来自银行的通知和查询金融信息。这种服务方式更加贴近客户，客户可以方便地选择金融交易的时间、地点和方式。随着智能手机和平板电脑的普及，手机银行业务的增长速度更高，截至 2011 年 6 月，美国用户对手机银行的使用在 2010～2011 年增长了 63%，从 3 500 万人增加到 5 700 万人。该公司估计，到 2016 年，1.11 亿的手机用户将会使用手机银行业务，占手机用户的 51%。查询账户和交易信息仍然是美国手机银行用户最为普遍的手机银行应用；近半的人下载银行提供的 APP 应用；42% 的人从事账户间的转账；33% 的人接收银行的短信通知；26％的人从网页或 APP 中支付账单；21％的人用来寻找银行网点。

　　2. 欧洲移动电子商务的发展现状

　　在欧洲聚集着诸多世界顶尖的移动网络设备制造商、移动通信设备制造商、移动终端设备制造商、IC 卡制造商以及移动运营商，这为欧洲国家开展移动电子商务业务提供了技术前提；欧洲人均收入水平高，移动终端用户数量大；虽然欧洲同样拥有众多移动运营商，但不同于美国的是欧洲绝大多数移动通信的制式为 GSM，这为移动电子商务业务的开展提供了统一的标准。这些因素都使得欧洲成为世界上移动增值业务和移动电子商务开展较成熟的地区。

　　根据欧洲著名的在线购物搜索服务和零售业研究中心 Kelkoo 的相关数据，2012 年移动电子商务占在线销售总额的 6.1％，相比 2011 年提升了 4.3％，相比 2012 年增加了1.4％。移动电子商务占在线销售总额的比率在英国和瑞典有望增加到 8％，在西班牙超过 7％，在波兰下滑到 4.1％，在法国达到 4.6％，而丹麦则为 5％。智能手机在英国的快速普及是欧洲移动电子商务呈良好发展势头的主要推力。目前，智能手机在欧洲市场占据38％的市场份额，达到 1.2 亿部。2011 年，英国智能手机的持有率飙升至 46％，西班牙为 45％，丹麦、挪威和瑞典均为 42％。西欧在移动通信普及率方面一直是最高的，这主要得益于 GSM，但在未来移动业务尤其是 3G 业务的发展方面却发生了转折点。在欧洲，SMS（short message service，即短消息服务）仍是其移动数据业务的主导，尤其是点对点的信息业务，其次是个人奖赏性的应用服务。SMS 的到来（虽然比预期发展得慢）以及新的 WAP 和 i-mode 门户的发展，都推动着欧洲移动数据市场进入到一个新的阶段。

　　科技水平的不断进步以及智能手机和掌上电脑的日益普及，都表明移动电子商务的前景十分乐观。随着 ipad 和掌上电脑等"随时在线"移动设备的增加，移动电子商务支付系统便捷、安全，功能日趋完善，手机购物正在呈指数增长。

14.2.2　中国移动电子商务的发展现状

　　外国发展移动电子商务的同时，中国的移动电子商务发展也呈现了可喜的局面。2011年，中国移动电子商务用户规模达到 1.5 亿人，同比增长 94.8％。我国庞大的移动用户和移动互联网的快速发展为移动电子商务的发展提供了强大的动力。截至 2011 年 12 月，中国移动电子商务实物交易规模达到 135 亿元，依然保持快速增长的趋势。

　　目前除娱乐、定位、交易等服务外，移动电子商务在公共交通、公共事业缴费、消费购物、一卡通、电子票务、旅游、金融、医疗、教育等领域开展的多项试点应用，为百姓的日常生活带来了诸多便利。例如，广东、湖南、杭州等多个省市目前已广泛推出了一系列移动电子商务业务，如手机缴费、手机投注（福彩、体彩）、手机购书（影音书刊俱乐部）、手机购车票、手机网上购物等，手机缴电费、手机缴水费等业务已陆续上线。其中，湖南省手机支付公用事业缴费平台已接入水、电、燃气、公交等 9 大类项目，在 2012 年共计实现缴费项目 503 项，缴费城市 112 个，是全国覆盖最广、缴费种类最多的平台。

14.2.3　移动电子商务的解决方案

移动电子商务在各国如火如荼地发展着，各国各公司如诺基亚、爱立信等纷纷推出了自己的移动电子商务解决方案，试图在这一新兴的领域中提前占领市场制高点，这些移动商务的推出极大地促进了移动商务在全球的发展和应用。下面简单地介绍一下各国公司已经推出的移动电子商务解决方案。

1. 爱立信

在2012年"世界移动通信大会"举办前夕，爱立信对外公布了其全新的移动电子商务解决方案和服务系列组合，旨在加快新兴移动电子商务生态系统与金融界之间的获取性和相互联系，以快速实现下一代移动金融服务的目标。

爱立信此次推出了两项全新的移动电子商务业务，即 Ericsson Converged Wallet（爱立信融合钱包）和 Ericsson Merchant Wallet（爱立信商家钱包）。这两项全新业务将与 Ericsson Wallet Platform（爱立信钱包平台）和 Ericsson M-commerce Interconnect（爱立信移动电子商务互联平台）同时在"移动世界服务"（Mobile World Services）六号展厅内展出。

爱立信移动电子商务服务系列旨在为世界领先的客户品牌提供为创建和连接全球移动电子商务生态系统内移动钱包所必需的基础设施和解决方案。该系列解决方案旨在缩短移动网络运营商、金融机构、网络游戏公司和零售商获得营收的时间，增强产品黏性、提高成本效益比和绩效。

Ericsson Converged Wallet 可以通过将爱立信计费和收费解决方案已有的10亿多用户的账户转化为移动钱包，为运营商和金融机构释放移动钱包的潜力。目前全球已有大约16亿用户使用"第一代"移动钱包语音账户（预付和后付账户），这些账户通过 Ericsson Converged Wallet 解决方案，可以轻松地转化为"下一代"移动钱包。

Ericsson Merchant Wallet 服务将有助于为大型互联网品牌和商家提供支付、虚拟货币交易和常客积分等支付解决方案。

Ericsson Wallet Platform 可提供软件解决方案和托管服务，从而使企业可以提供安全方便的移动金融服务，如个人对个人转账、账单缴付、商家付款和小额贷款等。

Ericsson M-commerce Interconnect 可以作为移动网络运营商和其他服务提供商（如银行、转账机构、支付服务提供商、互联网服务提供商等）的用户之间进行转账、支付交易和服务的生态系统中心。

2. AT&T 结盟亚马逊

AT&T 无线公司成为美国第一个提供无线高速接入服务的电信运营商后，宣布与亚马逊公司结成联盟，共同为移动电话用户提供手机购物服务。该项全新服务的目的是把亚马逊公司广受欢迎的购物功能由 Internet 上搬到了手机里，后者几乎可以提供与前者一模一样的服务，如一站式定购、产品介绍和产品推荐等。亚马逊网上商店只是 AT&T 无线公司提供给用户众多无线数据通信服务的一种。AT&T 无线公司把这类服务统称为 PocketNet，意为可以放在口袋里的 Internet。

此外，在线零售商亚马逊公司开设了移动拍卖业务，将其业务领域扩展到了移动商务空间。亚马逊移动拍卖服务是一种无线服务业务，它可向移动电话用户提供投标与提示服务。

14.3 电子商务发展建议

14.3.1 提供吸引用户的服务

对消费者的研究证明，提供成功的无线服务将带给无线网络无与伦比的特征优势。换句话说，这些服务应该为用户建立新的移动经历，而不能去尝试模仿已存在的经历。

以在线零售商面对的选择为例。这些公司有些曾经为它们的有线 Internet 消费者成功地创建一个引人注目的 Web 经历。但是，如果仅仅重新在无线世界中拷贝有线世界中的 Web 经历，结果不会很乐观。当消费者一页一页地移动以得到他们正在寻找的产品时，他们必须去查看电话屏幕，然后发送相关信息，这些方式恐怕难以被用户接受。相反的，零售商可以在无线 Web 上建立一个具有移动特征的服务，给用户提供具有无比优势的吸引力。零售商的管理者可以从想象用户购买东西的情形开始，然后为这种情况定做一个具有吸引力的用户经历。

可以肯定，要确定和建立引人注目的移动商务应用软件，公司需要去明确移动用户的经历和消费者通过移动性得到的实用性。对无线世界来说，有线经历是不够的。把台式机经历转变为移动经历，或者把 HTML 页和应用软件转变成 WML（Windows management instrumentation，即 Windows 管理规范）被证明是一个失败的战略。

能够利用移动特性，建立具有无线特征的服务，将使消费者沉迷于移动经历，从而获得利润。这就要求用创建性的方法来思考怎样为消费者提供移动服务和怎样配置、剪裁来提供适用性的服务问题，开发基于用户经验的服务，并为用户带来实用的价值。

事实上，成功的移动电子商务战略将充分利用新媒质带来的性质优势和独特的用户经历。它们提供的无线服务能够成为用户日常生活的一部分，移动电子商务将取得巨大成功。在短期内，用于移动 Internet 应用的服务将是对时间和位置相关的服务，或者包括少量的交易。

14.3.2 建造移动电子商务的技术基础设施

移动电子商务的技术基础设施建造要注意以下三个问题：

（1）移动装置具有对屏幕尺寸有严格的限制，以及使用笨重的文本输入机制的缺点。一些人认为，除非移动无线装置能够克服这些弱点，否则大多数消费者将继续愿意使用他们家中有简单、漂亮界面的 PC。一种在很小的移动装置上输入文本的可能方法是语音识别技术。专家预测，当移动装置真正实现了语音识别技术并且有了第三代网络（3G）的支持后，移动装置才会变得无所不在。在未来，我们将看到具有发出口头命令的移动设备，并且能够支持多媒体业务。

（2）目前的网络主要支持声音的传播，而不是为同时进行声音和数据的传播而建设的，更不用说传送大规模的数据了。这种数据业务将给无线网络带来巨大挑战。这种挑战不仅需要无线网络增强处理日益增长的业务量的能力，还需要其基础设施及服务提供者增强处理包交换的能力。在数据业务发展时期，网络容量将是解决问题的关键，对于数据呼叫来说，开始数据呼叫，然后中断或停止，然后再开始呼叫，这将是非常复杂的难题。当语音电话被打断后，语音电话可以重新被回叫。但对一个数据电话来说，如果电话被打断，然后再开始与调制解调器重新协商，重新恢复顺序，这是很麻烦的事情。

（3）必须创建可用的、灵活的计费系统。预付用户的快速增长和更多的漫游服务是引发计费困难的两个例子。新的账单系统需要有足够的灵活性去支持移动电子商务，因为账单是事件驱动的并且是实时的，来自于原有电信系统的计费系统将不再适用。

14.3.3　建立统一的移动电子商务标准

对于标准而言，技术上的互操作是关键的。目前，WAP、GPRS 和 Bluetooth 等标准已被采用和实施。除了这些标准以外，也需要有关 PKI（public key infrastructure，即公钥基础设施）的一些标准。另外，与"杀手应用软件"有关的标准还没有达成一致标准。当工业界制定一个无线友好的数据验证系统时，同时必须考虑互操作的问题。为了使移动电子商务继续向前发展，标准兼容问题必须解决。

14.3.4　更高的安全和可靠性

工业界对移动电子商务有普遍的认同，如果不能解决安全可靠的交易，那么移动电子商务将得不到快速发展。对任何移动电子商务而言，需要讨论以下两个问题，即数据传播的安全和参与交易组织之间的信任。加密只是意味着去解决安全传播的问题，这样的安全措施离真正的安全还很远。这种需求已经驱动很多公司去为无线工业开发安全的软件系统。

最严密的加密方法（如 DES、RSA 等）也需要另一种安全手段去保护下一代的无线电子商务交易，这可通过数字证书来完成。尽管数字证书在 Internet 上正变得普通，但它们对无线传播不是最优的。以它们现有的形式需要花费很长的传播时间并且占用很多带宽，这两种情况在无线环境中都是不能被接受的。在初级阶段，可以建立一种友好的无线数字证书。

14.3.5　管理者思维的转变

面对复杂的技术、复合的标准、协议、终端用户装置、界面和后端系统，管理者必须仔细研究它们之间的关系。要求管理者采用某些机制去探究和分析正在发生什么，将到来的是什么，以便能预料到技术、市场和服务的变化。经验表明，对早期市场的感知和进取的敢为人先的作风是解决这些问题的关键。

管理者必须注意到他们管理系统结构的能力和处理过程。为减少复杂性和不确定性带来的风险，公司需要设计灵活的、具有可伸缩性的系统结构。管理者必须建立一个能快速应变的系统。例如，如果负荷量超过需求，那么系统将能够从容应对。系统必须也是模块化的，以使得企业能够增加其他服务功能——在正确的时间增加正确的特征或功能。另外，与后端系统的联系也是必须仔细考虑的一部分。

有线 Web 表明，项目管理对于一个信息企业而言是非常关键的能力。具有复杂性的移动 Web 将对许多的项目管理进行测试。项目管理将作为一个非常具有竞争力的优势在新的领域发挥作用。

14.3.6　建立移动商务的商业模式

新技术自己不能去创建一个成功的移动电子商务环境，还需要一种全新的商业模型，这种模型也将推动技术的发展，并且这些商业模型本身需要向盈利的方向发展。对于给定的运营商的消费，定义一个具有充分收入和合作伙伴的模型是关键的。坚实的基础设施投资仍然是移动电话公司所需要的，如果消费者有需要，其中的一些公司甚至可以勉强地去投资和提供移动电子商务服务。一种可能的方法是从基于呼叫持续时间的计费系统转换为基于数据流量的计费方式，或者通过有用的服务来收取费用。

除了支持无线 Internet 的技术费用以外，还必须考虑开发与众不同的内容服务应用的费用。为了内容供应商的长期生存和获利，它们的应用服务提供将需要"一对一"的市场模式。

为了使得传统的 Internet 消费者利用移动装置去存取 Internet 上的内容，Internet 公司必须投资去改造它们的 Web 站点，从而使移动电子商务成为可能。为了得到这些投资，Internet 公司可以依靠广告建一个获利商业模型。

总之，建造成功的移动电子商务是一个系统的工程。在借鉴传统电子商务的经验的同时，也要看到有线与无线之间存在着本质的区别，建造成功的移动电子商务需要创新的精神。

14.3.7　目前移动电子商务发展的制约力量

作为新的商业模式，移动商务不会自动地向前发展。如果没有来自于业界的努力来克服技术和消费者方面的制约因素，移动电子商务不会顺利发展。那么可能对移动电子商务的发展产生的制约因素是什么呢？主要是五种可能的制约力量，即过高的消费者期望、安全方面的制约、技术本身的制约、内容和费用的制约、整个社会环境的制约。

人们对移动 Internet 寄予厚望，一是对便捷生活的期待，二是源于对其他三网融合业务举步维艰的失望，但仅就移动 Internet 的发展而言，还须特别关注和解决以下几个重要问题：

（1）硬件的匹配度和普及度。移动 Internet 不是高端用户的玩具，如果大部分人的手机不能提供很好的体验，甚至不能支撑关键功能（如高清晰摄像头、GPS/北斗、感应等），移动 Internet 只能成为少数人的乐园，移动 Internet 就不可能壮大并发展到人们所希望的产业阶段。

（2）软件的丰富度和实用度。移动 Internet 不能是简单地看看新闻、听听歌曲，它应该更丰富甚至达到 Internet 应用级别的缤纷灿烂、无所不能，但移动 Internet 应用又不等同于 Internet 应用的移动化，大量可随身的应用更加具有实用价值，如果应用虽多但本地资源却不能很好地支撑，移动 Internet 就不会得到大众的认同。

（3）体系的安全度和稳定度。移动 Internet 将拥有比 Internet 更加私密的空间，更多的个人隐私与有价值的信息会保存和使用在移动 Internet 上，病毒、木马也会蜂拥而至，如何防控病毒、保证安全就成为了头等大事，又因为移动 Internet 会与移动网络密切相关，网络的质量控制相对固定网络更不容易，不稳定的移动网络服务会给移动 Internet 带来难以估量的损失。

（4）价格的低廉度和接受度。居高不下的流量费用与不合适的计费方式都会严重阻碍移动 Internet 的发展，放水养鱼才能快速激活市场。

（5）各方的合作度和开放度。不管是政府主管部门还是包括运营商在内的主要运营参与者，如果能够精诚合作，以老百姓的利益为核心利益，以国家发展为核心诉求，尽量小地局限于各方的实惠，移动 Internet 将可得到快速发展，否则很可能发展迟缓，甚至错失良机。

■14.4　移动电子商务的基础——移动互联

移动电子商务真正实现了电子商务网随时随地传输信息的梦想，是对有线电子商务的一种革命性超越，因此必将引发产业革命的突破性变化。它在很大程度上塑造了未来一段时间的商业模型，并且也重构了基于电子商务网的商业生态系统。移动商务和移动服务有机会在电子商务网失败的领域取得成功，移动商务将是电子商务的新引擎，其方法是向用户提供快捷的购物、付款和寻求产品的途径。

14.4.1　移动电子商务与移动 Internet

移动电子商务的发展还需要商业模式的创新，这可以说是移动商务发展的最大潜在障碍。移动 Internet 与有线 Internet 有着本质上的区别，这主要体现在用户的需求截然不同。同样，基于有线 Internet 的应用和基于移动 Internet 的应用也存在不同，比如"浏览新闻"是有线 Internet 中常见的应用，移动商务走向成熟的最后一关，就是解决商业模式的问题，实现应用和服务模式的创新，真正把握住用户的核心需求，提供最有价值、最符合行业特点的增值服务。但是商务应用仍然是一个很宽泛的概念，要想把商务应用做好、做透，必须按照行业间的不同特点，采取细分化的发展策略。无疑，移动电子商务能够给现代企业带来巨大的利益。

21 世纪的全球 IT 产业将由过去以技术和产品为重点的时期进入一个以应用和服务为主导的新时期。数字化 3G 设备与移动 Internet 应用必将开创世界信息产业发展的新局面。移动商务带来了 Internet 应用模式的变迁，这种变迁就是从以计算机为中心向以客户为中心的移动模式转变。同时，需要强调的是，电子商务向移动商务发展的过程中，并不需要废弃原有的固定网络，而是要在无线网络和移动网络之间实现无缝连接。从这个意义上来讲，移动通信技术、无线局域网技术和 Internet 技术将会成为支撑移动商务的基本依托力量。

移动互联将会催生一条新的产业链条，在设备供应商、运营商之外，增加了一系列新的环节。开展移动互联、发展基于移动互联的商务应用必须建立一个应用平台的支撑系统，有新的数据开发商，有内容供应商，有内容的汇集中心，有门户网站，这是一条新的价值链。

14. 4. 2　移动 Internet 简介

电子商务以 PC 机为主要界面，是"有线的电子商务"；而移动电子商务，则是通过手机、PDA（个人数字助理）这些可以装在口袋里的终端与我们谋面，无论何时、何地都可以进行移动端的网上购物。移动商务将决定 21 世纪新企业的风貌，也将改变生活与旧商业的地形地貌。

移动电子商务就是利用手机、PDA 等无线设备进行 B2B 或 B2C 的电子商务，以前这些业务一贯是在有线的 Web 系统上进行的。移动电子商务是指通过手机、PDA、掌上电脑等手持移动终端从事的商务活动。与传统通过电脑（台式 PC、笔记本电脑）平台开展的电子商务相比，拥有更为广泛的用户基础。

终端设备可以小到掌上，移动通信可以便宜到人人用得起，Internet 上集聚了大量信息，三者结合即是移动 Internet，这就是著名的"巴掌定律"。应该说明的是，移动 Internet 绝不是固定 Internet 在无线领域里的简单延伸，移动 Internet 业务也不是固定 Internet 业务在无线领域里的简单延伸，二者无论是在服务对象还是开展方式上都有很大的区别。移动 Internet 继承了移动通信和 Internet 双重优点和精华，同时又是独具特色的一种新兴产业。

移动 Internet 最重要的意义在于它把锁定在一个个固定站点中的信息释放到时空中去了，每一个活动的个体都成了移动的网络节点，可随时随地获取所需信息。在有线 Internet 里，是"人找网"、"人上网"，个体不得不受制于网络节点的固定性。在移动 Internet 里，这种关系发生了逆转，形象地说是"网追人"，"移动而互联"的愿望变为现实。表 14-2 显示了移动 Internet 与传统 Internet 的区别。

表 14-2 移动 Internet 与传统 Internet 的比较

比较项目	移动 Internet	传统 Internet
市场方面	面向手机、PDA 以及笔记本电脑等；易于用户操作（如电话操作或不需重新配置网络）；仅允许小幅度地提高成本；信息需求量相对较小；访问 Internet 时，手机和台式机两种接入方式的需求不同；上行和下行不均衡问题更为严重	面向台式计算机和笔记本；用户需要有一定的计算机和网络知识；信息需求量相对较大；上行和下行不均衡问题严重
网络方面	对无线频谱和功率的限制使得带宽较小，而带宽成本则相对较高，同时分组交换的发展使信道变为共享；时延较大；连接可靠性较低，超出覆盖区，服务拒绝接入；安全性问题严重；可预见性差；位置管理和切换问题有待研究	连接可靠性高；可预见性高；但也存在安全性和时延问题
设备方面	体积和功耗受限；显示和输入装置较小；输入方式有按键、触摸、语音和手写等几种	受限程度小；主要输入方式为按键

基于移动 Internet 平台开展各种业务，优势体现在个性化、实用化，以及时间和位置的高度灵活性上，这些独具魅力的特征是极大的优势，将产生巨大的市场。

首先，移动 Internet 业务创造了一种全新的个性化服务理念和商业运作模式。对于不同用户群体和个人的不同爱好和需求，为他们量身定制出多种差异化的信息，并通过不受时空地域限制的渠道，随时随地传送给用户。终端用户可以自由自在地控制所享受服务的内容、时间和方式等。移动 Internet 充分实现了个性化的服务。

其次，相对于固定 Internet，移动 Internet 灵活、便捷、高效。移动终端体积小而易于携带，移动 Internet 里包含了各种适合移动应用的各类信息。用户可以随时随地进行采购、交易、质询、决策、交流等各类活动。移动通信技术本身具有的安全和保密性能与 Internet 上的电子签名、认证等安全性协议相结合，为用户提供服务的安全性保证。这些独具的特性，帮助人们更有效地安排工作和生活，移动 Internet 成为生活新时尚。

最后，不受时空限制，一直是人们追求的梦想。目前，移动 Internet 在最大限度上实现了社会资源更自由、更大范围的调配和更快速、更便捷的流通，从而影响和改变着财富增长的速度和分配的方式。这种变化所释放出来的巨大能量必将影响未来信息社会人们数字化生活方方面面的需求，进而滚雪球般地创造出越来越多的机会和财富。

14.4.3　移动电子商务的行业应用

行业应用可以激发移动电子商务最大的潜在能量。移动电子商务服务和设备供应商只有充分挖掘特定行业对于移动信息处理和移动计算的潜在需求，并将这些需求体现在自己的服务和设备上，才能最大限度地发挥移动电子商务的增值功能，从而使移动电子商务产业链条向更深的领域延伸。

虽然移动商务技术是近些年发展起来的，但是我们可以看到，人们对移动商务需求的提出是基于传统的业务和应用的，可以这样说，移动商务的应用将是传统应用的扩展与延伸，它利用先进的信息技术拓展应用模式，改变我们的生活方式。所有已有的应用都可以呈现在移动商务领域，同时还会有更多传统领域无法实现的应用得以实施。移动商务的应用范围将无所不包、无处不在，下面介绍几个主要应用领域。

1. 零售行业

目前，零售业市场的竞争越来越激烈，能够快速反应市场变化的系统变得越来越重要。在交易点上捕捉并访问企业数据的能力意味着零售商将获取最新的市场信息及客户的需求。零售行业中，POS 机、条码扫描仪、手持电脑这些移动设备融入了无线通信技术，配备了相应的操作系统，并以企业的中心数据库和移动设备中的小型数据库为基础构成零售行业应用系统中移动的部分。在一个理想的移动环境中，可以采用嵌入了 Palm OS、Pocket PC 或 EPOC 等嵌入式操作系统的、具有移动通信功能和一定存储能力的移动设备，如常见的笔记本电脑、掌上电脑、PDA、Palm 以及智能电话等，还包括一些非 PC 类设备，如 POS 机、条码扫描仪、信息家电等。通常，在这些移动设备中都包含了一个移动数据库，通过移动数据库的同步机制完成与中心数据库的数据交换。

不妨假设这样一个应用环境，零售网点的工作人员利用配有 Pocket PC 操作系统的手提电脑和 POS 机方便地记录下零售网点的出/入货数量，通过无线网络的连接，利用包含在移动设备中的"Sybase Adaptive Server Anywhere"移动数据库提供的同步机制，将结算和盘点的信息传送到总公司的货物流通管理系统中，同时接收总公司下发给不同零售网点的数据。这一切实现起来方便快捷，大大提高了数据在整个企业范围内的共享，并确保了信息的快速更新。

2. 无线医疗

在无线医疗的商业模式中，病人、医生、保险公司都可以获益，也会愿意为这项服务付费。这种服务是在时间紧迫的情形下，向专业医疗人员提供关键的医疗信息。由于医疗市场的空间非常巨大，提供这种服务的公司将为社会创造价值。

3. 移动资产管理和诊断

无线电子商务技术与 GPS 技术的结合，可以使人们远程定位、监控资产以及对资产进行诊断，这大大节省了时间、人力并减少了使用者的错误。设想在一个繁忙的码头或是建设工地，只要给每台设备装上一个小小的发射器，这些设备就会始终在你的监控之下。在家用汽车市场，这个应用会很有市场前景。以美国为例，汽车盗窃是最大的财产犯罪，每年损失达到 70 亿美元。事实上，在美国每 23 秒就有一辆车被盗。现在美国已经出现了专门为汽车定位服务的公司。另外，维护和检修一些固定的机器是一件非常费时费力的工作，如自动售货机的检修，如果这些机器能够被远程监控，就可以大大节省日常的维护工作。这种技术最适合使用在有昂贵的设备需要维护的垂直行业，如工人可以远程控制他们的机器，运输商可以实时监控他们的车队、船队的情况。

4. 金融行业

移动银行可以使客户在远程对"自己的银行业务"实现简单操作，方便省时、降低成本，同时又安全可靠、机动灵活。客户可以在任何时间、任何地点进行银行交易，节约了去银行的时间。出差或旅游在外，仍可以方便地享受银行服务。不仅可以依靠电脑、调制解调器和电话线，还可以凭一只手机随时操作电子商务。

移动银行业务主要包括银行账户操作、支付账单、信用卡账户操作、股票买卖、联机外汇、信息通知、移动商务和第三方身份验证等。

移动银行可首先从银行的现有电话银行和网上银行业务入手，即把原有有线电子银行服务业务转换到智能电话和 WAP 手机上，同时随着智能电话、双向寻呼机和各种掌上设备的迅速发展，移动用户不仅可以利用这些设备进行日常金融活动，如查阅债券、转账和支付账单，让客户把"银行"带到身边，使当今的银行能够为总是处于运动和静止之中的客户提供及时、准确、方便和个性化的服务。

5. 物流领域

物流信息化是与国际接轨的重要基础。及时、准确的信息有利于协调生产、销售、运输、储存等业务的开展，有利于降低库存、节约在途资金。在物流领域的运输、储存保管、配送等重要环节中，移动商务有着广阔的应用前景。

在运输方面，利用移动商务机与 GPS/GIS（geographic information system，即地理信息系统）车辆信息系统相连，使得整个运输车队的运行受到中央调度系统的控制。中央调度系统可以对车辆的位置、状况等进行实时监控。另外，通过将车辆载货情况以及到达目的地的时间预先通知下游单位配送中心或仓库等，有利于下游单位合理地配置资源、安排作业，从而提高运营效率、节约物流成本。

在储存保管环节，带有小型移动数据库的手持移动商务设备将是一个非常理想的工具。利用移动商务设备管理库存数据，并通过无线通信网将数据直接写入中央数据库，这样，将数据输入到手持商务设备与输入到中央数据库的工作一次完成，提高了信息的时效性，有利于物流的优化控制。

在配送环节，带有小型移动数据库的手持移动商务设备同样是非常理想的信息工具。在物品投递的同时，输入手持商务设备的数据，通过无线通信网同时输入中央数据库。因此，几乎在物品投递的同时，用户即可查询到物品已投递的信息。

移动互联网的技术和物联网相结合，使得人们可以随时随地监督自己的物流信息，移动商务的发展将使得物流信息做到真正的无缝连接，使得物流信息的全程控制真正实现实时高效，从而也就更好地满足了用户跟踪查询的需求。并且，物流的高效运营将进一步促进电子商务的发展。

6. 移动娱乐

移动娱乐业务的种类分为移动游戏、移动视频、移动音乐和移动博彩等。以移动游戏为代表的移动娱乐业务能够为运营商、服务提供商和内容提供商带来附加业务收入。移动娱乐有机会成为移动产业最大的收入来源，同时也是鼓励移动用户消耗剩余预付费通话时间的最佳手段。移动娱乐业务前景广阔，它将是运营商可提供的又一项有特色的移动增值业务，也是防止客户流失的有力武器。

移动游戏将成为下一代移动业务的增长点。有研究表明，移动游戏将促进用户接受下一代移动设备，而这些设备使用的增长也将为非移动的游戏市场带来积极的影响。

最理想的移动游戏设备将采用笔触式的界面、功能强大的处理器和比现在更先进的屏幕，并具有自动连接到网络的能力。

实现移动游戏的方法就是把手机既当做屏幕又当做控制器，处理工作由专门的服务器或服务器场来完成，并要由相关的服务提供商来操作，就像目前在线游戏的处理工作就是由主机服务器和玩家的远程终端来共同完成的。

在这样的思路下，3G 空中接口便充当了游戏控制台和屏幕之间的游戏线。用户既可以单独游戏，也可以加入网络游戏。目前，已经有公司推出全彩色视频电话，如果速率能够再提高一倍的话，Doom 游戏就能够在移动电话上实现。

14.5 移动支付与移动商务安全

当今的社会是信息化的社会，社会对数据通信技术的需求正向多样化、个性化的方向发展。对于金融行业来讲，移动的实时数据交换更是业务发展的必然要求。移动支付的领域随之诞生，将成为未来几年内的社会热点，并形成巨大的市场空间。通信技术的高速发展已经开始为我们勾勒出一幅更诱人的前景，通过无线技术实现空间上的新突破，不仅可以在任何时间而且可以在任何地点进行信息交流。可以预见，无线数据通信，作为向社会公众迅速、准确、安全、灵活、高效地提供数据信息交流的有力手段，其市场需求也将日益迫切。

14.5.1 移动支付

目前常用于移动支付的主要有 GSM 短信息技术和 CDPD 技术。

GSM 短消息技术是目前运用在移动支付上最为常见的技术。相对于 CDPD 技术来讲，利用现有的移动通信 GSM 短消息技术来实现移动支付，无论从技术的成熟程度或者费用来讲无疑是最好的选择。发生交易时，数据以短信为载体传送到各发卡银行，各发卡银行进行后台处理，处理结果返回到商户的移动 POS 机上，操作起来十分简便，速度极快。这意味着人们不用再满街去找 ATM 机。

与 GSM 技术相比，CDPD 技术虽然应用不够广泛，但 CDPD 确是目前公认的最佳无线公共网络数据通信规程，它是建立在 TCP/IP 基础上的一种开放系统结构，支持用户越区切换和全网漫游、广播和群呼，支持移动速度达 100 千米/时的数据用户，可与公用有线数据网络互联互通。这种通信技术主要的优点是速度快、数据传输量无限制，特别适合需要大量数据传输的场合。

移动 POS 的出现，使支付形式彻底摆脱了传统电话线的束缚，出色的便携性令它可广泛应用在商场、酒楼、送货、出租车、公共汽车、交警处罚、加油站等各种场所，实现移动过程中的支付功能。有了移动 POS，即使是在无法装备传统的 POS 机的地方，用户照样可以刷卡消费，这就为消费者创造了更灵活、更亲切的消费环境。

14.5.2 移动银行

已经有越来越多的商业人士在使用包括移动电话、掌上电脑和笔记本电脑等便捷式电子设备进行 Internet 访问服务。随着移动上网的爆炸性增长，移动银行将成为一种新型的服务渠道。它将最新无线通信技术与现代互联网技术相结合，为所有的用户提供随时（anytime）、随地（anywhere）、任何渠道（anyhow）的 3A 网络银行移动服务，并将自己的业务扩展到世界的每一个角落。客户利用移动通信终端，通过广阔的移动通信网络和 Internet，在终端界面直接完成各种银行业务——一切尽在"掌"握中。与传统银行相比，移动银行成本更低，也更易被普遍接收和采用。

移动银行又称手机银行，是利用移动电话办理银行有关业务的简称，是移动通信网络上的一项电子商务。手机银行是网络银行的派生产品之一，它的优越性集中体现在便利性上。客户利用手机银行不论何时何地均能及时交易，节省了在 ATM 机和银行窗口排队等候的时间。另外，相对于 ATM 机和柜台交易的费用而言，手机银行的转账手续费比较低廉，支付给接线中介（手机公司）的使用费也可以连同手机的每月基础价和本身的通话费共同通过信用卡和银行账户交纳。

移动银行服务是指通过移动通信网络将客户的手机连接至银行，实现通过手机界面直接完成各种银行业务的服务系统。首先从银行的现有电话银行和网上银行业务入手，即把原有有线电子银行服务业务转换到智能电话和 WAP 手机上，同时随着智能电话、双向寻呼机和各种掌上设备的迅速发展，移动用户不仅可以利用这些设备进行日常金融活动，如查阅债券、转账和支付账单，还可以在这些设备上安装移动嵌入式数据库，利用移动数据库的功能，定制移动用户数据库，保持其与企业数据库的双向同步，使移动数据库仅是企业数据库的一个子集，真正实现移动用户信息本地化、移动银行服务个性化。

这种结合了货币电子化与移动通信的崭新服务，丰富了银行服务的内涵，它意味着人们不仅可以在固定场所享受银行服务，更可以在旅游、出差中高效便利地处理各种金融理财业务。通过移动银行服务，消费者能够在任何时间、任何地点，通过移动电话以安全的方式访问银行，而不需亲自光临或向支行打电话。现有的、可选的服务从查询账户节余、审核最新交易情况，到在账户间进行转账、支付账单，甚至可以通过"双槽"手机重新加载电子钱包。订购者可以直接利用他们的 GSM 手机，使用特定的密码及用户友好选单，就能够完成所有操作。

14.5.3　移动电子商务安全存在的问题

移动电子商务发展的基石是安全问题，相对于传统的电子商务模式，移动电子商务的安全性更加薄弱。有线网络的安全技术不能直接应用于无线网络设备，无线设备的内存和计算能力有限而不能承载大部分的病毒扫描和入侵检测的程序，且无线网络本身的开放性降低了安全性等原因导致移动电子商务应用过程中存在诸多安全威胁。移动电子商务主要存在的安全性问题如下：

（1）无线网络自身的安全问题。无线通信网络由于自身的限制，给无线用户带来通信自由和灵活性的同时也带来了诸多不安全因素。在移动通信网络中，移动设备与固定网络信息中心之间的所有通信都是通过无线接口来传输的。而无线接口是开放的，任何具有适当无线设备的人，均可以通过窃听无线信道而获得其中传输的消息，甚至可以修改、插入、删除或重传无线接口中传输的消息，以达到假冒移动用户身份欺骗网络信息中心的目的。同时，在有些移动通信网络中，各基站与移动服务交换中心之间的通信媒质就不尽相同，相互之间的信息转换也有可能导致移动用户的身份、位置及身份确认信息的泄漏。

（2）移动设备的不安全因素。移动设备的安全威胁比较复杂。由于移动设备的移动性，移动设备很容易丢失或者被破坏，势必造成安全影响，甚至安全威胁。移动设备的不安全因素主要表现在：用户身份、账户信息和认证密钥丢失；移动设备被攻击和数据破坏；SIM 卡被复制；RFID 被解密等方面。例如，不法分子取得用户的移动设备，并从中读出移动用户的资料信息、账户密码等就可以假冒用户身份来进行一些非法的活动。

（3）软件病毒造成的安全威胁。自从 2004 年第一个手机软件病毒"Cabir"蠕虫病毒出现，移动设备就已经面临了严峻的安全威胁：用户信息、网络账号、银行账号和密码等被窃；传播非法信息；破坏手机软、硬件，导致手机无法正常工作；造成通信网络瘫痪。而移动设备相关清除病毒软件才刚刚发展，不能保证所有移动设备不受病毒的侵害。同时，移动设备自身硬件性能不高，不能承载现今成熟的病毒扫描和入侵检测的程序。

（4）移动商务平台运营管理漏洞造成的安全威胁。随着移动商务的发展，移动商务平台林立。大量移动运营平台如何管理、如何进行安全等级划分、如何确保安全运营，还普遍缺少经验。移动商务平台设计和建设中做出的一些技术控制和程序控制缺少安全经验，这就需要在运营实践中对移动电子商务安全内容进行修正和完善。同时移动运营平台也没有把技术性安全措施、运营管理安全措施和交易中的安全警示进行整合，以形成一个整合的、增值的移动商务安全运营和防御战略，确保使用者免受安全威胁。

（5）移动商务应用相关法律和制度不健全。移动电子商务是虚拟网络环境中的商务交易模式，较之传统交易模式更需要政策法规来规范其发展。现有的法律对新的电子商务模式不能有效适应，这也为移动电子商务活动带来问题，造成责任不清，无法可依。

14.5.4　移动电子商务安全技术

在有线 Internet 中，电子商务交易的一个重要安全保障是 PKI。PKI 得到了普遍的认同，在保证信息安全、身份证明、信息完整性和不可抵赖性等方面起着不可替代的作用。在无线 Internet 上开展电子商务是必然趋势，PKI 的系统概念、安全操作流程、密钥、证书和数字签名等同样也适用于解决无线电子商务交易安全问题，但要根据无线环境进行改进。

1. WAP 服务器和网关的证书管理

对于服务器或网关来说，微型证书格式是非常重要的。这些证书须通过无线空间传输到无线客户，并由资源有限的客户终端在可接受的时间里，进行有效的处理。同样，无线电子商务应用也需要证书撤销的能力，以保证在服务器遭到损害、泄密或被撤销时，用户不再用继续同一个不可靠的服务器进行貌似有意义的、安全的交易。

WAP 服务器/网关证书依靠移动客户设备，并在其中处理，而这些设备没有充足的资源或通信带宽实现在有线世界使用的撤销方法，如证书撤销表（certificate revocation lists，CRLs）或在线证书状态协议（online certificate status protocol，OCSP）。在这种情况下，可以使用短期证书的方法满足证书撤销的需要。在这种方法中，一个服务器或网关被认证后的有效期较长，一般为一年。在这期间里，服务器或网关的密钥对保持有效。但是认证中心所颁发的公钥证书是短期的，如 24 小时，即在这一年里每天更新证书，而不是一次性颁发一年有效的证书。服务器或网关每天获取一个新的证书，并用这个证书同客户建立对话。如果认证中心希望撤销对服务器或网关的认证（如私钥遭到破坏的情况下），它只要停止颁发下一张证书就可以了。客户将不会看到一个当前有效的证书，也就停止同这个经过认证的服务器继续对话。

2. 借助网关实现 SSL 协议

当 WAP/WTLS 接入 Web 服务器，特别是接入已建立的、基于有线 Internet 的应用时，所面对的是 HTTP/SSL/TCP/IP 环境，它必须进行转换，以保持安全协议的完整性。一般来说，除了移动客户设备携带证书的性能负担和在客户无线设备中实现 SSL 服务器证书撤销核查所产生的困难以外，一个无线设备浏览器中实现 HTTP/SSL 是可以通过在 SSL 路径上插入一个网关功能来解决的，这个网关在 WAP/WTLS 与 HTTP/SSL 之间起到桥梁作用。在这个网关中，用一个短期微型证书代替 SSL 服务器证书，同时应用一个经过改进的、能够在正规的 SSL 服务器证书的位置使用短期微型证书的客户设备。服务器则可以是完全标准的 SSL 服务器。

3. 无线客户的数字签名

电子商务经常需要用户对交易进行数字签名，以支持不可抵赖性或交易纠纷的解决。WML Script Sign Text 能为 WAP 客户设备提供数字签名功能，在其他无线设备或内置的 SIM 卡中也能实现此类功能。对于这种数字签名可以采取 PKI 支持的方式，即无线客户端持有一个私钥和数字签名逻辑，但不需要存储或处理相应公钥的证书。该证书以一种目录或其他存储方式放在有线基础设施里，当一个用户的数字签名需要确认时，应用服务器可以到有线基础设施里提取和使用。使用这种方法，就不用担心证书的大小问题。在有线 Internet 中使用的标准 X.509 格式证书也能用于无线 Internet 中的客户端密钥对。这种方法的优点在于，服务器能像其确认来自有线 Internet 客户的数字签名时一样，应用相同的功能确认来自无线客户的数字签名。

4. 无线客户认证

在电子商务应用中，无线客户经常需要向一个无线网关或一个应用服务器证明自己的身份。例如，在银行业务中特别强调顾客在银行发布的凭证的基础上，必须证明自己的身份。一般来说，银行不会把它们对顾客的认证委托给第三方，如无线业务提供商。

在 WAP 环境中，客户/网关的认证在 WAP1.2 的 WTLS 中提供，客户/应用的认证需要比 WTLS 更高层的功能。一种办法是扩展 WAP WML Script 标准，以包括类似于 Sign Text 的客户认证功能。PKI 对于客户认证的支持方式基本上与对客户数字签名的支持相同。X-509 格式的证书存放在有线基础设施中，通过网关实现客户认证。

5. 无线环境中的加密算法

在有线 Internet 环境中，商用化的公钥加密技术几乎都是基于 RSA 的加密系统。在无线环境中加密技术和 PKI 系统的应用产生了一些关于更新的、被称为椭圆曲线加密

（ECC）的加密技术问题。ECC 能够完成同 RSA 一样的基本功能，但是需要的 CPU 能力更小，必须存贮的数据项也更少，由此问题就产生了：无线环境中应当用 ECC 加密代替 RSA 吗？答案是肯定的。因为客户手持终端的处理能力有限。但是当考虑一下在服务器密钥对和证书中使用的加密算法时，问题的答案也许就不同。RSA 公钥操作如在确认数字签名的使用中，需要的资源并不多于 ECC 操作需要的资源。结果是在已广泛应用的 RSA 技术基础条件下，这个行业趋向于使用 RSA。当考虑用于客户认证或数字签名的加密算法时，这个问题更有意义，因为 ECC 私钥操作（如数字签名）比 RSA 相应的操作需要的资源更少。但是采用 ECC 的操作遇到了现实的反击，Internet 数字签名确认系统已是基于 RSA 的，已有的技术基础支持采用 RSA。除非移动设备中的处理平台简化到在可接受的时间内不能完成一个 RSA 私钥操作，而 ECC 成为一个好的选择，否则数字签名还是选择 RSA 加密算法。总之，到底采用哪种加密算法更好，应当取决于市场和技术两种因素。

14.5.5　移动电子商务安全对策

首先，我国有关部门应完善移动电子商务相关的法律和制度，从而完善产业发展模式，以构建安全的电子商务交易环境。由于移动电子商务是存在于虚拟的网络环境模式下，相对传统的交易方式更需要有效的规范和制约来维持。合理的法律保障能够使商务平台具有安全性，才能加大交易双方的信任感，使其投入到快捷的移动电子商务体系下。因此，我国应完善相关的法律法规，为移动商务的发展做出明确的导向，为其提供公平的竞争和沟通环境，使各种参与进来的团体能够合理地进行利益分配，以在技术和资金上支持我国的移动电子商务的发展。

其次，合理提高移动终端的设备，确保数据信息的安全性。为了吸引更多的人参与到移动电子商务过程，必须首先从改善移动终端设备开始，不仅要在设计方面改进现有的方案，同时还应努力开发多功能的无线设备，从而允许较小的成本支出，提供更为快捷方便的移动电子商务服务，找出传输过程中每个薄弱环节，并采取适当的安全措施确保整个过程的安全性和准确性，从而充分提高移动电子商务的可用性和可推广性。同时，在实现数据信息传输路径的过程中，可以通过公共的加密技术来构建，这样可以真正地使交易双方达到可信交易的目的，还可以安全地健全用户和保护数据的私密性。

再次，加强移动电子商务安全的规范管理和交易主体的身份验证管理，可以有效地起到预防移动电子商务安全威胁的问题。为了确保正常的移动电子商务运作体系，我国相关部门必须建立相应的管理规范，提高移动商务交易双方主体的安全意识和安全防患，营造出诚信、公平、安全的整体交易价值观念。与此同时，通过对移动电子商务安全的规范管理，不仅可以提高整个交易过程中的安全系数和服务质量，而且还可以在交易过程中达成良性循环，在很大程度上促进移动电子商务的健康发展。此外，在移动电子商务的交易过程中可以精确地对交易的主体身份进行验证，通过加强身份管理认证体系，保证用户的授权准确性和访问真实性，把实名身份认证的方案运用到其中，可以不断加强移动电子商务应用过程的安全性，从而保证双方的利益不受损害。

最后，移动电子商务的核心技术是移动电子商务成功的因素之一。因此，面对日趋成熟的我国移动通信技术，还要做到不断发掘新的技术，以实现安全化交易的目标愿望。在数字信息化时代的步伐下，要运用新的移动通信技术和更加个性化的服务和营销方法、更快速的信息管理和采集、更准确高效的移动办公体系、更安全方便的更新支付手段，为企业创造更多的商业利益，可以运用移动 IP 技术、无线局域网技术、蓝牙技术等多种新型技术作为行业支持的基础，用以标准化无线通信设备，以其技术领先性来适应不断变化更新的市场竞争。通过这些新技术、新手段可以更为快捷、安全地为团体和个人服务，从而不断推动我国移动电子商务的飞速发展。

❓复习思考题

1. 移动电子商务的定义和特点是什么？
2. 请简述移动电子商务的商业模式。
3. 试比较国外和国内的移动电子商务的发展现状。
4. 试比较移动 Internet 和传统 Internet 的区别。
5. 移动 Internet 的应用与特点是什么？
6. 移动 Internet 的服务体现在哪些方面？
7. 建立成功的移动电子商务应注意的问题是什么？
8. 阻碍建立成功的移动电子商务的因素有哪些？
9. 移动支付的两种主要技术是什么？
10. 移动银行的定义以及基本原理是什么？
11. 移动电子商务的安全包括哪些内容？

第15章

电子商务是经济发展的必然趋势

本章要点： 电子商务拥有传统商务无法比拟的优势，它可以协助企业获得核心竞争力，可以帮助消费者获得更好的服务。然而，一系列深层次的问题制约着电子商务的进一步发展。正确认识这些问题，有助于我们认清电子商务的发展趋势。同样，随着移动互联网和移动终端的大力发展，移动电子商务表明了电子商务未来的发展方向。

15.1 电子商务的优势和价值

电子商务具有对市场变化反应迅速、成本低、高效等传统商务方式所无法比拟的优势，它加速了企业内部和外部的信息交流，突破了交易和交货形式的时空界限，大幅度提高了企业的管理素质和运作效率，降低了运营成本，有效提高了市场竞争力和影响力，同时为消费者提供了更多、更灵活的选择和实惠。

15.1.1 电子商务的优势

（1）时空优势。传统的商务是以固定不变的销售地点（即商店）和固定不变的销售时间为特征的店铺式销售。Internet 上的销售通过以信息库为特征的网上商店进行，所以它的销售空间随网络体系的延伸而延伸，没有任何地理障碍。它的零售时间是由消费者，即网上用户自己决定的。因此，Internet 上的销售相对于传统销售模式具有全新的时空优势，这种优势可在更大程度上、更大范围上满足网上用户的消费需求。事实上，Internet 上的购物已没有了国界，也没有了昼夜之别。

（2）效率优势。电子商务具有极大的速度、效率优势。首先，电子商务可以加快生产流通速度。例如，一个产品的生产是许多企业相互协作的成果，因此产品的设计开发和生产销售可能涉及许多关联的企业，通过电子商务可以将过去的信息封闭的分阶段合作方式改造为信息共享的协同工作，从而最大限度减少因信息封闭而出现等待的时间。其次，电子商务提供了更快捷的服务，通过浏览网页，就可以获得产品信息，接受企业提供的服务。因此，速度优势是传统商务所不能相比的。

（3）成本优势。与传统的商务相比，利用 Internet 渠道可避开传统商务渠道中的许多中间环节，降低流通费用、交易费用和管理成本，并加快了信息流动的速度。事实上，任何制造商都可以充当网上零售业中商品的提供者，能以基本价格向消费者提供商品。当投资传统商店所需要的建材和商品库存费用越来越高时，投资电子商务商店所需的电脑和电信设备却日益便宜。同时，软、硬件价格的降低使更多的消费者能以低廉的价格接入 Internet，享受电子商务带来的种种好处，并进而促进电子商务的发展。

（4）个性化优势。由于 Internet 具有实时互动式沟通的特点，并且不受任何外界因素干扰，消费者更容易表达出自己对产品及服务的评价。这种评价一方面使网上的零售商们可以更深入了解用户的内在需求，更好地提供产品和服务；另一方面使得为用户提供个性化服务成为可能。例如，通过海尔集团的电子商务网站（www.ehaier.com），顾客可以按照自己的喜好定义冰箱的颜色、形状等。个性化的服务和产品将成为新一代电子商务的重要特点，并成为电子商务普及发展的内部推动力。

（5）信息优势。传统的销售在店铺中虽然可以把真实的商品展示给消费者，但对一般消费者而言，对所购商品的认识往往是很表面的，也无法了解商品的内在质量，往往容易被商品的外观、包装等外在因素所迷惑。利用电子商务技术，可以全方位展示产品及服务功能的内部结构，从而有助于消费者完全地认识商品及服务。另外，信息优势还体现在通过对企业内部信息的整合和优化，改善企业信息的组织结构，加快信息流动，为企业的生产和决策提供更快、更好的数据。

（6）便捷优势。从某种意义上说，消费者花在购物上的时间会愈来愈少，但购物次数却会愈来愈频繁。特别是对于购买某些特定的商品，如原料、个人用品（书籍、礼品、特别尺寸的衣服等），移动电子商务所能提供的便利性将与日俱增。消费者可利用分散的时间，只需在网站上搜寻相关产品信息，进行质量和价格的比较之后，就可以方便地在家中完成交易。总之，快捷方便的查询功能、人性化的商品目录、价格比较的功能，将促进某些商品转向网上交易，特别是那些运送成本低廉、标准化、缺乏购物乐趣的商品。

（7）潜在规模大。移动电子商务目前还没有得到长足的发展，但在未来的商务活动中必将是发展的主要方向。目前我国的移动电话用户已接近 4 亿户，居世界第一位。显然，从电脑和移动电话的普及程度来看，移动电话远远超过了电脑。而从消费用户群体来看，手机用户中基本包含了消费能力强的中、高端用户，而传统的上网用户中以缺乏支付能力的年轻人为主。由此不难看出，以移动电话为载体的移动电子商务不论在用户规模上，还是在用户消费能力上，都优于传统的电子商务。

15.1.2　电子商务帮助企业获得核心竞争力

核心竞争力，是一个公司与其竞争对手相比较而言，能够保持较长期的优势，在经营、生产和服务方式上具有自己擅长的技术或技能。企业能否把握住时代脉搏，在竞争中胜出，取决于企业的核心竞争能力。电子商务给企业提供了一个全新的建立企业核心竞争力的机会。它改变了企业经营的游戏规则，网络上的竞争不完全取决于资本的大小，小企业可以和大企业一样在同一个 Internet 网络上展开竞争。

电子商务帮助企业获得核心竞争力表现在：

（1）降低运营成本。运营成本包括信息搜寻成本、合同签订成本、监控管理成本、流程改造成本等，高昂的运营成本将直接导致利润下降，甚至导致企业运营的失败。在传统的商务活动中，大部分工作都是依赖于海量的纸张作业，不仅耗时、耗力、耗财而且容易出错，这给企业带来了高昂的交易成本。

电子商务有能力帮助企业在线搜寻、选择和购买所需要的原材料或中间品，这意味着利用 Internet 渠道可避开传统商务渠道中的许多中间环节，降低流通费用、交易费用和管理成本，并加快信息流动的速度。与电子商务所带来的巨大优势相比，投资于电子商务所需的电脑和电信设备却日益便宜。

（2）与顾客和商业伙伴构建更密切的关系。信息技术提供了一种交互的、共享的平台，帮助企业与更广泛的顾客建立密切的关系。通过这个平台，企业能够直接接触到更多的消费者，有机会与他们建立良好的关系，从而提高客户的忠诚度。这是因为争取和保持客户对大多数商家来说是首要的考虑因素，在产品质量和服务项目基本一致的情况下，客户对产品和服务的质量和个性化的要求就变成决定性的因素了。因此，采用新技术为每个客户定制商品和服务将成为企业新的利益增长点。这样，销售和服务将不再是分割的功能模块，就像往常那样，先销售产品，然后再提供售后服务；相反，它们已经成为互相促进、紧密联系的一体。这意味着，在提供产品之前，电子商务企业就提供快捷方便的服务帮助客户搜索商品，做出决策；在提供售后服务的同时，促进新的购买倾向。DELL 的直销模式正是这样一个例子，通过电子商务网站，DELL 不仅仅能够帮助客户快速预定电脑，而且还能够及时发现客户的需求并做出最快的反应。

电子商务平台也为企业提供了更便捷的条件去发现、联系并保持商业伙伴，建立同盟合作关系，甚至和竞争者建立良好的互动关系。这种密切的合作关系，被一些学者称为"战略性关系网络"。这种关系网络使得企业和客户、企业和企业之间的关系更有效、更灵活、交互性更强，给企业带来核心竞争力。

（3）简化业务流程。企业业务流程重组是 20 世纪 90 年代初兴起于美国的管理思想，它是指对企业经营流程进行根本性的再思考和彻底的重新设计，以求在成本、质量、服务和速度等绩效标准上取得重大改善。它强调以业务流程为改造对象和中心，以关心客户的需求和满意度为目标，对现有的业务流程进行根本的再思考和彻底的再设计，利用先进的制造技术、信息技术以及现代的管理手段，最大限度地实现技术上的功能集成和管理上的职能集成，以打破传统的职能型组织结构，建立全新的过程型组织结构，从而实现企业经营在成本、质量、服务和速度等方面的巨大改善。电子商务的出现，有助于帮助企业在提升传统的工作效率的同时打破传统的工作规则，并创造新的工作方式，这正是企业流程重组的核心内容，尤其是随着移动电子商务的发展，企业内部之间事物的处理效率将会有极大的提高。一个典型的例子是当把传统企业里加工操作流程移植到 Internet 上之后，一部分或者全部业务流程都必须改变、合并甚至被取消。流程重组带给企业的好处包括提升工作效率、提高产品质量、降低成本等。一个对医疗组织的研究报告显示，流程改造不仅仅改善了对病人的服务，更使得组织与服务社区建立了良好的关系，并在整个医疗组织内能够更快地共享保健信息和病人的档案数据。然而，企业业务重组的关键在于如何利用信息技术实现全新的目标，如何用新的信息技术"做好当前和过去没做过的工作"。为此，需要研究新的开发方法，创造性地应用电子商务技术。

（4）推动企业的知识管理。知识管理是指对企业无序的知识进行系统化管理，实现知识共享和再利用，以提高业务水平和效率。知识管理能够帮助企业解决很多实际的问题。除了通常所说的把显性的知识收集、保存和整理起来，为企业的管理和决策服务，更为重要的是，把存在于人们大脑中的、难以表述的知识也以某种方式留存。通俗地说，知识管理强调通过将隐性知识沉积在制度及操作层面，创造有利于隐性知识传递的环境条件，实现知识共享，避免"财随人走"的风险。

21 世纪企业的成功越来越依赖于企业所拥有知识的质量，利用企业所拥有的知识为企业创造竞争优势和持续竞争优势对企业来说始终是一个挑战。许多公司的决策者要求信息系统部门着手进行知识管理工作。电子商务拥有信息优势，可以提供便捷、实时的信息交流平台，并在此基础上创建企业知识协作的平台。通过这个平台，企业内部的员工可以方便、快速地获得或者交流企业内的各种数据和文档，服务于决策。一个典型应用是，员工可以随时从企业数据库中查询到本公司某个产品的历史价格走向或某个政策出台的各种相关文档，以辅助其工作。

另外，电子商务有助于企业建立知识库，帮助员工更有效地使用知识。通过电子商务，信息和知识可以有效地流动，这有益于整个企业的相互合作。一些电子商务应用程序，主要是基于 Web 的信息系统，还可以极大地促进企业内部的交流和对话。例如，Intranet、企业办公系统等一方面提升了企业的工作效率，另一方面也为企业提供了内部交流的平台，促进了企业内部的沟通，提升了内部凝聚力，并推动企业信息文化的形成。

15.1.3　电子商务帮助消费者获得更好的服务

电子商务在人们的日常生活中发挥着重要的不可替代的作用，如电子邮件正以其便捷性赢得人们的青睐，并在一定程度上逐步替代着传统的纸张邮件。以网络为平台的交流方式改变了人们之间的传统往来，使得人们之间的交流更加方便。而随着移动电子商务的迅速发展，人们可以更加方便地通过手机、PAD 等移动终端来了解信息，使得人们之间商务的沟通不受时间、地点影响。具体来讲，电子商务能在以下几个方面给消费者带来全新的体验：

（1）集成化的服务。商业服务的集成度正变得越来越高，这有助于用户将其注意力集中于核心应用上，并获得更有效、更便捷和更精确的服务。微软的 Office 套件集成了各种办公应用的功能，获得了巨大的成功。欧洲福特正计划给其出售的每一辆轿车集成更多的服务，如搭配销售允许在欧洲任何一个停车场停靠的智能卡、提供燃油的优惠券等。

同样，客户面对的电子商务系统必须是集成的、一体化的，这种集成和一体化不仅仅是功能上的集成，还应体现在内容和数据上的全面，与此相反的是，一些现行系统是支离破碎的。功能上的集成是指客户可以通过电子商务系统来完成一系列相关的功能。比如说网上拍卖系统，客户可以通过系统输入拍卖产品的资料（包括照片、文字资料等），可以查询到历史上该产品的一般定价，可以设定拍卖起止时间，可以随时获知买家信息和最新的买家价格，可以通过在线聊天和电子邮件的形式和买家商量具体事宜等，所有相关的功能都应集成在该系统中。内容和数据的全面是指数据资料的全面性，用户通过一个系统就可以在最大范围内进行资料和信息的查找匹配。比如说在线产品的搜索，搜索库应该尽可能全面和丰富，用户不需要为了查找产品和数据，从一个系统跳到另一个系统。

（2）定制和灵活性。通过利用 Internet 和 Web 技术，如推送技术、Cookies 技术、智能代理等，用户可以从企业获得定制和灵活的服务。推送技术可以根据消费者的偏好，直接将其感兴趣的新闻、广告以及其他有用的消息传送给消费者；Cookies 技术对于跟踪网上用户的行踪、分析其行为模式和偏好来说非常重要；智能代理可以用于用户需求分析或者充当产品供需买卖谈判的中间件等。

许多网站都提供了定制服务，例如，雅虎公司在日本就推出了定制型电子邮件广告服务业务，广告商依据个人用户登录时的个人兴趣信息和是否愿意接收相应电子邮件广告的表示，向各类不同人群发送电子邮件广告，而雅虎公司则通过该服务向广告商收取费用。又如，搜索引擎公司百度允许用户根据自己的习惯改变百度默认的搜索设定，如每页显示的结果数量、搜索的页面打开方式等。这些灵活的服务，充分体现出了电子商务以人为本、以用户的利益为出发点的特征。在以用户需求为导向的市场，电子商务带来发展的全新思路，并将带动整个产业的发展迈上新的台阶。

（3）快速服务。享受快速的服务是客户选择商家的一个重要的原因。如果一个商家不能满足客户对服务速度的要求，必然有其他的商家满足这种要求。为了争夺并保持客户，企业必须减少客户搜索产品、选择产品、确立订单和售后服务的处理时间。任何一个环节的迟缓，将导致整个客户服务的延缓。通常服务时间的延迟是由于大量的手工传递作业导致的。例如，对于一个产品制造商，每一个订单可能多次输入到订货系统中去：第一次，输入客户订购的产品规格要求，并打印出来以备检验是否按照订单进行了生产，然后根据合同制订配送计划；第二次，相关信息输入到商业运作系统中验证是否有能力生产该类型产品；第三次，信息输入到产品制造系统中去验证生产计划。这种重复的劳动和支离破碎的信息系统导致了服务的延迟。因此，必须构建一体化的、集成的信息系统，满足几乎整个商业运作，从接受订单、审核订单有效性、订单传递，到库存要求的传递、更新库存信息、更新账目信息、要求补充存货等。在日趋激烈的竞争环境下，为了满足日益挑剔的客户，商家只有革新其商务运作的模式才可能生存和发展，这就要借助电子商务来缩减客户服务等待的时间。

（4）自助服务。有关专家指出，从某种程度上讲，电子商务就是自助服务。通过电子商务，消费者可以获得没有时间限制的自助服务。在房地产、保险业、旅游业、汽车购买业、拍卖以及零售业等行业中，客户和商家将通过网络完成商业过程，人工干预很少，自助服务大有作为。通过自助系统，客户可以查询到公司信息、产品信息、订单信息以及获得一定的技术支持，减少了人工干预，使服务更加方便和快捷。例如，客户可以在 HP Compaq 公司的网站（http://www.hp.com）下载最新的产品驱动程序、产品使用手册，并可以通过填写表单的形式获得技术支持。在线自助旅游业也将成为很有前景的一个行业，客户通过旅游预定系统，浏览了解全世界各个旅游景点、选择旅游路线、预定交通工具以及饮食住所等，降低了旅行成本，极大地方便了客户。

■ 15.2　制约电子商务发展的原因

从世界范围来讲，电子商务的发展极为不平衡。在发展中国家，已有越来越多的企业开始使用 Internet，但时至今日，它们的电子商务依然处在一个较低的水平。即便是在发达国家，电子商务的发展也并非一帆风顺。那么，究竟是什么原因在制约电子商务的进一步发展呢？正确认识并理解这些存在的问题，有助于我们制定正确的电子商务发展战略并对电子商务今后的趋势和走向有一个明晰的认识。

15.2.1　电子商务环境的限制

（1）Internet 基础设施建设。Internet 是电子商务的基础。截至 2012 年 6 月底，中国网民数量达到 5.38 亿人，增长速度更加趋于平稳；其中最引人注目的是，手机网民规模达到 3.88 亿人，手机首次超越台式电脑成为第一大上网终端。当前网民增长进入了一个相对平稳的阶段，互联网在易转化人群和发达地区居民中的普及率已经达到较高水平，下一阶段中国互联网的普及将转向受教育程度较低的人群以及发展相对落后地区的居民。目前，随着移动互联网的繁荣发展，移动终端设备价格更低廉、接入互联网更方便等特性，为部分落后地区和难转化人群中的互联网推广工作提供了契机。提高电子商务的基础设施建设仍然是目前需要解决的问题之一。

（2）信息安全问题。阻碍电子商务广泛应用的一个非常严重的问题就是信息安全问题。信息安全是指信息的所有者能够控制信息，然而由于 Internet 自身的技术缺陷、计算机病毒的泛滥以及大量黑客的存在，消费者对电子商务活动的安全性缺乏足够的信心。随着国民经济信息化的迅速发展，人们对网络信息安全的要求越来越迫切，尤其自 Internet 得到普遍应用以来，信息系统的安全已涉及国家主权等许多重大问题。黑客事件和电子邮件病毒传染是目前信息安全问题的主要原因。

（3）隐私权保护。对于消费者而言，网上交易对个人资料带来的潜在威胁是阻碍消费者上网购物的一个重要因素。其中，最主要的问题是经营者不合理地收集消费者个人资料。这主要是指经营者收集多于实际所需的资料或者将收集到的资料用于消费者未曾预料的用途。在现实世界中，没有一个商店会要求欲进店内浏览的顾客提供自己的个人信息，但几乎所有的网上经营者都要求消费者登记自己的个人资料，包括姓名、性别、电话、住址等，有些还要求提供身份证号码、收入状况。此外，由于 Cookies 等 Internet 技术的广泛采用，人们在网上的各种活动都在不知不觉之中被服务器所记载，通过对消费者在网络上访问网站、查看产品广告、购买产品等行为的跟踪，结合网络注册系统，商家就可以得出消费者的健康状况、休闲嗜好、政治倾向、宗教信仰等资料，就可以有的放矢地抢夺并挖掘客户。目前处于大数据的时代，企业掌握了大量的用户网络数据，就可以对用户的行为进行分析，把握消费者的心理状态和消费观念，从而抓住消费者的潜在需求。然而另一方面也是对用户隐私信息的一种潜在危险因素。

（4）法律制度和标准。随着 Internet 的普及，在 Internet 上传播和复制资源性文件变得非常容易，Internet 上的版权问题变得日益严重，在软件、音乐、电影等领域这一问题尤其突出。此外，电子商务涉及跨国的贸易，不同的税收体系也给这种交易带来了一定的问题，如企业或个人有可能利用不同国家的税收差别完成交易，甚至逃避关税。同样，在电子商务技术方面也存在这种标准不统一或不兼容的情况，目前电子商务网站的技术在不同的浏览器上可能会有不同的显示页面，浏览器没有按照标准进行开发，导致在网页开发中带来了较大的麻烦。因此，全球性的电子商务需要完善、统一的标准。

（5）物流问题。物流管理是保证企业生产经营持续进行的必要条件。企业的生产经营活动表现为物质资料的流入、转化、流出过程，一旦某一环节不能及时获取所需物资，企业正常的经营活动秩序将被扰乱。此外，物流管理决定着企业的销售情况与市场份额，企业能以何种价格提供多少品种和数量的物质产品，决定了企业满足消费者需要的能力，这一能力正是决定企业销售数量和市场占有率的关键所在。在电子商务交易中，所要求的不仅是局限在内部的物流管理分配上，对外部的协同配合有更高的要求，从而形成了整体价值链的优化。

（6）交易诚信和社会商业信用。由于 Internet 具有匿名性这一特色，网上交易的诚信问题严重影响着电子商务的健康发展，这就要求建立一套和社会商业信用体系互相关联的网上信用机制。虽然中国在逐步建立信用制度管理网络和平台，但由于各个部门分割管理，存在着信息疏漏和查询困难的弊病。鉴于当前的信用状况，一些企业为了保证财务的稳健已经基本取消了对客户的信用额度，还有一些企业则通过会员制对客户进行审核和考察，自己建立一套信用管理体系。

15.2.2 企业内部问题

（1）企业信息化程度低。电子商务所要求的是相对均衡的运行环境，而不是一两个企业信息水平提高了就可以实现电子商务，它要求企业不仅仅是连接到 Internet 上那么简单，而是要求通过电子商务应用技术来整合企业前、后台业务，统筹内外部资源，管理、优化并增值从顾客、分销商、合作伙伴、核心企业到供应商的所有环节，实现供应链联盟业务协同、信息共享、管理集中，体现协同和多赢的商业目标，全面提升企业的核心竞争力与服务对象的满意度。如果企业信息化水平达不到所需的标准，就会出现一方有需求而另外一方无法响应的局面，虽然集合式电子平台可以为信息化水平低的企业提供可供交易的界面，但它却无法提供有效的后台支持，更多的只是流于形式，无法实现真正意义上的电子商务。

（2）对电子商务的错误认识。电子商务并不是无所不能，并非可以解决一切问题。电子商务虽然代表着未来的商务方向，但毕竟才刚刚起步，很不成熟，需要探讨其盈利模式，并将潜在的用户转变成真正的顾客，这一切都不仅仅是将商务活动移到网上进行那么简单。不少开发电子商务项目的企业以吸收风险资本为目标，片面追求访问量，面临极大的经营风险。正是这些尝试应用电子商务的企业投入产出之比偏低，令许多还未参与其中的企业信心不足，怀疑电子商务的优越性，以至于不愿涉足于此。

目前，对电子商务的认识还存在一种"重技术、轻商务"的现象。快速发展的信息技术给一些人造成一种错觉，那就是一旦采用了先进的信息技术，那么适当的信息管理就会自然产生，实施电子商务必将成功。然而，电子商务终究是建立在信息技术平台之上的商务活动，忽略了商务核心，忽视了信息管理的重要作用，再先进的技术也成了无本之源。

（3）用户的参与不够。用户的参与与否直接决定着实施电子商务的成败，企业利用在线社区或网上交易平台的能力将决定它是否能够赢得市场空间，这也就给管理者带来了很大的挑战。在与潜在的用户或者顾客接触的早期，社区应该给他们比较大的自由度以吸引他们的参与。用户可能参与社区内容的生成、产品或者服务的评价以及在用户间互相咨询相关问题等。社区管理者应该对这些问题给予回答、及时查看他们发表的评论，以获得用户的认可并显示出本企业的在线社区与其他在线社区的不同之处。

（4）缺乏有效的项目管理。电子商务的建设过程涉及企业内部每个员工和终端用户，时间跨度长、参与面广，是一个充满不确定因素的过程。同时，信息系统实施的复杂性和不确定性为电子商务在企业中的推广带来了很大的困难。因此，电子商务的实施实际上也是项目管理和软件工程的结合，是一道摆在管理者面前的难题。然而，当前大部分可用的项目管理的方法多是从技术角度出发考虑问题，这为电子商务的推广带来了更多的困难。

（5）信息鸿沟。曾经被很多人争论不休的信息鸿沟确实在企业内部存在，并成为限制电子商务项目获得成功的重要因素。这是因为，通常来说，IT专业人员习惯于从技术角度思考并解决问题，容易忽略商务的本质以及企业组织和人的因素；相反，那些业务层的伙伴常不能认识到IT在提高经营业绩上的潜力，或者低估了这个过程的复杂性和不确定性。例如，我们有时在商场的电子商务网站上下单购买时，却需要24小时或者更久才能确定这个货是否真有。对于这样的商场，虽然从技术上讲实施了电子商务，但没有相应的业务流程作保证，那电子商务的意义还有多少？这就是一个极端化的信息鸿沟的例子。

15.3 电子商务发展战略

作为一种新型的商业运作模式，电子商务给各个国家的经济发展带来了全新的机遇与挑战。各国政府纷纷制定有关电子商务的政策和发展规划，大力支持本国企业抢占电子商务制高点。

15.3.1 电子商务的发展总体战略

目前，电子商务受到了各个国家的重视，各国的电子商务经验给中国带来了一定的参考价值，国内电子商务的发展取得了较快的进步，中国的电子商务在国际上的地位越来越重要。

1. 美国政府发展电子商务的原则

早在1997年，美国就颁布了联邦政府促进、支持电子商务发展的《全球电子商务框架》（*A Framework for Global Electronic Commerce*）的重要文件。该文件确立了美国政府政策的基本框架，对于美国乃至世界各国电子商务的发展产生了积极影响。该文件提出了五点重要的发展电子商务的原则：

（1）市场必须发挥主导作用。Internet 发展应该以市场为驱动，因为创新、拓展服务、广泛参与、降低价格等只有在市场主导的环境下才能实现，在一种受管制的行业中则无法实现，即使是在某些需要共同行为的领域，政府也应该尽可能地鼓励产业界自我管理。

（2）政府应该避免对电子商务的不当限制。买卖双方在通过 Internet 进行产品或者服务的买卖并达成合法协议的过程中，应尽可能将政府的参与或干预最小化。政府将严格控制对通过 Internet 进行的商务活动制定新的或不必要的规定，简化政府办事程序或者避免征收新的税收和关税。

（3）当政府必须参与时，政府参与的目标应该是支持和创造一种可以预测的、受影响最小的、持续简单的法律环境，为商业发展营造合适的环境。那些需要政府干预的领域，政府的作用应是确保竞争、合同履行、保护知识产权和私有权利、防止假冒、增强透明度、增进商业贸易、促进争端的解决。

（4）政府必须认清 Internet 的特性。Internet 的优势和获得的巨大成功在一定程度上应该归功于其分散的本质，以及其自下而上的管理方式。应对现有的一些可能阻碍电子商务发展的法律法规重新进行审议、修改或者废止，以满足电子时代的新要求。

（5）Internet 上的电子商务应该在全球范围内发展。当今 Internet 本身就是一个全球性的市场，网上交易的法律框架必须打破地区、国家和国际之间的界限，采取一致的管理原则。对 Internet 进行完全不同和多重管理只会阻碍自由贸易和全球商业发展。

美国联合其他国家签署了《电子商务联合宣言》。这些宣言不仅确立了这些国家与美国一致性的电子商务发展原则，并且内容基本上是《全球电子商务框架》的翻版，即便是智利、菲律宾等发展中国家也确立了与美国一致的电子商务发展原则。可以说，《全球电子商务框架》正在成为各国电子商务政策的准则，其核心在于构建良好的市场环境与制度。

2. 电子商务发展战略与对策

从发达国家电子商务的应用实践来看，电子商务发展应遵循一些普遍的规则：

（1）需营造良好的市场环境。电子商务作为一种新型商务模式，要求必须有良好的市场环境，包括适宜的社会环境、竞争环境、管理和服务环境等。为此，政府强调市场化原则，主张发挥私营企业在电子商务发展中的主导作用，鼓励私人投资，建立自律性产业规范与规则，尽量减少政府的干预。

（2）需创造适宜的制度环境。电子商务的发展还需要适宜的制度环境，为此政府必须建立和完善法律法规、税收政策、电子支付系统、知识产权保护、信息安全、个人隐私、电信技术标准等。

（3）需全球共同发展。Internet 全球性开放的特点，使得建立网上国际贸易自由区的理想成为可能。为此，必须打破地区、国家和国际之间的界限，建立一套国际统一的贸易规范与法律框架，包括对电子合同的认可、接受电子签名以及其他类似授权程序的规则、制定争端解决机制、制定权责明确的根本原则等。

（4）需确立一致性原则。对 Internet 采取完全不同和多重管理措施，只会阻碍自由贸易和全球商业发展。为此，应该大力促进世界各国及国际组织对电子商务普遍规律的认同。事实上，美国政府颁布的《全球电子商务框架》一出台就受到发达国家的普遍支持，成为商讨全球电子商务政策及法规问题的准则。

15.3.2　中国发展电子商务的对策

一场以电子网络和信息系统为工具的新一轮全球经济竞争已经开始，中国要想在新一轮的竞争中立于不败之地，现在就必须制定与未来电子商务时代相适应的发展战略。

（1）政府应发挥宏观规划和指导作用，并积极提供相关服务。政府要加快制定电子商务中长期的发展规划，明确各时期的发展目标和重点工作，采取切实可行的措施，发挥规划和引导的作用。要加强公共信息服务体系的建设，完善和发展各类网上交易会，为中国企业提供优质的网络信息服务。各级政府要积极推进电子政务工作，将政府信息化建设与转变政府职能、政务公开、提高行政服务能力和水平紧密结合起来。要开展典型示范项目活动，帮助电子商务试点单位总结经验，积极推广。针对中国电子商务发展不平衡的特点，政府要支持欠发达地区和中小企业的电子商务发展。

（2）完善电子商务发展环境。要抓好发展电子商务所必需的基础设施建设，提高 Internet 的普及率。积极促进计算机软、硬件的发展，促进移动终端硬件的发展，提高软件的丰富度和实用度，保护用户隐私，要组织必要的技术攻关，购置必要的硬件设备，开发和引进相关软件，使中国电子商务基础设施的建设能够跟上世界的步伐。同时，要采取切实措施，进一步规范和健全市场环境，建立和完善社会信用体系。要建立健全电子商务的法律规范和技术标准，积极解决电子商务中出现的特殊法律问题。要进一步促进物流体系的现代化和信息化，推进物联网体系的建设，鼓励第三方物流的大力发展。要继续推进和完善电子支付体系的建设，鼓励开展安全可靠的在线支付服务，促进网上交易的发展。

（3）典型示范，重点突出，带动电子商务应用。要以大型企业供应链应用为龙头，带动上下游企业应用电子商务，积极鼓励和引导连锁经营企业利用电子商务形式向社区、郊区延伸发展，满足社区居民生活需求。要以重点行业的网上采购为突破口，带动重点行业电子商务的发展，重点支持的行业有钢铁、煤炭、电子、建材等。要鼓励发展第三方交易平台，全面提升第三方交易平台的服务功能，促进中小企业的电子商务应用。要积极发展现代物流产业，建立电子商务的服务支撑体系。要努力促进流通业商品标准化，带动流通业、制造业企业电子商务的应用。要重点推动商业流通领域的信息化和电子商务。

（4）建立电子商务安全综合保障体系。要遵循综合防范的原则，从技术、管理和法律三方面入手，建立健全以信息安全、网络安全为目标，加密技术、认证技术为核心，安全电子交易制度为基础的，具有自主知识产权的电子商务安全保障体系。要鼓励研究开发先进的电子商务安全技术产品，注重参与国际标准的制定。要完善电子商务安全管理制度，实行对现有的电子商务系统安全漏洞的检查制度，广泛开展电子商务的安全教育。

（5）努力提高企业电子商务能力。要继续推进各种形式的信息技术和电子商务教育和培训，培养电子商务技术人才和管理人才，不断充实和提高企业实施电子商务的综合能力。要研究制定适当的优惠政策扶持企业的电子商务活动，注意政策的规范性和有效性。

（6）建立与发展电子商务的服务体系。要集成现有资源与技术力量，建立网络化、系统化的技术服务体系，为企业提供服务，为电子商务健康发展提供有力保障。要强化中介机构作用，建立各种形式的行业自律性组织和制度，促进电子商务的有序发展。要鼓励、支持各类研究机构开展电子商务研究，不断总结电子商务发展的新经验和新模式。

（7）加强电子商务领域的区域与国际合作。不管是政府主管部门还是包括运营商在内的主要运营参与者，如果能够精诚合作，以老百姓的利益为核心利益，以国家发展为核心诉求，移动互联网将可得到快速发展，否则很可能发展迟缓，甚至错失良机。此外，还应该加强与国际组织的合作，对跨国电子商务中出现的关税问题、税收管辖等问题，开展双边和多边的国际协商，逐一落实解决。要继续开展多双边电子商务合作机制工作，通过电子商务手段促进多、双边及区域经贸合作。

15.3.3　企业以信息化迎接电子商务的挑战

在新经济的浪潮中，国民经济信息化作为现代化的重要保障正日益得到各方面的高度重视。而在这个过程当中，企业信息化是国民经济信息化的基础，无论是政府主管部门还是信息产业界的主管部门，都把当前推进企业信息化作为国民经济信息化的战略重点。联系全球电子商务的发展趋势，结合中国企业信息化的现状，企业信息化作为电子商务的基础，现阶段的重点是应用信息技术手段实施企业管理的改造，长远目标是积极稳步开展电子商务。为此，我们提出的对策是以企业信息化迎接电子商务的挑战。那么传统企业应该如何起步呢？

（1）逐步实施企业信息化管理。在人工管理系统下，基础数据总是处于分散、孤立、滞后的状态，数据部门私有化现象较为严重，企业很难在同一数据环境下运营。另外，由于数据处理完全靠手工作业，处理环节多，使数据的准确性、完整性、及时性受到很大影响，凡需跨部门处理的业务，就出现"老牛拉破车（又慢又吃力）"的现象，而实现信息化管理后就大不一样了。例如，当一个企业实行基础管理的信息化后，负责审批应付账款的业务主管可以轻松地通过自己的电脑系统清楚地得知与此应付账款单对应的采购申请单、采购订单、此订单入库情况、入库检验情况、供应商情况、供应商发票等，这样，实施审批处理时的工作效率和准确度得以提高，结果是使企业的支付系统得到有效管理。

企业信息化是电子商务的基础，中国电子商务必须首先从企业基础管理信息化开始，在此基础上迈出实施集成的企业资源规划管理，进一步降低管理成本、提高管理效率；其次，实施企业之间的供应链合作，保持良好的客户关系，使业务效率和管理效率最大化；最后，真正步入电子商务时代，形成一个更为广大的电子商务社区，不断地创新，实现最大增值和协同商业运作。

（2）改进服务，吸引并保持客户。尽管电子订购和电子支付是电子商务必不可少的因素，但它们也有更高的商业交易风险，而且通常不能显著提高顾客服务水平。企业需要特别关注的是为客户提供更好的产品信息，并提供多方面便利的交易过程。例如，许多在高科技行业领域的公司通过电子邮件向预期感兴趣的顾客提供了新产品的恳求意见单。建立基于用户体验为核心的市场分析与预测系统，额外的市场和技术信息可以通过 Internet 或者专用网从在线数据仓库中检索到。顾客驱动的信息系统能够让顾客决定一件特定的产品是否有潜在使用价值。

销售完成后，还有利于提高顾客使用商品的满意程度。例如，美国 UPS（United Parcel Service，即联邦包裹服务有限公司）利用 Internet 来让顾客跟踪发送包裹的过程。同样，中国的国旅订票网授予其顾客访问数据库的权利，顾客可以查询各次班机信息以及订票的状态等。在类似的方式下，汽车公司可能提供给顾客特定汽车的维护记录，网上零售商店可根据顾客的消费情况定期将顾客偏好的产品信息发送到顾客手中。基于电子商务的售后服务是增强电子商务的一项重要因素。

总而言之，企业必须主动改变观念，转变与客户之间的关系，而不仅仅只是改善他们之间的关系。因为拥有了客户，企业才可能生存和发展。特别是，正在兴起的全球数据高速公路（如 Internet），将使个人用户能访问分布于全球的电子商店，这为企业创造了无限的商机，当前随着移动 Internet 的发展，企业也要更多地考虑移动电子商务的发展应用，要有长远的发展战略。

15.3.4　个人面对电子商务的发展战略

个人生活在电子商务时代，将在思想观念、知识体系、竞争方式上产生巨大变化，在工作和生活方式上也将有巨大变化。这些内容在前面的章节都有具体的论述。面对电子商务的迅猛发展，个人的发展战略主要表现为：

（1）转换观念，适应数字生活的环境。电子商务机制的重点在"商务"，而"电子"只是交易的平台或通道。从电子商务的本质上分析，与其说电子商务是个高科技产物，还不如将其平民化。因此，面对电子商务，我们应该主动适应 Internet 这种工具，培养新的商业运作模式下的相应的思维模式，这样才能更主动地获得更好的服务。例如，当前电子邮件已经在很大程度上替代了传统书信，这正是一个服务供应商和客户双向互动，促进电子商务发展得很好的例子。面对不断变化的电子商务发展模式和移动电子商务的发展，我们必须积极主动地学习电子商务，了解新的电子商务流程，把电子商务应用到自己的个人生活中。

（2）不断学习，掌握电子商务技能。在知识经济时代，不断地学习是生存的必要条件。普通消费者需要学习电子商务的基本技能，才能更好地感受数字时代带来的巨大变革。对于公司或企业的员工，对电子商务的学习就更为重要了。企业的组织不再是过去那种金字塔形的等级结构，而是各部门之间相互沟通的网状结构。各部门之间不再是相互独立的，而是开放式的，各部门之间是相互学习、共同协调发展的。未来的优势企业组织是动态协作组织，是知识联网组织。而且，由于网络技术的迅速发展和日益更新，要想在电子商务中保持绝对的竞争优势，企业的管理层、技术层和员工就必须不断学习、不断接受新的培训，以适应日益更新的网络新技术的发展。怎样制定网络新战略，怎样修正网络战略，怎样创造自己独特的网页，怎样在网上作最有收效的广告，怎样了解、熟悉客户的要求，怎样保证电子商务的安全……诸如此类问题，都要求企业的人员必须不断地学习，尽快掌握新的技术与思维方式，以使企业尽快加入优秀电子商务企业行列。

（3）创新发展，开创事业。电子商务使得个人（或几个人）开设网络虚拟公司成为可能。客户面对电子商务网站，无法知道电子商务网站的所有人，电子商务的门槛较低，也为我们带来了新的发展机遇，可依据国内如火如荼的电子商务环境，开创自己的事业。

（4）加强公德与法律意识修养。良好的社会公德和法律意识是电子商务健康发展的重要保证。目前，高级知识人才网络犯罪现象频繁发生。一方面，这暴露了电子商务安全保障的脆弱和隐患；另一方面，也敲响了个人公德意识和法律意识的警钟。因此，每个人需要加强个人素质的修养，增强法律意识。另外，加强法律意识也是在电子商务环境下更好保护消费者权益的需要。个人需要了解电子商务和消费等相关法律，保护个人利益，防止商业诈骗。

15.4　电子商务发展的新看点

研究领域的热点问题常常代表了未来的发展趋势。目前电子商务技术已经相对较为成熟，而电子商务的发展形态和未来的模式一直在变化，以下对电子商务关注的问题进行探讨。

15.4.1　物联网技术

物联网（Internet of things，IOT），顾名思义就是"物物相连的互联网"，它是通过RFID、红外感应器、全球定位系统、激光扫描器等信息传感设备，按约定的协议，把任何物品与互联网连接起来，进行信息交换和通信，以实现智能化识别、定位、跟踪、监控和管理的一种网络。其中包含两层含义：第一，物联网的核心和基础仍然是互联网，是在互联网基础上的延伸和扩展的网络；第二，其用户端延伸和扩展到了任何物品与物品之间，进行信息交换和通信。

物联网的实现，在电子商务上有着多方面的应用，对电子商务企业经营管理、消费者购物等方面将具有十分重要的推动作用。

（1）物流服务质量的提升。如果说当年人们所说的制约电子商务发展的三大因素还剩下什么没有解决的话，可能就是物流了。在网络营销过程中，客户投诉多集中在物流配送服务的质量上。虽然和前几年相比，现在的物流网络已经有很大的改善，但在物流服务质量上还有很多不尽如人意的地方，例如，送错目的地，物流状态网络上查询不到，送货不及时等现象时有发生。这其中主要是由企业和消费者对物流过程不能实时监控造成的。

物联网通过对包裹进行统一的 EPC 编码，并在包裹中嵌入 EPC 标签，在物流途中通过 RFID 技术读取 EPC 编码信息，并传输到处理中心供企业和消费者查询，实现对物流过程的实时监控。这样，企业或消费者就能实现对包裹的实时跟踪，以便及时发现物流过程中出现的问题，有效提高物流服务的质量，切实增强消费者网络购物的满意程度。

（2）完善产品质量监控。在网络购物逐渐被人们接受的今天，仍有许多消费者对这种"看不见、摸不着"的购物方式望而却步。究其原因，除了网络安全、购买习惯等因素外，对产品质量的不放心也是一个主要原因。相比而言，消费者觉得在实体店那种"看得见、摸得着"的购物比较踏实。消费者的这种对网络购物商品质量的疑问在物联网中将得到有效的解决。从产品生产（甚至是原材料生产）开始，就在产品中嵌入 EPC 标签，记录产品生产、流通的整个过程。消费者在网上购物时，只要根据卖家所提供的产品 EPC 标签，就可以查询到产品从原材料到成品，再到销售的整个过程以及相关的信息，从而决定是否购买。彻底解决了目前网上购物中商品信息仅来自于卖家介绍的问题，消费者可以主动了解产品信息，而这些信息是不以卖家的意志而改变的。

（3）改善供应链管理。通过物联网，企业可以实现对每一件产品的实时监控，对物流体系进行管理，不仅可对产品在供应链中的流通过程进行监督和信息共享，还可对产品在供应链各阶段的信息进行分析和预测。通过对产品当前所处阶段的信息进行预测，估计出未来的趋势或意外发生的概率，从而及时采取补救措施或预警，极大地提高企业对市场的反应能力，加快了企业的反应速度。

15.4.2　Web Services

Web Services 是一种新兴的网络技术，它能使具备不同网络服务功能的计算机在网上进行自动交互式运行，可以将 Web Services 想象成一个个可以通过接口交互访问的应用程序，但这些应用之间保持彼此的透明和独立。Web Services 以实现"基于 Web 无缝集成"为发展目标，让各种业务和不同的系统之间的联系安全而可靠。Web Services 为电子商务提供了一种无缝的、可无限扩展的电子商务服务平台。

1. Web Services 的重要作用

Web Services 对人们使用电子商务的方式产生了相当大的影响，具体来讲，包括以下几点：

（1）Web Services 打破信任障碍。安全和隐私问题一直是电子商务发展的障碍，Web Services 的出现，有助于解决这个问题。微软在推进其 Web Services 计划时，确定安全性、隐私性和可靠性是实现该计划的关键因素，并据此做出了详细的重点投资项目，来推进这些目标的实现。例如，微软推出的 Passport 会用到的个人隐私允诺技术，该工具让用户在数字世界里遨游时可以拥有对个人信息的更多控制权。

（2）Web Services 打破人与人沟通的障碍。每种交流方式，如电子邮件、电话、即时消息、团队合作工具等，都要求个人用户适应该种模式的实现方式。微软的下一代交流工具通过 Web Services 来增进数字会议和团队协作，并提供信息代理技术来统一管理不同的交流体系。

（3）Web Services 打破知识分享的障碍。在信息爆炸的时代，Web Services 既能帮助人们紧跟信息增长步伐，又能有效使用和精选出信息，并将其转化成知识以应用到实际行动中。微软展示新的工具和技术，帮助开发人员和 IT 专业人士发现信息，并更为容易地分析、呈现、分享和使用信息。

（4）Web Services 打破日常使用的障碍。Web Services 可以无缝地将用户和他们的需求有效和实质性地连接起来，创建下一代数字用户体验，让这种用户体验更加有效、激动人心。

2. Web Services 在电子商务中的应用

Web Services 代表着 Internet 技术的重大发展，企业已经从 Internet 技术中获得了种种利益，而 Web Services 将使这种利益更大化。Web Services 是人们思考如何获取和提供商业服务的一种新方式，它带来了巨大的利益，包括降低成本、缩短系统的安装时间、提高企业的敏捷性和灵活性。

（1）Web Services 使人、流程和信息之间的整合更加容易，从而缩短业务流程周期，提高了反应速度。同时，它能够为更多的应用和用户实时地提供关键数据，从而赋予企业以敏捷性和灵活性。

（2）Web Services 简化了客户的自助服务体系，让企业内部各个职能部门通过一个"窗口"了解客户，也使得客户通过一个"窗口"接触整个企业，接触到企业的新产品和服务。这有助于企业建立持久的、忠诚的客户关系。

（3）Web Services 有助于提高企业效率、决策的质量和速度。就目前而言，只有 Web Services 能够将分散在各种系统、信息孤岛中的数据进行整合，并让管理者们能够实时地访问这些数据；同时也可以让合作伙伴、渠道和供应商直接访问相关信息和服务，以方便它们优化设计、采购、生产、库存管理、销售等重要的价值链流程。

（4）Web Services 代表着一种电子商务重要的新趋势，它可能对库存、采购等例行业务产生明显效果，它还可能促成完全不同的信息技术系统的综合。然而，必须指出的是，目前大部分 Web Services 的商业应用还停留在学术领域。

15.4.3　基于云计算技术的电子商务

国外的各大行业巨头纷纷推出自己的云计算战略，如亚马逊的简单存储服务和弹性云计算、谷歌的 AppEngine、微软的 Windows Azure、IBM 的蓝云。国内方面，2008 年 12 月 30 日，阿里巴巴集团宣布将筹建多个电子商务云计算中心，2009 年 9 月成立阿里云子公司，专注于云计算在电子商务领域的研究和发展；中国搜索把硬件、网络、软件、构架系统、平台等应用服务开放给用户，遵循合作经营的模式，与用户共同进军行业电子商务领域。

1. 云计算电子商务的优点

首先，云计算使得中小企业不必花很多成本在基础设施建设上。云计算为电子商务提供了具有自我维护和管理功能的虚拟计算资源，也就是大型服务器集群，可以利用云的计算能力来补充或取代电子商务企业内部的计算资源。其次，云计算服务中心具有更高的计算与存储性能。由于云计算的应用程序是在服务器上而不是客户端上运行，而云中的存储容量几乎无限量，正因为如此，云客户端的硬件要求是非常低的，客户端只需要更少的内存、容量较小的硬盘就可以了。最后，云计算使得电子商务企业之间和企业内部的信息共享与协作更加方便。在项目上进行合作的电子商务企业可以利用云计算进行密切协作，尽管位于不同的地理位置，但由于有基于云的项目管理，企业项目成员可以在随时随地查看项目的主文件、项目任务和项目进展情况，这就实现了不同企业和企业内部数据的应用共享。

2. 云计算对电子商务的影响

第一，云计算使得企业电子商务应用的安全性得到改善。由于企业规模不断扩大，企业积累的信息资源也越来越多。随着网络的迅猛发展，企业各类数据也得到有效存储，但与此同时病毒和黑客的攻击也随之而来，进而严重威胁到企业数据存储的安全性，这使得企业在信息安全上的资源投入也越来越大。而随着云计算在企业中的应用，企业可以将数据都存储在云端，由云服务提供专业、高效而又安全的数据存储，从而使得企业不必再担心由于各种安全问题导致企业重要数据丢失或被窃取。第二，云计算使得企业电子商务应用的专业性和灵活性得到改善。云计算为企业提供经济可靠又专业的电子商务系统。软件即服务是云计算提供的一种服务类型，它将软件作为一种服务来提供给客户。作为客户端的企业可以更方便、高效地使用云计算提供的各种服务，此时只需要安装网络浏览器即可。由此可知，云计算改善了企业电子商务应用的灵活性和专业性。第三，云计算具有超强的数据处理能力。云计算通过一定的调度策略，可以联合数万乃至百万台的普通计算机，为用户提供超强的计算处理能力，使用户能够完成以往通过单台计算机设备难以完成的任务。

3. 基于云计算的电子商务安全问题

在云计算模式下，企业信息资源得到更好的保护，当然云计算并不是十全十美的，它也有自身的一些局限性，如网络安全性、信息保密性等问题，同时也存在一些新的安全性问题。

（1）基于云计算的电子商务安全性问题。首先，按照云计算的理念，用户几乎不用在本地存储数据，数据都存储在云中，如果发生突出状况导致服务中断等情况，电子商务企业就不能使用任何云计算资源。其次，目前电子商务应用中的一些问题，云计算也同样无法解决。以 TCP/ IP 协议为核心的互联网已经遍布全世界各个角落，获得巨大的成就，但互联网仍然面临诸多安全性问题，以虚假地址和虚假标识问题导致的大量安全隐患尤其严重，这些导致了电子商务的安全事件频繁发生，严重阻碍了电子商务的进一步发展和应用。基于云计算的电子商务也没有克服此类问题。另外，云计算发展过程中的一大障碍是信任问题。有些中小型电子商务企业不具备建立自己云计算中心的条件，可能会考虑到云计算运营商数据中心不能确保数据的安全，而不敢把数据全部放在运营商的数据中心。

（2）云计算的风险。对于电子商务企业来说，降低成本以及更加便捷、优质的服务是很有吸引力的，但是把业务转移至云端就意味着要依靠来自不同地区甚至国家的运营商来提供服务。这其中是存在着很大的风险的。从保密性的潜在影响来说，重要商业机密就掌握在了云计算运营商那里，企业的自主权受到了危险，这些都是云计算亟须细化解决的问题。

（3）云计算中的电子商务安全性。电子商务企业最关心的问题还是数据安全问题，企业可以通过各种措施来保证自身云中数据的安全。例如，在云服务提供商可以根据口碑和信誉来选，分析他们的盈利模式，仔细阅读和咨询隐私声明，以防止信息在云计算提供商泄露；还可以加强加密技术使信息得到高度保护；当然还可以通过过滤器来监视数据的流向，防止重要数据丢失。

15.5　电子商务的发展趋势

信息化是人类历史上的新生事物，是继农业革命和工业革命之后社会进步的重大变革，是符合历史发展规律的。信息化是历史发展的必然，不是某些国家、某些人炒作出来的。如果我们翻开近几年 Internet 发展的历史，就会清楚地看到，电子商务本身只不过是信息技术不断演进的结果，同时也是一个不断演进的过程。从内联网、外联网到 Internet，从办公自动化、管理信息系统到电子商务，电子商务的概念和内涵已被多方多次扩充，不断丰富和发展。伴随着这种发展，电子商务的重心从最初的对现实经济世界里商务逻辑的模拟，转而指向构建一个以网络为基础的经济环境，它的发展推动着更为深刻的经济方式和经济结构的演进。换言之，电子商务正如一架高能的推进器，将我们从现有传统的经营模式推向以网络为中心的未来经营模式。

15.5.1　新一代电子商务

初级的电子商务只是企业建立静态网站，构建产品信息库，搭建网站前端与后端订单管理与存货控制系统互相的连接。面对全球的竞争优势，企业将从初级的电子商务模式发展成为新一代的电子商务——为客户量身定制产品及服务。换言之，电子商务模式将从以厂商为中心的营运导向，转向以客户为中心的需求导向。这使得客户能够直接从一个公司的网站发出和追踪订单，并在订购过程中享有更多个性化服务和拥有更多的控制权。对于企业来说，在下一代电子商务中，企业将能通过网际网络技术，以电子化形式实时地管理其与国内外供货商的业务交流，从而为客户提供素质更佳的定制化产品及服务。

电子商务下一个阶段的发展将呈现出新的特色。在信息技术的帮助下，公司可以调整自己的业务流程，从根本上把企业改造成以客户为中心的模式。这类电子商务不再是局部的、前端的信息化，而是企业内部所有业务的完全整合，同时这种整合还可能是包含整个产业链中合作伙伴关系的整合，以便最终为用户提供完全整合的服务。在这个阶段，虽然商务的基本法则没有改变，但利用电子商务，传统业务的完成速度和运营质量能提高几个甚至几十个数量级，能够更大程度地降低成本，更快地捕捉市场，并建立起长期、可持续盈利的商务模式。

可以得出，新一代电子商务应具有的特点是：个性化、移动化、柔性化、大众化、创新性、协同性、便捷高效、外包趋势及其网站的专业化和融合化。

15.5.2　电子商务大趋势

电子商务经过二十几年的发展，在全世界各个国家里已经生根、发芽，并开始结出丰硕的果实。精明的企业家们不断利用先进的科学技术，为人们营造着越来越广阔的"电子空间"，在人们感受到由此带来的种种便捷和愉快的同时，也勾画出企业新时代的发展蓝图，酝酿着信息时代的经济腾飞。

从诸多层次来看，电子商务为我们创造了崭新的市场机会。在机会面前，谁把握得及时，谁就能成功。那么也可以预见，在未来的几年中，基于电子商务的产品和技术一定会非常明显地占据市场。相应地，及时调整方向、基于电子商务而进行投资、进行产品技术开发的企业也许能够走出市场困境，找到新的生存基点。考虑到中国美好的经济前景、巨大的贸易额以及辽阔的疆域，电子商务在中国的前程无限，它必将在中国发展壮大并有力地推动中国经济的迅猛发展。这是一个不可逆转的大趋势。

符合人类进步趋势的新事物必然会得到大家的认同。电子商务就是这样一种事物，它对人类社会进行着全方位的改造，在企业竞争、政府部门、公共研究机构、教育以及娱乐等方面改变着人类相互交往的方式，为人们展示了一个全新的世界。

对于企业来说，越来越大的市场竞争压力会促使商家寻求一切可以增加销售、提高服务水平、提高效率同时缩减成本的途径来帮助企业获得更多市场份额和更高利润；对于国家来说，经济的腾飞和社会的进步都有赖于信息化的进一步建设与发展。在未来全球化竞争面前，开展电子商务是企业生存的必然方式，从而在某种意义上决定着一个国家的兴衰。因此，可以毫无疑问地讲，电子商务是历史发展的必然趋势。

复习思考题

1. 和传统商务模式相比，电子商务的优势是什么？
2. 电子商务有哪些作用？
3. 请简述制约电子商务发展的主要原因。
4. 你认为中国发展电子商务面临的主要问题是什么？应该采取什么样的对策？
5. 电子商务发展的总趋势是什么？
6. 请举出你所知道的移动电子商务和 Web Services 的具体应用。
7. 利用电子商务，企业应该如何改进和客户的关系？
8. 你如何看待 P2P 商务的发展前景。
9. 为什么说电子商务是历史发展的大趋势？
10. 新一代电子商务的主要特点是什么？
11. 请描述你眼中电子商务的明天。

参考文献

巴恩斯 S. 2001. 电子商务与虚拟商业：为企业插上 e 的翅膀. 王永贵译. 北京：机械工业出版社.

陈安，刘鲁. 2000. 供应链管理问题的研究现状及挑战. 系统工程学报, 15 (2)：179～186.

陈兵. 2002. 网络安全与电子商务. 北京：北京大学出版社.

陈德人. 2007. 中国电子商务案例精选. 北京：高等教育出版社.

陈恭和，吴晨. 2001. ebXML 技术框架——全球电子商务的革命. 中国金融电脑, (12)：8～12.

陈景艳，苟娟琼. 2003. 电子商务技术基础. 北京：电子工业出版社.

陈梅梅. 2001. 电子商务实务. 上海：东方出版中心.

陈孟建. 2012. 电子商务网络技术基础. 北京：电子工业出版社.

陈如刚，杨小虎. 2000. 电子商务安全协议. 杭州：浙江大学出版社.

陈晓红. 2001. 电子商务实现技术. 北京：清华大学出版社.

陈拥军，孟晓明. 2008. 电子商务与网络营销. 北京：电子工业出版社.

陈禹. 1997. 信息经济学教程. 北京：清华大学出版社.

丁明一. 2002. 企业电子商务基础. 北京：电子工业出版社.

方美琪. 1999. 电子商务概论. 北京：清华大学出版社.

房庆. 2004. 电子商务标准化指南. 北京：中国标准出版社.

高富平. 2002. 电子商务法律指南. 北京：法律出版社.

高富平. 2004. 网络对社会的挑战与立法政策选择——电子商务立法研究报告. 北京：法律出版社.

郭懿美. 2004. 电子商务法律与实务. 北京：科学出版社.

郭懿美. 2006. 电子商务法经典案例研究. 北京：中信出版社.

韩海雯，宋永欣，黎晓华. 2007. 电子商务网站规划与建设. 北京：清华大学出版社.

郝颖. 2001. 基于 XML 的 Internet EDI. 华南理工大学学报（自然科学版），(6)：77～80.

何荣勤. 2003. CRM 原理·设计·实践. 北京：电子工业出版社.

洪勇，张永美，彭万峰. 2013. 电子商务模式案例. 北京：经济管理出版社.

胡鸿高，赵丽梅. 2003. 网络典型案例与法律法规汇编（国内部分）. 北京：法律出版社.

胡静. 2000. 电子商务认证法律问题. 北京：北京邮电大学出版社.

胡凯，宋京民，阚志刚，等. 2001. 网络计算新技术. 北京：科学出版社.

黄重阳. 2001. 信息资源管理. 北京：科学技术出版社.

黄晖. 2001. 驰名商标和著名商标的法律保护. 北京：法律出版社.

黄建康. 2004. 企业电子商务管理与战略. 南京：东南大学出版社.

黄健英，李成岳. 2000. 解密中国电子商务. 北京：中央民族大学出版社.

黄敏学. 2001. 电子商务. 北京：高等教育出版社.

黄孝武. 2001. 网络银行. 武汉：武汉出版社.

黄云森，林强. 2000. 电子商务基础教程. 北京：清华大学出版社.

纪香清. 2002. 网络金融实务. 北京：电子工业出版社.

姜春林，贾维嘉，谷科. 2012. 实用的移动网络匿名认证协议. 小型微型计算机系统, 33 (7)：1418～1421.

姜锦虎，王刊良. 2008. 电子商务概论. 西安：西安交通大学出版社.

姜旭平. 1998. 电子商贸与网络营销. 北京：清华大学出版社.

矫云起，张成海. 1996. 二维条码技术. 北京：中国物价出版社.

瞿裕忠.2000.电子商务应用开发技术.北京：高等教育出版社.

柯新生.2004.网络支付与结算.北京：电子工业出版社.

兰宜生.2007.电子商务基础教程.北京：清华大学出版社.

李红，梁晋.2001.电子商务技术.北京：人民邮电出版社.

李洪心.2006.电子商务案例.北京：机械工业出版社.

李琪.1997.电子商务概论.陕西：西南财经大学出版社.

李琪.2000.电子商务通览.北京：中国商业出版社.

李琪.2001.电子商务图解.北京：高等教育出版社.

李翔.2002.电子商务.北京：机械工业出版社.

李晓新，石鉴.2000.电子商务.北京：经济科学出版社.

李杨.2004.数据库法律保护研究（民商法文库）.北京：中国政法大学出版社.

梁晓春，安徽.2001.电子商务：从理念到行动.北京：清华大学出版社.

廖晓淇.2004.中国电子商务报告（2003年）.北京：经济科学出版社.

林萍.2007.电子商务案例分析.北京：化学工业出版社.

刘春长.1999.电子商务.北京：中国城市出版社.

刘春田.2003.知识产权法（第2版）.北京：高等教育出版社.

刘吉成，颜苏莉，高云杉.2004.电子商务概论.北京：经济科学出版社.

刘军.2001.电子商务系统的规划与设计.北京：人民邮电出版社.

刘磊.2011.电子商务与物流.北京：电子工业出版社.

吕廷杰.2000.电子商务教程.北京：电子工业出版社.

吕廷杰.2011.移动电子商务.北京：电子工业出版社.

栾斌.2001.电子商务与网络营销基础教程.北京：科学出版社.

梅绍祖，范小华，黎希宁.2000.电子商务法律规范.北京：清华大学出版社.

梅焰.2008.电子商务与物流管理.北京：机械工业出版社.

莫拉斯P.2007.盈利模式：电子商务成功之路.冯雷译.北京：社会科学文献出版社.

牛东来，张铎，李俨.2000.电子商务理论与实践.北京：北京理工大学出版社.

欧阳峰，陈朝荣.2001.电子商务技术.北京：中国财政经济出版社.

祁明.2000.电子商务实用教程.北京：高等教育出版社.

祁明.2001.电子商务安全与保密.北京：高等教育出版社.

齐爱民，刘颖.2003.网络法研究.北京：法律出版社.

齐华宁，李姝.2001.XML技术和电子商务的发展.辽宁大学学报（哲学社会科学版），(5)：105～108.

钱世德，蔡小虎，徐迎晓.1998.电子商务入门.北京：科学出版社.

覃征.2000.电子商务导论.北京：人民邮电出版社.

覃征.2011.移动电子商务.北京：清华大学出版社.

覃征，李顺东，韩毅.2009.电子商务概论（英文版）.北京：清华大学出版社.

覃征，岳平，田文英.2001.电子商务与法律.北京：人民邮电出版社.

全国人大常委会法制工作委员会.2003.常用法律法规完全自助丛书——计算机网络电子商务常用法律法规手册.北京：中国民主法制出版社.

施亮.2004.如何进行企业电子商务管理.北京：北京大学出版社.

史达.2001.电子商务与网络经济.大连：东北财经大学出版社.

舒彤.1998.电子商务的实现途径及其发展障碍分析.湖南大学学报，(4)：60～63.

司林胜.2007.电子商务案例分析.重庆：重庆大学出版社.

宋玲，陈进，王小岩 . 2000. 电子商务实践 . 北京：中国金融出版社 .

宋文官 . 2006. 电子商务概论 . 北京：清华大学出版社 .

苏国良 . 2003. 统一域名争议解决政策案例与评析 . 北京：法律出版社 .

孙健，林则夫，王稳 . 2000. 论电子商务对企业管理的挑战 . 中国软科学，(116)：106~109.

孙健，游桂云 . 1999. 试论电子商务对国际贸易的影响 . 经济问题，(8)：14~17.

孙铁成 . 1998. 计算机与法律 . 北京：法律出版社 .

汤冰勇，陈梅梅 . 2007. 中小企业电子商务之路 . 北京：清华大学出版社 .

陶鑫良，程永顺，张平 . 2001. 域名与知识产权保护 . 北京：知识产权出版社 .

特班 . 2007. 电子商务管理视角 . 严建援等译 . 北京：机械工业出版社 .

田文英 . 2000. 电子商务法概论 . 西安：西安交通大学出版社 .

汪应洛，王刊良，冯耕中 . 2000. 我国电子商务对管理影响研究的现状与不足 . 中国软科学，
(111)：23~26.

王纪平 . 2002. 电子商务法律法规 . 北京：清华大学出版社 .

王京 . 2000. 移动通信向第三代演进 . 中国无线通信，6 (5)：9~12.

王利明 . 2005. 电子商务法律制度：冲击与因应 . 北京：人民法院出版社 .

王平 . 2000. 电子商务系统及其实现技术 . 重庆：重庆大学出版社 .

王晓喃，钱焕延 . 2011. 6LoWPAN 嵌套移动网络路由优化方案 . 计算机应用研究，28 (10)：
3887~3889.

王曰芬，丁晟春 . 2002. 电子商务网站的设计与管理 . 北京：北京大学出版社 .

魏修建 . 2008. 电子商务物流 . 北京：人民邮电出版社 .

巫宁 . 2006. 旅游信息化与电子商务经典案例 . 北京：旅游教育出版社 .

吴汉东，胡开忠 . 2001. 无形财产权制度研究 . 北京：法律出版社 .

吴清，刘嘉 . 2008. 客户关系管理 . 上海：复旦大学出版社 .

吴应良 . 2003. 电子商务概论 . 广州：华南理工大学出版社 .

吴应良 . 2006. 电子商务概论 . 广州：华南理工大学出版社 .

伍琳瑜 . 2002. 电子商务案例 . 北京：北京大学出版社 .

徐汀荣，黄斐 . 2001. 电子商务原理与技术 . 北京：科学出版社 .

许榕生，蒋文保 . 2001. 电子商务安全与保密 . 北京：中国电力出版社 .

薛虹 . 2003. 知识产权与电子商务 . 北京：法律出版社 .

扬千里，王育民 . 1999. 电子商务技术与应用 . 北京：电子工业出版社 .

杨风召 . 2011. 电子商务概论 . 北京：电子工业出版社 .

杨坚争，杨晨光 . 1999. 电子商务基础与应用 . 西安：西安电子科技出版社 .

杨坚争 . 2007. 电子商务安全与电子支付 . 北京：机械工业出版社 .

杨坚争 . 2008. 电子商务基础与应用 . 西安：西安电子科技大学出版社 .

杨明一 . 2003. 电子商务与 ERP 理论与实务 . 北京：清华大学出版社 .

余力 . 2007. 电子商务个性化——理论、方法与应用 . 北京：清华大学出版社 .

恽刚，赵少平 . 2000. 电子商务完全手册 . 北京：机械工业出版社 .

曾强 . 2000. 电子商务的理论与实践 . 北京：中国经济出版社 .

曾强 . 2001. 中国电子商务蓝皮书：2001 年度 . 北京：中国经济出版社 .

曾文华 . 2001. 网络信息制作与发布 . 北京：中央广播电视大学出版社 .

曾子明 . 2008. 电子商务安全与支付 . 北京：科学出版社 .

张宝明，文燕平，陈梅梅 . 2008. 电子商务技术基础 . 北京：清华大学出版社 .

张楚.2000.电子商务法初论.北京：中国政法大学出版社.

张楚.2007.电子商务法.北京：中国人民大学出版社.

张楚.2011.电子商务法教程.北京：清华大学出版社.

张铎.2000.电子商务与物流.北京：清华大学出版社.

张福德.2001.电子商务导论.北京：科学出版社.

张基温.2001.电子商务信息检索.大连：东北财经大学出版社.

张进.2001.电子商务概论.北京：北京大学出版社.

张炯明.2002.安全电子商务实用技术.北京：清华大学出版社.

张平.2002.网络法律评论.北京：法律出版社.

张荣.2007.电子商务案例分析.北京：北京理工大学出版社.

张润彤.2003.电子商务概论.北京：电子工业出版社.

张润彤.2008.移动商务概论.北京：北京大学出版社.

张润彤，樊宁.2006.网格就是商务.北京：北京交通大学出版社.

张润彤，石声波.2009.电子商务管理.北京：首都经贸大学出版社.

张润彤，田佳丽.2012.移动商务安全.北京：经济管理出版社.

张润彤，周建勤.2008.电子商务物流管理.大连：东北财经大学出版社.

张润彤，朱晓敏.1999.电子商务.北京：北京出版社.

张润彤，朱晓敏.2003.知识管理学.北京：中国铁道出版社.

张润彤，朱晓敏.2011.服务科学概论.北京：清华大学出版社.

张新宝.2003.Internet上的侵权问题研究.北京：中国人民大学出版社.

张云龙，王延清.1999.电子商务原理与应用.南京：南京大学出版社.

张卓其，史明坤.2002.网上支付与网络金融业务.沈阳：东北财经大学出版社.

赵立平.2000.电子商务概论.上海：复旦大学出版社.

赵卫东，黄丽华.2006.电子商务模式.上海：复旦大学出版社.

赵祖荫.2008.电子商务网站建设教程.北京：清华大学出版社.

郑适.2011.中国B2B电子商务的发展与障碍.北京：中国经济出版社.

郑友敬，派普R.1999.中国电子商务的发展与决策.北京：中国财政经济出版社.

周建国，等.2004.电子商务的营利模式.北京：中国国际广播出版社.

周树清，等.2004.电子商务情景案例.北京：中国国际广播出版社.

周一鹿.2002.电子商务网站建设与管理.重庆：重庆大学出版社.

周忠海.2000.电子商务法导论.北京：北京邮电大学出版社.

朱夫昌.1994.电子货币概论.北京：中国金融出版社.

朱稼兴.1995.电子数据交换与信息高速公路——EDI and NII.北京：北京航空航天大学出版社.

朱稼兴.1998.电子商务——E-BUSINESS.北京：北京航空航天大学出版社.

朱晓敏，刘红璐，黄磊，等.2013.电子商务管理.北京：电子工业出版社.

朱晓敏，张润彤.2010.知识管理概论.北京：高等教育出版社.

左美云.2008.电子商务项目管理.北京：中国人民大学出版社.

Andoh-Baidoo F K, Osei-Bryson K M, Amoako-Gyampah K. 2012. Effects of firm and IT characteristics on the value of e-commerce initiatives: an inductive theoretical framework. Information Systems Frontiers，14 (2)：237~259.

Bielawski L, Boyle J. 2000. Electronic Document Management Systems. Upper Saddle River：Prentice Hall.

Cameron D. 1997. Electronic Commerce：The New Business Platform for the Internet. Charleston：

Computer Technology Research Corporation.

Chen Y, Zhang R. 2012. Service encapsulation based model for smart campus. Journal of E-Commerce in Organizations, 10 (4): 31~41.

Chissick M, Kelman A. 1998. E-Commerce. London: Sweet & Maxwell UK.

Choo C, Detlor B, Turnbull D. 2000. Web Work: Information Seeking and Knowledge Work on the World Wide Web. The Netherlands: Kluwer Academic Publishers.

Deitel H M. 2001. E-business and E-commerce for Managers. Upper Saddle River: Prentice Hall.

Fu T. 2013. Percolation on shopping and cashback electronic commerce networks. Physica A: Statistical Mechanics and its Applications, 382 (12): 2807~2820.

Greenstein M, Holistic R A. 2003. Continuous assurance integration: e-business opportunities and challenges. Journal of Information Systems, 16 (Supplement): 1~20.

Hance O, Balz S D. 1997. Business & Law on the Internet. Columbus: McGraw-Hill.

Hsu C L, Lin J C C, Chiang H S. 2013. The effects of blogger recommendations on customers' online shopping intentions. Internet Research, 23 (1): 69~88.

Hu W C. 2008. Mobile and electronic commerce systems and technologies. Journal of Electronic Commerce in Organizations, 6 (3): 54~73.

Jim K, Chung B S, Jung J Y. 2013. Revenue maximizing itemset construction for online shopping services. Industrial Management & Data Dystems, 113 (1~2): 96~116.

Jung S J, Myllyla R, Chung W Y. 2013. Wireless machine-to-machine healthcare solution using android mobile devices in global networks. IEEE Sensors Journal, 13 (5): 1419~1424.

Kalakota R. 1999. E-business: Roadmap for Success. Boston: Addison Wesley Longman, Inc.

Kalakota R, Whinston A. 1997. Electronic Commerce: A Manager's Guide. Boston: Addison Wesley Longman Inc.

Kalakota R, Whinston A B. 2000. 电子商务管理·技术·应用. 查修杰译. 北京: 清华大学出版社.

Ke X. 2001. Research on the development strategy of individuated e-commerce for Chinese enterprises. Proceedings of 2001 International Conference On Management Science & Engineering. Haerbin, China: 103~107.

Kosiur D R. 1997. Understanding Electronic Commerce (Strategic Technology Series). Seattle: Microsoft Press.

Kraemer K, Dedrick J, Yamashiro S. 2003. Refining and extending the business model with information technology: Dell computer corporation. The Information Society, 16: 5~21.

Lee J S, Lin K S. 2013. An innovative electronic group-buying system for mobile commerce. Electronic Commerce Research and Applications, 12 (1): 1~13.

Leonard L N K. 2012. Attitude influence in C2C e-commerce: buy and selling. Journal of Computer Information Systems, 52 (3): 11~17.

Leymann F, Roller D, Schmidt M T. 2002. Web services and business process management. IBM Systems Journal, 41 (2): 198~211.

Li D, Zhang R, Wang C. 2012. Efficient group key management scheme with hierarchy structure. Chinese Journal of Electronics, 21 (2): 349~353.

Lin H Y, Sun T, Wu H, et al. An efficient strong designated verifier proxy signature scheme for electronic commerce. Journal of Science and Engineering, 28 (4): 771~785.

Liu H, Wang C. 2012. The e-commerce system and its evaluation of manufacturing. Association of Electrical and Mechanical Trades: 542~543.

Lucas J P. 2013. A hybrid recommendation approach for a tourism system. Expert Systems with Applications, 40 (9): 3532~3550.

Whang L S, Lee S, Chang G. 2004. Internet over-users' psychological profiles: a behavior sampling analysis on Internet addiction. CyberPsychology & Behavior, 6 (2): 143~150.

Nicolaou A I, Ibrahim M, van Heck E. 2013. Information quality, trust, and risk perceptions in electronic data exchanges. Decision Support Systems, 54 (2): 986~996.

Nugent D. 2004. E-commerce: an rx for organizational pain. Health Management Technology, 21 (10): 32~33.

Oestreicher-Singer G, Sundararajan A. 2012. Recommendation networks and the long tail of electronic commerce. MIS Quarterly, 36 (1): 65~83.

Oreku G S, Mtenzi F J, Ali A D. 2013. A viewpoint of tanzania e-commerce and implementation barriers. Computer Science and Information Systems, 10 (1): 263~281.

Perkins C. 1996. IP mobility support. Request for comment 2002.

Schneider G P. 2008. 电子商务. 成栋译. 北京: 机械工业出版社.

Shang X, Zhang R, Chen Y. 2012. Internet of things (IOT) service: architecture and its application in e-commerce. Journal of E-commerce in Organizations, 10 (3): 44~55.

Shang X, Zhang R, Chu F. 2013. An inter-PAN mobility support scheme for IP-based wireless sensor networks and its applications. Information Technology and Management, In Press.

Shiau W L, Dwivedi Y K. 2013. Citation and co-citation analysis to identify core and emerging knowledge in electronic commerce research. Scientometrics, 94 (3): 1317~1337.

Shih H Y. 2012. The dynamics of local and interactive effects on innovation adoption: the case of electronic commerce. Journal of Engineering and Technology Management, 29 (3): 434~452.

Tatnall A. 2006. Internet Technologies in Business. Melbourne: Data Publishing.

Varney S, McCarthy V. 2003. E-commerce: wired for profits (cover story). Datamation, 42 (16): 42~50.

Wang H F, Wu C T. 2012. A strategy-oriented operation module for recommender systems in e-commerce. Computers & Operations Research, 39 (8): 1837~1849.

Wang X, Mu Y. 2013. A secure IPv6 address configuration scheme for a MANET. Security and Communications Networks, 6 (6): 777~789.

Warkentin M, Sugumaran V, Sainsbury R. 2012. The role of intelligent agents and data mining in electronic partnership management. Expert Systems with Applications, 39 (18): 13277~13288.

Weadock G E. 1998. 如何建立小型企业商务网. 韩智芳译. 北京: 电子工业出版社.

Whinston A B, Stahl D O, Choi S Y. 1997. The Economics of Electronic Commerce. New York: Macmillan Technical Publishing.

Wigand R. 2000. Electronic commerce: definition, theory, and context. The Information Society, 13: 1~16.

Yen B, Ng E. 2003. Migrating procurement onto the Internet. Electronic Commerce Research, 2 (1~2): 113~134.

Zhang R, Zhang J, Zhang Z, et al. 2012. Enterprise Information Systems. Heidelberg: Springer-Verlag.

Zhang Y, Deng X, Wei D. 2012. Assessment of e-commerce security using AHP and evidential reasoning. Expert Systems with Applications, 39 (3): 3611~3623.

Zhu X, Shang X, Wang C, et al. 2013. MOTP: an identity authentication scheme for m-commerce. Chinese Journal of Electronics, 22 (1): 146~150.